Matthew Fox · Revolution der Arbeit

Matthew Fox

Revolution der Arbeit

Damit alle sinnvoll leben und arbeiten können

Kösel

Für Tristan (10.7.1975 - 15.6.1992) –
der siebzehn Jahre lang mein Gefährte und Mitarbeiter war,
der allen, die ihn kannten,
eine stete Freude war,
dessen Arbeit stets Spiel war,
immer mit dem Großen Werk verbunden,
und dessen Wirken am 15. Juni 1992 um 10 Uhr 30 endete.
Danke!

ISBN 3-466-36448-5
© 1994 by Matthew Fox
Die amerikanische Originalausgabe: The Reinvention of Work: A New
Vision of Livelihood for Our Time. Harper Collins Publishers, New York
1994
Für die deutsche Ausgabe:
© 1996 by Kösel-Verlag GmbH & Co., München
Printed in Germany. Alle Rechte vorbehalten
Druck und Bindung: Kösel, Kempten
Umschlag: Kaselow Design, München
Umschlagmotiv: Superstock, Computergraphik: Person, Farbspuren.
© Mauritius, Mittenwald
Übersetzung aus dem Amerikanischen: Jörg Wichmann,
Bergisch-Gladbach

1 2 3 4 5 · 00 99 98 97 96

»Denn irgendwo ist eine alte Feindschaft
zwischen dem Leben und der großen Arbeit.
Daß ich sie einseh und sie sage: hilf mir.«

Rainer Maria Rilke

»Alles wird lustvoll, sofern es geliebt wird. Es ist natürlich, daß ein
jedes sein eigenes Werk liebt, so wie wir sehen, daß Dichter ihre
Dichtungen lieben. Das ist so, weil ein jedes sein Dasein und sein
Leben liebt, was sich am meisten im Handeln zeigt. Und zweitens,
weil ein jeder natürlicherweise das liebt worin er für sich selbst Gutes
sieht.«

Thomas von Aquin

»Was ist Arbeit? Was liegt über die Arbeit hinaus?
Selbst manche Seher erkennen dies nicht richtig.
Ich werde dich die Wahrheit der reinen Arbeit lehren,
und diese Wahrheit wird dich befreien. ...
Alles findet durch die miteinander verwobenen Kräfte der Natur statt.
Wer aber in eigensüchtigen Selbsttäuschungen verfangen ist, hält sich
für den Handelnden.«

Bhagavad Gita

Danksagung

Viele Menschen haben mich beim Schreiben dieses Buches beeinflußt und mir Einsichten vermittelt. Darunter möchte ich die folgenden nennen: jene Denkerinnen und Denker, die ich im Text genannt und in den Fußnoten angegeben habe; Studierende und Zuhörende meiner Vorträge in den vergangenen Jahren, die mir wertvolle Rückmeldungen gegeben und mein Nachdenken über meine Ideen angeregt haben; meine Mitarbeiterinnen und Mitarbeiter am Institute in Culture and Creation Spirituality, die selbst unter oft anspruchsvollen Arbeitsbedingungen durchhalten müssen. Unter ihnen danke ich besonders Marlene DeNardo, Delores Rashford, Jim Conlon, Marie Devlin, Sue Espinosa und Elizabeth Turner. Besonderer Dank auch meinem Verleger, Tom Grady, und meinen Lektoren bei Harper San Francisco, Caroline Pincus und Priscilla Stuckey; und Luann Rouff, der den Text so sorgfältig bearbeitete. Dank gilt auch Dan Turner und David Gentry-Akin, deren Rat mir unschätzbar war, und Ken Canedo und Brent Cruz, deren unbeirrbare Forschungsarbeit ich sehr anerkenne.

Inhalt

EINFÜHRUNG

Arbeitsplatzmangel oder Krise der Arbeit?

Gut leben nämlich besteht im guten Tun.

Thomas von Aquin[1]

Ein Mensch wird zu einem blühenden Garten. Ein Mensch, der gute Werke tut, ist wie ein Garten, der gute Frucht trägt. Was immer die Menschheit mit der Linken oder der Rechten tut, durchdringt das Universum.

Nach Hildegard von Bingen[2]

Der lähmende Aspekt der heutigen Arbeit ist eine Herausforderung, unseren Einsatz und unser Engagement zu vertiefen − sowohl für Frauen als auch für Männer −, um die Arbeit neu zu organisieren und ihre Strukturen neu zu ordnen.

Madonna Kolbenschlag[3]

Als Thomas von Aquin, der Heilige und Theologe aus dem 13. Jahrhundert, schrieb, daß ein gutes Leben eine gute Arbeit, beziehungsweise ein gutes Tun bedeutet, wies er mit deutlichen Worten darauf hin, wie tief die Menschheit von der Frage der Arbeit betroffen ist. Unsere Arbeit hat mit unserem Leben zu tun − »Gut leben heißt gut arbeiten.« Gutes Leben und gutes Arbeiten gehören zusammen. Leben und Erwerb des Lebensunterhalts sollten nicht voneinander getrennt werden, sondern aus der gleichen Quelle fließen, welche der Geist ist; denn sowohl das Leben als auch der Lebensunterhalt haben mit dem Geist zu tun. Geist bedeutet Leben, und sowohl das Leben als auch die Arbeit richten sich auf ein Leben in der Tiefe, auf ein bedeutungsvolles, sinnvolles Leben, auf Freude und auf das Gefühl, etwas zum Wohl der größeren Gemeinschaft beitragen zu können. Eine Spiritualität der Arbeit hat deshalb damit zu tun, Leben und Arbeiten und den Geist wieder zusammenzubringen.

Thomas liefert uns auch eine interessante Definition der Arbeit: gute Handlungen darzustellen. Arbeit ist ein Teil unserer Selbstdarstellung, ein Teil des Herauskehrens unserer Schönheit. Sie ist die Art, wie wir unsere Schönheit der Gemeinschaft zurückgeben, was sowohl für uns als einzelne als auch für die Gemeinschaft wesentlich ist. Warum das? Weil Schönheit auffallen möchte. Schönheit und ihre Darstellung gehören zusammen, und darum auch Schönheit und Arbeit. Unsere Arbeit soll schön sein und zur Schönheit der Welt und der Arbeitenden beitragen.

Die Benediktineräbtissin Hildegard von Bingen forderte unsere Vorstellungen von der Arbeit heraus, indem sie erklärte, daß Menschen, wenn sie gute Arbeit tun, zu blühenden Gärten werden, die das Universum durchdringen und das kosmische Rad zur Drehung bringen. Sie trägt dabei auf dreierlei Weise zu unserem Verständnis des Arbeitens bei: Erstens setzt sie voraus, daß Menschen fruchtbar und blühend *sind*, wenn sie arbeiten; zweitens, daß es um *gute* Arbeit geht; und drittens, daß unsere Arbeit das *Universum* selbst betrifft und tatsächlich zur Drehung des »kosmischen Rades« beiträgt. Sie geht davon aus, daß wir nicht an ein anthropozentrisches (auf den Menschen bezogenes) Verständnis der Arbeit gebunden sind und daß der begeisternde Hinweis auf die Durchdringung des Universums durch unsere Arbeit uns die Kraft gibt, gute Arbeit zu tun. Trifft diese Aussage von Hildegard auf unsere Erfahrungen mit Arbeit zu? Vielleicht führt sie uns dazu, uns zu fragen, was in der heutigen Welt Arbeit ist und was nicht.

Arbeit oder Jobs?

Fast eine Milliarde Menschen sind heute arbeitslos. Allein in den Vereinigten Staaten sind mehr Menschen ohne Beschäftigung als je zuvor seit der großen Wirtschaftskrise. Und in den Ländern der Europäischen Union liegt die Arbeitslosigkeit nach offiziellen Angaben bei fast dreizehn Prozent. In den Ländern der sogenannten Dritten Welt wie auch in einigen Nischen der amerikanischen Großstädte, der Indianerreservate und in Irland liegt die Arbeitslosigkeit sogar zwischen vierzig und sechzig Prozent. Gleichzeitig sind viele Menschen in der gesamten industrialisierten Zone der Welt überarbeitet. Statt zu arbeiten, »werden sie gearbeitet«, was zu der neuen Suchtform des Workaholismus führt. Unter den Beschäftigten arbeiten viele in Jobs, die sich schädlich auf die Gesundheit der Menschen und des Planeten auswirken, wie etwa das Niederreißen von Regenwäldern, das Töten gefährdeter Tierarten, das Verkaufen von Drogen oder das Herstellen von Waffen. Politiker, die nur nach kurzfristigen Lösungen suchen, fordern »Arbeitsplätze, Arbeitsplätze, Arbeitsplätze«. Aber solche vereinfachenden Parolen führen keine umfassenden Lösungen herbei. Vielmehr vermeiden sie die tieferen Fragen, die wir in dieser entscheidenden Phase für die Menschheits- und Erdgeschichte an die Arbeit stellen müssen. Denn Lester Brown vom World Watch Institute beschließt seinen Bericht »State of the World« mit der Behauptung, daß der Planet nur noch 18 verbleibende Jahre hat, falls die Menschheit ihre Lebensweise nicht verändert.

Unter dem Druck der weltweiten Rezession droht die ernsthafte Gefahr, daß wir nur noch für Arbeitsplätze sorgen − Jobs um jeden Preis − und die tieferen Fragen in bezug auf die Arbeit, ihr Wie, ihr Warum und Für wen, nicht mehr beachten.

Durch eine solche Denkweise übersehen wir die Wahrheit, daß Arbeitsplätze sich zur Arbeit verhalten, wie Blätter zu einem Baum. Wird der Baum krank, so fallen die Blätter ab. An den Blättern herumzukurieren, wird den Baum nicht heilen. Und so wie man einen kranken Baum heilt, indem man seine Wurzeln und seinen Stamm behandelt, so heilen wir die Krise der Arbeit, indem wir uns um die Wurzeln der Bedeutung und des Sinnes von Arbeit kümmern. Arbeitsplätze werden geschaffen, indem wir unsere Einstellung zum Arbeiten und Wirken in der Welt stärken − und nicht, indem wir Blätter an einen kranken Baum ankleben. Ein kritisches Verständnis der Arbeit wird neue Arbeitsplätze hervorbringen; aber ohne eine Basis in einer Spiritualität der Arbeit, werden die Jobs immer wieder eintrocknen und abfallen wie Blätter von einem sterbenden Baum.

Diesen umwälzenden und schöpferischen Augenblick, in welchem wir jetzt leben, dürfen wir auf keinen Fall verpassen, diesen Augenblick, in dem wir aufgerufen sind, die Arbeit selbst neu zu formulieren. In der menschlichen Geschichte hat es ähnlich große Umwälzungen wie diese gegeben. Denken wir nur an die industrielle

Revolution vor zweihundert Jahren oder an die agrarische Revolution vor zehntausend Jahren. Vor der Agrarrevolution bestand die Hauptarbeit der Menschen im Jagen und Sammeln; durch den Landbau kam der Übergang zum Anbau von Getreide und zur Tierzucht. Durch die industrielle Revolution wurde der Begriff der Arbeit selbst revolutioniert. Die Arbeit bewegte sich vom Land in die Städte und vom Herstellen der Kleidung und Anbau der Nahrung zum Kaufen von Kleidung und Kaufen von Nahrung. Aus Produzenten wurden Konsumenten. Diese Vorstellungen und Ideale der Arbeit orientierten sich immer mehr an der Fabrikarbeit: Arbeitende wurden zu Assistenten einer Maschine. Diese Vorstellung wurde noch verstärkt durch die vorherrschende Kosmologie Newtons, laut derer unser Universum eine Maschine ist. Descartes unterstützte dies durch die Lehre, daß auch unser Körper und Geist Maschinen sind. In der Newtonschen Ära bedeutete richtige Arbeit, Dinge durch eine Maschine herzustellen oder zu bearbeiten. Selbst aus dem Landbau wurde eine Nahrungsmittelindustrie. Das Dampfroß, die großen dampfgetriebenen Lokomotiven, die durch den ganzen Kontinent fuhren, ergriffen die Phantasie der Kultur und wurden zum Symbol der Arbeit des 19. Jahrhunderts. Im 20. Jahrhundert wurde dieses Symbol zum Automobil verkleinert und diente auch der imperialistischen Ideologie bei der Herstellung von Kriegsmaschinen und der sogenannten Verteidigungsindustrie. Der Krieg wurde zum Inbegriff der bewegten Maschine, und die Kriegsmaschinerie wurde zur Antriebskraft für unsere Wirtschaftssysteme und unsere politische Rhetorik. Selbst unsere Bemühungen um soziale Mißstände wurden beschworen als »Krieg gegen die Armut« oder als »Krieg gegen die Drogen«. Und in ihrer Pose der »Sakramentenausteilung« wurde selbst die Kirche maschinenartig. Im Zeitalter der Maschine wurden Natur und Gnade voneinander getrennt, so daß man glaubte, Gnade käme nur von außerhalb der Natur. Da in einer Maschine nichts heilig ist, kann eine Institution – die Kirche – feststellen, was das Heilige sein soll, und es rationieren.

Aus dem industriellen Modell der Arbeit ergaben sich natürlich eine ganze Reihe neuer Berufe. Nach einem Tag an der Maschine muß den Arbeitenden die benötigte Erholung durch die Unterhaltungsindustrie, professionellen Sport, Radio- und Fernsehunterhaltung geboten werden. Und weil die menschliche Psyche oder Seele Wunden davonträgt, die von einer Maschine nicht repariert werden und die in einem maschinengleichen Kosmos nicht heilen können, blühen auch die Psychotherapien. Die heilenden Berufe wurden überschwemmt von den Opfern unseres Maschinenbewußtseins. Die Religion wurde zu einem Ort des Trostes und die Psychologie zu einem Ort, wo wenigstens Stücke des Seelischen als legitim akzeptiert wurden. Mit der ganzen Seele ging man jedoch kaum um. Mystik und Kosmologie gelten in diesem rationalen Weltbild als eher suspekt. Die Unterhaltungsindustrie bringt Sport- und Kino-»Stars« hervor, die Millionen Dollar für ihre Arbeit kassieren. Die Regenbogenpresse und ihre Gerüchteküche baut eine Haßliebe zu diesen Stars auf und füttert die Seelen der unterbeschäftigten, überarbeiteten und arbeitslosen Bürgerinnen und Bürger, die sich Ablenkung von der Langeweile ihres Lebens und ihrer Arbeit wünschen. Die Wirtschaft, die Geschäftswelt und die Politik und natürlich auch die Medien, in denen diese drei zusammenfinden, sind in ständigem Einsatz, die Maschine am Laufen zu halten.

Heute muß dieses Paradigma von Grund auf neu betrachtet werden. Das System funktioniert nicht mehr. So beginnt ein Paradigmenwechsel: Die etablierte Weltsicht stimmt nicht mehr. Der Arbeitsmaschine bleibt der Dampf weg, und sie läuft aus - sogar in der sogenannten Ersten Welt. Die Grundlagen des menschlichen Lebens, einschließlich der Arbeit, der medizinischen Versorgung, der Politik, der Erziehung und der Religion, entziehen sich zunehmend unserem Zugriff. Und so gelangen wir in eine neue Epoche. Angesichts der verwundeten Erde, der Milliarde arbeitsloser Erwachsener, der Milliarden verzweifelnder und perspektiveloser Jugendlicher und der Bedürfnisse der Tiere um uns herum sind wir gezwungen, Arbeit neu zu definieren. In unserer Zeit ist erforderlich, was die Bibel als *metanoia* bezeichnet, als einen Wandel des Herzens, einen Wandel des Weges. Der Wissenschaftler Rupert Sheldrake schreibt: »Die Erkenntnis, daß wir unsere Lebensweise ändern müssen, greift um sich. Für viele ist es wie das Erwachen aus einem Traum – ein Gefühl, schwere Fehler gemacht zu haben, aber auch ein Sehen mit neuen

Augen und ein wirklicher Sinneswandel. Dieser Sinneswandel wird noch verstärkt durch das Gefühl, am Ende eines Zeitalters zu stehen.«[4] Ein solcher Lebens-Wandel betrifft auch die Art, wie wir Arbeit definieren, die Art, wie wir Arbeit kompensieren, die Art, wie wir Arbeit schaffen, und die Art, wie wir Arbeit loslassen und lernen, sie mit Spiel und Ritual zu durchsetzen. Ein Paradigmenwechsel erfordert einen Wechsel in der Art und Weise, wie wir über Arbeit denken, sprechen und uns mit ihr auseinandersetzen.

Wir sollten uns nicht zu dem Glauben verleiten lassen, die heutige Arbeitskrise hätte nur mit einem Mangel an Jobs zu tun. Vielmehr ist die Krise der Arbeitsplätze ein Symptom für etwas viel Tieferes: für eine Krise in unserer Beziehung zur Arbeit und eine Herausforderung an die Menschheit, ihre Arbeit neu zu erfinden. Wir müssen lernen, den Unterschied zwischen Jobs und Arbeit in unsere Auseinandersetzung einzubeziehen. Manchmal mögen wir gezwungen sein, einen Job als Bedienung in einer Fastfoodkette für 10 Mark die Stunde anzunehmen, um unsere Miete zu bezahlen; aber Arbeit ist etwas ganz anderes. Arbeit entsteht aus unserem Inneren, ist Ausdruck unserer Seele, unseres Wesens. Arbeit ist ganz individuell und schöpferisch. Arbeit ist ein Ausdruck des Geistes, der durch uns in der Welt wirkt. Arbeit ist etwas, was uns mit anderen in Berührung bringt, und zwar nicht nur auf der Ebene der persönlichen Beziehung, sondern auch auf der Ebene des Dienens in der Gemeinschaft.

Und Arbeit ist auch etwas anderes als Erwerbstätigkeit, sie hat nicht nur mit Bezahlung zu tun. Im Gegenteil: Ein großer Teil der Arbeit in unserer Kultur wird überhaupt nicht bezahlt, wie zum Beispiel Kindererziehung, Essenkochen zu Hause, Organisieren von Freizeit für die Jugendlichen, Singen in Chören, Instandhaltung des eigenen Hauses, Aufräumen in der eigenen Siedlung, das Zuhören bei Nachbarn oder Freunden, die gerade Probleme haben, Gartenpflege, Pflanzen von Bäumen, oder Entwerfen von Ritualen zum Heilen oder Feiern. In einer umfassenderen Kritik der Arbeit muß die Frage gestellt werden: Wie können diese Beispiele guter Arbeit so belohnt werden, daß sie in unserem Verständnis des Bruttosozialproduktes auch zählen? Indem wir den Unterschied zwischen Jobs und Arbeit aufzeigen, möchten wir keinen unnötigen Dualismus schaffen. Auf dem Hintergrund einer vertieften Spiritualität kann man sogar einen Job in Arbeit verwandeln und ihn mit einer neuen Vorstellung seines Platzes im Ganzen erfüllen.

Das Wort »Job« paßt genau in die Stückwerkmentalität Newtons. Im Textilviertel von New York City bedeutete der Ausdruck *job work* genau »Teilarbeit«, und das heute überholte Wort *jobbe* bedeutete »Stück«. In einer mechanistischen Sicht des Universums ist ein Job alles, worauf man hoffen kann. Job bedeutet eine bestimmte, abgetrennte Aufgabe, die auch nicht sehr erfreulich ist. Das mittelenglische Wort *gobbe*, von dem *Job* stammt, bedeutet »Klumpen«, und an so etwas denken wir auch, wenn wir es hören. In einem Lexikon aus dem 18. Jahrhundert definiert Doktor Johnson das Wort »Job« als: »belanglose, geringfügige Arbeit, ein Stück Gelegenheitsarbeit«.

Im Kontrast dazu bezeichnet Arbeit die Rolle, die wir im sich entfaltenden Drama des Universums spielen. Das Wort *rolle* im Altfranzösischen stammt von der Pergamentrolle, von der Schauspieler lesen. So gut paßt die Vorstellung der Arbeit als einer Rolle in eine neue Kosmologie, als eine Art Arbeit, die ihre Rolle darin spielt, das kosmische Rad in Drehung zu halten. Das lateinische Wort *rota* bezeichnet ein Rad oder ein kosmisches Mandala und ist der Ursprung des Wortes *rolle* im Altfranzösischen.

Arbeit in der nach-kommunistischen Ära

Die Weltereignisse der letzten Jahre werfen ein deutliches Licht auf das Problem, mit dem wir es bei unserer Auseinandersetzung mit der Arbeit zu tun haben. Der Zusammenbruch des Kommunismus gibt uns Gelegenheit, unsere Vorstellung von Arbeit neu zu beurteilen. Dies zum Teil deshalb, weil der Kommunismus (oder wenigstens die marxistische Philosophie) eine sehr genaue (und stellenweise ansprechende) Philosophie der Arbeit hatte und dabei so wichtige Fragen wie Entfremdung, Ausbeutung und Arbeit für alle aufwarf. Außerdem läßt die Abdankung des Kommunismus den Kapitalismus nackt und allein vor den Augen aller stehen. Was sind im Hinblick auf die Arbeitenden seine Werte? Im Hinblick auf die Arbeitslosen? Auf die Nichtversicherten? Auf die Arbeitssüchtigen? Auf die Kluft zwischen Arbeitslöhnen und Gehältern im Topmanagement? Wie funktioniert die Beziehung zwischen dem Topmanagement, den Konzernbesitzern (einschließlich der Medienindustrie und der Waffenindustrie) und der Entscheidungsfindung der Regierungen, der Gesetzgebung und der Aufstellung von Kandidaten für Ämter? Welches ist die Beziehung des Kapitalismus zur Umwelt? Zur Anstellung und Ausbildung von Minderheiten? Zur Arbeit in Gettos, wo es keine Jobs gibt? Zu den Curricula in Schulen, in welchen die Lernenden für ihre Arbeit ausgebildet werden? Zur Umschulung von Arbeitenden aus der Kriegsindustrie für Arbeit in anderen Industriezweigen? Zur Besteuerung von Konzernen anstelle der Besteuerung der Armen? Zur Besteuerung der Reichen statt der Besteuerung der Mittelschicht? (Das ehemalige Präsidentenehepaar Bush zahlte auf ihr Einkommen im Jahre 1991 18 Prozent Steuern, während Amerikaner der Mittelschicht 38 Prozent Steuern zahlten.) Wie sieht es aus mit der Beziehung zwischen Verbrechen, Gewalt, überfüllten Jugendstrafanstalten und der Arbeitslosigkeit? Zwischen dem Geld, das sich selbst vermehrt, und dem Geld, das erarbeitet wird? – Mit anderen Worten: Der Kapitalismus steht inzwischen selbst im Rampenlicht, wie es schon zur Zeit der großen Wirtschaftskrise war. Die Kinder unserer Konsumgesellschaft folgen dem Vorbild ihrer Eltern und bringen sich in den Straßen gegenseitig für Kleidung und Schmuck um. Habgier ist nicht auf die herrschenden Klassen beschränkt. Vielleicht ist der Konsumismus tatsächlich die Triebfeder unseres gesamten Wirtschaftssystems geworden; und falls das so ist, ist dann vielleicht eine Art Demokratisierung der Habgier zur einzigen Basis unserer Arbeit geworden?

Der Dramatiker und Präsident der tschechischen Republik Vaclav Havel warnt vor der geistigen Krankheit einer Konsumkultur, in welcher ein »verzweifelter Lebensersatz« als das menschliche Leben dargestellt wird: »Im Interesse einer glatt verlaufenden Lenkung der Gesellschaft wird das Interesse derselben von sich selbst, das heißt, von gesellschaftlichen Belangen, abgelenkt. Indem das ganze Interesse eines Menschen auf den Boden seiner reinen Konsumwünsche festgenagelt wird, hofft man, ihn unfähig zu machen, seine zunehmende geistige, politische und moralische Herabwürdigung zu erkennen.«[5] Das Leben wird reduziert auf die Jagd nach Konsumgütern, und Freiheit wird herabgewürdigt auf die Möglichkeit, frei zu wählen, welche Waschmaschine oder welchen Kühlschrank man sich kaufen will.[6] Die Seligkeit des Konsumenten bewirkt eine Ablenkung der menschlichen Kraft von der Gemeinschaft zum Eigennutz.

»Die Leute denken heute viel mehr an sich, an ihr Haus und ihre Familie. Dort finden sie ihre Ruhe, dort können sie die Torheit der Welt vergessen und ihre schöpferischen Begabungen frei ausleben. Sie füllen ihre Wohnungen mit allen möglichen Ausstattungen und schönen Sachen, versuchen ihre Wohnqualität zu verbessern und sich das Leben angenehmer zu gestalten. Sie bauen sich Ferienhäuser, waschen ihre Autos und haben mehr Interesse am Essen, an Kleidung und an Wohnkomfort.«[7]

Offenbar muß die Gemeinschaft einen unverschämt hohen Preis für den Konsumismus zahlen.

Arbeit und Umwelt

Die Umwelt muß einen weiteren Aspekt in unserer Betrachtung der heutigen Arbeit bilden. Lester Brown vom World Watch Institute erklärt, daß sich heute alle Lebenssysteme der Erde im Niedergang befinden. Wer von uns aber hätte schon Lust zum Arbeiten, wenn er oder sie krank ist? Alle Arbeit hängt ab von gesunder Luft, gesundem Boden, Wasser, Körper, Denken und Geist. Aus der Umweltkrise können wir viel über unsere Arbeitskrise lernen. Brown weist darauf hin, daß die Industrienationen in den vergangenen Jahrzehnten eine Abnahme ihrer Arbeitsleistung verzeichnen mußten, die auf eine Verminderung der natürlichen Rohstoffquellen zurückzuführen ist. In den Vereinigten Staaten ist das Bruttosozialprodukt zum Beispiel seit dem Spitzenjahr 1979 gefallen. Und abgenommen hat auch die

Gesundheit unseres Bodens, unseres Wassers, unserer Wälder, und deshalb auch unserer Nahrung und unseres Körpers. In anderen Staaten sieht die Lage noch viel herber aus. Auf den Philippinen, in Äthiopien und Peru beispielsweise haben Entwaldung und Bodenerosion zu einem praktisch völligen Verschwinden fruchtbaren Mutterbodens geführt. In Mexiko City werden ganze Industriezweige gesetzlich gezwungen, in regelmäßigen Abständen ihre Arbeit einzustellen, weil die Luftverschmutzung zu stark zunimmt. Gute Arbeit setzt gute Gesundheit voraus – nicht nur menschliche Gesundheit bei den Arbeitenden, sondern auch Gesundheit der Umwelt, die die Arbeitenden mit allem beschenkt, angefangen von den Nahrungsmitteln und der Bekleidung bis hin zu Augenblicken der Schönheit und der Gnade, damit sie z.B. genug Hoffnung haben, neue Kinder in die Welt zu bringen.

Die Umweltkrise gibt uns also Gelegenheit und legt uns die Verantwortung auf, tiefere Fragen nach unserer Arbeit zu stellen und uns zu fragen, wie eine Spiritualität der Arbeit uns dabei helfen kann, neu festzulegen, wie, warum und wofür wir arbeiten. Und natürlich öffnet sie uns Türen zur Erfindung neuer Arten von Arbeit – Arbeit, die erneuerbare Energiequellen entwickelt, erneuerbare Landwirtschaft, erneuerbares Denken (d.h. Bildung) und erneuerbaren Geist (d.h. Gottesdienst). In unserer Zeit werden vollkommen neue Arten von Arbeit hervortreten. Der Niedergang einer »Verteidigungs«-Industrie, die zur Kriegsführung benutzt wird, kann einer Verteidigungsindustrie Platz machen, deren Aufgabe es ist, die Erde zu schützen (eine »grüne Armee«, wenn man so will). Das bedeutet: Bäume pflanzen, Boden erhalten, Wasser reinigen, Luft reinigen, freilegen von Flüssen in den Städten, wiederverwenden von Abfällen. Zusammen mit neuen Ritualen kann all dies eine neue natürliche »Industrie« hervorbringen. Solche Industrien können klein sein und den Menschen vor Ort gehören.

Die Frage, die all dem zugrunde liegt, ist eine spirituelle, sie dreht sich also stets um »alle unsere Verwandten«, wie das Volk der Lakota betet. Die Arbeit ist sicher ein sehr wesentlicher Faktor in all unseren Beziehungen. Wir bereiten uns durch Erziehung und Ausbildung auf die Arbeit vor, wir erholen uns von der Arbeit, wir versuchen Kinder zu erziehen, die erfolgreich in die Arbeitswelt eintreten können. Ganz offenkundig ist die Arbeit der Mittelpunkt eines Erwachsenenlebens. Deshalb fallen Arbeitslose so leicht dem Selbsthaß und der Verzweiflung zum Opfer: Wenn wir kein Mittel mehr haben, durch welches wir unseren Segen ausdrücken können – der grundlegende Sinn von Arbeit –, dann führt dies zu seelischer Gewalt gegen uns selbst. Das Künstlerische in uns, die *imago dei*, kann sich nicht mehr ausdrücken. Es ist etwas Tragisches, das Leben vom Lebensunterhalt und unsere Werte vom Arbeitsplatz abzutrennen. Aber eine solche Trennung ist der arbeitenden Bevölkerung immer mehr aufgezwungen worden.

Schattenseiten des Arbeitens und Nichtarbeitens

Auch die geistigen Auswirkungen des Arbeitsverlustes sind verheerend. Wenn Menschen keine Arbeit haben, fehlt ihnen bald der Stolz; ihnen fehlt die Gelegenheit, ihre einzigartige Begabung der Gemeinschaft zurückzugeben; und ihnen fehlen auch die Mittel, die Steuern zu zahlen, die die Dienste der größeren Gemeinschaft möglich machen. Die Sozialhilfe kann niemals ein Ersatz für die Arbeit sein, sondern nur ein Notpflaster zwischen der einen Tätigkeit und der Ausbildung für eine neue Arbeit. Wenn Menschen Arbeit fehlt, fehlt ihnen auch Hoffnung. Die daraus folgende Verzweiflung frißt sich in die Gemeinschaft hinein wie ein böser Geist und führt zu der Gewalt, die wir heute überall beobachten können: zu Selbsthaß, zunehmenden Verbrechen, zu Drogenhandel (oft die einzigen verfügbaren Jobs), zur Überfüllung der Gefängnisse, zum Rassismus, zu Vorurteilen, Angst, Alkoholismus, Zerfall von Familien, familiärer Gewalt, zu Kindern ohne einen stabilen und sicheren Rahmen, zu Bindungslosigkeit und zu einem Mißbrauch der gottgegebenen Begabungen an Geist, Herz und Phantasie. Für Thomas von Aquin sind »Sünden gegen die Hoffnung« gefährlicher als alle anderen Sünden, denn wenn die Verzweiflung überhand nimmt, »versinken wir im Bösen«[8]. Wenn den Menschen der Stolz fehlt, der durch wirkliche Arbeit genährt wird, so entsteht daraus Krieg innerhalb von uns selbst, zwischen den Gemeinschaften und sogar zwischen den Völkern. Diejenigen, die in Gettos leben, sagen mir, daß die Jugend dringender Jobs als eine Ausbildung braucht. Haben sie einmal Arbeit, so kann ihr Selbstwertgefühl wieder aufgebaut werden, und dann können sie selbst den Wert einer Ausbildung sehen. Wenn einem Volk die Arbeit verwehrt wird, so fällt die Hoffnung dem als erste zum Opfer. In einer Situation der Arbeitslosigkeit und der sie begleitenden Verzweiflung können die Ziele aller Bildung und Ausbildung, nämlich die Menschen zu bessern und zu mündigen Bürgerinnen und Bürgern zu erziehen, nicht verwirklicht werden.

Eine Studie des kanadischen Institute for Advanced Research beschäftigte sich mit der Verbindung zwischen dem Gesundheitswesen und der Arbeitslosigkeit und kam zu der verblüffenden Schlußfolgerung, daß »die medizinischen Dienste wenig bis überhaupt keine Wirkung auf die Lage der Volksgesundheit haben«. Am meisten werde die Gesundheit der Menschen durch ihre Arbeitssituation beeinflußt, durch welche sie das Gefühl bekommen, Kontrolle über ihr eigenes Leben zu haben. Deshalb leben Reiche länger als Arme; sie haben über ihr Leben und über ihre Arbeit mehr Kontrolle. »Etwas bringt die großen Unterschichten der modernen Welt um und zermalmt sie vor ihrer Zeit. Die Statistiken zeigen, daß es auch die Mittelschicht umbringt, die zwar länger als die Armen lebt, aber nicht so lang wie die Reichen.«[9]

Aus geistiger Sicht sind aber die Auswirkungen der Überarbeitung oder der Arbeitssucht ebenso verheerend. Für den Workaholismus zahlen die Gesellschaft und die Kinder einen hohen Preis, denn nach der Meinung der Psychologin Barbara Killinger handelt es sich dabei um »einen der Hauptgründe für eheliche Zerrüttung«[10]. Die Arbeitssucht, so meint die Managementberaterin Diane Fassel, entfremdet uns von unserem Selbst und hindert uns daran, uns tiefere Fragen über unsere Berufung und den Sinn unseres Lebens zu stellen. »Wir stellen uns solche Fragen aus zweierlei Gründen nicht mehr: Erstens tun wir unsere wirkliche Arbeit nicht, und zweitens haben in unserer Gesellschaft nur wenige Menschen Zugang zu der ihnen angemessenen Arbeit. In einer Suchtgesellschaft kann man sich solche Fragen nicht leisten.« Fassel sieht aber auch ein geistiges Wachstum als Möglichkeit für diejenigen, die angesichts ihrer Arbeitssucht »abstürzen«. »Glücklicherweise ist Spiritualität in dem Augenblick, in dem die abwärts führende Spirale der Arbeitssucht eine Kehrtwendung macht und aufwärts zur Genesung führt, das erste, was Menschen wiedergewinnen.«[11]

Der Psychologe James Hillman wirft die beunruhigende Frage auf, ob nicht die Fixiertheit dieses Jahrzehnts auf das »verwundete Kind« uns an einem gesunden Erwachsensein hindert. Ich halte diesen Punkt für einen wichtigen, denn obwohl das Heilen des verwundeten Kindes in uns für ein gesundes Erwachsenenleben Voraussetzung ist, reicht es dazu noch nicht aus. Die Jugend braucht Ältere und Mentoren, sie braucht gesunde Erwachsene um sich. Aber was unterscheidet das Handeln Erwachsener vom Handeln der Kinder? Sie arbeiten. Gesunde Erwachsene tun gesunde Arbeit, in der Körper, Seele, Geist und Arbeit ein Ganzes bilden. Auf diese Weise vervollständigt eine Spiritualität der Arbeit die Heilung des verwundeten Kindes und geht über die Fixiertheit auf unsere vergangene Lebensgeschichte hinaus. Gesunde Arbeit zieht uns in die Zukunft hinein, in unser Schicksal, in die Selbstgestaltung unserer Geschichte (und nicht nur in die Heilung unserer Vergangenheit).

Die Probleme, die heute in der ganzen Welt durch die Krise der Arbeit aufgeworfen werden, sind geistige Probleme. Sie verlangen eine radikale Kritik der Art und Weise, wie wir in der Moderne die Arbeit definiert haben, einer Epoche, die sich in einem raschen Zusammenbruch befindet.

Mystik und Arbeit

Die Krise der Arbeit in unserer heutigen Welt ist so tief und wird so tief empfunden, daß wir uns an die tiefsten unserer Denker wenden müssen, an die Mystikerinnen und Mystiker (die nach C.G. Jung das Beste in der Menschheit repräsentieren), um unser Bild von der Arbeit hinterfragen zu können. Mystikerinnen und Mystiker sind die Dichter der Seele. Wir sind es uns schuldig, uns mit dem zu befassen, was sie uns über eine Wiederentdeckung des Sinnes der Arbeit zu lehren haben. Und gerade heute stimmen die wissenschaftlichen Mystikerinnen und Mystiker in den Chor der Mystiker aus alter Zeit mit ein. Und unter den Mystikerinnen und Mystikern finden wir einige der radikalsten Denker, die wir überhaupt haben. Warum das? Weil sie auf einem Hintergrund von Ehrfurcht und Staunen denken, aus der erfahrungsbezogenen rechten Hirnhälfte und nicht nur in analytischen und utilitaristischen Begriffen. Sie denken in Zusammenhängen einer lebendigen Kosmologie und nicht nur in anthropozentrischer, psychologischer oder soziologischer Perspektive.

Schon seit längerer Zeit bin ich zu der Auffassung gekommen, daß die Mystik uns viel mehr Nützliches und Praktisches zu bieten hat, als wir zu erwarten gelernt haben. Wenn die Arbeit, wie ich glaube, etwas Heiliges ist, und wir während der Newtonschen Epoche in einer entheiligten, säkularisierten und künstlichen Maschine gelebt haben, dann liegt im Kern unserer Entfremdung die Entheiligung der Arbeit. Mystikerinnen und Mystiker können uns dabei helfen, die Heiligkeit einer Arbeit, die das Universum zu seinem Wohle durchdringt, wieder einzufordern. Während der industriellen Ära ist uns die mystische Weisheit in Kirchen und Synagogen nur selten gelehrt worden, und die akademischen Institutionen (einschließlich der Priesterseminare) haben ein rechtshirniges oder mystischeres Denken vollständig ausgeschlossen. Deshalb denken wir selten daran, die Mystik zu befragen, wenn ein tieferes Nachdenken ansteht.

Das mystische Denken stellt die schattenhafte, die vernachlässigte Seite der westlichen Kultur dar, und dies besonders seit der Aufklärung. Wieder mit den Mystikerinnen und Mystikern zu denken, ist etwas Radikales, besonders in bezug auf ein so lebenswichtiges Thema wie die Arbeit. Wir können uns ein Tor zur Weisheit öffnen, indem wir die Mystik in unsere Diskussion der Arbeit mit einbeziehen. Hoffnung macht eine Beobachtung des Ökonomen E.F. Schumacher: »Kurz gesagt können wir heute davon ausgehen, daß der Mensch viel zu klug ist, als daß er ohne Einsichtsvermögen überleben könnte.«[12] Und wenn es in einer nachindustriellen Ära um die

26

drängenden Probleme der Arbeit und der Arbeitsplätze geht, können wir aus der Weisheit der mystischen Überlieferungen viel lernen.

Dieses Buch ist auch ein Werk über Tiefenökumene, wenn es darum geht, Weisheit aus allen mystischen Überlieferungen der Welt zu beziehen. Die Lesenden werden nicht nur von westlichen Mystikerinnen wie Hildegard, Eckhart, Thomas von Aquin, Rilke, Heschel und anderen hören, sondern auch von Mystikern der östlichen Traditionen, einschließlich der Heiligen Schrift der Hindus, der Bhagavad Gita, den chinesischen als Tao Te Ching bekannten Schriften und auch von einzelnen Mystikern wie Rumi (ein islamischer Sufi) und Kabir aus Indien. Und: Ich beziehe mich auch auf die Weisheit zeitgenössischer Wissenschaftler wie Rupert Sheldrake, Gregory Bateson, Erich Jantsch, Brian Swimme, Thomas Berry, Beverly Rubik und Fritjof Capra. Auch sie alle sind Mystiker. Bei einem so wichtigen Thema wie dem unserer Arbeit ist es an der Zeit, daß wir all diese großen Denkerinnen und Denker ernstnehmen.

Prophetische Arbeit

Manchmal bringt unsere Arbeit uns in Schwierigkeiten. Auch das ist in Ordnung. Ja, ich würde das geistige und ethische Leben all derer ernsthaft in Frage stellen, deren Arbeit sie noch nie in Schwierigkeiten gebracht hat – wenn noch nie Gewissensprobleme aufgetreten sind oder ein Wertestreit mit den Hütern des Status quo entstanden ist. Schließlich war es auch bei Jesus seine Arbeit, die ihn in Schwierigkeiten gebracht hat. Die Christen, die behaupten, seinen Spuren zu folgen, sollten weniger die Kreuzigung sentimentalisieren und mehr seine Botschaft anwenden: daß es Werte gibt, für die es sich zu sterben lohnt, und daß der Kampf zwischen den Werten häufig in unserer Arbeitswelt stattfindet. Heute braucht jede Berufsgruppe Prophetinnen und Propheten. Wenn unser Planet wieder blühen soll, dann wird der Paradigmenwechsel den Geschäftsleuten und den Medizinern, den Künstlerinnen und Ökonomen, den Geistlichen und Politikerinnen, den Eltern und Kindern, den mit Hand und Kopf

Arbeitenden neue Forderungen stellen. Keine Industrie, keine Bürotätigkeit, keine Kirche, keine Institution oder Gewerkschaft wird von der tiefreichenden Kritik ihrer Auswirkung auf die kommenden Generationen und auf die Umwelt ausgenommen werden. Nach Rabbi Abraham Heschels Definition sind Propheten solche, die sich einmischen; und ein bedeutender Ort solcher Einmischung ist für uns die Arbeit und unser Erwerbsleben.

Jede Arbeit, die es wert ist, spirituell und menschlich genannt zu werden, ist in gewisser Hinsicht prophetische Arbeit. Sie trägt bei zur Zunahme der Gerechtigkeit und des Mitgefühls in der Welt. Sie trägt bei zu einem sozialen Wandel, nicht um seiner selbst willen, sondern im Sinne einer zunehmenden Gerechtigkeit. Solche Arbeit ist im wörtlichen Sinne Gottes Werk. Durch sie werden wir zu Mitschaffenden mit der Gottheit, die gerecht, mitfühlend und schönheitliebend ist und die sich danach sehnt, ihre Schönheit mit der ganzen Schöpfung zu teilen.

Geschlechtsrollen und Arbeit

Männer wie Frauen beginnen, tiefgreifende Fragen an ihre Arbeit zu stellen. Die Schriftstellerin Madonna Kolbenschlag stellt fest: »Die Wiederentdeckung einer geistigen Bedeutung ihrer Arbeit ist wesentlich, wenn die Frauen durch ihre Arbeit befreit statt automatisiert werden wollen.«[13] Die Autorin und frühere leitende Angestellte Susan Albert erzählt die Lebensgeschichten von achtzig Frauen, die ihre erfolgreichen Karrieren verließen, weil sie nach einer Arbeit suchten, in der sie als Menschen stärker anwesend sein und ihr weibliches Selbst besser ausdrücken konnten. Sie schreibt, daß die amerikanische »Karrierekultur uns dazu bringt, ein ›falsches Selbst‹ zu entwickeln, das durch den Erfolg und den Konsum materieller Güter genährt wird«[14]. Die Frauen, die für sich selbst und miteinander denken gelernt haben, scheinen eher als die meisten Männer bereit zu sein, das Mammutsystem des multinationalen Kapitalismus zu kritisieren. Tatsächlich profitieren viele Männer von diesem System oder bilden sich das zumindest ein.

Aber auch sie bemerken heute, daß ihre Seelen besetzt worden sind, wenn die unendliche Ansammlung von Konsumgütern und die suchterzeugende Reihe von Gehaltserhöhungen die tieferen seelischen Bedürfnisse nicht mehr ansprechen können. Robert Bly berichtet, daß unter den Themen der männlichen Unterdrückung, die er aus Männergruppen kennt, die Unterdrückung bei der oder durch die Arbeit der Hauptpunkt ist: »Die meisten Männer sind von ihrer Arbeit besessener als ihre Mütter . .Die leidenschaftlichsten Gespräche in Männergruppen entstehen dadurch, daß Männer davon erzählen, wie sie in ihren Berufen in eine Sackgasse geraten sind: daß die Rationalität für sie zu trocken geworden ist, daß der Beruf für sie abgestorben ist, daß er ihnen keine Zeit mehr mit der Familie läßt, oder daß er verdummend und entwürdigend wirkt. Betont wird immer wieder der Schaden an der Seele, der durch unsere zeitgenössische Arbeitsweise verursacht wird. Ein Mann sagte direkt: › Seit zehn Jahren nehme ich an organisierten Wirtschaftsverbrechen teil.‹ Danach saßen die Männer fast fünf Minuten schweigend da.«[15]
Doktor Larry Dossey unterstützt diese Beobachtung, wenn er darauf hinweist, daß die berufliche Unzufriedenheit und das damit zusammenhängende »freudlose Kämpfen« mehr Herzinfarkte verursachen als hohes Cholesterin oder fettreiche Ernährung. Es muß ja einen Grund dafür geben, daß Montag morgens zwischen 8 und 9 Uhr mehr Herzinfarkte auftreten als zu jeder anderen Zeit während der Woche.[16] Es gibt auch einen: die Rückkehr an einen verhaßten Arbeitsplatz.
Arbeit ohne Sinn ist tödlich. Streßbedingte Krankheiten wie Magengeschwüre, hoher Blutdruck und Herzanfälle kosten die US-Wirtschaft jährlich 200 Milliarden Dollar durch Abwesenheit vom Arbeitsplatz, Schadensersatzklagen und medizinische Kosten. Ein kürzlich erschienener Bericht des Internationalen Instituts für Arbeit der UN betont, daß Streß bei der Arbeit »eines der ernstesten Gesundheitsprobleme des 20. Jahrhunderts« ist. Der Bericht nennt den Streß bei der Arbeit »ein globales Phänomen« und weist darauf hin, daß Handarbeiter und -arbeiterinnen besonders unter diesem Streß zu leiden haben. Es wird empfohlen, daß die einzelnen Arbeitenden diesen Streß durch Entspannungsübungen wie Yoga oder Gymnastik,

durch Diät, Beratungsgespräche und eine Änderung ihrer Einstellung abbauen lernen. Gleichzeitig wird den Arbeitgebern nahegelegt, den Arbeitenden mehr Kontrolle über ihre eigene Arbeitswelt einzuräumen.[17] Die Menschen brauchen in ihrer Arbeit eine geistige Sicht. Wenn der mystische Beitrag zu unserem Leben etwas so Radikales ist, wie ich glaube, wenn er nämlich die unterdrückte Seite unserer Kultur darstellt, dann ist der Umgang damit das Vorspiel zu einem schöpferischen Durchbruch.

Das Buch im größeren Zusammenhang

Nachdem ich dieses Buch beendet hatte, wurde mir im Rückblick klar, daß es eine Schöpfungstheologie des Sakramentes darstellt, so wie meine »Vision vom Kosmischen Christus« eine Christologie darstellt und »Schöpfungsspiritualität - Heilung und Befreiung für die Erste Welt« eine Ekklesiologie bildet. Vor diesen Arbeiten schrieb ich »Der Große Segen« als eine systematische Abhandlung über die mystisch-prophetische Reise. »On Becoming a Musical, Mystical Bear« war eine Gebetstheologie; »Mitfühlen, Mitdenken, Mitfreuen« eine Moraltheologie; und »Whee, We, wee all the Way Home« eine Abhandlung über praktische Mystik. Meine Werke über Meister Eckhart, Hildegard von Bingen und Thomas von Aquin können als Studien über vormodern denkende und handelnde Mystikerinnen und Propheten verstanden werden. Ich habe die Überlieferung und Praxis einer mystisch-prophetischen Spiritualität verfolgt, wie sie sich bei den Mystikern und Prophetinnen der Schöpfungtradition durch die Jahrhunderte hindurch findet. Nun kann ich aber auch sehen, daß durch den Prozeß meiner Entdeckungen die Umrisse einer postmodernen systematischen Theologie entstanden sind; Umrisse, die auf der Schöpfungsspiritualität beruhen, statt auf der Theologie, wie wir sie seit der Moderne gekannt haben. Ich kann nur sagen, daß ich über diese Entwicklung selbst am meisten überrascht bin.

Dieses Buch hat drei Teile. Im *ersten Teil* setze ich mich mit der Arbeit als Nichthandeln auseinander, mit der inneren Arbeit, dem inneren Wirken der Menschheit, das in unserer industriellen Arbeitswelt so lange vernachlässigt worden ist. Diesen Teil nenne ich »Das Große Werk und die innere Arbeit: eine neue Vision der Arbeit«, und ich untersuche darin das Wesen menschlichen Wirkens und Arbeitens, indem ich zunächst die Via Negativa in bezug auf die Arbeit (Kapitel 1), dann die neue Kosmologie und ihre Auswirkungen auf die Arbeit untersuche (Kapitel 2), indem ich die Via Positiva in bezug auf die Arbeit betrachte (Kapitel 3), und indem ich schließlich die Via Creativa beschreibe und zeige, inwiefern die Kreativität eine Verbindung unserer inneren und unserer äußeren Arbeit bildet (Kapitel 4). Im *zweiten Teil* »Das Große Werk und die äußere Arbeit: eine Neuerfindung der Arbeit« wende ich die bei unserer Untersuchung der »inneren Arbeit« oder des Nichthandelns entstandenen Prinzipien auf unsere »äußere Arbeit« oder unser Handeln an. Ich bringe Beispiele zeitgenössischer Personen oder Bewegungen, die damit angefangen haben, unsere Arbeit wiederzuverzaubern, indem sie verschiedene Arbeitswelten und Berufe ganz neu angegangen sind. Aus der Neuerfindung des Arbeitens entsteht die Wiederverzauberung der Arbeit, denn gute Arbeit sorgt für Freude. Diese drängende Notwendigkeit, gute Arbeit für die heutige Menschheit zu erfinden und wiederzuerfinden, entspricht der Via Transformativa der Schöpfungsspiritualität. Solche Beispiele für Wandlungen in der Arbeitswelt erstrecken sich von der Umwelt über die Landwirtschaft und die Politik (Kapitel 5) zur Erziehung und Bildung, Jugend und Sexualität (Kapitel 6), vom Gesundheitswesen, der Psychologie und der Kunst (Kapitel 7) bis zur Wirtschaft, dem Geschäftsleben und der Wissenschaft (Kapitel 8).

Der *dritte Teil* »Ritual: Wo das Große Werk des Universums und das Wirken der Menschen zusammenkommen« erstaunte mich selbst. Als ich mich auf die Spiritualität der Arbeit als Projekt einließ, ahnte ich noch nicht, daß dies zu einer Erforschung und zur Wiedererfindung von Ritualen führen würde, die uns dabei helfen, das heutige Arbeiten neu zu erfinden. Ich bin aber zutiefst davon überzeugt, daß das der Fall ist, und daß der Kern des Paradigmenwechsels darin bestehen wird, daß die äußere Arbeit, die Fabrikarbeit des Industriezeitalters, dem inneren Wirken von Einzelpersonen und Gemeinschaften weicht – dies bezeichnet E.F. Schumacher als »unser inneres Haus in Ordnung bringen«. Darin besteht die grundlegende Arbeit dieser Jahre, in denen wir uns auf ein neues Jahrtausend vorbereiten, welches ein umfassendes Ablassen von unseren bisherigen Lebensweisen nötig machen wird, wenn der Planet überleben soll. Ohne eine Wiedergeburt des Rituellen wird es keine ökologische Revolution geben, denn nur durch Rituale können die Gemeinschaften ihre Trauerarbeit leisten und die gewaltigen Ursprungsgeschichten unserer Welt weitergeben. Und gäbe es einen besseren Weg, den Arbeitslosen gute Arbeit zu verschaffen, als in Form des Heilens und des Feierns, wie es durch rituelles Wirken entsteht? Im neunten Kapitel setze ich mich mit den Prinzipien zur Neuerfindung von Ritualen auseinander, wobei ich besonderen Wert auf die Theologie des Sabbats lege und Beispiele von Erfahrungen gebe, die ich mit wirksamen Ritualen gemacht habe.

Und auch das abschließende Kapitel »Arbeit als Sakrament, Sakrament als Arbeit« entstand für mich selbst überraschend. So ausdrücklich hatte ich Arbeit und Sakrament noch nie verbunden. Innerhalb einer schöpfungsorientierten Spiritualität und angesichts der heutigen neuen Kosmologie ist das Hauptsakrament natürlich die Schöpfung selbst. (Im dreizehnten Jahrhundert sagte schon Thomas von Aquin, daß »die Offenbarung in zwei Bänden kommt: der Bibel und der Natur«; und Meister Eckhart sagte, daß Natur Gnade sei.) Das Universum als der ehrfurchtgebietende Ausdruck der Schöpfung ist ein Sakrament, das uns beständig mit Segen und Gnade beschenkt. Wir sind durch das Universum begnadet. Sein Wirken, seine Arbeit ist sakramental, ist eine Offenbarung göttlicher Gnade. Und insofern ist auch unser Wirken, ist unsere Arbeit – soweit sie in das Große Werk des Universums einstimmt – ebenfalls Sakrament. Darüber hinaus glaube ich, daß die Überlieferung der sieben Sakramente uns mit einem nützlichen Entwurf und Rahmen ausstattet, um uns mit der Schönheit, Gnade und Ethik unserer unterschiedlichen Lebensweisen kritisch auseinanderzusetzen. Jede Arbeit, so behaupte ich, bildet den Ausdruck eines der traditionellen sieben Sakramente, wenn sie analog verstanden werden. Man könnte den Paradigmenwechsel unserer Zeit beschreiben als die Bewegung von der Maschine ins Grüne, oder von der Maschine zum Sakrament. Wir sprechen über die Wiederheiligung unserer Arbeitswelten und damit unserer gesamten Welt. Dieses Konzept der Wiederheiligung unserer Welt paßt recht gut auf das Verständnis der östlichen Christenheit von der Erlösung als »theosis«, als Vergöttlichung des Universums.

Unsere Diskussionen über die Arbeit um den Aspekt der Spiritualität zu erweitern, bedeutet, die mystischen sowie die prophetischen Dimensionen des Arbeitens herauszustellen. In dieser Hinsicht stellt Teil 1 dieses Buches die mystische Seite der Arbeit dar, wenigstens bis zum Kapitel 4, welches die Brücke vom Mystischen zum Prophetischen schlägt. Teil 2 beschäftigt sich mit der prophetischen Seite der Arbeit und der Anwendung einer mystischen Kosmologie auf die Neuerfindung unserer Arbeit und die Verwandlung der Arbeit selbst. Im dritten Teil setzen wir uns damit auseinander, wie die Menschheit und ihre Zivilisation durch eine Wandlung der Arbeit, welche wiederum die Seelen verwandeln wird, gewandelt werden kann.

In einem Brief schrieb Hildegard von Bingen einst, daß sie vor allem »nützlich« zu sein wünsche. Mit diesen Worten Hildegards hoffe ich, daß mein Buch sich als »nützlich« bei der Gewinnung einer neuen Sicht der Arbeit in einer immer deutlicher nachindustriellen Epoche erweisen wird.

TEIL 1

Das Große Werk und die innere Arbeit: eine neue Vision der Arbeit

Überall fragen Menschen: »Was kann ich denn tun?« Die Antwort ist so einfach wie unangenehm: Jeder von uns kann darauf hinarbeiten, daß sein »inneres Haus« in Ordnung gebracht wird. Die Führung, die uns bei dieser Aufgabe hilft, läßt sich nicht in der Wissenschaft oder Technik finden, deren Werte völlig von den Zielen abhängen, denen sie dienen. Sie läßt sich aber noch immer in der herkömmlichen Weisheit der Menschheit finden.

E.F. Schumacher[1]

Mein lieber Freund,
ich wanderte
auf der Suche
nach dem Geliebten
über die ganze Erde
und in ferne Länder.

Als ich ihn fand
wurde aber
mein Hof
zum Universum!

Kabir[2]

Biete mir alle deine Werke dar und lasse deinen Geist auf mir, dem Höchsten, ruhen. Lasse von deinen eitlen Hoffnungen ab und deinem Eigenwillen, und kämpfe in innerem Frieden deinen Kampf.

Bhagavad Gita[3]

In der Epoche der Moderne fehlt uns eine zusammenhängende Geschichte des Universums. ...Deshalb erscheint uns zur Zeit die Anwesenheit des Menschen auf der Erde verzerrt.

Brian Swimme und Thomas Berry[4]

Es gibt im wesentlichen zwei Arten des Wirkens, zwei Arten der Arbeit: die innere und die äußere. Die innere Arbeit erstreckt sich auf die große Welt unserer Seele oder unseres Selbst, mit der äußeren bringen wir etwas hervor oder treten in Wechselbeziehung mit dem, was außerhalb von uns ist. Die industrielle Revolution war hauptsächlich eine äußere. Ihre Maschinen und Motoren waren kalte und leblose äußere Objekte. Die Philosophie jener Epoche, die sich aus den Arbeiten von Descartes und Kant entwickelte, welche wiederum von Newton inspiriert waren, lehrt uns eine Beziehung zu den Dingen wie zu Maschinen: objektiv. Durch diese neue, objektive Beziehung wurde viel gewonnen. Die Arbeit wurde effektiver, und eine Maschine konnte viel mehr Arbeit verrichten als ein vom Pferd gezogener Pflug mit einem Menschen dahinter.

Aber es ging auch viel verloren. Vor der industriellen Revolution hatte die Arbeit mehr mit Beziehung zu tun. Um erfolgreich zu sein, mußte ein Bauer Beziehung zu seinen Tieren haben; Menschen und Tiere waren voneinander abhängig. Durch bloße Subjekt-Objekt-Beziehungen konnte man nicht überleben, geschweige denn gut leben. Während das Bearbeiten des Bodens oder das Hacken von Gemüse sowohl eine innere wie auch eine äußere Erfahrung sein konnten, lenkte Treckerfahren und -reparieren oder Aufstellen und Befeuern eines Dampfkessels die Aufmerksamkeit des Bauern nach außen, weil dabei keine Beziehung zu einem anderen Lebewesen mehr notwendig war.

Von dieser Außengewandtheit lebt auch der Arbeitsmythos des Industriezeitalters. Dieser Mythos besteht bis heute. Wenn zum Beispiel eine Waffenfabrik oder eine Autofabrik schließt (beziehungsweise nach Taiwan oder Mexiko umsiedelt), dann ist die erste Reaktion: Wir sind erledigt. Wir haben unsere Arbeitsplätze verloren. *Aber: Wir brauchen nicht mehr an den Mythos der Industriezeit zu glauben, daß Arbeit hauptsächlich in Fabrikarbeit und Industrie liegt.* Indem wir uns der Frage zuwenden, welche Arbeit wir heute brauchen, bringen wir vielmehr neue Arten des Arbeitens hervor und können auf neue Weise Arbeitende sein, Arbeitsplätze schaffen und uns von Arbeit erholen. Zentral dabei ist, die Aufmerksamkeit auf jene Arbeit zu lenken, die durch das industrielle Modell praktisch übersehen worden ist: unsere innere Arbeit. Im Nachwort zu seinem Klassiker »Die Rückkehr zum menschlichen Maß – Small Is Beautiful« schreibt E.F. Schumacher: »Überall fragen Menschen: ›Was kann ich denn tun?‹ Die Antwort ist so einfach wie unangenehm: jeder von uns kann darauf hinarbeiten, daß sein ›inneres Haus‹ in Ordnung gebracht wird.« Dieses In-Ordnung-Bringen unseres inneren Hauses wird sich als der Schlüssel zur Neuerfindung der Arbeit für die Menschheit erweisen. Und nicht nur einzelne Menschen haben ein solches »inneres Haus«: Vielmehr brauchen auch die »inneren Häuser« unserer Gemeinschaften, unserer Kirchen und Synagogen, unserer Wirtschafts- und Staatssysteme, unserer bürgerlichen und familiären Beziehungen in diesem kritischen Moment der menschlichen und irdischen Geschichte viel Aufmerksamkeit.

Die Lektion aus der industriellen Revolution ist: Arbeit dreht sich nicht nur um Fabriken und Industrie. Die Menschen haben immer schon gearbeitet. Schon lange vor der industriellen Revolution gab es für die Menschen genug Arbeit. Um der Zukunft willen müssen wir unsere Kriegsindustrie abbauen und unsere Wirtschaft auf solide und lebenserhaltende Unternehmungen lenken. Würden die Regierungen diese Bemühungen wirklich unterstützen, so wäre der Arbeitsplatzverlust nicht das Ende der Welt, denn es gibt so viel *neue* Arbeit, die getan werden muß. Wenn die Leute darüber klagen, daß sie mit der Autoindustrie Japans nicht mehr konkurrieren können, wird dadurch eine weitere Frage aufgeworfen: Welche Arbeit können wir tun und uns dafür ausbilden, die heutzutage für unser Volk nützlich ist? Die Welt braucht schließlich nicht immer noch mehr Autos. Autos zerstören unsere Luft und die Ozonschutzschicht, sie gefährden deshalb die Zukunft. Der Verlust unserer Vorreiterrolle in bestimmten Industriezweigen könnte sich letztlich als ein Segen erweisen, da er uns für drängendere Aufgaben freistellt. Wenn dem aber so ist, dann müssen die Arbeitenden für diese neue Arbeit ausgebildet werden, die Gott und die Welt von uns fordern.

Was für eine neue Arbeit könnte das sein? Ich bin davon überzeugt, daß diese Arbeit *am Menschen selbst stattfindet*. Wir könnten sie als »innere Arbeit« bezeichnen. Wir haben unseren Sinn für ein inneres Leben verloren. Durch die Arbeit in der industriellen Epoche sind wir von uns selbst so weit entfremdet worden, daß der Mißbrauch von Alkohol oder anderen Drogen oder andere Formen der Sucht häufig dasjenige sind, was das Innenleben ausfüllt. Die Sucht bildet im heutigen Amerika einen größeren Industriezweig als die Autoproduktion. Und der Versuch der Suchtbekämpfung bildet ebenfalls eine schnell wachsende Industrie. Aber die Sucht können wir nicht ohne die Werkzeuge der Spiritualität bekämpfen, die uns bei unserem Ringen helfen, das innere Kind zu heilen und echte Erwachsene zu werden. Der Wissenschaftler Peter Russell hat geschrieben, daß wir heute ein Projekt zur Erforschung des menschlichen Bewußtseins brauchen, das dem Manhattan-Projekt vor 50 Jahren vergleichbar sein müsse. Wie wir damals die zentrale Energieform des Universums, die Atomenergie, untersucht haben – und dabei das Atom spalten lernten –, so müssen wir heute den Kern der menschlichen Energie erforschen. Als Vorbilder für eine solche Erforschung des Bewußtseins schlägt er Teresa von Avila und Franz von Assisi vor, die uns durch ihr Leben und ihre Lehre zeigten, daß in uns allen ein Mystiker, eine Mystikerin wohnt.

Ich gehe davon aus, daß für die Neuformulierung der Arbeit in den Neunzigern, für die Neuerfindung der Arbeit und für das Schaffen von Arbeit für alle Menschen eine Richtung vorgegeben ist. Es ist die Arbeit, die das Universum von uns verlangt, die Arbeit an uns selbst, an der Menschheit. Warum ist das so dringend? Es ist dringend, weil *wir* das Problem sind. Wir sind diejenigen, die durch ihre Blindheit, ihre Habgier, ihren Neid, ihre Gewalt die eigene Heimat und die anderer Lebewesen zerstören. Diese *geistigen Sünden* zerstören den Planeten und bringen die Jugend zur Verzweiflung. Deshalb brauchen wir geistige Arbeit und geistig Arbeitende.

Die neue Epoche der Arbeit, die postmoderne und nachindustrielle Epoche, wird eine Ära der inneren Arbeit sein. Durch sie können wir den Menschen von heute gute Arbeit geben.

Wir müssen in erheblichem Ausmaß Talente und Disziplin in unser Innenleben investieren. Tun wir dies, so werden wir einige Lösungen für die überwältigenden Probleme der Gewalt und Selbstzerstörung, der verinnerlichten und der äußeren Unterdrückung, des Sexismus, Rassismus, der Homophobie und der Angst finden, die die Menschheit zu überwältigen drohen und die von Generation zu Generation durch Mißbrauch – körperlichen, emotionalen, sexuellen und religiösen Mißbrauch – weitergegeben werden. Die Quellen des Unrechts und der Ungerechtigkeit finden sich nicht nur in den Systemen. Innerhalb unserer Psyche liegen die Schlüssel für unseren Widerstand gegen das Unrecht.

Durch die Unterscheidung zwischen innerer und äußerer Arbeit wollen wir jedoch nicht eine dauernde Spaltung zwischen beiden schaffen. Wir werden auch eine dritte Art der Arbeit brauchen, die die innere und äußere wieder zusammenbringt. Diese Aufgabe wird den Prozeß unterstützen, Jobs in Arbeit zu verwandeln und neue Arbeit zu erfinden. Hat man erst eine geistige Mitte gefunden, von der aus man arbeiten kann, so ist keine Arbeit entfremdend – vorausgesetzt, es ist gute Arbeit. Keine Arbeit ist dann nur ein Job. Wer den Fußboden wischen muß, kann dies als einen Akt geheiligter Arbeit tun, vorausgesetzt er oder sie kennt die Bedeutung der Aufgabe und schätzt sie als einen Beitrag zur kosmischen Gemeinschaftsgeschichte. Dies soll natürlich auf keine Weise die Ausbeutung Arbeitender durch sinnlose Arbeitsbedingungen oder ungerechte Entlohnung entschuldigen. Aber wenn Arbeit nützlich und nicht schädlich ist, so kann sie immer zu heiliger Arbeit werden und zu einem Teil der eigenen meditativen Übungen – vorausgesetzt, man ist sich darin bewußt. Diese Idee ist nicht neu, sondern uralt. Die monastischen Traditionen haben sie in ihren gesunden Phasen gelehrt. Durch unsere Arbeit loben wir Gott. Und dadurch wiederum gewinnt unsere Arbeit an Gnade und Sinn. Wie der Schriftsteller Wendell Berry deutlich macht, enthält jede Art von Arbeit Routine; die Frage ist nur, ob sie auch Sinn enthält. Wenn wir unsere Arbeit aus der Mitte heraus tun, aus unserer Quelle, dann wird sie immer Sinn haben. Ihr Sinn, ihre Bedeutung wird von selbst »durchbrechen« (Eckharts Wort), uns von Zeit zu Zeit deutlich werden; der Sinn wird uns auch immer gegenwärtig sein, wenn er auch manchmal in Stille verborgen oder verhüllt ist.

Indem wir die äußere und innere Arbeit zusammenbringen, tragen wir zu einer Kosmologie, zur Ganzwerdung, zu einer Ordnung in unserem Leben und dem der Menschheit bei. Mystische Philosophen wie Hildegard von Bingen, Thomas von Aquin und Meister Eckhart haben behauptet, daß die Seele nicht im Körper ist, sondern der Körper in der Seele. Das bedeutet auch, daß unsere innere Arbeit nicht im Sinne des nur Innerlichen zu verstehen ist, sondern auch als eine tiefe Arbeit. Eckhart benutzt den Ausdruck der innersten Tiefe unserer Seele. Aber diese innerste Tiefe strahlt aus, wohin immer sich unsere Seele ausdehnt, das heißt, in alle Bereiche des Wissens und der Liebe, des Staunens und der Trauer, die von unserem Bewußtsein berührt werden. Hier vereinen sich Psyche und Kosmos. Hier wird der Dualismus zwischen uns und dem Kosmos ausgelöscht. Hier beginnt die Heilung der tiefen Wunden, die wir in der Moderne empfangen haben. Wie die Kosmologen Brian Swimme und Thomas Berry es ausdrücken: »In der Epoche der Moderne fehlt uns eine zusammenhängende Geschichte des Universums. Deshalb erscheint uns zur Zeit die Anwesenheit des Menschen auf der Erde verzerrt.« Wenn diese verzerrte Anwesenheit des Menschen auf der Erde geheilt wird, dann wird auch die Arbeit geheilt werden. Und die Heilung dieser Verzerrung unserer Gegenwart wird selbst für gute Arbeit sorgen.

Kürzlich saß ich an einem sonnigen Nachmittag auf einem Hügel mit Blick auf die Schönheit und Pracht der Bucht von San Francisco. Und wieder einmal wurde mir bewußt, daß nicht San Francisco unsere Seele enthält, sondern unsere Seele enthält San Francisco. Und die Seele möchte immer noch weiterreisen – und hat es schon getan. Unsere Seelen sind sehr groß. Deshalb brauchen wir eine Kosmologie, die groß genug ist, die Seele zu umfassen und mit dem heiligen Prozeß zu beginnen, ihr Zufriedenheit zu geben. Durch all dies fangen wir an, »blühende Gärten« zu sein, deren Wirken »das Universum durchdringt«.

Kapitel 1

Das Leiden in der Arbeit: Arbeit als Klage und als Nichts

Von ihrem ganzen Wesen her hat Arbeit mit Gewalt zu tun – Gewalt gegen den Geist wie gegen den Körper. Sie hat mit Geschwüren ebenso zu tun wie mit Unfällen, mit Herumschreierei wie mit Prügeln, mit Nervenzusammenbrüchen ebenso wie mit dem Schikanieren der Unterlegenen. Vor allem aber (oder allem zugrunde liegend) hat sie mit der täglichen Demütigung zu tun. Für die Verletzten unter uns ist es schon Triumph genug, nur den jeweiligen Tag zu überleben.

Studs Terkel [1]

Der Mensch soll aller Dinge und aller Werke, innerer wie äußerer, so ledig sein, daß er eine eigene Stätte Gottes sein kann, darin Gott wirken kann.

Meister Eckhart [2]

Tu dein Werk und tritt dann davon zurück.
Der einzige Pfad zur Gelassenheit …

Wer an seinem Werk festhält
schafft nichts von Dauer.

Willst du mit dem Tao gehen,
tu nur deine Arbeit,
und lasse dann los.

Tao Te Ching [3]

Überall, wo ich hinkomme, scheinen Menschen sich mit ihrer Arbeit,
mit Geschäftigkeit, Hetze, Sorgen und übertriebener Hilfe umzubrin-
gen. Arbeitssucht ist eine moderne Epidemie, die durch das Land geht.

Diane Fassel [4]

Erkenne darum das Wesen der Werke, wie auch der falschen Werke.
Und erkenne auch das Werk der Stille: Geheimnisvoll ist der Weg
des Handelns. Wer im Werk das Nicht-Werk sieht und im Nicht-
Werk das Werk, sieht wahrhaft das Licht und findet in allen seinen
Handlungen Frieden.

Bhagavad Gita [5]

Die meisten von uns werden Terkel darin beipflichten, daß die
tägliche Arbeitsmühle unsere Seelen zu Staub mahlen kann. Arbeit
kann ein Segen, aber auch ein Fluch sein. In den Kapiteln zwei und
drei werden wir besprechen, was die Arbeit mit dem Arbeiten des
Universums, mit Begeisterung und Freude zu tun hat. Zunächst
werden wir jedoch darauf schauen, wie die Arbeit fordernd, frustrie-
rend, beunruhigend, enttäuschend, herzzerreißend und rätselhaft sein
kann. Bei unserer Arbeit werden wir ebenso entleert, wie wir gefüllt
werden. Wir schmecken das Nichts und die Nichtigkeit ebenso wie
die Ekstase. Wir können unsere Arbeitswelten nur erneuern, wenn
wir erkennen, was nicht wirkt, und wenn wir die Leerstellen in
unserem Leben, in unserer Seele, und in unseren Gemeinschaften
zugeben. Wir müssen uns eingestehen, daß wir Nichtigkeit, Langeweile, Abhängigkeit, Unmenschlichkeit, die zu weiterer Unmenschlichkeit führt, zwanghaftes Verhalten sowie die Sehnsucht erfahren,
die in unserem inneren Selbst wächst, während unser äußeres Selbst

zufriedengestellt oder angemessen bezahlt wird. Denn: »Die Ziele des Herzens ... sind Wahrheit und Gerechtigkeit«, sagt Thomas von Aquin6. Wenn uns bei unserer Arbeit nicht regelmäßig Wahrheit und Gerechtigkeit serviert werden, dann werden wir geistig verhungern, ganz gleich wie gut wir materiell gefüttert werden. Unsere Arbeit muß dem Herzen einen Weg bereiten, das heißt, daß Wahrheit und Gerechtigkeit in unserem Berufsleben eine zunehmend wichtige Rolle spielen müssen. Ohne solche Herzensnahrung werden wir gewiß geistig verhungern, und keine Beförderung und keine Gehaltserhöhung der Welt wird das Gefühl kompensieren können, daß wir in der Seele sterben.

Arbeit als Klage

In der Tat sind wir *homo faber*, eine Spezies, die nur zufrieden ist, wenn sie arbeitet. Aber unsere Arbeitsplätze erfüllen nicht immer diese unsere Träume. Und wenn es in unserer Arbeit an Würde mangelt, fehlt diese auch uns. Bestimmte Arbeiten drohen sogar, den Geist abzutöten. So stellt der Wirtschaftswissenschaftler E.F. Schumacher fest: »Es ist aufschlußreich zu sehen, mit wieviel Mühe die moderne Welt zu verhindern trachtet, daß dem Leib des Werktätigen etwas zustößt. Geschieht das doch, kann der Betroffene Schadenersatz verlagen. Was aber ist mit seinem Geist und seiner Seele? Wenn seine Arbeit ihn als Menschen schädigt, indem sie ihn zum Roboter degradiert – hat er eben Pech gehabt.«7
In der Einführung zu seiner Gesprächsreihe mit Arbeitenden hebt Studs Terkel hervor, daß Arbeit schmerzhaft sein kann, daß es einfach darum gehen kann, den Tag durchzustehen, daß wir durch sie genervt, wütend, frustriert, gewalttätig, haßerfüllt oder gedemütigt werden können. Das sind Hinweise darauf, wie tief die Arbeit in unsere Seele eingreift und dort einen ebenso großen Raum einnehmen kann wie die Arbeitslosigkeit. Kürzlich erhielt ich den folgenden Brief von einer großen gewerkschaftlichen Gruppe in Kanada: »Die Menschen sind erschöpft. Viele unserer Freundinnen und Freunde in

der Gewerkschafts-/Umwelt-Bewegung befinden sich in einem Zustand fast völligen Ausgebranntseins: einzelne zerstören sich auf verschiedene Art und Weise, Familien reißen sich auseinander. In letzter Zeit fühlen wir uns fast wie im Kriegszustand. Fast täglich hören wir von den Tragödien unter uns: Todesfälle, Zusammenbrüche, Aids, Gewalt, Scheidungen, Alkoholismus, und die verschiedensten Formen streßbedingter Störungen.«[8]

Schumacher stellt eine Verbindung her zwischen der Maschinenkosmologie und der Verunglimpfung der Arbeit in unserem Leben: »Wenn wir weiterhin lehren, daß der Mensch nichts als das Ergebnis eines gedanken-, sinn- und zwecklosen Entwicklungsprozesses, eines auf das nackte Überleben ausgerichteten Ausleseprozesses ist, daß wir also das Ergebnis von nichts als Utilitarismus sind – dann erreichen wir auch nur eine utilitaristische Vorstellung von der Arbeit, nämlich, daß sie nichts als eine mehr oder weniger unangenehme Notwendigkeit ist und es daher um so besser ist, je weniger Arbeit man hat.«[9]

Schumachers kritische Auseinandersetzung mit dem Thema Arbeit umfaßt auch seine Überzeugung, daß eine neue Schöpfungsgeschichte, die uns wieder von der Heiligkeit des Kosmos erzählt, den Utilitarismus einer geistlosen Kosmologie ersetzen und uns helfen kann, eine begeisternde und lebendige Arbeitsphilosophie wiederzufinden. Schumacher meint, daß es eine Unterscheidung gibt zwischen *guter* und *schlechter Arbeit*, und daß Gesellschaft und einzelne gleichermaßen darauf achten müssen, was die Arbeit den Arbeitenden antut. Er hält dies für eine Frage der Ideologie und der Kosmologie: Lassen wir zu, daß die Maschinenideologie unser Verständnis der Arbeit beherrscht? »Die Frage, *was die Arbeit den Arbeitenden antut,* wird kaum je gestellt – ganz zu schweigen von der, ob nicht die wirkliche Aufgabe darin läge, Arbeit den Bedürfnissen des Menschen anzupassen, statt von ihm zu verlangen, daß er sich ihren Zwängen unterwirft – und das heißt natürlich in erster Linie: den Bedürfnissen von Maschinen «[10] Schumacher geht davon aus, daß der Industrialismus die Persönlichkeit verkümmern läßt, weil er die meisten Arbeitsformen, Hand- wie auch Büroarbeit, völlig uninteressant und bedeutungslos werden läßt. Der Zweck und die Zielrichtung des modernen Industrialismus seien nicht, befriedigende Arbeit zu schaffen, sondern abzuschaffen, weil Arbeit als etwas Unerwünschtes gilt. Was aber unerwünscht ist, kann keine Würde vermitteln. Das Arbeitsleben der Arbeitenden wird deshalb ein Leben ohne Würde. Man könnte sagen, daß ein Maschinenuniversum unsere Arbeitswelt in eine geistige Wüste verwandelt, in die Erfahrung der Nichtigkeit: »Damit wird sie mechanisch, künstlich, entfernt sich von der Natur, nützt nur einen Bruchteil der Fähigkeiten, über die der Mensch verfügt, und verurteilt die Mehrzahl der arbeitenden Menschen dazu, ihr Arbeitsleben auf eine Weise zu verbringen, bei der es keine wichtigen Aufgaben, keinen Anreiz zur Selbstvervollkommnung, keine Gelegenheit zur Entwicklung und keinen Platz für das Schöne, Wahre und Gute gibt.«[11]

Feministische Perspektiven

In unserer Kritik der Arbeit spielen auch die Geschlechter eine Rolle. Heutzutage werden die meisten interessanten und kritischen Studien zur Arbeit von Frauen geschrieben[12]. Das ist wohl deshalb der Fall, weil die Frauen für lange Zeit von den Hauptarbeitsbereichen ausgeschlossen waren und deshalb einen klareren Standpunkt gewinnen konnten. Sie können die Mühe der Arbeit und den Preis, den wir alle dafür zahlen müssen, besser einschätzen. Auch weil in der jüngeren Vergangenheit ein großer Teil ihrer Arbeit um unser Zuhause kreiste, neigen Frauen weniger dazu, sich an der Uhr zu orientieren (Babys und Kleinkinder sind geradezu versessen darauf, unsere Uhrzeiten zu übersehen!).

Der jahrhundertealte Ausschluß der Frauen von den öffentlichen Arbeitsbereichen (wie übrigens auch von den theologischen) hat dazu geführt, daß sie sich auch weniger darauf fixiert haben. Wie bei anderen unterdrückten Bevölkerungsgruppen hat die Distanz ihnen die Freiheit gegeben, ein spielerischeres Gefühl der Arbeit gegenüber beizubehalten und ihr Ich nicht von Fragen des Arbeitsstils und der Arbeitsidentität völlig einfangen zu lassen – wie es Männern geht, die in einem durchgehend männlichen System arbeiten und eine patriarchale Ideologie unterstützen. Deswegen ist bei Frauen die Bereitschaft höher, nicht nur die Arbeit selbst zu kritisieren, sondern auch das sie unterstützende System, die ökonomische Ideologie und ihre Geschäftspraktiken.

Viele Frauen haben seit einiger Zeit ihre innere Arbeit getan, haben nicht nur Diskussionsgruppen gebildet und andere Verständigungsmöglichkeiten im Untergrund geschaffen, sondern haben auch auf ihr inneres Selbst gehört. Viele Frauen sind ihrer eigenen biologischen Wirklichkeit – die im Grunde eine kosmische Wirklichkeit ist – näher geblieben als viele Männer; deshalb achten viele Frauen mehr auf die Natur, einschließlich ihrer eigenen, wenn sie lernen wollen, und weniger auf anthropozentrische Strukturen. Die Arbeitswelten, in denen der Einsatz der Frauen gefördert worden ist, wie Haushalt und Mutterschaft, das Nähren und Lehren, sind bei näherer Untersuchung dem Arbeiten der Natur näher als die meisten künstlichen und männlich definierten Jobs in unserer Kultur. Es gibt darin weniger »Regeln«, aber höhere Ansprüche an Kreativität, Prozeßhaftigkeit und Erfahrung. Und auch wenn Frauen sich entscheiden, diese Art der Arbeitswelt zu verlassen und sich auf weniger vertrautes Gebiet zu begeben, bringen sie die bei diesen Aufgaben gelernten und entwickelten Fähigkeiten mit. Das führt dazu, daß Frauen oft ein hohes Potential haben, Arbeitsstellen und auch die Ideologien der Arbeit zu verwandeln.

In vieler Hinsicht füllen feministische Philosophien die »Lücken«, die die herrschenden westlichen Philosophien hinsichtlich der Arbeit gelassen haben. Viele feministische Anschauungen betonen den Wert der wechselseitigen im Gegensatz zur einseitigen Abhängigkeit oder zur rücksichtslosen Unabhängigkeit. Diese wechselseitige Abhängigkeit, die Interdependenz, führt nicht nur zu echtem Mitfühlen, sondern zeugt auch von einem Grundgesetz des Universums. Viele feministische Ansichten bestehen auch darauf, auf der praktischen Ebene zu bleiben und betonen den Wert persönlicher Beziehungen. Dadurch bewegt sich das Gespräch über Arbeit und Arbeitslosigkeit vom Kopf in den Bauch, wo das Mitgefühl die Dinge in Bewegung bringt und moralische Empörung zu echten Veränderungen führen kann. Die meisten feministischen Philosophien weisen die Dualismen von Innen/Außen, Entweder/Oder und Sein/Handeln zu Gunsten einer nicht-dualistischen und schöpferischen Dialektik zurück, die auch zu einer umfassenderen Definition der Arbeit beiträgt. In den feministischen Visionen der Welt gibt es Platz für Künstlerinnen und Dichter, für Tänzer und Sängerinnen. Und auch die mystische Dimension, der Bereich der Ehrfurcht, des Staunens und der Ekstase, kann wieder ihren angemessenen Platz einnehmen. Feministinnen weisen auch auf unsere Ökobeziehungen hin und regen dadurch unsere Phantasie an, neue Formen der Arbeit zu schaffen, die das Wohlbefinden unseres Planeten und damit unser eigenes verteidigen.

Männerbewegungen und Arbeit

Nachdem nun die Frauen das Thema der Seele wieder angeschnitten haben, beginnen auch die Männer, gegenseitig ihren Geschichten zuzuhören. Infolgedessen wirft auch die Männerbewegung die Frage der inneren Arbeit auf, die von den Männern zu lange vernachlässigt worden ist. Manche Männer setzen sich mit dieser Vorstellung von innerer Arbeit auseinander und beklagen, was schlechte Arbeit ihrer Seele antut. Je mehr Männer z.B. anfangen, Arbeit im Haus zu übernehmen, Babys zu pflegen und die Fragen zu hören, die ihre Partnerinnen, Töchter, Mütter und Freundinnen aufwerfen, desto mehr wird sich ihre Einstellung zur Arbeit und zu sich selbst verändern.

Paul Kivel zum Beispiel, Mitbegründer des Männerprojektes von Oakland erzählt in seinem Buch »Men's Work: How to Stop the Violence that Tears Our Lives Apart« Geschichten von männlicher Gewalt und der Heilung davon. Er weist darauf hin, daß sich männliche Gewalt zunächst immer gegen das Selbst richtet und dann an Partnerinnen, Kindern und anderen ausagiert wird: »Mit der Frage, warum Männer gewalttätig werden, müssen wir auch fragen, warum wir gegen uns selbst gewalttätig sind. Selbstmord, sexuelle Übergriffe, Prügeln, Mord – das sind eindeutig Gewaltakte. Aber auch Alkohol und Drogenmißbrauch, emotionale und psychische Einschüchterung und Mißbrauch, gefährliche Sportarten und Hobbys sind ebenfalls gewalttätig. Arbeitssüchtige Verhaltensmuster, die zu Herzanfällen führen; chronische Vernachlässigung unseres Körpers, die zu einem frühen Tod führt; Unterlassung von notwendiger Hilfe oder medizinischer Versorgung, die zu vermeidbaren Todesfällen führen; die Absonderung von Ehefrauen, Partnern, Kindern und Freunden, die die mitmenschliche Nähe zerstört – auch all das ist Gewalt. Dies alles sind für Männer übliche Methoden, auf ihren Schmerz und Mißbrauch zu reagieren.«[13] Klugerweise vermeidet Kivel es, die Probleme der Männer zu psychologisieren. Vielmehr sagt er es so: »Als Männer haben wir zwei Verantwortungen: Die erste besteht darin, unser eigenes Mißbrauchsverhalten, in welcher Form auch immer, abzuschaffen. Die zweite ist, Arbeitende für die Gemeinschaft zu werden.«[14] Beachten wir, was hier über die Arbeit gesagt wird: Die innere Arbeit, die die Männer an ihrer Gewalttätigkeit und ihren Ursachen vollziehen, sollte letztlich zu nützlicher Arbeit für die Gemeinschaft führen. Hier haben wir ein gutes Beispiel dafür, wie die innere Arbeit neue Arbeit in der Gemeinschaft schafft, welche dann wiederum – als eine Art Vorbeugung – die Notwendigkeit übertriebener Straf»arbeit« beseitigt, die heute die Gefängnisse erledigen.

E.F. Schumacher führt auch aus, inwiefern schlechte Arbeit zu einem würdelosen Leben führt: »Daher sage ich, es ist ein großes Übel der modernen Industriegesellschaft – möglicherweise ihr größtes –, daß sie durch ihre Kompliziertheit den Menschen eine unmäßige psychische Belastung auferlegt und einen übermäßigen Anteil ihrer Aufmerksamkeit beansprucht. Mithin bleibt keine Kraft für die seelischen Dinge, auf die es wirklich ankommt. Offensichtlich vermag ein körperlich schwer arbeitender Landmann sich weit leichter auf das Göttliche einzustimmen als ein in seinen Büroalltag eingespannter Angestellter.«[15] Schumacher macht sehr deutlich, daß die zukünftigen Generationen der Arbeitenden lernen müssen, sich schlechter Arbeit zu widersetzen: »Wie sollten wir junge Menschen auf die zukünftige Arbeitswelt vorbereiten? (…) So, daß sie in der Lage sind, zwischen guter und schlechter Arbeit zu unterscheiden. Wir sollten sie unbedingt darin bestärken, sich mit letzterer nicht zufriedenzugeben, das heißt, wir sollten sie ermutigen, sinnentleerte, langweilige, verdummende oder die Nerven zerrüttende Arbeit zurückzuweisen, die den Menschen zum Diener einer Maschine oder eines Systems herabwürdigt. Sie sollten lernen, daß Arbeit Lebensfreude bedeutet und zu unserer Entwicklung nötig, daß aber sinnlose Arbeit verabscheuungswürdig ist.«[16] Schumacher weist auf drei Ziele der menschlichen Arbeit als Leitlinien für »gute Arbeit« hin:

»Erstens muß die Gesellschaft mit notwendigen und nützlichen Gütern und Dienstleistungen versorgt werden.

Zweitens muß jeder von uns in den Stand versetzt werden, seine Gaben als guter Haushalter zu nutzen und zu vervollkommnen,

und zwar drittens im Dienst am Mitmenschen und gemeinsam mit anderen, so daß wir uns von unserer angeborenen Selbstbezogenheit befreien.

Diese dreifache Aufgabe weist der Arbeit einen so zentralen Platz im Leben des Menschen zu, daß es wahrhaft unmöglich ist, sich menschliches Leben ohne sie vorzustellen.«[17]

Wenn wir damit zu tun haben, notwendige Dienstleistungen zu verrichten, dabei unsere Begabungen zu vervollkommnen und uns und andere bei der Arbeit zu befreien, müssen wir von Zeit zu Zeit mit Widerstand gegen unsere Arbeit oder bei unserer Arbeit rechnen. Zusätzlich kann es zu Problemen an der Arbeitsstelle selbst kommen. Unsere Arbeit kann andere bedrohen und uns in Schwierigkeiten bringen. Bei der Arbeit sind wir vielleicht gezwungen, mit anderen Menschen zusammenzuarbeiten, deren Nähe uns nicht angenehm ist und mit deren Werten wir nicht übereinstimmen. Arbeit kann ein Ort der Verärgerung und der Mißverständnisse sein, der Konkurrenz und der Aufregung. Sie kann uns unseres Geistes berauben und unsere Seele unterdrücken. Kurz gesagt, kann die Arbeit eine echte Erfahrung der Via Negativa werden. Sie kann uns in die dunkle Nacht der Seele führen.

In bezug auf diesen Aspekt der Arbeit sagen die Mystikerinnen und Mystiker: Tritt ein! Umarme das Dunkel! Laufe vor dem Leid und dem Schmerz, den die Arbeit mit sich bringt, nicht fort! Schau auf die Bedeutung dahinter, auf den Sinn, auf die Gabe, die das Leid dir gibt. Schau dir den Schmerz an, den Schmerz der Arbeit! Etwas Neues und Wertvolles in die Welt zu bringen, ist immer schwierig. Last zu tragen, ist ein Teil unseres Daseins. Niemand kann ihm entfliehen. Der Prüfstein kann nur sein, ob die mit unserer Arbeit verbundene Last größer oder geringer ist als die Freude, die daraus hervorgeht. Und hier treffen wir auf die feine Trennungslinie zwischen einem gesunden Opfer und einem ungesunden Masochismus. Arbeit kann uns in beide Richtungen führen, und eine echte Unterscheidung der Geister ist hier erforderlich.

Man hört zum Beispiel oft sagen: »Ich arbeite, um meine Familie zu versorgen, und frage mich nicht, ob ich die Arbeit mag oder nicht.« Vielleicht belasten wir unsere Familien unnötig damit, daß wir sie zur Entschuldigung oder Begründung dafür machen, daß wir unsere Arbeit hassen. Unsere Familie kann zu einem äußeren Bezugspunkt unserer Sucht nach ungesunder Arbeit werden oder ein ungesundes Selbstbild stützen. Viele Männer haben zum Beispiel gelernt, daß ihre männliche Identität synonym ist mit ihrem Erfolg als Brotverdiener. Ein 45jähriger Maschinist drückte es so aus: »Ein Mann zu sein, bedeutet die Bereitschaft, all deine wachen Stunden in die Arbeit zur Unterstützung deiner Familie zu stecken. Wenn du nach Freizeit fragst oder Überstunden ablehnst, bedeutet das, daß du faul bist oder ein Schlappschwanz.«[18]

Über unsere Arbeit entscheiden

Ich kenne Familien, die sich zusammengesetzt und entschieden haben, daß sie lieber das Einkommen aus ihrer Erwerbstätigkeit vermindern, um die Lebensqualität dort und zu Hause zu verbessern. Das Ergebnis war für die Familien oft höchst erfreulich, weil ihr Zuhause für alle Beteiligten ein glücklicherer Ort geworden ist. Hinter dem Zwang der Eltern, übertriebene Löhne nach Hause zu bringen, steckt oft eine Flucht vor der Freude, hier und jetzt mit der Familie zu leben – als sei die Zukunft wichtiger als die Gegenwart. Spirituell ausgedrückt sind jene Gedanken eine Häresie. Jesus lehrte, daß das »Reich Gottes mitten unter euch ist«, und meinte damit *jetzt*, zur Zeit. Wir sollten es genießen! Die Via Negativa leugnet, wenn sie für sich allein steht, die Via Positiva oder die Freude. Eine solche Situation ist immer ein Zeichen, daß ein negativer Geist am Werke ist. Wir leben nicht, um zu arbeiten und auch nicht, damit unsere Kinder studieren können, so ehrenwert ein solches Ziel auch sein mag. Wir »leben um zu leben«, wie Meister Eckhart es ausgedrückt hat. *Und wir sollten das Leben nicht wegen der Arbeit aufschieben oder wegen unserer Pläne, etwas mit dem verdienten Geld zu kaufen.* Sich den Lebensunterhalt zu verdienen und Finanzpläne zu machen, um für die von uns Abhängigen zu sorgen, gehört zum Leben dazu. Aber wir müssen den Unterschied zwischen echtem Opfer und selbst auferlegtem Masochismus erkennen lernen. Die höchste Gabe der Erwachsenen an die Jugend ist schließlich das Gefühl für Werte. Und der Hauptwert im Leben liegt nicht in den Dingen, die wir mit dem verdienten Geld kaufen. Der Hauptwert im Leben besteht darin, voll und ganz zu leben. Wenn wir diesen Wert unseren Kindern nicht weitergeben können, weil wir zu beschäftigt damit sind, »für sie« zu arbeiten, dann vermitteln wir ihnen nicht nur auf subtile Weise Schuldgefühle, sondern auch die erdrückende Botschaft, das Leben nicht genießen zu dürfen. Wenn wir unseren Kindern keine Erinnerungen an gemeinsame Zeiten der Via Positiva als Familie mitgeben können, dann ist uns unsere Arbeit gewiß zu wichtig geworden. Die Via Negativa darf auf unserer geistigen Reise nicht für sich allein stehen.

Bei der Unterscheidung, ob unsere Arbeit ein gesundes Opfer oder ein kranker Masochismus ist, können wir als Daumenregel anwenden: Gibt es in unserem Leben und in unserer Arbeit für die anderen drei Pfade der Schöpfungsspiritualität (das sind Freude, Kreativität und Wandlung) ebenso viel Raum wie für die Via Negativa? Ist die Antwort Nein, so tun wir keine gesunde Arbeit. Mit Eckharts Worten: »wir werden gearbeitet, statt zu arbeiten«. Wir sind dann Arbeitssüchtige statt arbeitende Mystikerinnen und Mystiker. Wenn wir keine gesunde Arbeit tun, dann wird unser ganzes Leben zwanghaft, werden wir unglücklich und zynisch, bekommen wir sogar Herzanfälle – dann wird die Arbeit in der Tat zur Klage.

Arbeit als Sucht: die Grenzen der Arbeit

Zur Schattenseite der Arbeit gehört die Sucht. Sucht ist in vielerlei Hinsicht eine »Sünde des Geistes«, denn sie trachtet danach, das Unendliche dort zu suchen, wo es nicht gefunden werden und nicht befriedigen kann. Die Wirtschaftswissenschaftlerin Juliet B. Schor bietet in ihrer Studie »The Overworked American« eine Strukturanalyse der Arbeitssucht, die unser Leben durchzieht. Zum Beispiel analysiert sie das »Hamsterrad des Arbeitens und Ausgebens«, in welchem die Konsumgesellschaft uns einfängt und das von einem Wirtschaftssystem wie dem Kapitalismus – sofern er sich nur auf Profite richtet – fördert. Sie zeigt die Wurzeln der Konsumgesellschaft (im Amerika der zwanziger Jahre) und weist auf, daß es auf der Voraussetzung der »Unzufriedenheit beruht. Ganz gleich, wieviel man hat, es ist niemals genug. Daraus ergibt sich die Erwartung, daß der nächste Einkauf das Glück bringen wird, und dann wieder der nächste.«[19] Die Bemühung, unsere Ansprüche ständig anzustacheln und aus Wünschen Bedürfnisse zu machen, macht die Werbeindustrie in der Konsumgesellschaft zu einer mächtigen Kraft.

Beachten wir, was hier über die Arbeit gesagt wird: Die Arbeit selbst macht nicht glücklich. Erst die Güter, die von dem mit Arbeit verdienten Geld gekauft werden, bringen (angeblich) das Glück. Damit erweist sich vom Gesichtspunkt der Spiritualität her unsere Arbeitswelt schon als eine Fehlleistung. Wenn wir in der Arbeit, die wir tun, keine Befriedigung finden, sind wir schon bereit für das »Hamsterrad«. Wir müssen dann die Flucht in unsere Freizeit suchen. Einkaufen ist eine dieser Fluchtmöglichkeiten, wie auch Fernsehen: Schor weist nach, daß die Menschen in denjenigen Gesellschaften, in denen am zwanghaftesten und längsten gearbeitet wird (den USA und Japan), am meisten fernsehen. »Das Glücklichsein hat mit dem Wirtschaftswachstum nicht Schritt gehalten«, sagt Schor, und der Konsumismus wird in der Tat zur Sucht. »Wie Drogenabhängige eine Toleranz entwickeln, brauchen auch Konsumenten ständig zusätzliche Kicks, um ein bestimmtes Maß an Zufriedenheit halten zu können.«[20] In unserer Psyche wie auch in der Gesellschaft als ganzer entwickelt sich daraus ein Kreislauf: Gewöhnung setzt ein, und wir fangen an, Gegenstände für selbstverständlich zu nehmen, die noch vor einer Generation als Luxus galten – Autos, PC's, Farbfernseher, ja sogar Sanitäranlagen im Haus, Kühlschränke und Staubsauger. Eine solche Gewöhnung könnte die dunkle Seite dessen darstellen, was der Biologe Rupert Sheldrake als das *morphogenetische Feld* bezeichnet, das Organisationsprinzip, das eine Art kumulatives Gedächtnis enthält und zunehmend zur Gewöhnung neigt. Wenn in der Nachbarschaft jemand mit dem Konsum beginnt, fangen wir alle damit an: »Das Ganze besteht darin, daß wir arbeiten und Geld ausgeben, dann wieder arbeiten und noch mehr ausgeben.«[21]

In ihrem Buch »Wir arbeiten uns noch zu Tode« stellt die Managementberaterin Diane Fassel fest: »Überall, wo ich hinkomme, scheinen Menschen sich mit ihrer Arbeit, Geschäftigkeit, Hetze, mit Sorgen und übertriebener Hilfe umzubringen. Arbeitssucht ist eine moderne Epidemie, die durch das Land geht. ...Ich nenne sie die unbescholtenste von allen Suchterkrankungen, die gesellschaftlich gefördert wird, weil sie so produktiv zu sein scheint.«

Nicht nur Büroangestellte und Manager können Workaholics sein, sondern auch Hausfrauen und Kinder. Die Arbeitssucht ist nach dem Verständnis von Fassel nicht an einen Job gebunden, sondern auch Arbeitslose, Unterbeschäftigte oder Rentner können Workaholics sein. Und nicht nur das zwanghafte Arbeiten, sondern auch die Arbeits-Anorexie oder die Arbeitsverweigerung kann Teil der Krankheit werden. Manche glauben, das Heilmittel gegen die Arbeitssucht könnte sein, überhaupt nicht zu arbeiten, aber »Arbeit vermeiden ist ein ebenso zwanghaftes, arbeitssüchtiges Verhalten, wie sich zu überarbeiten«[22]. Fassel benennt die Hauptcharakteristika der Arbeitssucht: Mehrfachsüchte, Verdrängung, Schwierigkeiten mit dem Selbstwertgefühl, Außensteuerung, Unfähigkeit zur Entspannung, Besessenheit. Außerdem führen die Spiele, die Arbeitssüchtige spielen müssen, zu Unehrlichkeit, Egozentrik, Isoliertheit, Kontrollzwang, Perfektionismus, Mangel an Nähe, Selbstmißbrauch, körperlichen und psychischen Problemen und geistigem Zusammenbruch. Fassel geht davon aus, daß »der spirituelle Bankrott das Symptom ist, das anzeigt, daß Sie der Arbeitssucht endgültig verfallen sind, er verkündet meistens, daß Sie in einer Sackgasse gelandet sind und nichts mehr zu verlieren haben. ... Glücklicherweise ist Spiritualität in dem Augenblick, in dem die abwärts führende Spirale der Arbeitssucht eine Kehrtwendung macht und aufwärts zur Genesung führt, das erste, was Menschen wiedergewinnen.«[23]

Die Arbeitssucht führt zu kaputten Familien, in denen emotionale Nähe auf einem Tiefstand ist, wo die Kinder schon früh lernen, Workaholics zu sein, und wo Vorurteile gären. Die Arbeitsstellen der Workaholics werden immer inhumaner und belohnen Beziehungen, die der Gemeinschaft nicht wohltun. Daraus resultieren Streß, Ausgebranntsein und Zusammenbrüche und damit zusätzliche Kosten, die sich dann in erhöhten Versicherungsbeiträgen niederschlagen. Unter einer Fortdauer der Arbeitssucht leiden also alle.

Das ist aber noch nicht alles. Fassel zufolge leidet auch unser grundlegendes Verständnis der Arbeit, wenn an den Arbeitsstellen die Arbeitssucht gefördert wird. So kann die gesamte Kultur krank werden. »Weil Arbeitssucht uns beschäftigt hält, bleiben wir uns in unserem innersten Wesen fremd. Und ein Aspekt dieser Entfremdung ist, daß wir aufhören uns zu fragen, ob wir die richtige Arbeit tun. Widmen wir uns tatsächlich der Aufgabe oder folgen der Berufung, die unsere ist? Tut sie uns ebenso gut wie unserer Familie und dem gesamten Universum?«[24] Fassel spricht hier sehr deutlich ein tiefes geistiges Elend an, das sie als die Entfremdung von unserem innersten Wesen benennt (was Eckhart als das »wahre Selbst« oder den »inneren Menschen« bezeichnet). Und wir finden uns mit einem solchen Mißbrauch ab, wie sie sagt, weil die Arbeitssucht uns so dumpf macht, daß wir keine spirituellen Fragen mehr an unsere Arbeit stellen.

Die Psychologin Barbara Killinger schreibt in ihrem Buch »Ich habe leider keine Zeit. Woran man einen Workaholic erkennt und wie man ihm hilft«, daß die Arbeitssucht Gewalt und »Machttrips« nährt, weil ein Workaholic ein Mensch ist, »der allmählich emotional verkümmert, der süchtig nach Kontrolle und Macht ist und den zwanghaften Wunsch nach Anerkennung und Erfolg hat.«[25] Diese Situation ist besonders beängstigend, weil Arbeitssucht in unserer

Gesellschaft häufig belohnt wird und die Betreffenden dadurch die Macht erhalten, das Verhalten in ihren Berufsgruppen, an ihren Arbeitsplätzen und in den Institutionen vorzuschreiben. Als Möglichkeit, mit Arbeitssucht umzugehen, schlägt Killinger vor, daß wir Spielen, Meditieren und eine spirituelle Praxis als wesentlichen Teil unseres Lebens beibehalten. Auch sei, so fügt sie hinzu, die Arbeitssucht einer der Hauptgründe für »eheliche Zerrüttung«.

Arbeiten und Loslassen

Wenn das Problem in einer Sucht besteht, dann liegt die Lösung zu einem großen Teil im *Loslassen*; und das Loslassen gehört zu den geistigen Übungen, die die Mystik uns lehrt. Die Via Negativa beruht zum Teil auf dem Erlernen des Loslassens. Eckhart sagt, daß wir ewig von Loslassen zu Loslassen in Gott sinken. Wir müssen diese Fähigkeit des Loslassens in unserer Arbeit ebenso anwenden wie in jedem anderen Lebensbereich. Der Kreislauf von Arbeit und Geldausgeben ist nicht nur ein psychologisches Problem, sondern enthüllt auch die dunkle Seite unserer Wirtschaftsphilosophie: »Das Arbeiten und Ausgeben wird durch das Wirtschaftswachstum angetrieben«, warnt Schor; vor allem dann, wenn die Arbeitenden in die Falle einer Vollzeitbeschäftigung gehen. Eine Befragung aus dem Jahr 1989 zeigt auf der anderen Seite, daß 80 Prozent der Amerikanerinnen und Amerikaner ihre berufliche Entwicklung opfern würden, um mehr Zeit mit ihren Familien zu verbringen.[26] Dank der feministischen Bewegung sind immer mehr Männer (nach der letzten Umfrage 50 Prozent) bereit, mehr Hausarbeit und Erziehungsaufgaben zu übernehmen, wenn sie bei ihrer Arbeit entsprechend Zeit einsparen könnten. Die derzeitige Situation mit der 38- bis 40-Stunden-Woche zum Beispiel verhindert ein solches Loslassen. Schor schlägt vor, daß wir Sabbat- oder Freizeiten nicht erst dann bekommen sollten, wenn wir entweder Sozialhilfeempfänger oder Rentner wären, sondern schon während wir noch jung sind und unser ganzes Leben hindurch. Dazu müßten wir den Kreislauf des Arbeitens und Ausgebens brechen, indem wir a) die Anreize für flexiblere Arbeitsplätze verändern; b) die Mindestlöhne erhöhen; c) Gleichheit unter den Geschlechtern schaffen, damit die Hausarbeit wirklich als *Arbeit* verstanden wird; d) die automatische Spirale des Konsumierens verhindern; und e) die Zeit als einen Wert an sich, unabhängig von ihrem Preis, etablieren, »damit sie nicht mehr als Äquivalent für Geld eingesetzt werden kann«[27]. In diesem sozialen Wandel sieht Schor Aufgaben bei den gesetzgebenden und regierenden Instanzen wie auch in der Industrie, bei den Gewerkschaften und Bürgerinitiativen, so wie diese Gruppierungen sich früher in unserem Jahrhundert für die Einführung der 40-Stunden-Woche eingesetzt haben. Durch gewisse Gehaltseinbußen, so Schor, die durch Zeit ausgeglichen werden, könnten durchschnittliche amerikanische Arbeitende bis zum Jahr 2002 jährlich 340 Stunden weniger arbeiten und einen 6,5- statt 8stündigen Arbeitstag haben. Mit anderen Worten: die Arbeitenden könnten jährlich zwei Monate mehr Ferien haben.

Wenn man davon ausgeht, daß das Realeinkommen Arbeitender jährlich um vier Prozent steigt, und wenn diese Steigerung ganz in Freizeit umgelenkt würde, dann würde die jährliche Arbeitszeit nach zehn Jahren in den USA nur noch etwa 1300 Stunden betragen, also ein Freizeitgewinn von mehr als 600 Stunden entstehen. Die Arbeitenden könnten dann ein Semester im Jahr zur Universität gehen, einen viermonatigen Urlaub nehmen oder das ganze Jahr hindurch einen 5-Stunden-Tag haben.[28] Für die bisher Arbeitslosen stünden mehr Arbeitsmöglichkeiten zur Verfügung, und wir hätten mehr Zeit für die geistigen Arbeiten der Kunst, Bildung und für ehrenamtliche Arbeit. Wir könnten mit der Familie arbeiten, mit der Jugend und mit den Senioren. Partnerschaften hätten eine bessere Überlebenschance, wenn sie nicht mehr die Last der Konflikte aus zwei Vollzeitjobs zu tragen hätten. Wir hätten mehr Zeit und Lebensqualität mit unseren Kindern und würden feststellen, daß das Ausmaß des Drogenmißbrauchs und anderer Formen des Selbsthasses unter der Jugend abnehmen würde. Die Qualität der Bildung und Ausbildung würde sich steigern, weil das Familienleben besser würde.

In Westeuropa ist bereits eine kürzere Arbeitswoche als in den USA durchgesetzt, es hat sich daraus keine Produktionsminderung ergeben. In den USA werden 8 Wochen pro Jahr mehr gearbeitet als in Deutschland oder Frankreich und 11 Wochen mehr als in Schweden. Alle Untersuchungen zeigen jedoch, daß Arbeitende mit kürzeren Schichten produktiver sind, ihren Firmen länger treu bleiben und überhaupt effektiver arbeiten.

Seit 1948 hat sich die Produktivität der Arbeitenden in den USA mehr als verdoppelt, was bedeutet, daß wir heute einen 4-Stunden-Tag haben oder nur 6 Monate pro Jahr arbeiten und immer noch das Produktionsniveau von 1948 halten könnten. Oder: Arbeitende könnten sich jedes zweite Jahr bezahlt freinehmen. Statt dessen sind wir aber Konsumsüchten verfallen, verbringen mehr Zeit beim Einkaufen als jedes andere Volk der Erde und geben dabei einen höheren Prozentsatz unseres verdienten Geldes aus.»Im Jahre 1990 haben durchschnittliche Amerikaner mehr als doppelt so viel besessen und konsumiert wie im Jahre 1948, aber auch weniger Freizeit gehabt.« Seit Beginn der siebziger Jahre hat die Freizeit in den USA um etwa ein Drittel abgenommen. Und wir verbringen weniger Zeit mit unseren Grundbedürfnissen wie schlafen und essen. »Die Eltern kümmern sich weniger um ihre Kinder. Und bei dem Balanceakt, die Anforderungen der Arbeit und des Familienlebens zu versöhnen, nimmt der Streß zu.« Schor weist darauf hin, daß die Naturvölker »im Wettlauf zwischen Wollen und Haben, … ihre Bedürfnisse niedrig gehalten und auf diese Weise ihre Art der Zufriedenheit gesichert haben. Sie sind nach heutigen Maßstäben materiell arm, müssen jedoch in wenigstens einer Hinsicht, der Zeit, als reicher angesehen werden.«[29]

Die Mutter der Nonne José Hobday, eine Seneca-Indianerin, lehrte diese: »Wenn du deinen Frieden bewahren und in einer guten Stimmung bleiben willst, widme allem, was du tust, die Zeit, der es bedarf, um es vollständig zu tun.« Hobday weist darauf hin, daß keine der ihr bekannten Sprachen von Naturvölkern ein Wort für »spät« oder für »Arbeit« enthält. Arbeit ist ein trennendes Wort, denn es trennt uns von unserem Spielen und der Leidenschaft unseres Herzens. Hobdays Vater pflegte zu sagen: »Versuche vieles. Wenn du das findest, was du liebst, dann tue das. Und *dann* versuche, damit deinen Lebensunterhalt zu verdienen.« »›Arbeit‹ ist ein derart wichtiges Wort in unserer Gesellschaft. Und doch hatte meine Mutter recht – es ist trennend. Es zerbricht die Gesellschaft in Pflicht und Verdienst, in Haben und Wollen – und das kann eine Fessel sein. Der indianische Weg ist freier, mehr vom Feiern bestimmt. Man erledigt wohl alle › Arbeit‹, kommt den Aufgaben im Haus, der Ernährung, der Bekleidung, der Fortbewegung nach. Man tut es aber in Harmonie, im Einklang mit der ganzen Schöpfung und den Zyklen des Lebens.«[30]

Dies klingt sehr ähnlich wie die Worte aus den Schriften der Hindu! Hören wir, was die Bhagavad Gita über die Arbeit sagt: »Ein Mensch, der in Harmonie lebt und die Wahrheit sieht, weiß stets, daß er in Wirklichkeit nicht handelt, obwohl er sieht, hört, berührt, riecht, ißt, sich bewegt, schläft und atmet. Denn während er spricht, sich entleert, greift, seine Augen öffnet oder schließt, weiß er immer, daß nur die Diener der Seele beschäftigt sind.«[31]

Eine der mystischen Lehren der Via Negativa ist, daß es Zeit wird, Loslassen zu lernen. Wir müssen die fixierten Vorstellungen, die wir als einzelne und als Kultur von der Arbeit haben, loslassen: die Vorstellungen von einer 38- bis 40 Stunden-Woche, von dem, was sozial akzeptiert wird und was nicht, was ein »richtiger Mann« ist, und davon, daß die eigentliche Arbeit außerhalb des Haushaltes stattfindet. Wir müssen die falschen Polaritäten aufgeben, die Zeit und Arbeit sowie Spiel und Arbeit gegenüberstellen; und wir müssen unsere veralteten Vorstellungen von unseren Konsumbedürfnissen und die daraus folgende Unzufriedenheit aufgeben, die Vorstellungen von einem Wirtschaftssystem, das die Arbeitenden in Unzufriedenheit und Konsumsucht treibt. Die Via Negativa, die Schattenseite der Arbeit, ist in der Tat eine Schule der Weisheit.

Um in unserer Arbeit der Via Negativa begegnen zu können, müssen wir tiefer in diese Arbeit eintauchen. Unsere erste Reaktion auf die Dunkelheit in unserer Arbeit könnte sein, daß wir kündigen. Das aber könnte sich nicht als der weiseste Weg erweisen. Auch hier haben Mystikerinnen und Mystiker uns etwas zu lehren: Ein großer Teil unserer Arbeit kann verändert werden, wenn wir uns selbst in unserer Einstellung zur Arbeit, zu den Menschen und zu den Situationen verändern, die die Arbeit zur Last machen. Ich möchte hier eine Geschichte über mich selbst bei der Arbeit erzählen: Nachdem ich vier Jahre lang Direktor der theologischen Abteilung eines College gewesen war, begann die Arbeit mir ein wenig auf die Nerven zu gehen. Als ich über dieses Empfinden nachdachte, wurde mir klar, daß ich mich langweilte. Ich hatte viele Seminare gegeben, wollte sie aber nicht ständig wiederholen. Und doch brauchten die Studierenden die Grundkurse, die diese Abteilung anbot. So trat ich also zurück. Mein Herz sagte mir, daß ich besser mit Graduierten arbeiten und mich auf Spiritualität spezialisieren sollte. Ich trat zurück, wußte aber nicht, welche Arbeit folgen würde, falls überhaupt eine. Wie sich zeigte, hörte man an einem anderen College von meinem Rücktritt, berief mich dorthin und lud mich ein, einen neuen Entwurf für ein Magisterstudium in Schöpfungsspiritualität vorzustellen. Eine neue Arbeit war für mich entstanden. Mit dieser bin ich immer noch beschäftigt, wenn auch in einer anderen Stadt und an einer anderen Schule.

Der Katalysator war also die Langeweile. Man sollte sich nur ein gewisses Maß an Langeweile bei der Arbeit gefallen lassen. Zum einen ist das Gelangweiltsein gegenüber den Mitarbeitenden nicht fair und auch nicht gegenüber denjenigen, die die Ergebnisse unserer Arbeit empfangen. In meinem Falle wäre es nicht fair gegenüber den kommenden Jahrgängen von Studierenden gewesen, die mich als gelangweilten Lehrer hätten ertragen müssen. Die Kunst des Lehrens beruht zu Dreivierteln auf Begeisterung, auf der Fähigkeit, die Studierenden hinreichend mitzureißen, so daß sie sich aufmachen und selbst lernen. Es wäre sinnlos gewesen, mein Gelangweiltsein als ein »Opfer« zu rechtfertigen, das ich den zukünftigen Generationen Lernender gegenüber bringen würde oder denjenigen, die von meinem Einkommen abhingen. Wir unterwerfen uns der Langeweile, wenn wir nicht mehr auf das Selbst, das Universum —oder, wenn wir wollen, auf Gott — vertrauen, da es bzw. er uns eine andere Arbeit anbietet. Langeweile ist eine Sünde gegen den Geist; der Geist ist niemals gelangweilt und niemals langweilig. Langeweile ist ein Zeichen, daß Loslassen angesagt ist. Was das Loslassen bei unserer Arbeit angeht, rät uns das Tao Te Ching folgendes:

»Tu dein Werk und tritt dann davon zurück.
Der einzige Pfad zur Gelassenheit. ...

Wer an seinem Werk festhält
schafft nichts von Dauer.
Willst du mit dem Tao gehen,
tu nur deine Arbeit,
und lasse dann los.«[32]

Wenn Schor von mehr Freizeit, Fassel über die Weigerung, die Arbeit loszulassen, Hobday davon spricht, Spiel und Arbeit miteinander zu vermischen, und wenn das Tao Te Ching davon redet, nur unsere Arbeit zu tun und dann loszulassen, so werfen sie alle ein Licht auf die Bedeutung des Sabbat. In unserem Leben haben wir das Gefühl für den Sabbat verloren: das Empfinden von Freude und Lust, das Gefühl dafür, dem Geheimnis des Daseins von Angesicht zu Angesicht gegenüberzustehen. Jesus kritisierte seine religiöse Überlieferung dafür, den Sabbat in ein Rechtssystem eingebunden und zum Gegenstand der Verehrung gemacht zu haben, statt zu einem Wunder für das Volk. »Der Sabbat ist für die Menschen da, nicht die Menschen für den Sabbat.« Heutzutage haben wir diesen Prozeß jedoch umgekehrt. Das Thema ist heute nicht mehr der Sabbat und seine Gesetze – mit diesen sind wir gründlich fertig geworden. In unserer säkularisierten Gesellschaft dient der Sabbat bloß als ein weiterer Tag zum Einkaufen, oft als *der* Einkaufstag in der Woche, wodurch die Religion mehr oder weniger subtil die Vergötzung der Arbeit und des Konsums befördert. Wir glauben, daß wir durch unseren Konsum all unser Leiden kompensieren können. Wollten wir zur Weisheit der Aussage Jesu zurückkehren, könnten wir ihn folgendermaßen paraphrasieren: »Die Arbeit ist für die Menschen da, nicht die Menschen für die Arbeit.«

Zu unserer Erfahrung des göttlichen Geheimnisses gehört auch radikales Loslassen; es ist Teil der geistigen Reise:

Können wir unsere Langeweile bei der Arbeit loslassen und noch weiter arbeiten?

Können wir, mit anderen Worten, an der Langeweile arbeiten und einige Prinzipien der inneren Arbeit auf das Thema der Langeweile anwenden?

Können wir die Arbeitsstrukturen verändern, die uns langweilen? In manchen Industriezweigen ist dies bereits geschehen, zum Beispiel dort, wo die eintönige Fließbandarbeit mit immer den gleichen Handgriffen durch Teams von Arbeitenden ersetzt worden ist, die für den Zusammenbau eines ganzen Autoteiles verantwortlich sind. In jedem Falle folgt daraus eine tiefere Zufriedenheit bei der Arbeit, und Arbeitgeber wie Arbeitnehmer profitieren von dieser Veränderung. Ähnliches muß auch in anderen Berufen geschehen, einschließlich der lehrenden und heilenden Berufe, die ebenfalls ihre Perspektive erweitern müssen. Wenn wir in der Lehre zum Beispiel uns dafür entscheiden, nicht nur die linke, sondern auch die rechte Hirnhälfte auszubilden, kann das für Lehrende wie Lernende begeisternd sein. Auch im Gesundheitswesen brauchen wir eine weitere Perspektive. In den pflegenden Berufen wird heute gelehrt, keine zu engen Bindungen mit Sterbenden einzugehen, wodurch auf beiden Seiten die Isolation größer wird. Statt zum Selbstschutz Mauern gegen die Trauer und Verletzung aufzubauen, zu der es bei der gesundheitlichen Versorgung von Menschen immer kommt, und dadurch das Ausbrennen der Arbeitenden zu beschleunigen, könnten wir das Wesen dieser Arbeit selbst verändern und für Patienten und Pflegende gleichermaßen Tätigkeiten wie Gärtnern, Malen, Tanzen, Dichten und Rituale einführen. Auf diese Weise könnte die Weisheit der Sterbenden auf die Weiterlebenden übergehen, und das Leben würde für alle Beteiligten reicher werden.

Statt einer nur durch ein Gehalt aufgewogenen Belastung am Ende *könnte* die Arbeit zu einem heiligen Raum werden, in welchem Belastungen »recycelt« werden und der Geist in Bewegung kommt. Die Arbeit kann zu einem Ort werden, in welchem mit Trauer umgegangen wird, nicht nur auf individueller Basis, sondern auch in Gemeinschaft, die ja letztlich der natürlichste Ort für uns ist, mit Trauer umzugehen. In jeder Gemeinschaft und an jedem Arbeitsplatz gibt es ein »inneres Leben«. Auf dieses innere Leben müssen wir mehr Aufmerksamkeit lenken, es achten, feiern und seine heilenden, vergebenden, ekstatischen und frohmachenden Kräfte freisetzen. Schon der Dichter Rainer Maria Rilke wies darauf hin, daß »aus Trauer so oft seliger Fortschritt entspringt«[33]. Wir müssen mehr über die Trauer lernen und sie zu unserer Lehrerin machen.

Das Loslassen bezieht sich aber nicht nur auf unsere Arbeitswelt, sondern auch auf unser Innenleben. Ausführlich äußert sich die Bhagavad Gita zu diesem Thema: »Was ist das Werk und was das Nicht-Werk? In dieser Frage haben auch die Weisen geirrt. Darum will ich dir die Wahrheit des reinen Werkes erklären, die dich befreien wird. Erkenne darum das Wesen der Werke, wie auch der falschen Werke. Und erkenne auch das Werk der Stille: Geheimnisvoll ist der Weg des Handelns. Wer im Werk das Nicht-Werk sieht und im Nicht-Werk das Werk, sieht wahrhaft das Licht und findet in allen seinen Handlungen Frieden. Wer in allen Handlungen frei ist von Begierden und Wünschen und wessen Werke verbrannt sind durch das Feuer der Weisheit, den nennen die Sehenden einen Weisen. Was auch immer eine solche Person tut, darin hat sie Frieden. Sie erwartet nichts, verläßt sich auf nichts und ist stets völlig zufrieden. ... Sie begnügt sich mit dem, was Gott ihr darbietet, ist erhaben über die Gegensätze und frei von Eifersucht, gleichmütig bei Gelingen und Mißlingen, und obgleich sie handelt, verfällt sie doch nicht der Bindung.

Ein solcher Mensch hat Befreiung erlangt. Er ist gelöst von allen Banden, sein Geist hat Freiheit in der Weisheit gefunden, und seine Werke sind heilige Opfer. Die Arbeit eines solchen Menschen ist rein.«[34]

Arbeit und die dunkle Nacht der Seele

Wenn wir von der Via Negativa sprechen, sprechen wir auch von der Beziehung zwischen der Arbeit und dem, was die Mystik als »dunkle Nacht der Seele« bezeichnet hat. Unsere Arbeit führt uns in eine solche dunkle Nacht der Seele, und zwar nicht nur in eine persönliche, sondern auch in eine kollektive Dunkelheit.

Die Erdbevölkerung zum Beispiel wird immer jünger, während diejenigen, die die Entscheidungen über unsere Lebensweise, die Einkommensverteilung, die Arbeitsplatzschaffung, die Rüstungsetats und die Religion treffen, immer älter werden. Was die Jugend dem Alter voraus hat, sind stärkere Körper: Sie können schneller laufen, härter schlagen und größere körperliche Schmerzen aushalten. Einige der Älteren sind recht weise und drängen die Jugend als Geistliche, als Streetworker oder als Politiker dazu, ihre Wut konstruktiver einzusetzen. Aber das reicht nicht aus. Soweit wir wissen, ist die gegenwärtige junge Generation in den Vereinigten Staaten im Vergleich zur älteren ärmer als je eine Generation von Kindern in der Menschheitsgeschichte. Und darüber hinaus werden sie den verseuchtesten Planeten erben, den unsere Spezies je gesehen hat. Und sie werden auch eine größere wirtschaftliche Schuld erben als jede andere Generation. Das bedeutet, daß Dienstleistungen beschnitten werden müssen und daß die Jugend die Rechnungen für die Älteren bezahlen muß, deren Habgier keine Grenzen gekannt hat.

Die ältere Generation wird mehr tun müssen, als zur Ruhe zu rufen und die Empörung umzulenken. Sie wird Alternativen bieten müssen. Eine der besten Ideen, die ich bisher dazu gehört habe, stammt von einem afrikanischen Heiler und Trommler, Onye Onyemaechi, dessen Traum es ist, in den Vereinigten Staaten afrikanische Dörfer aufzubauen. Solche Dörfer könnten Stätten sein, zu welchen die Jugend gehen könnte, um der Gewalt der Straßen unserer Großstädte zu entfliehen. Sie könnten dort aus den geistigen Wurzeln Afrikas Weisheit erlernen, in Fühlung mit ihrer kulturellen Tiefe kommen und unter Anleitung einiger weiser Älterer selbst Disziplin entwickeln. Das wäre innere Arbeit, aber es wäre eine innere Arbeit für die Gemeinschaft wie auch für die einzelnen, denn im Augenblick stehen in Amerika alle Bemühungen zugunsten der Gemeinschaft auf dem Spiel.

Gleichheit, Gerechtigkeit und Fairneß sind in unserer Kultur verlorengegangen. Die Jugend weiß dies, sie fühlt es, und vielleicht fehlt ihr oft die Sprache, dies anders auszudrücken als durch »Randale« und Gewaltanwendung. Uns fehlt aber eindeutig diese innere Arbeit. In der Gewalt auf den Straßen, der Drogenabhängigkeit und so weiter werden wir derzeit Zeugen einer Wut, die Teil der Trauer ist. Die USA z.B. hat noch nicht um die Schattenwirklichkeit des Rassismus und der Sklaverei getrauert, um wirtschaftliches Unrecht und Habgier. Ja, wir haben all diese Tatsachen verdrängt und verleugnet. Ein Beispiel dafür ist jener Fall, in dem ein junger Schwarzer von Polizisten zusammengeschlagen worden ist, und wo nach dem Gerichtsurteil erklärt wurde, dies alles habe nichts mit Rassismus zu tun. Wir werden an der Verdrängung festhalten, bis wir unsere Trauerarbeit geleistet haben, die uns in die Dunkelheit eintreten läßt. Nur wenn wir in sie eintreten, können wir sie anerkennen und uns selbst dadurch die Kraft holen, über sie hinauszugehen. Nicht nur in Großstädten befindet die Jugend sich in Verzweiflung, weil die ältere Generation auf Verdrängungen besteht, die ihren eigenen Interessen und ihrer Habgier dienen. Bedenken wir nur die hohe Selbstmordrate unter Teenagern in den Indianerreservationen. Haben wir schon die 500 Jahre betrauert, die seit Kolumbus' Ankunft an den amerikanischen Küsten vergangen sind? Ähnliche Vorgänge und Prozesse sind für Deutschland z.B. hinsichtlich der häufig verdrängten Nazi-Zeit anzumahnen.

Der kollektive Schatten und die Befreiung der Wahrheit

Das Chaos, in welchem unser Land sich zur Zeit – wieder einmal – befindet, könnte zu einem schöpferischen Chaos werden, einer Öffnung unseres kollektiven Schattens, einer Freisetzung der Wahrheit, wenn wir nur bereit wären, die Gelegenheit beim Schopfe zu ergreifen. Wir müssen uns ernsthaft und kritisch mit den Systemen auseinandersetzen, die so viele von Gerechtigkeit und wirtschaftlicher Gleichbehandlung fernhalten. Der Kern dieser nicht eingehaltenen Versprechen ist gesunde Arbeit. Menschen ohne Arbeit sind verzweifelt, und verzweifelt zu sein bedeutet, keine Achtung mehr für sich selbst und andere zu haben. Daraus folgt häufig Gewalt. Eine Erklärung dafür liefert der brasilianische Bischof Dom Helder Camara in seinem Buch »The Spiral of Violence«. Er weist darauf hin, daß *vor* der Gewalt, die wir an unseren Fernsehern verfolgen können – randalierende Leute und angreifende Polizei –, noch ein Akt der Gewalt liegt: Unrecht. Diese Ungerechtigkeit wird von den Medien selten mit berichtet und von Politikern selten angesprochen. Hinzu kommt, daß die Medien der westlichen Länder sozusagen eingebaute Vorurteile haben, weil sie selbst wesentlicher Teil der Machtstrukturen und deshalb auf die fortwährende Verdrängung des Elends der Armen angewiesen sind – so läßt sich die mangelhafte Berichterstattung über das Unrecht verstehen.

Das Chaos unserer Kultur und besonders unserer Arbeitswelt wird immer deutlicher offenbar. Die mangelnden Arbeitsmöglichkeiten haben natürlich viel mit der Gewalt in Großstädten zu tun, aber dasselbe gilt auch für die Korruption in den Medien, bei den Politikern, den Geschäftsleuten und den Wirtschaftsstrukturen unserer Zivilisation. Kann eine Arbeit, die die Vorherrschaft der Älteren, den Rassismus, den Sexismus, die Arbeitslosigkeit, die Armut und die Habgier fördert, kann eine solche Arbeit menschlich sein? Ist solches echte Arbeit? Können wir es uns leisten, damit weiterzumachen?

Paul Kivel schreibt über die Arbeit, die Männer in unserer Kultur zu erledigen haben: »Männer erscheinen nicht plötzlich bewaffnet und gefährlich im Leben. Es braucht viele Jahre der Ausbildung, um Jungens in gewalttätige Männer zu verwandeln.«[35] Und es bedarf auch bewußter Anstrengung und *Arbeit*, damit Männer wieder Männer werden und von der Gewalt ablassen können. Solche innere Arbeit hat ihren Preis, wie Kivel feststellt: »Dieses Buch handelt von Männern, die den Kreislauf der Gewalt, der uns alle gefährdet, durchbrechen wollen. Es war nicht leicht zu schreiben, weil das Durchbrechen dieses Kreislaufes schmerzvoll ist. ...Ich entschloß mich zum Schreiben dieses Buches, um die furchtbare, zerstörerische Erziehung, die die Männer erhalten haben, einmal grundlegend darzustellen. Wir sind erzogen und ausgebildet worden, Soldaten zu sein – und dies in unseren Familien, in unseren Gemeinden, bei der Arbeit und in Übersee.«[36]

Aber die Arbeit am inneren Menschen, die für die Beendigung der gesellschaftlichen Gewalt so wichtig ist, geht auch über in die innere Arbeit der Gemeinschaft. Kivel sagt es so: »Wenn wir tiefer verstehen, worum es in der männlichen Gewalt geht, treten wir einer noch größeren Herausforderung entgegen. Wir trachten nicht nur nach einem von Gewalt freien Leben, sondern wir wollen auch ein Leben schaffen, das gesund ist, indem wir anderen Menschen nahe und Vorbilder für unsere Kinder sind. Wir sehnen uns danach, beim Aufbau stärkerer Gemeinschaften zu helfen und die natürliche Umwelt zu pflegen. ... An uns, als Männern, liegt es, das Gewebe unseres Lebens wieder zu einem starken, vibrierenden und nährenden, von Gewalt unbefleckten Gewebe zu knüpfen.«[37]

Wie eine Gemeinschaft sich mit der Schattenseite ihrer Seele auseinandersetzen und dadurch Hoffnung und Auferstehung finden kann, zeigt die Arbeit der großstädtischen Glide Memorial Church in San Francisco. Ihr Pastor Cecil Williams erzählt in seinem Buch »No Hiding Place: Empowerment and Recovery for Our Troubled Communities« zahlreiche Geschichten davon, wie seine Gemeindemitglieder – Drogenabhängige, mißbrauchte Frauen, mißbrauchte und mißbrauchende Männer – ihre Seele wiedergefunden haben, wieder zu Gemeinschaft gefunden und auch gute Arbeit gefunden haben, nachdem sie auf den tiefsten Grund ihres Elends gestoßen waren und der Geist wieder in ihr Leben eintreten konnte. Oft haben sie sich dann aufgemacht, um anderen auf der Straße zu helfen, die ebenso verloren sind, wie sie selbst es waren. Wer selbst einmal süchtig gewesen ist, kann sich gegen die neue Sklaverei, wie Williams sie nennt, die Sklaverei der Sucht, einsetzen[38]. Im ausdrücklichen Gegensatz zur »Krieg-gegen-die-Drogen«-Strategie der Regierung Bush wußte Williams, daß Gefängnisse keine Antwort sind. Nach einer Begegnung mit einem wichtigen Drogenbekämpfer in Washington erinnert Williams sich: »Ich erhob meine Stimme und schüttelte meine Faust: › Sie sind interessiert an einer Politik des Zwanges. Wir sind an einer öffentlichen Gesundheitspolitik interessiert, die ihr Hauptgewicht auf Genesungs- und Behandlungsprogramme legt.‹ Ich wußte, daß die Gemeinschaft der Schwarzen sich selbst mit dem Crack auseinandersetzen mußte, mit Hilfe der gleichen Mittel des

Glaubens und des Widerstandes, die schon in früheren Generationen die Sklaverei und die öffentliche Rassendiskriminierung durchbrochen haben. Der Staat kämpfte nicht unseren Kampf. ... Nicht die Drogen waren der wirkliche Feind, sondern die Sucht. Der Krieg mußte gegen die Sucht gewonnen werden. Und der Kampf gegen die Sucht führte über Rehabilitationsprogramme, Unterstützung, Arbeitsplätze und eine neue, kraftvolle Lebensweise.«[39] Williams und seine Gemeindemitglieder wußten, daß der einzige Weg zur Befreiung aus der Sklaverei der Drogenabhängigkeit über harte Arbeit mit den verletzten Seelen der Süchtigen und in der Gemeinschaft ihrer Kirche und Gemeinde führte.

Vieles müssen wir loslassen: Rassismus, Vorherrschaft der Älteren, Klassenkampf, Verdrängung, Süchte, Gewalt, definierte Geschlechterrollen. Und das bedeutet *Arbeit*. In unserer Zeit muß enorm viel Arbeit getan werden, hauptsächlich an uns selbst, Arbeit an unserem bessern Selbst (die Via Positiva) und Arbeit an unserem Schattenselbst (die Via Negativa). Haben wir einmal begonnen, den inneren Bedürfnissen unserer Spezies Aufmerksamkeit zu schenken, so werden wir sehen, daß es keinen Arbeitsmangel gibt. Und wir müssen auch den inneren Bedürfnissen unserer Gemeinschaften Arbeit widmen, ihrer Fähigkeit zur Freude und zur Feier (Via Positiva) wie auch ihrer Fähigkeit zur gemeinsamen Trauer, zur Wut, Empörung und zum Leiden (Via Negativa). Wo nun sind alljene die diese Arbeit leisten könnten? Sie sind unter uns. Aber wir müssen einander wieder zu dieser Arbeit einladen.

Heimatlos in der eigenen Seele

Vielleicht sollten wir genauer darauf achten, wie wir das Wort »innen« benutzen. Wenn wir zum Beispiel von »Innenstädten« (mit »inner cities« sind im Amerikanischen die meist armen Bezirke der Großstädte gemeint) sprechen, könnten wir damit mehr meinen als eine Siedlung von sozial schlecht gestellten Bürgern. Wir sagen damit vielleicht auch unbewußt, daß es sich bei der Krise um eine *innere*

Krise handelt, eine Seelenkrise, eine Krise, die sich nicht nur in einem bestimmten Stadtteil abspielt, sondern in der Seele einer ganzen Gesellschaft. In der Mystik ist die Seele interessanterweise oft als eine Stadt dargestellt worden. Wir alle, ob erwerbstätig oder nicht, ob in Großstädten lebend oder nicht, spüren dieses Bedürfnis nach einer inneren Arbeit und nach äußerer Arbeit (oder Jobs) in unseren »Innenstädten«. Und weil wir dieses Bedürfnis immer weiter an uns nagen lassen, baut es sich in der Seele immer stärker auf und drückt sich in Angst, Verdrängung und weiterer Gewalt aus. Williams und Kivel erinnern uns daran, daß wir an der »Innenstadt« unserer verwundeten Seelen arbeiten müssen, wenn wir in unseren sozialen »Innenstädten« wieder gute Arbeit schaffen wollen. Und wir sollten uns auch daran erinnern, daß die verwundeten Seelen nicht nur diejenigen sind, die verarmt in den Großstädten leben, sondern auch diejenigen, die viel zu viel haben. Vielleicht gibt es eine Verbindung zwischen der Obdachlosigkeit in unseren Städten und der Heimatlosigkeit in unseren Seelen. Uns fehlt eine Kosmologie, das Gefühl, daß unsere Welt eine Heimat ist und das Gefühl der Ökologie. »Oikos« bedeutet im Griechischen »Heim, Haus«.

Wo unsere Arbeit bereit ist zu dienen, wo sie die Unwissenheit, den körperlichen Schmerz, die Arbeitslosigkeit, den Sexismus, die Vernachlässigung, den emotionalen Schmerz und die Langeweile zu lindern versucht, beginnen wir, etwas an der dunklen Nacht unserer Seele zu tun. Arbeit kann aber auch diese dunkle Nacht erschaffen, wenn sie etwa zur Verwüstung des Planeten beiträgt, zur Verzweiflung der Jugend, zum Ansammeln statt zum Teilen der Güter, zu Kontroll- und Machtspielen statt zum Feiern, zum Niederdrücken der Menschen statt zum Aufmuntern, zum Unrecht statt zur Gerechtigkeit.

Die industrielle Revolution hat den Schrecken der Arbeit vermehrt und uns gleichzeitig die Sprache und die Mythen verboten, mit denen wir dies hätten benennen können. Die neuen Zerstörungswaffen zum Beispiel, die wir in diesem Jahrhundert gebaut haben, werden selten als das bezeichnet, was sie sind. Wir verdecken ihr wahres Wesen mit Namen wie »Peacemaker« für interkontinentale Raketen und »Trinity« für Atom-U-Boote oder »Patriot« für die Raketen, die im Irak auf Zivilisten abgeschossen wurden, und bezeichnen einen Krieg, der hunderttausend Zivilisten tötete, als »Sieg«. Wir gestatten es uns nicht, die Tiefe unseres Zerstörungswerkes zu erleben. Und wie könnten wir es auch, da doch unsere herrschende Philosophie uns lehrt, daß wir gar keine solche Tiefe haben, daß wir Maschinen sind, die mit anderen Maschinen umgehen, daß wir also im Krieg keine Lebewesen töten, die aus Tiefe und Geheimnis bestehen, sondern eigentlich nur andere Maschinen umbringen? In der Kriegsmaschine findet das Paradigma der Maschine seinen Höhepunkt. Aber darin begegnet es auch seiner eigenen Unfähigkeit, sich selbst zu überschreiten; denn wenn wir Maschinen in einem Maschinenuniversum sind, können wir dessen Begrenzungen niemals schöpferisch durchbrechen.

Der Rationalismus kann sich mit der Schattenseite unseres geistigen Wesens ebenso wenig beschäftigen wie mit der göttlichen Seite unseres geistigen Wesens. Die cartesische Weltsicht enthebt uns, mit anderen Worten, unserer bösen Taten. In einem bemerkenswerten Aufsatz über das Böse schreibt der tschechische Dramatiker und Präsident Vaclav Havel: »Die Moderne behandelt das Herz als eine Pumpe und leugnet die Anwesenheit des Affen in uns. Und deshalb kann der offiziell nicht existente Affe immer wieder unbeobachtet ausrasten, entweder als persönlicher Bodyguard eines Politikers oder auch in der Uniform der wissenschaftlichsten Polizei der Welt.« Havel klagt das Denken des alten Paradigmas über das Böse an, wenn er sagt, daß dieses »sein ganzes Gewicht hinter kühler cartesischer Vernunft versteckte und nur gedankliche Vorstellungen akzeptierte«[40]. Diese ganze »rationalistische Neigung, die die Autorität der Mythen abgelegt hat, ist einer großen und gefährlichen Illusion verfallen: Sie glaubt, daß keine höheren oder dunklen Mächte – die diese Mythen in gewisser Weise berühren konnten, von denen sie zeugten und über die sie so eine relative › Kontrolle‹ gewährten – je existiert hätten, weder im menschlichen Unbewußten, noch im geheimnisvollen Universum. Heute herrscht die Meinung vor, man könne alles rational erklären – durch die wache Vernunft, wie sie sagen. Nichts ist verborgen – und falls doch, so brauchen wir nur ein wissenschaftliches Licht darauf zu werfen, und es wird nicht mehr verborgen sein. Das ist natürlich eine gewaltige Selbsttäuschung des modernen Geistes.«[41]

Havel ist der Überzeugung, daß unsere Generation auf passive Weise einen Massenwahn übernommen hat, der mit keiner Form von Rationalität etwas zu tun hat.[42] Wir haben mit dämonischen Kräften paktiert, zu denen die Fähigkeit zur Vernichtung von Mensch und Umwelt gehört. Wir müssen uns der Schattenseite unserer Seele stellen, wenn wir von der Verdrängung ablassen, diese Verschwörungen zerreißen und eine gesunde Lebens- und Arbeitsweise wiederfinden wollen. Die Wahrheit dieser Sätze erweist sich im Leiden unseres Planeten und der darin sich ankündigenden Leiden zukünftiger Generationen. Ein großer Teil der Krisen unserer Welt, der Krankheiten, der Hungersnöte und Überschwemmungen sind Folgen der Waldzerstörung, der Bodenerosion, der Luftverschmutzung, der Vernichtung der Ozonschicht, der Verseuchung des Wassers und der allgemeinen Erwärmung. Jährlich verlieren wir vierundzwanzig Milliarden Tonnen Mutterboden, eine solche Menge an Boden, wie alle Weizenfarmen Australiens sie zusammen brauchen. Seit 1945 haben wir soviel Mutterboden verloren, daß er die Fläche von ganz Indien bedecken würde. Weltweit fallen die Grundwasserspiegel dramatisch; so ist in Chapala in Mexiko der drittgrößte Süßwassersee Lateinamerikas von einer Tiefe von zehn Metern auf drei Meter gefallen, wobei seine Oberfläche von 465 Quadratmeilen auf 330 Quadratmeilen geschrumpft ist und alle Weißfische verschwunden sind. Die Städte und die Landwirtschaft Mexikos saugen den See aus. Die Zunahme des bodennahen Ozons verringert die Ernte weltweit um jährlich fünf bis zehn Prozent. Die Bodenerosion nimmt überall weiter zu, wobei zum Beispiel in Äthiopien und Peru der Mutterboden schon fast völlig verschwunden ist.

Und all dies geschieht, während die Weltbevölkerung zunimmt und der Nahrungsverzehr die Nahrungsproduktion überflügelt. Durch diesen ständigen Verfall der Lebensbedingungen auf unserem Planeten wird die menschliche Gesundheit überall angegriffen. Seit 1970 hat es etwa in der damaligen Tschechoslowakei eine Zunahme an Krebs um 60 Prozent gegeben. In Moskau werden zur Zeit dreihunderttausend Menschen wegen ihrer Strahlenkrankheit behandelt. In Los Angeles wie auch in Kalkutta wird schon bei Tausenden von Kindern ein chronischer Atemwegsschaden diagnostiziert. In Mexico

City atmen jede Bürgerin und jeder Bürger, einschließlich der Säuglinge, täglich das Äquivalent von zwei Zigarettenpackungen in Form von verschmutzter Luft ein. Und wegen des Lochs in der Ozonschicht breitet sich in Australien der Hautkrebs besonders unter Teenagern epidemisch aus. In den Vereinigten Staaten gibt es jährlich zweihunderttausend neue Krebsfälle, und auch der graue Star ist auf dem Vormarsch. Bei nichtmenschlichen wie auch bei menschlichen Wesen bricht immer mehr das Immunsystem zusammen.[43]

Welch eine Verantwortung wir bei unserer Arbeit tragen! Durch unsere Arbeit und während unserer Arbeit helfen wir einander entweder bei unserer Reise durch die dunkle Nacht der Seele und können schließlich anwesend sein, wenn jener Schleier sich hebt, *oder* wir helfen dabei, Menschheit und Schöpfung in ein dunkles Loch zu versenken, aus welchem sie sich vielleicht nie wieder erholen können. Waren es schließlich nicht Arbeitende, die in den Konzentrationslagern die Öfen bauten und Arbeiter – Politiker, die sich jene böse »Endlösung« zuerst ausgedacht haben? Durch unsere Arbeit können wir das Göttliche oder auch das Dämonische in uns hervorholen. Das Problem liegt darin, daß bei den meisten von uns die Arbeit sowohl Licht als auch Schatten bringt, daß sie sowohl von den Engeln als auch von den Dämonen stammt. Keine Arbeit, kein Werk ist von bösen Folgen ausgeschlossen. Hitler wurde von ganz normalen Bürgerinnen und Bürgern gewählt und unterstützt. Niemand von uns kann der Möglichkeit entfliehen, zum Dämonischen beizutragen. Aber wir können uns auch der Möglichkeit nicht entziehen, durch die von uns unternommene Arbeit zum Segen beizutragen. Auch die Begleitung von Menschen auf ihrer Reise durch die Dunkelheit ist eine wichtige Arbeit. Und das Wagnis, selbst in die Dunkelheit hineinzugehen, indem wir uns mit unserer eigenen Verwundung und Gebrochenheit auseinandersetzen, ist eine notwendige und bedeutungsvolle Arbeit.

Arbeit als gesunder Weg
ins Nichts

Das Nichts, die Nichtigkeit haben eine positive Dimension, und selbst das Leiden kann eine positive Haltung des Loslassens und des Sich-Entleerens schaffen. Oft ist Freiheit eine Folge solchen Leerwerdens. Das Nichts, dem wir in unserem Leben und in unserer Arbeit begegnen, kann als eine Art geistige Mitte, als eine heilige Leere, als eine ursprüngliche Quelle auftreten, die wir durch unsere Arbeit, unser Wirken mit ihren Ursprüngen in Verbindung bringen können. Wie das Tao Te Ching es ausdrückt:

> *»Alles entsteht aus dem Sein.*
> *Das Sein entsteht aus dem Nichtsein.«*[44]

Die Quelle aller Dinge ist ein tiefes, dunkles Mysterium. Ja, das Sein wird aus dem Nichtsein geboren, das Wunder aus dem Zweifel, das Licht aus der Dunkelheit, die Freude aus dem Leiden, die Hoffnung aus der Verzweiflung. Selbst die alltäglichsten Tätigkeiten können als eine Verbindung von Raum (Nichts) und unseren Händen bei der Arbeit gesehen werden. Noch einmal das Tao Te Ching:

> *»Speichen sind zu einem Rad verbunden,*
> *aber das Loch in der Mitte ist es,*
> *das die Bewegung des Wagens macht.*
> *Wir formen Ton zu einem Topf,*
> *aber die Leere in seinem Inneren*
> *läßt ihn einen Inhalt halten.*
> *Wir fertigen Holz für ein Haus,*
> *doch der Raum darin*
> *macht es bewohnbar.*
> *Wir arbeiten am Sein,*
> *aber wir nutzen das Nichtsein.«*[45]

Raum und Leere, Nichtsein und Nichtigkeit in Form bringen zu können, macht den Kern gesunder Arbeit aus. Es ist das unverzichtbare Mittel, zu unserer Quelle zurückzukehren und sie in unsere Arbeit einzuschließen. Rilke preist die heilige Leere, wenn er erläutert, daß die Leidenschaft allein uns nicht zu Arbeitenden macht. Auch die Leere, die auf die Leidenschaft folgt, muß in unser Wesen, unsere Arbeit und unser erwachsenes Dasein integriert werden:

>*Dies ists nicht, Jüngling, daß du liebst, wenn auch*
die Stimme dann den Mund dir aufstößt, – lerne
vergessen, daß du aufsangst. Das verrinnt.
In Wahrheit singen, ist ein andrer Hauch.
Ein Hauch um nichts. Ein Wehn im Gott. Ein Wind.«[46]

Nichtigkeit, die Erfahrung der Via Negativa, ist eine notwendige Voraussetzung gesunder Arbeit. Die innere Arbeit achtet sowohl auf die Leidenschaft als auch auf die Leere. Wie Rilke es an anderer Stelle ausdrückt, müssen wir die große Leere erkennen, in der alles beginnt.[47] Uns wird also gesagt, daß alles in einer großen Leere beginnt, die die unendliche Quelle bildet, aus welcher unsere eigene Tiefe erwacht. Es gibt keine Tiefe in unserer Arbeit ohne diese Verbindung zu dem Ursprung in der Leere. Wir müssen ganz darin einstimmen, ganz Ja sagen zum Nichts, zur Leere, zur Dunkelheit und dieses Ja in unsere Arbeit einbauen. Die Begegnung mit der Nichtigkeit kann den Beginn eines neuen, ganzen Lebens bedeuten. Der Schoß ist leer, bevor er sich mit neuem Leben füllt. Unser Geist ist leer, bevor er die Welt neu sehen lernt. Die Pupille des Auges wie auch die Linse einer Kamera sind leer, um alle Dinge in sich aufzunehmen. Ein Spiegel ist leer, bevor etwas vor ihn hintritt und sich in ihm spiegelt. Wenn unsere Seelen leer sind, kann dies der Anfang des Lernens darüber sein, wer wir wirklich sind, wie wir ursprünglich sind, wie unterschiedlich und doch tief verbunden mit anderen wir sind.

Die Einsamkeit und unsere Erfahrung des Nichts bereitet uns für aufrichtiges Zuhören vor. Schließlich sind unsere Ohren völlig leere

Räume, in welche Klänge hineingeleitet werden. Meister Eckhart lobt den inneren Menschen, der das Zuhören gelernt hat, indem er leer wurde und dieses Erleben des Nichts zugelassen hat. Eckhart sagt, daß der innere Mensch in keiner Weise an Zeit und Ort eingebunden sei, sondern allein und einfältig in die Ewigkeit. Hier erscheine Gott, hier werde Gott gehört, hier sei Gott. Hier spreche Gott und Gott allein: »Gesegnet sind, die das Wort Gottes hören« (Lukas 11,28).[48]

Wenn Eckhart den Begriff *Ewigkeit* gebraucht, denkt er an die Kindheit, an die Zeit, bevor wir von der Zeit wußten, als wir alle »in der Ewigkeit« spielten. In Gott, so sagt er, seien Ewigkeit und Jugend das gleiche. Die Fähigkeit des Kindes, völlig empfänglich zu sein und offen zuzuhören, ist eine Fähigkeit, die wir wieder erlangen können. Aus diesem Grunde spricht Eckhart davon, daß wir auf das *Wort* Gottes hören sollen. Durch dieses Zuhören findet unser *Werk* einen neuen und älteren Ausgangspunkt, einen Ausgangspunkt, der der Leere entspricht, von der Rilke sagt, daß in ihr alles begonnen habe. Auch Eckhart glaubt, daß wir zu einem solchen Zustand völliger Freiheit zurückkehren können, wie wir ihn erlebten, noch bevor wir existierten. Die Augenblicke der Meditation sind solche der Rückkehr. Das bedeutet es, »arm im Geiste« zu sein. Aus dieser Leere und diesem Nichts heraus kann Gott in uns wirken. Eckhart drückt es so aus: »Gott strebt für sein Wirken nicht danach, daß der Mensch eine Stätte in sich habe, darin Gott wirken könne; sondern nur das ist Armut im Geiste, wenn der Mensch so ledig Gottes und aller seiner Werke steht, daß Gott, dafern er in der Seele wirken wolle, jeweils selbst die Stätte sei, darin er wirken will, – und dies täte er gewiß gern. Denn, fände Gott den Menschen so arm, so wirkt Gott sein eigenes Werk, und der Mensch erleidet Gott so in sich, und Gott ist eine eigene Stätte seiner Werke; der Mensch aber ist ein reiner Gott – Erleider in Gottes Werken angesichts der Tatsache, daß Gott einer ist, der in sich selbst wirkt. Allhier, in dieser Armut erlangt der Mensch das ewige Sein wieder, das er gewesen ist und das er jetzt ist und das er ewig bleiben wird.«[49]

Eckhart legt uns nahe, aus der Gottheit keinen Gegenstand, nicht einmal eine Person oder einen imaginären Gefährten zu machen.

76

Vielmehr wird die Gottheit zu einer Stätte unseres Handelns, mehr zu einem Raum und einer Gegenwart, als zu einer Projektion unseres Geistes. In dieser Gegenwart wirken wir. Das Werk, das wir tun, macht uns zutiefst jung. Es verbindet uns mit unseren Ursprüngen in der Vergangenheit, mit dem ewigen Nun, mit unserer Zukunft. Eckhart drängt uns dazu, dem Weg unseres ungeborenen Wesens zu folgen. Er versichert uns, daß wir auch jetzt so frei sind wie vor unserer Geburt. Der Prozeß des Entleerens bringt uns in Verbindung mit dem, was noch nicht geboren ist, mit den Bildern in uns, die sich nach der Geburt sehnen. Es ist der Weg der Kreativität. Das Werk, das Wirken, das in der Leere beginnt, kann in der Kreativität enden. Und so macht es uns zufrieden.

Wenn die Nichtigkeit und die Leere Teil unserer Arbeit, unseres Wirkens werden, dann stimmt diese unsere Arbeit ein in das große Werk der Schöpfung, und wir selbst erlangen wieder Größe. Mit Eckhart erlangt der innere Mensch erst seinen vollen Raum (spatiosissimus est), weil er groß ohne Größe ist. Das ist der Mensch, auf den Paulus sich im Kolosserbrief (3,10f) bezieht: »Ihr habt den neuen Menschen angezogen, der erneuert ist zur vollen Erkenntnis nach dem Bild seines Schöpfers. Da ist nicht Mann oder Frau, nicht Heide oder Jude, …, Barbar und Skythe, Sklave und Freier, sondern alles und in allen Christus.«[50] Diese Vorstellung, daß wir unseren »ganzen Raum« erlangen können, daß wir göttlich sein können nach dem Bilde des Schöpfers des großen Werkes im Universum, daß wir Christus erfahren können, der »alles in allem« ist, das ist eine gute Nachricht für jene, die innere Arbeit getan haben. Und es ist eine Herausforderung an jene, die dies nicht getan haben. Wenn wir uns der inneren Arbeit der Begeisterung und des Nichts unterziehen, rühren wir an eine Verheißung, die uns Eckhart zuvor vermittelt hat: Daß nämlich unser äußeres Werk groß sein werde, wenn auch unser Inneres es ist, denn es enthalte in sich alle kosmischen Dimensionen und Erfahrungen. Denn die innere Arbeit enthalte stets in sich alle Größe, alle Breite und Länge.[51] Man beachte, daß Eckharts Beschreibung der Arbeit, des Wirkens, die vier Richtungen umfaßt. Unsere Arbeit nimmt kosmische Bedeutung an, wenn es sich um innere Arbeit handelt, um ein Wirken, das mit den Ursprüngen des Universums in Verbindung steht. Darin liegt seine Würde, darin seine Kraft und darin auch sein Lohn.

Auch der Sufi-Dichter Rumi preist die Verbindung zwischen Arbeit und Nichts: Arbeitende sollen das suchen, woran gearbeitet werden muß: Wir arbeiten an dem, was der Arbeit bedarf. Deshalb besteht zwischen Arbeitenden und dem Nichts eine besondere Beziehung, auf die wir eingestimmt sein müssen, wenn wir gesunde Arbeit schaffen wollen. Rumi sagt:

> *»Ich habe gesagt, daß jeder Handwerker,*
> *um seine Kunst auszuüben,*
> *nach dem sucht, was nicht da ist.*
>
> *Ein Baumeister sucht nach dem Loch,*
> *wo das Dach eingebrochen ist, ein Wasserträger*
> *greift den leeren Krug auf. Ein Zimmermann*
> *hält inne an einem Haus ohne Tür.*
>
> *Arbeitende eilen auf jedes Zeichen*
> *einer Leere, welche sie dann*
> *zu füllen beginnen. Ihre Hoffnung aber richtet sich*
> *auf die Leere. Glaube also nicht,*
> *du müßtest sie vermeiden. Sie enthält alles,*
> *was du brauchst!*
>
> *Liebe Seele, wärest du nicht befreundet*
> *mit dem weiten Nichts im Inneren,*
> *warum würdest du dann dein Netz auswerfen*
> *und so geduldig warten?*
>
> *Dieses unsichtbare Meer hat dir solche Fülle gegeben,*
> *doch noch immer nennst du es ›Tod‹,*
> *Und es gibt dir Nahrung und Arbeit.«*[52]

Nichts und Leere sind Teil des Großen Werkes des Universums und nähren ständig unsere Sehnsucht nach Wirksamkeit und Arbeit. Das Universum nimmt allen Tod auf und »recycled« ihn, sei es der Tod von Sternen oder Supernovas, von Geliebten oder Freunden. Der Tod ist eine Rückkehr zu unseren Ursprüngen, und er bestimmt das Ende unserer Arbeit. Der Tod aber bringt auch ein Verschmelzen unserer Arbeit in das große Werk des Universums und in die Arbeit und das Arbeitsleben all unserer Vorfahren. Die Gemeinschaft der Heiligen ist eine Gemeinschaft von Arbeitenden. Ein Leben und eine gute Lebensführung, in welcher die Arbeit eine gute war, wird im Tode gefeiert, wenn unser Wirken schließlich in einer großartigen Einheit in das Große Werk des Universums eingeht. Wo das Werden aufhört, ist alles still. Letztendlich ist unsere Arbeit Geheimnis, und im Tode kehrt Geheimnis zu Geheimnis zurück.

Das Nichthandeln

Beim Erkunden der Via Negativa der Arbeit wird das innere Werk, die innere Arbeit der Klage untersucht. Bei unserer Arbeit erleben wir Loslassen, die dunkle Nacht der Seele und eine gesunde Nichtigkeit. In vielerlei Hinsicht haben wir auch die Dimension des Nichthandelns oder der Zweck-Losigkeit unserer Arbeit untersucht. Das Tao Te Ching unterstreicht die Wichtigkeit des inneren Wirkens als Nichthandeln, wenn es dort heißt,

> *»Übe das Nichthandeln,*
> *und alles kommt in Ordnung.«*[53]

Nichthandeln kann ein anderer Ausdruck für innere Arbeit sein. Unser Handeln muß auf Nichthandeln aufbauen und aus diesem ausfließen. Wenn wir auf der Ebene des Nichthandelns wirken, wirken wir auf der Ebene des Seins. Echtes Sein geht echtem Handeln voraus. Was aber ist Nichthandeln? Und wie üben wir es aus? Nichthandeln drückt sich auf zweierlei Weise aus: in Ehrfurcht und im Staunen sowie im Leiden und in der Nichtigkeit. Ehrfurcht machen wir nicht, Ehrfurcht stößt uns zu. Wir machen auch kein Leiden, sondern auch es stößt uns zu. Diese Erfahrungen des Nichthandelns entsprechen der Via Positiva und der Via Negativa. In dieser Hinsicht können wir mit Meister Eckhart an der Notwendigkeit festhalten, ohne ein Warum zu arbeiten, denn alle Ehrfurcht ist ohne ein Warum. Auch Gott, so meint Eckhart, tue alle göttlichen Werke um ihrer selbst willen. Und die Bhagavad Gita lehrt uns ebenfalls, ohne ein Warum zu arbeiten: »Hänge dein Herz an deine Arbeit, aber strebe nicht nach ihren Früchten; aber verfalle auch nicht in Untätigkeit. Verrichte deine Werke im Frieden des Yoga, und sei frei von Eigensucht gleichmütig beim Gelingen und Mißlingen. Dieser Gleichmut wird Yoga genannt – ein immerwährender Friede. Werke, die für Lohn getan sind, stehen weit unter denen, die im Yoga der Weisheit getan werden.«[54]

Solches Loslassen führt zur Reinheit unseres Arbeitens. »Handlungen, die als heilige Werke, selbstlos und mit Gleichmut, getan werden, ohne Begierde oder Haß, ohne Streben nach den Früchten, sind rein. Wird ein Werk aber mit Eigennutz oder Anstrengung oder mit Gedanken an die eigene Opferbereitschaft getan, so ist es unrein. … Frei von den Fesseln des Anhaftens tue also deine Arbeit. Denn wer seine Werke rein verrichtet, wird das Höchste erlangen.«[55]

Die Weisheit, die wir zur Auseinandersetzung mit dem Negativen in unserer Arbeit brauchen, stammt zu einem großen Teil aus unserem Erleben der Via Positiva, denn Rilke rät uns: »Nur im Raum der Rühmung darf die Klage gehen.«[56] Es wird nun Zeit, die Via Positiva im Bereich der Arbeit zu betrachten. Dies werden wir in den folgenden beiden Kapiteln unternehmen.

Kapitel 2

Von der Maschine zum Organismus

Wie eine neue Kosmologie uns hilft, die Arbeit wieder zu erfinden

*Denn irgendwo ist eine alte Feindschaft
zwischen dem Leben und der großen Arbeit.
Daß ich sie einseh und sie sage: hilf mir.*

Rainer Maria Rilke[1]

*Alles findet durch die miteinander verwobenen Kräfte der Natur statt.
Wer aber in eigensüchtigen Selbsttäuschungen verfangen ist, hält sich
für den Handelnden.*

Bhagavad Gita[2]

*Das äußere Werk kann niemals klein sein, wenn das innere groß ist,
und das äußere Werk kann niemals groß oder gut sein, wenn das
innere klein oder von geringem Wert ist. Das innere Werk umfaßt
stets alle Größe, alle Breite und alle Länge.*

Meister Eckhart [3]

Gott wirkt im Innersten von allem.

Thomas von Aquin [4]

Die Frauen wurden zu einer niederen Kaste reduziert ... am schlimmsten mit Beginn der Industrialisierung. »Frauenarbeit« wurde von sinnvoller menschlicher Tätigkeit unterschieden.

Madonna Kolbenschlag [5]

Gegen Ende des 20. Jahrhunderts wurde die von den Kriegen hinterlassene Zerstörung gegenüber der Zerstörung der natürlichen Systeme durch industriellen Müll bedeutungslos.

Brian Swimme und Thomas Berry [6]

Die neue Physik liegt gegenwärtig wie eine Erbse unter der kollektiven Matratze der Menschheit und stört den ruhigen Schlaf gerade genug, um die Weltsicht einiger Menschen zu verändern.

Leonard Shlain [7]

Die kollektive Evolution der Menschheit ist verwoben mit der Evolution des Lebens und sogar mit der Evolution des Universums. ... Die Arbeit als typische Tätigkeit des Menschen ist, bis hin zu ihrer technischen und wirtschaftlichen Grundlage, ein Faktor echter Sozialisation und ein Prinzip des Gemeinschaftslebens. Arbeitende müssen deshalb Teil der Gemeinschaft sein.

Marie de Chenu [8]

Eine kosmologische Perspektive der Arbeit kann uns zeigen, daß alle Geschöpfe im Universum Arbeit haben – die Galaxien und Sterne, die Bäume und Delphine, das Gras und die Bergziegen, die Wälder und die Wolken, die Hühner und die Elefanten arbeiten alle. Nur menschliche Wesen können arbeitslos sein. Schon die Tatsache, daß unsere Spezies die Arbeitslosigkeit erfunden hat, sollte uns nachdenklich machen. Arbeitslosigkeit ist im Universum nicht natürlich, sondern widerspricht den kosmischen Gesetzen. Sie ist auch ungesund. Daß wir uns angesichts so viel dringend notwendiger, guter Arbeit mit der Arbeitslosigkeit abfinden, ist ein Beleg dafür, daß wir nicht in einer gesunden Welt leben. Indem wir die Kosmologie, das Gefühl für das Ganze, wieder wach werden lassen, können wir auch unsere Vorstellungskräfte wieder erwecken, die uns wiederum die Freiheit geben, unsere Arbeit neu zu erfinden, gute Arbeit zu schaffen, von zwanghafter und suchtbedingter Arbeit abzulassen und auch Arbeitsmöglichkeiten für andere zu schaffen.

Wo immer es Menschen gibt, müssen Bedürfnisse befriedigt werden und muß darum Arbeit getan werden. Wir wollen essen und bekleidet werden, ausgebildet und mit Zuneigung behandelt werden, und wollen, daß man mit uns spielt. Wir brauchen Lachen, Sinn und Heilung. Wir müssen dazu aufgefordert werden, unseren Geist, unser Herz und unsere Vorstellungskraft anzustrengen, die nach Thomas von Aquin ihrer Fähigkeit nach unendlich sind – unendlich und deshalb geistig. Kurz gesagt, brauchen wir alle innere Arbeit und eine Arbeit, die die Tür zur wechselseitigen Abhängigkeit, zum Staunen und zu neuen Möglichkeiten öffnet. All diese Dinge brauchen wir viel dringender als dreißig Sorten Zahnpasta oder vierzig Sorten Uhren. Würden wir auf diese grundlegenden Bedürfnisse achten, so hätten wir genug Arbeit für alle.

Der Mangel an Kosmologie bringt Gewalt in das Leben der Menschen. Dies gilt insbesondere für die Jugend, denn gerade junge Menschen haben ein tief verwurzeltes Gefühl dafür, daß sie Bürgerinnen und Bürger des Universums sind, des gesamten Hauses Gottes. Verwehrt man ihnen Arbeit in diesem Haus, so verwehrt man ihnen einen Platz im Universum. Ein solcher gewaltiger und verheerender Verlust wird sich unweigerlich in Gewalt niederschlagen. Gewalttätigkeit unter der Jugend, bis hin zur Bildung von Banden, steht für ein Bemühen, ins Universum zu schreien: »Hey, wir sind hier!«; ein Bemühen, die eigene Gegenwart und das eigene Wirken zu zeigen. Wenn Thomas von Aquin davon spricht, daß ein gutes Leben gute Arbeit und das Darstellen guter Tätigkeit bedeute, müssen wir auch an das Gegenteil denken: Wenn wir nicht gut arbeiten können, werden wir versucht sein, uns durch schlechte Tätigkeiten hervorzutun. In ganz wörtlichem Sinne sind wir alle hier, um uns zu zeigen – unsere Seelen herauszustellen, unsere Schönheit auszudrücken.

Wenn es an Arbeit mangelt und die Arbeitslosigkeit regiert, lernen die Menschen daraus, daß sie in der Welt nicht gebraucht werden. Dieses Gefühl, nicht gebraucht zu werden, erzeugt wiederum Selbsthaß und eine Abtötung des Selbst, die in Alkohol- und Drogenmißbrauch gesucht wird, in Kriminalität, die ins Gefängnis führt, sowie in anderen Formen der Selbstbestrafung. Der kosmische Verlust erzeugt eine kosmische Verwüstung der Seele. Mit steigender Arbeitslosigkeit nehmen auch Alkoholismus und Mißbrauch zu, und zwar nicht nur als Erwiderung auf Frustration und Druck, die wir empfinden, wenn wir unsere Rechnungen nicht bezahlen können, sondern auch aufgrund der geistigen Qual, in der Welt nicht gebraucht zu werden, aufgrund der Botschaft, daß die Zeit unseres Daseins nicht zählt – mit anderen Worten, daß unsere Gegenwart hier nicht kostbar ist.

Ältere Menschen sprechen häufig von ihrem Bedürfnis, »gebraucht zu werden«. Auch sie haben das Bedürfnis, in ihrer Welt Arbeit zu haben und den Sinn und die Würde zu erfahren, die aus der Arbeit hervorgehen. Unsere Seelen sind sehr groß, sie können den ganzen Kosmos umfassen und sogar die Neuigkeiten von einem sich ausdehnenden Kosmos, das heißt, daß unsere Seelen sich ausdehnen wie das Universum selbst. Wenn sie aber kein kosmisches Ventil erhalten, was einer der Zwecke der Arbeit wäre, werden unsere Seelen kosmisch dumpf, kosmisch verwundet und oft kosmisch gewalttätig. Wir alle wollen zum kosmischen Werk unseren Beitrag leisten, bevor wir diese Erde wieder verlassen.

Ohne Arbeit zu sein bedeutet mehr als eine fehlende Erwerbstätigkeit, so schwierig eine solche Situation auch für unsere Selbstachtung und unsere Zahlungsfähigkeit sein mag. Ohne Arbeit zu sein bedeutet, keinen Platz im Universum zu haben, kosmisch heimatlos zu sein. Ohne gute Arbeit zu sein bedeutet, Bürgerinnen oder Bürger des Universums zu sein, ohne einen Beitrag dazu zu leisten. Es ist, als wäre man in einem Kreistanz, würde aber nicht tanzen. Wenn eine

Person in einem Kreis aufhört, sich zu bewegen, wird der gesamte Tanz aufgehalten. Solchen Gefühlen begegnen wir, wenn wir nicht nur unsere Erwerbsmöglichkeit, sondern unsere Arbeit verloren haben.

Kosmologisches Denken lehrt uns, daß es in der Welt nur *eine* Arbeit gibt, das »Große Werk« der Schöpfung selbst, die Arbeit der sich entfaltenden Schöpfung, das Werk der Evolution oder der Kreativität im Universum. Rainer Maria Rilke spricht von der »großen Arbeit« und der Lücke, die wir in unserem Arbeitsleben spüren, wenn wir vom Großen Werk abgeschnitten sind:

> »*Denn irgendwo ist eine alte Feindschaft*
> *zwischen dem Leben und der großen Arbeit.*
> *Daß ich sie einseh und sie sage: hilf mir.*«

Wir können für uns und unsere Arbeit Würde allein schon dadurch wiedergewinnen, daß wir die Wirklichkeit eines solchen Großen Werkes im Universum benennen können. Der letzte Teil der Aussage von Rilke weist auch auf unsere persönliche Gegenwart im Universum hin, die in unserer ernsthaften Sehnsucht nach Verständnis besteht. Das Große Werk ist das große Geheimnis. Um ein so großes Geheimnis verstehen zu können, brauchen wir Hilfe im Gebet. Die alten indischen Schriften preisen dieses große Werk des Universums ebenfalls. In der Bhagavad Gita lesen wir: »Wenn meine Arbeit enden würde, würden diese Welten in der Vernichtung enden, und Verwirrung würde überall herrschen: Das wäre der Tod aller Wesen. ... Alles findet durch die miteinander verwobenen Kräfte der Natur statt. Wer aber in eigensüchtigen Selbsttäuschungen verfangen ist, hält sich für den Handelnden.« Vielleicht findet heute soviel Zerstörung, Verwirrung und Tod unter allen Wesen statt, weil wir das Gespür für das Eine Werk verloren haben und uns in unserer anthropozentrischen Arroganz vorstellen, wir seien die einzigen Akteure im Drama des Weltwirkens. Wie die Gita es ausdrückt: »Der Sieg eines weisen Menschen gleicht dem Sieg des gut Handelnden. Wer sieht, daß Schau und Schöpfung tatsächlich eines sind, sieht die Wahrheit.«[9]

In Newtonscher Weltsicht halten wir uns nun für ein Teil in einem fragmentierten Universum, für Einzelteile einer gewaltigen Maschine, in welcher jedes Zahnrad sich für sich selber dreht und oft genug in Wettstreit mit den anderen Gegenständen steht, die ebenfalls ihre Sache durchziehen wollen. Weil uns eine Kosmologie fehlt, eine Erfahrung des großen Ganzen, ist unser Leben zerstückelt und gebrochen, wie auch unser Herz. Wir haben den Gemeinschaftssinn verloren, und unsere Bemühungen bei der Arbeit sind bestenfalls eigennützig. Statt zu erkennen, worin das kosmische Loch in unserer Seele wirklich besteht, hoffen wir, daß Geld das Loch stopfen könnte und kämpfen um höhere Gehälter. Dabei sickert unsere kosmische Energie fort, die Arbeit wird einsam und entfremdend. Dem Großen Werk gegenüber sind wir Fremde geworden.

In meiner eigenen Arbeit nimmt die Verbindung zum Gemeinschaftsgefühl eine herausragende Stellung ein. Ich habe niemals einen Vertrag mit einer Laufzeit von mehr als einem Jahr unterschrieben, weil ich will, daß die Gemeinschaft – die Studierenden und Teilnehmenden bei meinen Vorträgen und Übungen – selbst es ist, die mir durch ihre Anwesenheit sagt: »Ja, du tust Arbeit, die uns nützt. Wir sollten zusammenarbeiten.« Im Mittelalter haben die Studierenden an den Universitäten die Fakultät direkt bezahlt; und die Lehrer, die keine Verbindung zu den Studierenden bekamen, lernten aus den leeren Hörsälen, daß sie sich besser einen anderen Beruf suchen sollten.

Es bedarf einiger Zeit und Mühe, über die Botschaft nachzudenken, daß das ganze Universum an der Geburt eines Großen Werkes beteiligt ist, denn unsere Bildungssysteme und Arbeitswelten vermitteln uns dies nicht. Seit ein paar hundert Jahren haben wir von der Annahme gelebt, daß es da mehrere Versatzstücke des Lebens gibt, die wir als Arbeit bezeichnen. An den Universitäten zum Beispiel lehren wir, daß es eine Art der Arbeit gibt, die Wirtschaft heißt, eine andere namens Kunst, eine weitere namens Musik, eine weitere namens Soziologie und wieder eine andere unter dem Titel Psychologie. Als berufstätige Menschen werden wir ebenfalls in solche Gruppen eingeteilt: Jemand ist in der Wirtschaft, eine andere ist Anwältin, ein anderer Krankenpfleger, eine andere Lehrerin, ein weiterer ist Maschinist, wieder jemand Grafiker, andere arbeiten an der Tankstelle, wieder andere im Restaurant. Spezialisierung hat sicherlich ihren Sinn, kann aber auch zu Isolation und Entfremdung führen. Jeder Beruf schafft sich zum Beispiel durch die Verwendung einer Spezialsprache ein elitäres Gehabe, das andere daran hindert, aus seiner Arbeit zu lernen. Diese Mentalität der Spezialisierung paßt zum Newtonschen Paradigma, entspricht aber nicht der Wahrheit der *Interdependenz*, der wechselseitigen Abhängigkeit, die die Grundlage unserer neuen Weltsicht bildet, einer Weltanschauung, die nicht zufällig auch von den Mystikerinnen und Mystikern der alten Zeit unterstützt worden ist.

Wir brauchen also eine neue Kosmologie, die den stückwerkartigen Zugang zur Arbeit hinter sich läßt und uns zur Gemeinschaft führt, die für die wechselseitige Abhängigkeit sorgt, von der wir wissen und spüren, daß sie hinter allem im Universum steht. Schließlich macht uns jeder Atemzug wechselseitig abhängig, er verbindet uns mit Molekülen, die vor Tausenden von Jahren von Mohammed oder Buddha oder Jesus oder Sara oder Hildegard ein- und ausgeatmet wurden. In der Arbeit gibt es mehr Gemeinschaft als Wettstreit, mehr wechselseitige Abhängigkeit als Unabhängigkeit. Für unsere abendländischen Ohren sind das überraschende Aussagen, für uns, die wir mit dem Darwinismus des Wettbewerbs und dem zersplitterten Universum Newtons groß geworden sind. Zu dem Paradigmenwechsel, den wir heutzutage durchlaufen, gehört eben die Anerkennung der wechselseitigen Abhängigkeit.

Wenden wir uns einem anderen Beispiel für die Einheit der Arbeit in der Welt zu. Eine Läuferin läuft; sie atmet tief. Woher kommt die Kraft für diese Arbeit bei ihr? Die Nahrung, die sie gegessen hat, wird zu Proteinen und Kohlenhydraten umgewandelt, die ihr die Energie für die Arbeit des Laufens zur Verfügung stellen. Und die Nahrung kommt aus dem Boden, der in wechselseitiger Abhängigkeit vom Sonnenschein und vom Regen, von den Würmern und den Nährstoffen im Boden bearbeitet worden ist. Und die Sonne, der Regen, die Nährstoffe sind vor Jahrmilliarden in Supernovaexplosionen entstanden, in der Geburt von Galaxien, Sternen, Elementen und Atomen des Universums. Betrachten wir das große Gesamtbild, so können wir erkennen, daß es im Universum nur eine Arbeit gibt. Das Universum selbst ist ein gewaltiges unablässiges Drama, dessen Teil wir und unsere Arbeit sind. Alle Energie ist eine, und *energeia* ist das griechische Wort für Arbeit. Der Physiker Erich Jantsch drückt es so aus: »Sinn entsteht aus der Erkenntnis von Verbundenheit. Fragen wir jemanden nach dem Sinn seiner Ambitionen, seines Hetzens und Raffens, so heißt es oft, nicht für sich selbst, sondern für die Kinder tue man das alles. Dies ist ein Akt der Selbsttranszendenz. ... Das Bedürfnis nach Sinn erweist sich als mächtiger autokatalytischer Faktor in der Evolution des menschlichen Bewußtseins − und damit in der Evolution der Menschheit und des Universums.«[10]

Unsere Arbeit ist also auch mit der Arbeit Gottes verbunden. Meister Eckhart sagte schon, daß Gott und die Seele in ihrem ewigen Zusammenwirken fruchtbar miteinander verbunden sind. Eckhart lehrte, daß wir diese Arbeit »ewig« mit Gott tun, indem wir mit Gott eins werden − »daß dieses › Er‹ und dieses ›Ich‹ Eins waren, werden und sind und in dieser Einsheit ewig ein Werk wirken.«[11] Auch Thomas von Aquin lehrt, daß Gott in unserer Arbeit wirkt: »Gott wirkt im Innersten von allem.« Gott ist in jeder Tätigkeit des Universums am Werke, nicht an ihrer Peripherie, sondern in ihrem Herzen. Eckhart geht noch tiefer auf das Geheimnis unserer Verbundenheit mit dem wirkenden Göttlichen ein, wenn er ausdrückt, daß wir Menschen nicht leer genug sind: »Denn, fände Gott den Menschen so arm, so wirkt Gott sein eigenes Werk, und der Mensch erleidet Gott so in sich, und Gott ist eine eigene Stätte seiner Werke; der Mensch aber ist ein reiner Gott-Erleider in Gottes Werken angesichts der Tatsache, daß Gott einer ist, der in sich selbst wirkt.«[12]

In diesem Sinne ist unsere Arbeit nicht nur unsere Arbeit und auch nicht nur unser Zusammenwirken mit Gott. Es ist vielmehr ein heiliger Raum, ein Tempel könnten wir sagen, worin Gott das göttliche Wirken in der Welt tätig werden läßt. In unseren schöpferischen Augenblicken empfinden wir oft Gegenwart eines Geheimnisses, das größer als wir selbst ist und aus unserer Arbeit hervorgeht.

Ursprünge der Arbeit

Woher kommt Arbeit? Wenn wir alle in gewisser Hinsicht nur eine Arbeit tun, dann sollten wir auch nach ihrem gemeinsamen Ursprung suchen. Das hat die Mystik getan. Rilke schreibt über den Ursprung unseres Wirkens:

> *Sei – und wisse zugleich des Nicht-Seins Bedingung,*
> *den unendlichen Grund deiner innigen Schwingung,*
> *daß du sie völlig vollziehst dieses einzige Mal.«*[13]

Wenn Rilke damit recht hat, daß alles aus einem »unendlichen Grund« stammt, aus dem »Nicht-Sein«, dann steht natürlich unsere Arbeit in Gemeinschaft mit allem anderen Wirken der Welt. In unserem Arbeiten, unserem Wirken sind wir niemals allein, ganz im Gegenteil. Wir befinden uns in Gemeinschaft mit allen anderen Wesen. Diese Gemeinschaft sollen wir aber »völlig vollziehen« wie Rilke uns rät. Wir müssen uns dem Großen Werk des Universums anschließen. Wir sind die Spezies, die sich entscheiden kann, sich dem Großen Werk anzuschließen oder sich mit Geringerem zufrieden zu geben. Wir können es zum Beispiel zu unserem einzigen Anliegen machen, die Nationalstaaten zu stärken oder in Disneyland Geld zu verdienen oder andere zu unterdrücken oder die Regenwälder niederzureißen oder zu sparen oder Krieg zu führen. Schließen wir unser Wirken aber dem Großen Werk des Universums an, so wird sich darin immer wechselseitige Gemeinschaft ausdrücken. Wir arbeiten dann aus unserem gemeinsamen Ursprung heraus, aus der gemeinsamen Quelle. Das Tao Te Ching sagt es so:

> *»Um unseren Anfang zu wissen,*
> *ist das Wesen der Weisheit.«*[14]

Wenn es zum Wesen der Weisheit gehört, unsere Ursprünge zu kennen, dann gehört es auch zum Wesen weiser Arbeit. Für die Menschheit ist eine neue Schöpfungsgeschichte wesentlich, denn sie hat die Kraft, unsere Weisheit zu wecken. Haben sich deshalb alle alten Stämme (einschließlich der Israeliten, die uns die Schöpfungsgeschichten der Bibel geschenkt haben) mit Hilfe ihrer Schöpfungsgeschichten zusammengehalten? Taten sie es, weil eine gemeinsame Ursprungsgeschichte unserem Handeln und unserem Sein in der Welt Bedeutung verleiht? Auch den Sinn unserer Beziehungen zu anderen Geschöpfen können wir darin finden, denn nicht nur die menschlichen Wesen haben gemeinsame Ursprünge, sondern alle Geschöpfe. Das ist auch die Lehre der heutigen wissenschaftlichen Schöpfungsgeschichte: Wir alle stammen aus einer einzigen winzigen Flamme, die sich aus ihrem Ursprung vor 15 Milliarden Jahren heraus 750000 Jahre lang ausgedehnt hat. Dem entsprechen auch unsere mystischen Überlieferungen. Das Tao Te Ching sagt zum Beispiel:

> »Ein jedes Ding im Universum
> kehrt zu seiner Quelle zurück.
> Rückkehr zur Quelle heißt Stille.«

Beachten wir hier die Lehre, daß alle Dinge eine gemeinsame Quelle haben. Der Text fährt fort:

> »Erkennt man die Quelle nicht,
> so gerät man in Verwirrung und Leid.
> Erkennt man den Ursprung,
> so wird man duldsam,
> gelassen und heiter,
> freundlich wie eine Großmutter,
> würdig wie ein König.
> Verbunden mit dem Wunder des Tao,
> begegnet man allem, was das Leben bringt,
> und wenn der Tod kommt, ist man bereit.«[15]

Beachten wir, was da versprochen wird: Friede, Harmonie, Freundlichkeit und die Überwindung der Todesangst.

Auch Meister Eckhart spricht über die Kraft, die aus der Rückkehr zu den Ursprüngen erwächst, wenn er darüber schreibt, daß all unser Wirken sein Dasein aus nichts anderem beziehe, als aus dem Herzen Gottes.[16] Er sagt, daß unser Wirken, unsere Arbeit Dasein hat, sie existiert. Man könnte sagen, daß *wir* ihr Dasein geben, obschon es genauer wäre zu sagen, daß Gott ihr zusammen mit uns Dasein gibt. Die Quelle ihres Daseins liegt aber in ihrer Fähigkeit, aus dem Herzen Gottes zu empfangen und davon zu nehmen. Arbeit zieht ihr Dasein aus Gottes Herz. Das macht unsere Arbeit heilig.

Stammt nun unsere Arbeit aus dem Herzen Gottes, so liegt ihr Ursprung im Mitgefühl, welches die Bezeichnung für die Essenz Gottes ist. »Jedes Werk in einem Geschöpf setzt das Wirken des Mitgefühls voraus und ist darin als in seiner Wurzel gegründet, deren Kraft alle Dinge erhält und mächtig in ihnen wirkt.«[17] Darüber hinaus ist nach Eckhart der Beginn all dessen, was Gott tut, stets das Mitgefühl. Das bedeutet, daß der Ursprung aller Schöpfung, aller Arbeit, allen Seins das Mitgefühl selbst ist. Das ist eine wichtige Erkenntnis, denn wenn das Mitgefühl Ursprung aller Dinge ist, so ist es auch das Ende und Ziel aller Dinge, denn der Anfang und das Ende sind stets eng verbunden.

Das Wesen des Mitgefühls aber ist wechselseitige Abhängigkeit. Wenn unsere Arbeit wechselseitig mit dem Universum verwoben ist, dann ist das Mitgefühl tatsächlich ihr »Grund« und ihre »Wurzel« und die »Kraft, die alle Dinge erhält und mächtig in ihnen wirkt«, wie Eckhart sagt. Aber er sagt darin noch mehr, als daß unsere Arbeit, unser Wirken aus dem Mitgefühl stammen. Er sagt damit auch, daß das Mitgefühl in uns wirkt. Das Mitgefühl wirkt in uns und wirkt sich auf unsere Arbeit aus, indem es sie durchtränkt. »Die Theologen und die Schriften lehren, daß mit jedem Werk, das Gott in einem Geschöpf wirkt, das Mitgefühl einhergeht und ihm vorausgeht, und dies besonders im Inneren des Geschöpfes selbst.« Daß Gott in uns wirkt, besonders in unserer »Innerlichkeit« und in unseren Werken, ist deshalb der Fall, weil das Mitgefühl uns mit seinem eigenen Innenbilde durchtränkt. Wenn Gottes Wesen das Mitgefühl ist, dann ist das Mitgefühl unser Zentrum, da wir Bilder Gottes sind. Wir sind Bilder des Mitgefühls, in denen das Mitgefühl Gottes wirkt, denn »das höchste Werk Gottes ist Barmherzigkeit«[18] Gottes höchstes Wirken ist das Werk des Universums: das Mitgefühl.

Könnten wir tatsächlich erfahren, was Eckhart hier beschreibt, daß unsere Arbeit nämlich aus dem Herzen Gottes kommt, so würde dies eine von Wunder und Staunen erfüllte Welt schaffen. Arbeit wäre eine Freude, ein Vergnügen, eine Feier, ja wie ein Rausch. So sieht es Eckhart, denn er sagt, daß wir mit Gott vereint und von Gott umfaßt seien, so daß die Gnade der Seele entflieht und sie die Dinge nicht mehr aus Gnade, sondern göttlich in Gott erlangt. Die Seele sei auf diese Weise wunderbar berauscht und verliere sich selbst.[19] Arbeit kann Ekstase sein, wir können uns in ihr verlieren, und wenn wir das tun, sind wir wie berauscht. Wie können wir uns in unserer Arbeit verlieren? Indem wir von Gott so umfangen werden, daß unsere Arbeit »göttlich in Gott« getan wird. Zu solchen Zeiten »entflieht die Gnade der Seele« – eine wahrhaft ausdrucksstarke Formulierung, die auch anzeigt, daß wir dann vom Druck ablassen und die Gnade zeigen, die bei unserer Arbeit durch uns pulsiert. Wenn denn der Ursprung der Arbeit der gleiche ist wie der Ursprung des Universums, dann wundert es uns wenig, daß unsere Arbeit aus dem Herzen Gottes kommt und in ihm ist. Ist doch das Universum *das* Werk, in welchem wir leben, wohnen und unser Dasein haben. Wir wohnen ja im Herzen Gottes; warum sollten wir von dort aus nicht arbeiten und wirken? Eckhart sagt, daß unsere Arbeit sowohl aus dem Herzen Gottes kommt, als auch darin ist. Wir sind *in* Gottes Herz zusammen mit unserer Arbeit. Aber die Arbeit, unser Wirken entspringt *aus* Gottes Herz wie jedes Wirken, jede Schöpfung des Universums dort entsprungen ist. Da es nur ein Werk, nur eine Arbeit im Universum gibt, kommt auch unsere Arbeit natürlich aus der gleichen heiligen Quelle. Die Gottheit wirkt auch in unserem Herzen. Dies lehrt Thomas von Aquin, wenn er sagt: »Gott macht das Herz und kennt es. ... Gott kennt das Herz und darum auch seine Werke.« Und auch: »Wer die Ursache kennt, kennt auch die Wirkung. Die Ursache aller menschlichen Wirkungen aber ist das Herz.«[20] Zudem ist es der Heilige Geist selbst, der das Herz zum Wirken bewegt: »Wie ein Fluß

Sand und Steine bewegt, so bewegt der Heilige Geist das Herz zur Arbeit. Es gibt aber einige Flüsse, die sich langsam bewegen, doch von dieser Art ist der genannte nicht, denn er bewegt sich schnell, so daß der Psalmist von der › Kraft des Flusses‹ spricht. Dafür gibt es zwei Gründe: Erstens fließt die Gnade des Heiligen Geistes schnell durch das Herz. Apostelgeschichte 2 sagt: › Plötzlich war da ein Geräusch vom Himmel.‹ Und zweitens auf andere Weise, weil sich der Heilige Geist durch die Kraft der Liebe im Herzen bewegt. Jesaja (56) sagt: › Er kam wie ein reißender Strom.‹«[21] Der Heilige Geist, der durch unsere Arbeit wirkt und unser Herz zur Arbeit bewegt, ist der gleiche Heilige Geist, von dem es heißt, daß er im Ursprung der Schöpfung sich über den Wassern bewegte. Es ist der gleiche Geist, der das erste Aufflackern des Lichtes im Urknall entzündete und auch das erste Feuer der Pfingstflamme.

Sofern Mitgefühl mit wechselseitiger Abhängigkeit zu tun hat und sofern es der Ursprung des Großen Werkes des Universums ist, bedarf unsere Teilhabe an diesem Werk einer Arbeitswelt, die die wechselseitige Abhängigkeit achtet. Auch die heutige Wissenschaft lehrt, daß unsere Welt zutiefst, und sogar von Anbeginn an, eine Welt wechselseitiger Abhängigkeit ist. Das ist auch die Lehre unserer größten Mystikerinnen und Mystiker. Meister Eckhart stellt sich unsere Arbeit als eine Bewegung vom Wort zur Geburt und dann zur Arbeit vor. Denn das Schöpferische fließe von uns aus und bleibe dabei innen. Unsere eigentliche Arbeit ist schöpferisch; sie fließt von uns aus, wie sie auch in uns bleibt. Sie geht hervor aus einem tiefen Ort im Inneren, aus dem Innersten unseres Wesens, aus so großer Tiefe, daß sie uns niemals ganz verläßt. Sie ist uns so nahe, daß sie mit uns identisch ist. So stellt Eckhart sich auch das Wort Gottes in Beziehung zur Schöpfergottheit vor: Es fließt von ihr aus, bleibt aber auch in ihr.[22] Die Verbindung zwischen Ursprung und Werk ist die Kreativität, so wie die Verbindung zwischen Schöpfergott und Gott-als-Wort im Akt des ständigen Gebärens des Wortes liegt.

Oft ist Einsamkeit ein Weg zur inneren Quelle, ein Weg in unser eigenes Herz, in Gottes Herz und in das Herz anderer. Unsere Arbeit, unser Wirken entsteht oft aus einer tiefen Einsamkeit. Vielleicht ist sie, wenn sie von woanders her stammt, nicht wirklich unsere Arbeit, sondern nur ein »Gearbeitetwerden« oder eine Erwerbstätigkeit. Arbeit stammt aus der Tiefe unserer Stille und ist verbunden mit dem stillen Leiden, den stillen Bedürfnissen und der stillen Freude anderer. Ging dem sogenannten Urknall Stille voraus? Ging die Stille der Geburt des Universums voraus? Ein Wissenschaftler erklärte mir, daß der sogenannte Urknall keineswegs ein Knall war, sondern daß dies alles in Stille geschah, weil es noch keine substantielle Basis für Klang gab. Können wir ohne Stille und Einsamkeit überhaupt die Ursprünge von irgendetwas berühren? Können wir ohne Einsamkeit und Stille die Ursprünge des Universums nachahmen? Können wir in das »Herz Gottes« eintreten und aus und in diesem Herzen wirken ohne Stille und Einsamkeit? Ich vermute, daß jede echte Arbeit, wie auch die Arbeit des Universums selbst, der Stille und Einsamkeit bedarf.

Der Paradigmenwechsel der heutigen Wissenschaft und seine Bedeutung für die Arbeit

Die Wissenschaft entdeckt heute das Geheimnisvolle unseres Universums wieder und entwickelt eine neue Schöpfungsgeschichte. Diese neue Kosmologie verstärkt ein Bewußtsein des Einen Werkes des Universums und unserer Beziehung dazu. Manche sagen, diese neue Schöpfungsgeschichte werde es sein, die uns mit Mythologie versorgt, um unsere Zivilisation zu verändern. Der Schlüssel zu dieser neuen Ursprungsgeschichte ist die Verwandtschaft aller Wesen, da wir alle von einem ursprünglichen Feuerball ausgegangen sind. Das ist eine der etymologischen Bedeutungen von *Religion*, uns unserem gemeinsamen Ursprung rückzuverbinden (religare). Diese mystische Bedeutung der Religion, die Rückkehr zu unseren Ursprüngen, ist niemals besser zugänglich gewesen als heute mit dieser unserer neuen Schöpfungsgeschichte. Worum handelt es sich nun bei dieser neuen Kosmologie, und was folgt daraus für unsere Arbeit?

Zu den Wissenschaftlern, die sich mit der neuen Kosmologie auseinandersetzen, gehört der englische Biologe Rupert Sheldrake. Er thematisiert die Wiederentdeckung universal-kosmologischer Bezüge, indem er sieben Hauptbereiche des Paradigmenwechsels beschreibt. Er kommt zu dem Schluß, daß mit diesem Umbruch »der Materialismus sich durch die moderne Wissenschaft selbst transzendiert«. Wenn wir seine Gesichtspunkte betrachten, werden wir die Frage stellen: Hat auch unser vertrautes Verständnis der Arbeit sich durch diese moderne Wissenschaft selbst überschritten, war Arbeit übermäßig materialistisch gewesen und hat sie sich fast ausschließlich auf eine industrielle Weltsicht gestützt? Im folgenden benennen wir die sieben Bereiche der Veränderung unserer wissenschaftlichen Weltanschauung, wie Sheldrake sie anführt:

1. In den vergangenen dreihundert Jahren ist die Hauptmetapher für die Welt die *Maschine* gewesen. Dabei handelt es sich um eine anthropozentrische Metapher, denn nur Menschen können Maschinen herstellen. Man hat uns gelehrt, daß sowohl die Welt als auch unser Körper Maschinen seien. Der französische Philosoph Julien de La Mettrie erklärte in seinem Aufsatz »Der Mensch als Maschine« aus dem Jahre 1747: »Lassen Sie uns nun den kühnen Schluß ziehen, daß der Mensch eine Maschine ist und daß das gesamte Universum nur aus einer einzigen Substanz besteht, die verschiedenen Modifikationen unterworfen ist.«[23] Brian Swimme und Thomas Berry weisen darauf hin, daß durch die moderne Wissenschaft sogar unsere Sprache maschinenartig geworden ist und ihr kosmologische und sogar anthropomorphe Bilder immer mehr entzogen wurden. »Man suchte eine Sprache jenseits aller Anthropomorphismen. ... Zugunsten einer *mechanomorphen* Sprache wurde die anthropomorphe Sprache abgeschafft.«[24] Für den Erfolg der Mathematik und der Naturwissenschaften erwies sich diese Isolierung der physikalischen Kräfte des Universums als ein sehr nützliches Instrument. – Die neue Metapher für die Welt ist im Kontrast dazu der *Organismus*. Aus seinem Ursprung als ein kleiner Feuerball wuchs das Universum und fährt

weiter fort zu wachsen. Die passendste Metapher für die Welt ist deshalb der Organismus, ein Embryo oder ein Samen, der zu einem Baum wird.

Schlußfolgerungen für die Arbeit: Falls denn das Universum eine Maschine ist, dann spiegelt die maschinelle Arbeit das Wirken des Universums am besten. Sind darüber hinaus auch unsere Körper und Geister bloße Maschinen, dann ist es völlig angemessen, sie auch an den Arbeitsstellen auf maschinenartige Weise zu behandeln. Und wenn die Arbeitenden ebenfalls Maschinen sind, dann können sie auch als solche behandelt werden. Ist die Welt jedoch ein Organismus, so muß auch unsere Arbeit organisch werden. Sie muß einer inneren, verborgenen »Saat« des Geheimnisses und der Kreativität entspringen und muß in wachsende oder schöpferische Prozesse eingebunden werden. Echte Arbeit verbindet uns mit den schöpferischen Gewohnheiten des Universums.

2. Das Universum und die Körper darin seien *unbelebt und sinnlos.* Dinge haben keine Seele. Im gleichen, oben schon zitierten Aufsatz sagt La Mettrie: »Der Begriff › Seele‹ ist deshalb ein Leerbegriff, mit dem niemand eine Vorstellung verbinden kann und auf den ein aufgeklärter Mensch nur dann zurückgreifen sollte, wenn er sich auf die Körperteile bezieht, die das Denken verrichten. Sofern sie eine Bewegungsquelle besitzen, werden beseelte Körper alles besitzen, was sie zur Bewegung, zum Fühlen, Denken und Bereuen brauchen, kurz, um sich zu verhalten, und zwar sowohl im physischen wie auch im moralischen Bereich, welcher vom ersteren abhängt.«[25] – Das neue Modell geht im Kontrast dazu davon aus, daß das Universum und seine Körper in »Feldern« oder von Anziehungspunkten her wirken, die wie das Verlangen selbst in der universellen Anordnung der Dinge völlig belebt sind. So wie sich Magneten durch Kraftfelder anziehen, so ist auch die Anziehung dessen, was die alten Denker als »letzte Ziele« bezeichneten, für die fortlaufende Arbeit des Universums wesentlich. Jedes Organisationsmuster, ob Molekül, Galaxie oder Kristall, beruht auf dem Erscheinen einer neuen Art morphischen Feldes, welches durch Wiederholung diese Organisationsprinzipien auf dem Wege der Anreicherung immer gewohnter werden läßt. Als

Anziehungsfeld zwischen beseelten Wesen verstanden, nimmt der Begriff »Seele« gleich eine neue Bedeutung an.

Schlußfolgerungen für die Arbeit: Falls denn das Universum und seine Inhalte unbelebt und sinnlos wären, bestünde Arbeit im Wesentlichen darin, widerspenstige Teile an ihre Stelle zu schieben. Arbeit hätte mit Schieben zu tun, mit Öde, mit Konflikten und trüge keinen Wert in sich. Es müßte also ein Ausgleich außerhalb der Arbeit geschaffen werden. Der Schlüssel dazu wären Löhne und Gehälter und deren zu erwartende Steigerungen. Verlangen, letzte Ziele, Liebe oder Anziehung wären für die Arbeit nicht wichtig. Geht es im Universum jedoch um Anziehung, um Verlangen, Sehnsucht und letzte Ziele (um derenwillen wir etwas tun), dann wäre Arbeit hauptsächlich durch das definiert, was wir lieben. »Wo dein Herz ist, da wirst du auch deinen Schatz finden,« sagt Jesus (Matthäus 6,21). Arbeit hat mehr mit dem Herzen zu tun, als wir innerhalb des maschinenartigen Weltbildes der letzten dreihundert Jahre zu glauben gelernt haben. *Die beste Motivation für die Arbeit besteht nicht darin, dazu gezwungen zu werden oder äußerliche Belohnungen dafür zu bekommen, sondern liegt in unserem inneren Verlangen.*

3. Die Atome, die alle Materie zusammensetzen, sind im wesentlichen *träge.* – Im Gegensatz dazu lehrt das neue Paradigma, daß Atome *Aktivitätsstrukturen* in Kraftfeldern sind. Der Physiker Fritjof Capra beschreibt Atome als Tanzplätze, und der Physiker Brian Swimme bezeichnet Atome als »selbstorganisierende Systeme« und als »Stürme geordneter Aktivität«[26].

Schlußfolgerungen für die Arbeit: Wenn denn die Materie träge wäre, wäre unsere Arbeit langweilig: Sie bestünde darin, träge Materie herumzuschieben. Sie enthielte keine Überraschungsmomente, kein Geheimnis, keine Spontaneität; und äußere Belohnungen wären der einzige Grund für unsere Arbeiten. Wenn die Atome selbst jedoch tanzen und sich bewegen und Aktivitätsstrukturen in Kraftfeldern sind, dann ist jede Arbeit eine Art Choreographie. Zu arbeiten bedeutete dann, neu anzuordnen oder zu erfinden, möglich zu machen oder den Tanz der Atome, die Musik der Kraftfelder einzuladen. Arbeit wäre voller Überraschung und Staunen.

4. Die Erde ist tot. – Im Gegensatz dazu lehrt das neue Paradigma, daß die Erde »Gaia« ist, ein lebendiger Organismus. Nicht-Abendländer haben das immer schon so verstanden, wie auch manche abendländische Menschen, etwa Hildegard von Bingen oder die Kelten.

Schlußfolgerungen für die Arbeit: Ist die Erde tot, so wandeln wir Arbeitenden unter den Toten. Wir schaufeln nur tote Materie umher und können über die Erde verfügen, wie es uns gefällt; denn in die Zerstörung von Bäumen oder Boden, Wasser oder Ökosystemen wären keine Gefühle einbezogen. Ist die Erde jedoch ein lebendiger Organismus, dann sollte all unsere Arbeit der Erde Achtung erweisen. Arbeit hat moralische Implikationen: Entweder wir ehren und achten die Erde und respektieren ihre Lebenssysteme, oder wir ersticken, zerstören sie, begehen Mord an ihr. Der Ökozid wäre eine menschliche Wahlmöglichkeit, jedoch nur eine Zeitlang. Nur eine Zeitlang, weil wir sehr schnell unsere eigene Heimat zerstören, wenn wir uns in größerem Außmaß darauf einlassen, weil wir unsere eigenen Nester zerstören und damit nicht nur Ökozid, sondern auch als ganze Spezies Suizid begingen.

5. Alle Kräfte des Universums einschließlich der irdischen Systeme sind determiniert und *prädeterminiert.* – Im Kontrast dazu achtet das neue Paradigma das *Chaos.* Überall in der Natur finden sich Freiheit und Spontaneität, so zum Beispiel in den Klimasystemen oder in den Sonnensystemen. Es wird anerkannt, daß der größte Teil der Materie im Universum uns völlig unbekannt ist. Von ihr gehen zwar gewaltige Gravitationswirkungen aus, aber ihre Basis, die auch exotische Partikel enthalten kann, die anders sind als alles, was wir bisher feststellen konnten, bleibt unbekannt. Das Hubble-Teleskop hat bestätigt, daß mindestens 93 Prozent der Materie im Universum »dunkle Materie« sind, weshalb Sheldrake sie gern als das »kosmische Unbewußte« bezeichnet, welches immer undeterminiert bleibt. Wie unsere eigenen geheimnisvollen Tiefen bleiben seine Wege unbestimmbar.

Schlußfolgerungen für die Arbeit: Wenn die Kräfte der irdischen und universellen Systeme determiniert wären, dann würde unsere Arbeit passenderweise den gleichen Mustern folgen. Notwendig ergibt sich daraus Langeweile. Äußere Belohnungen wie wachsende Gehälter oder auch Strafen und Zwänge wären dann in Ordnung. Enthält das Universum jedoch ebenfalls Chaos und Freiheit, Spontaneität und dunkle Materie, dann muß auch unsere Arbeit diese Elemente umfassen. Echte Arbeit wird die Überraschungen im Wirken des Universums spiegeln. Alle Arbeit wird Raum für Freiheit und Spontaneität lassen. Wo Präzisionsarbeit dies nicht zuläßt, müssen die arbeitenden Menschen Wege finden, es anders zu erleben. Die Arbeitsstellen werden den Verlust an Spontaneität und Chaos bewußt ausgleichen müssen. Die Arbeit würde das Geheimnis in der Tiefe eines jeden Menschen ehren, so wie wir lernen, das Geheimnis in der dunklen Materie des Universums zu achten.

6. Wissen ist körperlos und günstigenfalls *objektiv*. Die ideale Art, die Wahrheit zu erfahren, besteht im Blick von außen. Wie Leonhard Shlain zeigt, lag der Newtonschen Philosophie eine »leidenschaftslose Distanz zu menschlichen Beziehungen« zugrunde. Angesichts der Tatsache daß das »*argumentum ad hominem*«, die Subjektivität, die Mentalität des vorausgehenden Zeitalters beherrschte, war das zu seiner Zeit regelrecht gefordert.[27] – Im Kontrast dazu hebt das neue Paradigma die *Teilhabe* von Beobachtenden und Beobachtetem hervor. Der Schlüssel zum Wissen ist Beziehung, und Kreativität ist der Schlüssel zum gesamten Kosmos.

Schlußfolgerungen für die Arbeit: Falls Wahrheit hauptsächlich aus Distanz entsteht und von außen kommt, wird unsere Arbeit die Distanzierung von uns selbst und von den Gegenständen unserer Arbeit spiegeln. Unsere Arbeitswelten werden von Distanz und nicht von Teilhabe geprägt sein. Offenbart sich das Universum jedoch am besten durch Beziehung und Teilhabe, dann wird unsere Arbeit im Knüpfen oder Heilen von Beziehungen bestehen. Kreativität muß dann Teil aller menschlichen Arbeit sein, wie sie Teil aller Arbeit des Universums ist.

7. Die gesamte Natur wird von *ewigen Gesetzen* nach dem Modell der mathematischen Gesetze gesteuert. Gott, der höchste Ingenieur oder Mathematiker des Universums, brachte diese Gesetze in ihre

ewige Bewegung. – Im Gegensatz dazu lehrt das neue Paradigma, daß die Gesetze selbst sich mit der Entwicklung des Universums *entwickeln*. Nach den Worten Sheldrakes lassen sich Gesetze besser definieren als »Gewohnheiten« des Universums. Stößt einer Spezies einmal in einem Teil der Welt etwas zu, so geschieht das Gleiche der gleichen Spezies in einem anderen Teil der Welt leichter. Die Natur enthält ein ihr innewohnendes Gedächtnis oder Gewohnheiten. Diese Sichtweise kommt einem Verständnis der Wege der Natur näher als die Rede von »ewigen Gesetzen«.

*Schlußfolgerungen für die Arbeit:*Falls das Universum in maschinenglei-cher Regelmäßigkeit von den mathematischen Gesetzen gelenkt wird, deren Hüter Gott ist, dann wird Arbeit auch eine Art von Strenge und Absolutheit haben müssen. Arbeit wird damit zu tun haben müssen, solche Gesetze zu erfüllen oder sich daran anzupassen. Ein großer Teil der Arbeit unseres Jahrhunderts hat natürlich inzwi-schen damit zu tun, sich von solchen Gesetzen zu erholen. Die therapeutischen Berufe reagieren auf die vielen Opfer einer solchen Weltanschauung. Wird das Universum jedoch von »Gewohnheiten« gelenkt, von sich entwickelnden Verhaltensmustern, die aus Wieder-holung, Versuch und Irrtum bestehen, dann sollte die menschliche Arbeit auch dieses Paradigma spiegeln, indem sie aus Erinnerungen und Handlungen Gewohnheiten entwickelt.

Interessanterweise lehrte Thomas von Aquin, ein Mystiker des 13. Jahrhunderts, genau das: Kunst und Wissen und alle Moral haben im wesentlichen damit zu tun, Gewohnheiten beim Menschen zu entwickeln, welche wir als Tugenden bezeichnen. (Diese Lehre lehnte er zum großen Teil an Aristoteles an.) Was das genauer heißt, werden wir im vierten Kapitel ausführlich betrachten.

Welche Weltanschauung wir haben, wirkt sich auf unsere Beziehung zur Welt, in der wir leben, aus. Der französische Philosoph Paul Ricœur lehrte, daß Psyche und Kosmos im Menschen letztlich das Gleiche seien: »Das › Heilige ‹ am › Kosmos ‹ oder in der › Psyche ‹ zu manifestieren ist ein und dasselbe. ... Kosmos und Psyche sind die beiden Pole derselben › Expressivität ‹.«[28] Das Gleiche lehrt auch der indische Mystiker Kabir aus dem 15. Jahrhundert, der singt:

»Oh lieber Freund,
auf der Suche nach
meinem Geliebten
wanderte ich
über die ganze Erde
in ferne und fremde Länder.
Als ich ihn aber
traf
wurde mein Hof
zum Universum!«[29]

Mit anderen Worten: Die Welt, in der wir zu leben *glauben* (Kosmologie), *ist* die Welt, in der wir leben. So wichtig sind unsere Weltbilder! Während des Newtonschen Zeitalters glaubten wir nicht nur, in einer Maschine zu leben, sondern verhielten uns auch so. Unsere Psyche und unser Kosmos waren maschinenartig. Die industrielle Revolution griff diese Weltsicht auf, und der Kapitalismus sorgte für die nötige wirtschaftliche Maschinerie, um sie zu fördern. Der heutige Wandel hat die gleiche Dimension. Wenn wir glauben, in einem in sich verwobenen Universum zu leben, in einem Organismus, der das Große Werk einer Billion Galaxien in all ihrer Bewegung und Ausdehnung entfaltet, dann werden wir auch beginnen, in einer *solchen* Welt zu leben. Und unsere Arbeit wird sich entsprechend verändern. Solche Veränderungen werden wir im Teil 2 dieses Buches besprechen.
Der Wissenschaftler Gregory Bateson schreibt in seinem Buch »Ökologie des Geistes« über das Paradigma des Industriezeitalters, das wir gerade hinter uns lassen:
»Wir stellen fest, ... daß die Ideen, die unsere Zivilisation gegenwärtig beherrschen, in ihrer virulentesten Form aus der industriellen Revolution stammen. Sie können folgendermaßen zusammengefaßt werden:

a) Es geht um uns gegen die Welt.
b) Es geht um uns gegen andere Menschen.
c) Es kommt auf das Individuum (oder die individuelle Gesellschaft, oder die individuelle Nation) an.

d) Wir können eine einseitige Kontrolle über die Umgebung ausüben und müssen nach dieser Kontrolle streben.

e) Wir leben innerhalb einer unendlich expandierenden ›Grenze‹.

f) Der ökonomische Determinismus ist Common sense.

g) Die Technologie wird es für uns schon machen.«[30]

Damit impliziert Bateson, daß die Arbeit der Zukunft gegenüber unserer Umwelt freundlich sein und die Freundlichkeit der Umwelt uns gegenüber akzeptieren wird. Arbeit wird in wechselseitiger Abhängigkeit stehen statt in Wettbewerb und kriegerischer Haltung gegen andere Menschen. Sie wird den Individualismus und den wirtschaftlichen Egoismus, das Sektierertum und den Nationalismus nicht übertreiben, sondern eine planetare Weltanschauung pflegen. Sie wird sich nicht darum drehen, unsere Umwelt zu kontrollieren; nicht den Irrtum begehen, über eine begrenzte Wirklichkeit, nämlich die Erde und ihre Gaben, die Forderung nach einem unendlichen Wachstum stülpen zu wollen. Sie wird sich ökonomischen Sachzwängen nicht mehr unterwerfen und ihre Werte und ihre Kreativität auch jenseits der Technik suchen. Wenn wir im zweiten Teil dieses Buches über die Neuerfindung der Arbeit sprechen, werden wir alle diese Prinzipien anwenden.

Aus diesen kurzen Überlegungen über den wissenschaftlichen Paradigmenwechsel, wie Sheldrake und Bateson ihn verstehen, können wir eine neue Sicht der Arbeit und des Wirkens des Universums entwickeln. Wir haben gesehen, wie stark das Paradigma, von welchem wir uns leiten lassen, unsere Arbeit in ihrer Beziehung zum »Einen Werk des Universums« beeinflußt. Offenbar haben unsere Wirtschafts- und Arbeitssysteme der vergangenen Jahrhunderte sich aus einer maschinenartigen, einer mechanistischen Kosmologie verstanden, die Sinnlosigkeit, Trägheit von Atomen und Dingen, eine tote Erde, den Determinismus, entkörpertes und objektives Wissen sowie ewige Gesetze gelehrt hat. Es ist auch deutlich geworden, daß die Option für einen organischen Kosmos einen Wandel unserer Weltsicht verlangt, in welcher Anziehung, Verlangen und letzte Ziele als Magneten im Kraftfeld dienen, in welchem Atome Aktivitätsstrukturen sind (und deshalb arbeiten, wie auch das ganze Universum), wo die Erde Gaia, ein lebendiger Organismus, ist, wo Chaos, Freiheit und Spontaneität ihren Ort haben, wo Teilhabe und Kreativität zum wesentlichen Wirken des Universums gehören, wo Gewohnheiten statt ewiger Gesetze das gesamte Dasein bestimmen.

Der Arzt Leonard Shlain weist auf die Auswirkungen hin, die eine neue Kosmologie für uns alle hat: »Die neue Physik liegt gegenwärtig wie eine Erbse unter der kollektiven Matratze der Menschheit und stört den ruhigen Schlaf gerade genug, um die Weltsicht einiger Menschen zu verändern.«[31] Jetzt müssen wir mehr auf diese »Erbse« achten, denn unser Schlaf muß mit Recht gestört werden.

Wie wir sehen werden, haben die Mystikerinnen und Mystiker der Welt viele Wahrheiten dieses neuen Paradigmas zu Arbeit und Welt intuitiv erfaßt. Das könnte einer der Gründe dafür sein, warum Gesellschaften, die auf solche eher mystische Weltanschauungen aufbauten, wie etwa die der Eingeborenenvölker, weder Arbeitslosigkeit noch die Entfremdung kannten, die aus einer langweiligen und belanglosen Arbeit folgt, aus einer Arbeit, die eine von außen stammende Belohnung braucht. In solchen Gesellschaften gab es keine Sucht nach Konsum, und demzufolge bildete auch der Konsumzwang nicht die Basis ihres Wirtschaftssystems.

Unsere innere Arbeit

Rilke hat gesagt, daß ein Kunstwerk gut sei, wenn es aus Notwendigkeit entstand; in dieser Ursprungsfrage liege seine Beurteilung, und eine andere dafür gebe es nicht. Die Beurteilungsquelle unserer Arbeit ist ihr Ursprung. Was ihre Motive sind, das ist also die Frage. Welcher Zweck hat sie ins Dasein gebracht? Wer hat nach ihr gerufen? Und zu welchem Ziel? Wem dient sie? Ist sie notwendig? Wirkliche Arbeit wie auch wirkliche Kunst müssen »aus Notwendigkeit« entspringen. Unsere Arbeit wird mit einer gewissen Dringlichkeit gefordert. Woher aber können wir wissen, daß die gegebene Notwendigkeit selbst eine echte ist? Hier müssen auch wir die Bedeutung unserer Arbeit als einer inneren Arbeit näher untersuchen. Für Eckhart kann es nur einen Grund geben, nicht von einem sehr tiefen Ort im Inneren her zu arbeiten; und dieser Grund ist, daß wir uns mit äußerer Arbeit abgefunden haben und die innere Arbeit ignorieren.

Zu oft arbeiten wir allein um äußerer Belohnungen willen oder aufgrund einer äußeren Bedrohung. In einer von außen motivierten Arbeit, sei es durch Belohnung oder Strafe, liegt im wörtlichen Sinne der Tod dieser Arbeit. Eckhart sagt: »Sollen aber deine Werke leben, so muß Gott dich inwendig im Innersten der Seele anstoßen, wenn sie wirklich leben sollen: Da ist dein Leben, und da allein lebst du.«32 Beachten wir, was er hier meint: Unsere Arbeit nimmt ein eigenes Leben an. Arbeit lebt! Denken wir darüber nach. Unsere Arbeit ist lebendig, sie ist etwas, das wir gebären. In gewisser Hinsicht ähnelt sie damit unseren Kindern (und auch unsere Kinder sind unsere Arbeit). Daß unsere Arbeit lebt, besagt auch, daß sie für Leben sorgen kann. Arbeit lebt und bringt Leben. Manchmal überlebt unsere Arbeit uns sogar, manchmal ist sie größer und dauerhafter als wir selbst; sie wird, mit Eckharts Worten, »ewig«.

Oder wenigstens: Arbeit kann leben. Es bedarf aber der Mühe von unserer Seite, »aus der Tiefe« zu arbeiten, statt aus fremden oder äußeren Quellen. Bedenken wir dabei, daß nach Anne Wilson Schaef alle Sucht aus »Fremdbestimmung« stammt. Unsere Sucht liegt häufig in dem Versuch, irgendeine äußere Quelle zufriedenzustellen.

Ein weiteres Beispiel für bloße äußere Arbeit ist die Arbeit, die nur um Lohnes willen getan wird. Eine solche Arbeit ist an sich unbefriedigend, da sie nur für immer weiter wachsende Löhne getan werden kann. (Damit spreche ich natürlich nur von denjenigen, die genug für ein anständiges Leben verdienen, nicht aber von jenen, deren Niedriglöhne wirkliches Unrecht darstellen. Tatsache ist jedoch, daß diese beiden Gruppen – diejenigen, die mehr als genug verdienen, und diejenigen, die zu wenig verdienen, – eng mit einander verflochten sind. Indem wir die Großverdiener dazu drängen, von ihrem Überfluß abzulassen, eröffnen wir denjenigen, die zu wenig haben, neue Möglichkeiten.) Innere Arbeit spricht den inneren Menschen an, erweckt *und* befriedigt das innere Selbst.

Der Psychologe Otto Rank weist darauf hin, daß der Zweck der Gilden und Zünfte im Mittelalter nicht darin lag, »Profit zu machen, sondern ihren jeweiligen Persönlichkeitstypus als Gruppe von der Gemeinschaft anerkennen zu lassen. Ein Zimmermann, ein Schmied, ein Bäcker oder Metzger stellte einen bestimmten Persönlichkeitstypus über die reine Bürgerfunktion hinaus als Mitglied der Gemeinschaft dar.« Was war das Ergebnis dieser Anerkennung, die die Gilden den Arbeitenden boten? »Die Arbeit wurde dadurch zu einem ebenso wichtigen Faktor im Aufbau und zur Erhaltung der Persönlichkeit wie irgendwelche religiösen, politischen oder individuellen Ideologien. In diesem Sinne arbeiten die Menschen hauptsächlich für ihre Selbstachtung und nicht für andere oder für den Verdienst.« Aus diesem Grunde ist Rank der Überzeugung, daß eine Flucht vor der Arbeit symptomatisch für eine Flucht vor dem inneren Selbst ist: »Eine Abneigung oder ein Widerstand gegen die Arbeit weist auf einen tiefen Mangel in der Persönlichkeit hin und verdeckt den tiefen Widerstand dagegen, das Selbst als eine definierte Persönlichkeit anzunehmen, die Angst hat, etwas zurückzugeben, um ihre Autonomie nicht zu verlieren. Denjenigen Menschen, die um ihrer eigenen Befriedigung willen arbeiten, dient das dafür erhaltene Geld nur als eine Art Treibstoff, das heißt als ein Symbol der Belohnung und Anerkennung, und letztlich als Bestätigung von den Mitmenschen.«[33]

Wie schaffen wir den Wechsel von äußerlicher zu innerer Arbeit? Von dem äußeren zum inneren Menschen? Ein Weg dazu ist, sich auf die Arbeit als Prozeß, als einen *Weg*, nicht als ein Produkt einzulassen. Wenn Christus im Johannesevangelium sagt »Ich bin der Weg!«, so sollten wir aufmerken: Das ist eine andere Botschaft als das »Ich bin das Alpha und das Omega« (obwohl nicht notwendig eine widersprüchliche). Die Aussage »Christus ist der Weg« verherrlicht unsere Arbeit! Denn sie legt eine göttliche Hülle über den Pfad, den wir nehmen, und lenkt uns nicht vom Pfad zu einem Ziel hin ab. Unsere Arbeit selbst ist eine heilige Reise und nicht der Goldtopf am Ende des Weges muß die Reise rechtfertigen. Unsere Arbeit ist der Tempel, in dem wir wohnen: Es kann Teil unserer Arbeit und nicht nur eine religiöse Übung sein, zu »kon-templieren« oder mit dem Göttlichen zu spielen.

Eckhart lehrt über das Loslassen von Zielen bei der Arbeit: »Beabsichtige nichts mit deinen Werken und ziele auf nichts ab, weder in Zeit noch in Ewigkeit, weder auf Lohn noch auf Seligkeit noch auf dies oder das; denn solche Werke sind wahrlich alle tot. Ja, ich sage: Selbst wenn du dir Gott zum Ziel nimmst, so sind alle Werke, die du darum wirken magst, tot, und du verdirbst gute Werke.« Was aber können wir tun, statt uns bei der Arbeit an Zielen zu orientieren? »Darum geh in deinen eigenen Grund und wirke dort; die Werke aber, die du dort wirkst, die sind alle lebendig.«[34]

Wir sollen in unsere Tiefen, in unseren Untergrund, in unser Geheimnis und unsere Verborgenheit eintreten und von dort aus arbeiten. Dieses von Eckhart benannte »Dort« ist aber ein radikales und geheimnisvolles, manchmal sogar erschreckendes. Es ist das »Dort« des Nichts, ist ohne Ziele und ohne Belohnungen. »Soll daher Gott etwas in dir oder mit dir machen, so mußt du vorher Nichts geworden sein.« Das auf die Arbeit angewandte Nichts bedeutet die Abwesenheit äußerer Ziele. Die Arbeit muß ihren Lohn in sich tragen und ihre eigene Würde haben. »Der Gerechte sucht nichts mit seinen Werken; denn diejenigen, die mit ihren Werken irgendetwas suchen, oder auch solche, die um eines Warum willen wirken, die sind Knechte und Mietlinge. Darum, willst du eingebildet und überbildet werden in die Gerechtigkeit, so beabsichtige nichts mit deinen Werken und ziele auf nichts ab weder in Zeit noch in Ewigkeit ... Wenn wir ohne ein Warum zu arbeiten lernen, arbeiten wir aus dem inneren Selbst heraus. Wenn unsere Arbeit ein Werk der Liebe sein soll, muß sie ohne ein Warum sein, denn »Liebe hat kein Warum. Hätte ich einen Freund und liebte ich ihn darum, daß mir Gutes von ihm geschähe und mein voller Wille, so liebte ich nicht meinen Freund, sondern mich selbst. Ich soll meinen Freund lieben um seiner eigenen Güte und um seiner eigenen Tugend und um alles dessentwillen, was er in sich selbst ist.« Gleiches gilt von der Arbeit: Wir lieben sie wegen ihrer eigenen Güte, Tugend und Natur. In diesem Prozeß wird sie zu einem Ausdruck unserer Liebe. Auf diese Weise lernen wir, Gott um der Gottesliebe willen zu lieben und all seine Werke um der Arbeit selbst willen zu tun.[35] Wenn wir von einem tiefen geistigen Ort her arbeiten, so tun wir dies, ohne einen äußeren Zweck zu verfolgen. Wir arbeiten dann um der Arbeit willen und lieben um der Liebe willen und leben um des Lebens willen. Eckhart stellt fest: »Wer das Leben fragte tausend Jahre lang : › Warum lebst du?‹ – Könnte es antworten, es spräche nichts anders als: › Ich lebe darum, daß ich lebe.‹ Das kommt daher, weil das Leben aus seinem eigenen Grunde lebt und aus seinem Eigenen quillt; darum lebt es ohne Warum eben darin, daß es für sich selbst lebt. Wer nun einen wahrhaftigen Menschen, der aus seinem eigenen Grunde wirkt, fragte: › Warum wirkst du deine Werke?‹ – Sollte er recht antworten, er spräche nichts anderes als: › Ich wirke darum, daß ich wirke.‹ «[36] Eckhart führt uns an dieser Stelle in eine praktische Methodik ein. Frage deine Arbeit: »Warum arbeitest du?« Frage deine Rolle: »Welche Rolle spielen wir in der Welt?«. Beachten wir dabei, daß wir nicht uns selbst diese Frage stellen, sondern unserer Arbeit oder unserer Rolle. Lassen wir die Arbeit sprechen. Lassen wir die Arbeit für sich selbst Verantwortung übernehmen. Lassen wir die Arbeit aufstehen und gewichtet werden. Geben wir der Arbeit ihre eigene Würde, ihren eigenen Wert unter uns, denn sie ist überall, selbst wenn wir uns arbeitslos oder überarbeitet fühlen.

Wie das Leben entsteht die Arbeit, das Wirken aus sich selbst, aus einer eigenen Quelle. Die Kraft für die Arbeit lebt in der Arbeit selbst. Deshalb können wir sagen, daß wir um der Arbeit selbst willen arbeiten, so wie wir um des Lebens selbst willen leben. Wie das Leben selbst enthält die Arbeit ihre eigene Belohnung. Sie lockt und bricht hervor, sie sprudelt in uns auf und fordert von uns. Wie unsere Sexualität verlangt unsere Arbeit unseren Respekt. Wir müssen sie achten, ihr Raum geben, ihr einen Platz geben, wo ihre Kraft sich verbreiten kann, eine Arena, von der her ihre Leidenschaft ausbrechen kann. Wir werden unter anderem darum gedrängt, ohne ein Warum zu wirken, weil dies die Art und Weise ist, wie Gott wirkt und arbeitet und wie wir, als Ebenbilder Gottes, in unserer Arbeit Gott ähnlich sein können. Eckhart sagt: »Gott liebt um Gottes selbst willen und tut alle Dinge um Gottes selbst willen, das heißt, daß Gott um der Liebe willen liebt und um der Handlung willen handelt. ... Wer nun als Sohn oder Tochter Gottes geboren ist, liebt Gott um Gottes willen, das heißt, liebt Gott um der Gottesliebe willen und tut all sein Werk um des Wirkens willen.«[37]

Ohne ein Warum zu arbeiten, bedeutet, alle oberflächlichen Versuchungen unserer Arbeit fallen zu lassen und nur aus unserem innersten Selbst heraus zu arbeiten. »Aus diesem innersten Grunde sollst du alle deine Werke wirken ohne Warum. Ich sage fürwahr: Solange du deine Werke wirkst um des Himmelreiches oder um Gottes oder um deiner ewigen Seligkeit willen, also von außen her, so ist es wahrlich nicht recht um dich bestellt.« Aus einem oberflächlichen Wirken, das nicht aus dem innersten Selbst stammt, folgen tote Werke. Statt durch unsere Arbeit Leben in die Welt zu bringen, bringen wir totgeborene Gegenstände in die Welt. Statt die Welt durch unsere Arbeit zu verzaubern, machen wir sie dumpf, langweilig und damit gewalttätig. Leben zeugt Leben, aber Leben stammt aus unserem innersten Wesen, nicht aus äußeren Quellen oder Kräften. Eckhart sagt: »Diejenigen Taten, die nicht aus unserem innersten Selbst ausfließen, sind vor Gott tot.« Und auf der anderen Seite: »Sollen aber deine Werke leben, so muß Gott dich inwendig im Innersten der Seele anstoßen, wenn sie wirklich leben sollen: Da ist dein Leben, und da allein lebst du.«[38]

Von der Außenseite her statt aus dem Innersten zu arbeiten, kann den Tod herbeiführen. Unsere Arbeit kann also auch eine Quelle des Todes sein. Denken wir dabei nur an die Betreiber der Gasöfen beim Massenmord an den Juden in Deutschland: Haben diese Menschen gearbeitet? Denken wir an die sadistischen Folterer bei der Inquisition: Haben diese Menschen gearbeitet? Denken wir an das Niederreißen der Regenwälder: Ist auch das Arbeit? Ja, all das ist Arbeit. Es ist Todesarbeit; und Eckhart analysiert, was es dazu macht. »Denn, dafern dich irgendetwas von außen zum Wirken anstößt, wahrlich, so sind alle solche Werke tot; und selbst, wenn Gott dich von außen zum Wirken anstieße, wahrlich, so sind auch diese Werke alle tot.«[39]

Für Eckhart wird Arbeit von sich selbst aus dem Innersten heraus bewegt. Arbeit, Wirken mit Eckharts Worten, und Leben sind fast identisch. Vielleicht hilft das zu erklären, warum junge und ältere Menschen verzweifelt sind, wenn sie keine Arbeit mehr haben oder sich nicht »gebraucht fühlen«. Es fehlt ihnen an Leben – an ihrem eigenen. Ohne Arbeit fehlt uns der Zugang zu unserem eigenen

Leben, der Zugang zu unserem eigenen Dasein. Für Eckhart kommen Sein und Handeln zusammen. Echtes Arbeiten fließt aus echtem Sein aus. »Die Menschen brauchen nicht so viel darüber nachzudenken, was sie tun sollen, sondern sollten sich daran erinnern, was sie sind. Wenn die Menschen und ihre Wege gut sind, dann können ihre Werke hell hervorleuchten. ... Denn die Werke heiligen uns nicht, sondern wir heiligen unsere Werke.«[40]

Echte Arbeit stammt aus unserem Wesen, aus unserem Dasein. Wir müssen unserem eigenen Wesen volle Aufmerksamkeit schenken, und in diesem Prozeß wird Heiligkeit aus unserem Wesen in die Arbeit einfließen. Indem wir Wesen und Wirken miteinander verbinden, ermöglichen wir Güte in unserer Arbeit, denn Güte und Dasein sind austauschbar. Eckhart rät uns, in unser Sein, unseren Grund, unsere Tiefe, unser innerstes Selbst einzutauchen. Das ist eine radikale Alternative zu Zwängen oder Süchten oder oberflächlichem Leben, die uns damit zufriedenstellen wollen, vom Außen her zu leben.

Eckhart ruft nach einer Vermischung von Innerem und Äußerem, von äußeren Fakten und Innerlichkeit. Er scheint sich darüber bewußt zu sein, wie gern wir die Verdrängung vorziehen, wie gern wir vor dem inneren Selbst und dem Beginn dieses Prozesses fliehen. Ein Teil der inneren Arbeit besteht gerade darin, zu entdecken, wie es sein kann, daß für einen innerlichen Menschen alle Dinge eine innerliche, göttliche Daseinsweise besitzen.[41] Wenn alle Dinge ein inneres Wesen haben, dann vermissen wir an ihnen das Aufregende und die Schönheit, die Gnade und die Freiheit, ihre Einzigartigkeit und das Erstaunliche an ihnen, sofern wir uns ihnen nur auf »objektive« Weise zuwenden. Genau das aber werden wir tun, wenn wir unsere innere Arbeit noch nicht geleistet haben. Wenn wir unserem eigenen inneren Wesen entfliehen wollen, dann werden wir diese Oberflächlichkeit auch auf andere Wesen projizieren. Alle unsere Beziehungen werden von dieser Oberflächlichkeit besetzt werden.

Unsere innere Arbeit ist expansiv. Wenn unser inneres Selbst sich mit unserer Arbeit verbindet und unsere Arbeit sich mit unserem inneren Selbst, dann kennt unser Wirken keine Grenze, denn unser inneres

Selbst kennt keine solche. Deshalb kann Eckhart sagen, daß die innere Arbeit Gott ähnlich und göttlich ist und daß für sie göttliche Eigenschaften gelten. Und welche Eigenschaften sind das? »Die äußere Arbeit kann niemals klein sein, wenn die innere groß ist, und die äußere Arbeit kann niemals groß oder gut sein, wenn die innere klein oder von geringem Wert ist. Die innere Arbeit umfaßt in sich immer alle Größe, Breite und Länge.«[42] Es gibt für das Ausmaß unserer Arbeit keine Grenze, außer dem unendlichen Geist selbst. Hier stoßen wir auf einen weiteren Grund, warum unsere Arbeit es verdient, geistig genannt zu werden. Sie überschreitet die Grenzen aller Dinge und streckt sich nach dem Unendlichen aus, nach dem Geistigen, nach den Horizonten der Wirklichkeit. Aus diesem Grunde ist es auch wichtig, daß alle Menschen Arbeit haben. Arbeit ist unsere wichtigste Quelle, den Geist zu schmecken, die unendliche Breite und Länge aller Dinge. Ohne Arbeit fehlt in unserem Leben Geist. Wo aber Geist oder das Unendliche fehlen, können wir uns bereitwillig der Schattenunendlichkeit zuwenden, der Gewalttätigkeit, die sich fälschlich als geistige Erfahrung ausgibt. Gewalt versucht, den Geist zu ersetzen, wo der wahre Geist seinen angemessenen Platz in der Seele und in der Gesellschaft nicht einnehmen kann. Gewalt und andere Suchtformen füllen einen Leerraum in unserer Seele, obschon sie ihn nur zeitweilig und oberflächlich füllen und letztlich unbefriedigend bleiben. Meister Eckhart schreibt unserem inneren Menschen eine enorme Größe zu. Der innere Mensch erreicht seine vollen Ausmaße, weil er groß ist ohne jedes Maß. Dies ist der Mensch, auf den der Apostel sich in Kolosser 3,10 f bezieht: »Und ihr habt den neuen Menschen angezogen, der erneuert ist zur vollen Erkenntnis nach dem Bilde des Schöpfers.«[43]

Jetzt wird deutlich, warum Eckhart davon spricht, daß unsere Arbeit ewig mit Gott getan wird, denn wenn unser Wirken aus unserem innersten Selbst und Grund entspringt, ist es ein ewiges Wirken. Daraus folgt, daß unsere Arbeit von einem ganz neuen Ort ausgeht, wo sie aus unserer Quelle und Einfachheit entstehen kann, das heißt, aus unserem inneren Menschen. Denn nach Eckhart ist der innere Mensch der neue Mensch, der himmlische Mensch, in welchem Gott leuchtet.[44] Mit dem neuen Menschen in Verbindung zu stehen, in welchem Gott leuchtet, bringt eine Neubelebung unserer Arbeit. Dadurch kann die Gottheit in unsere Geschichte und in unsere Gemeinschaften hineinleuchten. Die Arbeit selbst beginnt in der Gegenwart des göttlichen Strahlens zu leuchten. Unsere Arbeit wird zum Leib Christi, der die Welt betritt. Sie wird zum Kind Gottes, das von uns geboren wird. Unsere Arbeit wird zum Kosmischen Christus, der der Welt gegeben wird. Darum rät uns der Sufi-Mystiker Rumi:

»Arbeite in der unsichtbaren Welt
wenigstens so intensiv
wie in der sichtbaren.«[45]

Von der Maschine zum Organismus: Der große Paradigmenwechsel unserer Zeit

Da wir uns heutzutage von einer Arbeitswelt in die andere bewegen, von einer Lebenssicht zur anderen, scheint es nützlich, das Paradigma oder die Weltanschauung, die wir soeben verlassen, mit derjenigen zu vergleichen, die auf uns zukommt. Wenn wir den Paradigmenwechsel, der überall um uns herum stattfindet, nicht wahrnehmen, werden wir an Verwirrung leiden. Wenn wir es aber sehen, können wir sagen: Aha! Jetzt verstehe ich. So betete Rilke darum zu verstehen, warum unsere Alltagsarbeit so oft von der großen Arbeit, vom Großen Werk, abgeschnitten ist. So können wir mit unserer Arbeit, mit unserem Werk fortfahren. Wir können radikale Fragen über unsere Arbeit stellen und wir können zu ihrer Neuerfindung beitragen.

Ich benenne diesen Paradigmenwechsel als die Bewegung »von der Maschine zum Organismus, zum Grünen (oder zum Glanz)«. Der

Glanz (ein Begriff der Hildegard von Bingen) repräsentiert die Photonen oder Lichtwellen, von denen wir wissen, daß sie in jedem Atom des Universums vorhanden sind. Das Maschinenzeitalter war – wie wir betont haben – die Ära der Industrialisierung, die Ära der Aufklärung und der fragmentarischen Weltsicht, das Zeitalter, in welchem Atome und Erde träge waren und Objektivität der Maßstab war, an welchem unsere Beziehung zur Wirklichkeit gemessen wurde. Es war ein Zeitalter des Determinismus und der absoluten mathematischen Gesetze, wobei Gott der Gesetzgeber dieser ewigen Gesetze war. Es war ein Zeitalter des Gehorsams gegenüber diesen Gesetzen und den Mächten, die für sie sprechen konnten. Es war ein mystikfeindliches Zeitalter, ein kinderfeindliches Zeitalter (in dem Kinder ihre Kindheitserlebnisse oft genug in Kinderarbeit verlieren mußten) und ein kunstfeindliches Zeitalter. Denn wer will schließlich schon zulassen, daß ein Mystiker (das göttliche Kind in uns, das im Universum spielen möchte), eine Maschine verdirbt? Maschinen sind für Erwachsene. Erwachsene Menschen erfinden und benutzen sie. Das Maschinenzeitalter achtete die Schönheit nicht als eine wichtige philosophische oder theologische Kategorie. Was hauptsächlich zählte, war die Effektivität. Das Maschinenzeitalter gab uns Arbeitsplätze, aber keine echte Arbeit, denn äußere Arbeit wurde mehr geschätzt als innere. Da es sich um ein anthropozentrisches Zeitalter handelte, in welchem die Menschen als Maßstab der Wahrheit begriffen wurden, war es nicht in der Lage, uns in Verbindung zu bringen mit dem inneren Wirken des Universums.

Im Maschinenzeitalter sahen wir unsere Beziehung zur Gottheit, wenn überhaupt, als etwas Fernes und Abgehobenes: Gott war irgendwo da draußen, und unsere Beziehung zu Gott war theistisch. Falls Gott der große Gesetzgeber im Himmel ist, dann ist ein Kontakt zu Gott schwierig. Die patriarchalen Annahmen über das Maschinenzeitalter setzten voraus, daß Gott männlich war, erwachsen und richtend, ein Hüter ewiger Gesetze. Angesichts dieser Bilder der Gottheit nimmt es wenig wunder, daß das Maschinenzeitalter ein für Europa allein typisches Phänomen hervorbrachte, nämlich den *Atheismus*, definitionsgemäß die Zurückweisung eines theistischen Gottes.

»Theismus – nein danke«, war die Antwort vieler Menschen dieser Epoche auf eine ferne und abstrakte Gottheit. Und ein Gefühl für das Heilige war selbst für diejenigen schwer zu erlangen, die gläubig zu sein behaupteten, denn der Anthropozentrismus, der Adultismus (die Übermacht der Älteren) und das Patriarchat hatten dieses Gefühl für das Wunderbare, die Ehrfurcht und das Geheimnisvolle, die die Grundlage unseres Gefühls der Heiligkeit bilden, aus ihrer Welt verbannt. Der Aufforderung des Psalmisten Gehör zu schenken, »zu schmecken, daß Gott gut ist«, ist in einem von Maschinen beherrschten Universum kaum möglich. In dieser Weltsicht zählt Weisheit kaum, es kommt auf Wissen an. Die Explosion des Wissens und ihr Ableger, die Explosion der Informationen, charakterisieren unsere intellektuellen Bemühungen in dieser Epoche.

Eine Spezies, die ihren Bezug zur Arbeit und den Bezug der Arbeit zum Großen Werk verloren hat, wird sich über ein ständiges Abnehmen von Arbeitsplätzen hinaus selbst umbringen. Wie das Tao Te Ching sagt:

> »Wenn reiche Spekulanten gedeihen,
> während die Bauern ihr Land verlieren;
> wenn Regierungsbeamte das Geld
> für Waffen statt für Heilmittel ausgeben;
> wenn die Oberschicht luxuriös und unverantwortlich lebt,
> während die Armen sich nirgendwohin mehr wenden können,
> ist all dies Raub und Chaos.
> Es ist nicht im Einklang mit dem Tao.«[46]

Wenn die wirkliche Arbeit ignoriert wird, bedarf es einer Kriegsmaschinerie, um in einer Gesellschaft von ständig Arbeitslosen oder »Verlierern« die Gewinner zu beschützen. Der Krieg und der Waffenhandel daheim und im Ausland werden zum großen Pseudowerk. Der Geist des Krieges übernimmt die Sprache und das Vokabular eines Volkes. Alles wird in Begriffen von Gewinnern und Verlierern ausgedrückt. Das Leben wird zu einem Wettkampf. Der Zauber verschwindet. So läßt sich das Tao Te Ching übertragen:

»Wenn ein Land in Einklang mit dem Tao lebt,
stellen die Fabriken Trecker und Autos her.
Wenn ein Land gegen das Tao geht,
werden um die Städte Sprengköpfe gestapelt.« [47]

Heutzutage werden Waffen zwar nicht direkt außerhalb der Städte gestapelt, sondern auch innerhalb. Wir versuchen unsere Jugend unter Kontrolle zu halten und uns gegen sie mit Gewehren und Gefängnissen zu verteidigen. Wenn das wahre Gesetz zusammenbricht, das Gesetz des Tao oder der kosmischen Weisheit und Gerechtigkeit, dann können uns nur noch Sprengköpfe voreinander schützen.

Das Industriezeitalter schnitt die Frauenarbeit von öffentlich bedeutsamer menschlicher Tätigkeit ab. Das Einkaufen ersetzte das Anbauen und Herstellen. Darüber hinaus wurden eingeborene Völker oft in ihren Reservaten in Arbeitslosigkeit gestürzt. Eine Sentimentalisierung sowohl der Frauen als auch der Naturvölker setzte ein, und es kam zu einer derartigen Mythologisierung der weiblichen Rolle als Mutter und Hausfrau, daß Frauen oft ihre Arbeit nicht mehr als notwendigen Teil ihrer Identität und Autonomie zu sehen vermochten.[48] Kolbenschlag weist daraufhin, daß die industrielle Revolution die Einstellung von Frauen zur Arbeit grundlegend veränderte: »Die Trennung von Haus und Arbeit unterbrach die Verbundenheit der Frauen mit ihrer Lebensgemeinschaft und isolierte sie in dem privaten Bereich der nur häuslichen Verantwortung. ... Die soziale Mobilität reduzierte die weibliche Rolle auf eine bloß ornamentale oder zweckgebundene. ... Das Ethos des Kapitalismus sah die ›müßige Frau‹, die der Arbeit enthobene Frau, als die erste Frucht des ›Fortschrittes‹.«[49] Dadurch, daß die »müßige Frau« auf ein Podest gestellt wurde, schränkte man tatsächlich die Frauenrolle in der Gesellschaft ein und schuf einen Riß zwischen den Frauen der Arbeiterklasse und den nicht berufstätigen Frauen. »Implizit wurde damit die Rolle der Arbeiterinnen, die aus Notwendigkeit zur Arbeit gezwungen waren, abgewertet.«[50]

Das Maschinenzeitalter war auch eine *trockene* Zeit, denn keine Maschine ölt sich selbst. Die in einer Maschine und zwischen Maschinen erzeugte Reibung bedarf des Ölens von außen. Und die geistige Dürre und Austrocknung der Seele wurde zur Epidemie der Industriezeit und ihrer globalen Auswirkungen auf die Seele der Erde. Yang-Energie, rein männliche Energie, ist trocken. Ihr Feuer führt zu einem Ausbrennen: zuviel Hitze, zuwenig Feuchtigkeit.

Das Maschinenzeitalter findet jetzt aber ein schnelles Ende. Es hat die Luft verseucht, die Gewässer vergiftet, unsere Regenwälder abgetötet, Löcher in die Ozonschicht gerissen, unseren Mutterboden zerstört und damit die Kunst der bäuerlichen Familienbetriebe, sie hat unsere Jugend gewalttätig und selbstzerstörerisch gemacht, unsere Seelen ausgetrocknet und die Erwachsenen verwirrt und seelenlos auf eine Suche nach Sinn geschickt. Sie hat die Religion trivialisiert; und die Religion fügte sich in diese Trivialisierung, indem sie ihre eigene mystische Überlieferung, die Überlieferung des Kosmischen Christus, zugunsten einer einseitigen Jesusverehrung unter den Ängstlichen und einer bloßen Suche nach dem historischen Jesus unter den Liberalen abgeschafft hat. (Natürlich ist durch die Suche nach dem historischen Jesus viel Wichtiges geleistet worden. So wurde, zum Beispiel, Jesus neu als Prophet entdeckt, und man fand heraus, welche Worte, die von den Evangelien Jesus zugeschrieben werden, wirklich von ihm sind und welche aus der frühen Glaubensgemeinschaft stammen. Aber seit diese Arbeit vollendet ist, verlangt das kommende Zeitalter von uns den Kosmischen Christus in Verbindung mit Jesus als Befreier und Prophet.) So sehr hat das maschinelle Zeitalter alles entheiligt, daß sogar die Erziehung und Bildung langweilig und zu teuer geworden ist.

Das Maschinenzeitalter hat sich selbst in den Bankrott gesteuert. Wir können uns diese Industrialisierung nicht mehr leisten. Wie Thomas Berry nachgewiesen hat, kann der Industrialismus auf diesem Planeten nur einmal auftreten, denn er setzte vielerlei Situationen voraus, unter anderem billige Rohstoffe, die sich nicht wiederholen werden. Deshalb müssen die Länder der sogenannten Dritten Welt intensiv darüber nachdenken, wie sie dieses Industriezeitalter am besten umgehen und direkt in die Phase kommen können, die Hazel

Henderson als das »Solarzeitalter« bezeichnet oder die ich als das grüne Zeitalter benenne.

Was sind die typischen Grundzüge der grünen Epoche?

Zunächst einmal wird das Ganze wieder als ein Wunder geschätzt: Alle Teile sind miteinander und mit dem Ganzen verbunden, mit einem Ganzen, das auf 15 Milliarden Jahre zurückblicken kann. Alles ist miteinander verbunden, weil das Universum als eine Wesenheit begann, wie ein einziger Organismus, nicht aber wie eine Maschine mit getrennten Einzelteilen. Atome sind Energiemuster, und die Erde ist lebendig. Die Dinge haben Seelen – Lebensprinzipien –, und die Wege, auf denen wir lernen und unsere Wirklichkeitsbezüge aufbauen, sind von Teilhabe und Kreativität gekennzeichnet. Weil das grüne Zeitalter ein kosmologisches ist, wird es unsere innere Arbeit achten und uns mit dem inneren Werk des Universums verbinden. Es wird allen Menschen echte Arbeit und nicht nur Jobs bieten. In dieser Epoche wird auch das Chaos geachtet werden und mit ihm die Spontaneität und die Freiheit, die einem schöpferischen Prozeß dienen.

Im grünen Zeitalter ist Gott ebenso weiblich wie männlich; und statt abgetrennt und irgendwo anders zu sein, ist das Göttliche in allen Dingen und alle Dinge im Göttlichen. Das Zeitalter ist vom Panentheismus gekennzeichnet und mit ihm von einem Wiedererwachen der Heiligkeit aller Materie und Energie: »Istigkeit ist Gott«, drückt Meister Eckhart es aus. Mit seinem Begleiter, dem Eros, kehrt das Spiel wieder zurück. In uns allen wird das Mystische begrüßt und auch gebraucht, und ebenso das Kind und der Künstler, denn sie sind es, die keine Angst haben, loszulassen und die Selbst-Losigkeit unserer heiligen Ursprünge zu schmecken und sich wieder am Universum zu erfreuen. Das Universum wird wieder ein Geheimnis, in welches nur die Erwachsenen hineinpassen, die das mystische Kind in sich achten können. Schönheit wird wieder als der angemessene Name Gottes entdeckt – Thomas von Aquin nannte Gott »die Quelle absoluter Schönheit«[51] und als angemessener Prüfstein für die Moral unserer Handlungen. Vor dem erstaunten Denken der Wissenschaftlerinnen und Wissenschaftler schmilzt der Atheismus dahin, während sie im neu gefundenen Wunder der kosmischen Zeiten und Räume die

Würde ihrer eigenen Berufung wiederentdecken. Und das Wunder, das Staunen bestimmt auch die Annahme, daß das Universum von den ersten Anfängen an auf das Leben hin angelegt war.

Descartes begann seine Philosophie mit dem Zweifel. Es scheint aber, daß nur die Menschen sich den Luxus leisten können, in diesem Universum zu zweifeln. Im Gegensatz dazu begannen Thomas von Aquin und die schöpfungsspirituelle Überlieferung ihre Philosophie mit dem Staunen. Das neue Paradigma achtet die kindliche Erfahrung des Staunens angesichts des Wunderbaren mehr als die in sich selbst befangene Erfahrung des Zweifels: ein Staunen über die Schöpfung und über ihre Quelle; während das vorige Paradigma die Schöpfung und die Erde bloß als eine Rohstoffquelle zur menschlichen Ausbeutung und für menschliche Pläne ansah.

In der grünen Epoche ist das Heilige überall, im Tanz der kleinsten Atome und im Glanze von Billionen Galaxien, in jedem Organ unseres Körpers und in jedem Gedanken, der durch die kosmische Gewohnheit der Photosynthese genährt wird, die unser Gehirn füttert. Von uns werden Achtung und Ehrfurcht gefordert, wenn wir vor allen Dingen stehen, die einen »göttlichen Glanz« enthalten, wie Thomas von Aquin es nennt, oder »eine Spiegelung von Gottes eigenem › Strahlen‹ in die Geschöpfe, da Gott die Quelle allen Lichtes ist«[52]. Mit anderen Worten rufen uns der Kosmische Christus, die Photonen oder das Licht in allen Dingen, zur Ehrfurcht vor allen Dingen und dazu auf, nichts für selbstverständlich zu halten. Über die feministischen Entwürfe einer lebendigen Kosmologie, des Eros und auch der Wissenschaft, durch welche wir überall im Universum Geist finden, kehrt die Weisheit wieder zurück. Wir erwarten eine Explosion der Weisheit in Schulen und Ritualen, die das kommende Zeitalter einläuten. Statt der Kriegskunst wird diese Epoche die Sakramentalkunst des Universums feiern, die Kunst des Lebendigseins, des Arbeitens und des einander gute Arbeit Gebens, die Kunst des Heilens, des Feierns und des Verzeihens. Statt der Trockenheit der Maschinen werden wir die Feuchtigkeit der Natur genießen. Das Öl in allen Dingen, der feuchte, grüne, schöpferische Saft in allen Dingen wird wieder geachtet werden. Weil das theologische Wort für Feuchtigkeit *Christos* ist, der »Gesalbte« oder »Geölte«, wird diese Epoche eine Suche nach dem Kosmischen Christus bringen, nach dem göttlichen Öl, das in allen Wesen schimmert und glänzt, wie Hildegard es ausdrückte.

In religiösen Kreisen wird die Mystik die Jesulatrie ersetzten; und das Zeitalter wird eine Tiefenökumene kennenlernen, in welcher die Überlieferungen der Weisheit oder des Kosmischen Christus aus allen Weltreligionen uns Wege zeigen werden zu beten und in das heilige Mysterium des Universums und unserer eigenen Seele einzugehen. Die Erziehung und Ausbildung wird mehr Aufmerksamkeit auf die rechte Hirnhälfte verwenden, in welcher Ehrfurcht und Mystik geschehen, und auf den Körper wird ebenso geachtet werden wie auf die linke Hirnhälfte, in der die Analyse vor sich geht. Auf diesem Wege kann die Weisheit sich entwickeln, und die Überlieferungen der Frauen und der Naturvölker werden nicht nur geachtet werden, sondern können uns Wege zur Heilung von Menschen und zur ökologischen Gerechtigkeit zeigen. Die neue Epoche – das grüne Zeitalter oder Zeitalter des Glanzes – wird die Schöpfung als Sakrament kennen.

Der Paradigmenwechsel
auf einen Blick

Mechanistisches Zeitalter	Grünes Zeitalter
Moderne	Postmoderne
Industrielle Revolution	Ökologische Revolution
Großtechnik	Mittlere und kleine Technik
Aufklärung	Ökologie
träge Atome	Atome als Aktivitätsmuster
träge Erde	lebendige Erde (Gaia)
seelenlose Ding	belebte Dinge
objektives Lernen	teilnehmendes und schöpferisches Lernen
äußere Arbeit	innere Arbeit
determinierte Dinge	Chaos, Spontaneität, Freiheit im Universum
das Universum als Maschine	das Universum als Geheimnis
ewige und absolute Gesetze des Universums	Gesetze des Universums als sich entwickelnde Gewohnheiten
Gott als höchster Gesetzgeber	Gott spielt im Universum
Gott da draußen (Theismus)	Gott in allen Dingen und alle Dinge in Gott (Panentheismus)
Gott existiert nicht (Atheismus)	Gottes Gegenwart ist von allen erfahrbar (Mystik)
anthropozentrisch	kosmologisch
Beginn mit dem Zweifel	Beginn mit dem Staunen
säkulare Wirklichkeit und Erfahrung	heilige Wirklichkeit und Erfahrung
Effektivität zählt	Schönheit zählt als göttlicher Name
Erde als Rohstoffquelle	Erde als Quelle

Rationalismus (keine Mythen)	große Mythen, u.a. über das Böse, über Heilung und heilige Ursprünge
männlicher Gott	Gott als männlich oder weiblich oder noch anders
patriarchal, hierarchisch	partnerschaftlich, verbunden
Suche nach Kenntnissen	Suche nach Weisheit
Suche nach dem historischen Jesus	Suche nach dem Kosmischen Christus
Jesulatrie als Sentimentalisierung Jesu	Jesus als Prophet, der befreit und sich in Unrecht einmischt
Kriegshandwerk	Kunst des vollen Lebens
trocken	feucht
Jobs (falls man welche kriegt)	Arbeit für alle (verbunden mit dem Großen Werk des Universums)
Das Universum ist eine Maschine, der die Arbeitenden dienen.	Das Universum ist ein Sakrament, die Arbeitenden sind Priester und Hebammen eines gnadenvollen Universums.

Kapitel 3

Arbeit als Verzauberung, Berufung und Freude

Dieses Buch handelt von der Suche nach dem täglichen Sinn ebenso wie nach dem täglichen Brot, nach Anerkennung ebenso wie nach Geld, nach Staunen ebenso wie nach Entspannung – kurz, von der Suche nach einer Lebensform und nicht nur nach einer Weise, von Montag bis Freitag zu sterben.

Studs Terkel[1]

Tue bei der Arbeit, was dir Freude macht.

Tao Te Ching[2]

Alle erreichen sie Vollkommenheit, wenn sie Freude in ihrer Arbeit finden.

Bhagavad Gita[3]

Man sollte in den guten Werken, die man tut, stets jubeln.

Thomas von Aquin[4]

Arbeit ist ein wesentlicher Teil des Lebendigseins. Deine Arbeit ist deine Identität. Sie sagt dir, wer du bist. ...Dabei macht es solche Freude, gut zu arbeiten.

Kay Stipkin[5]

Jeder Engel ist mit seiner ganzen Freude und seiner ganzen Seligkeit in mir und in Gott selbst mit all seiner göttlichen Seligkeit. Und doch nehme ich dies nicht wahr.

Meister Eckhart[6]

So achte ich ... nur auf die eine Aufgabe, mich allein in der Liebe zu üben.

Johannes vom Kreuz[7]

Es ist eine Sache zu glauben, daß unser Arbeiten notwendig zum einen Großen Werk des Universums gehört, etwas anderes aber, es auch zu erleben. Nachdem wir im ersten Kapitel die Via Negativa des Arbeitens abgehandelt haben und die kosmischen Rahmenbedingungen für das Arbeiten im zweiten Kapitel, werden wir uns hier tiefergehend mit der Via Positiva auseinandersetzen, das heißt, mit der Rolle der Freude in unserer Arbeit.

Die Arbeit ist eine gemischte Angelegenheit. Wir haben bei der Arbeit alle unsere guten und unsere schlechten Tage, wie dies auch für unsere anderen Beziehungen zu uns selbst, zu anderen und zu Gott gilt. Berge und Täler, Gipfel und Abstürze kennzeichnen unsere verschiedenen Reisen durch das Leben. Damit Arbeit wirklich menschlich ist, muß sie nach den Worten von Studs Terkel »von der Suche nach dem täglichen Sinn ebenso wie der nach dem täglichen Brot handeln, nach Anerkennung ebenso wie nach Geld, nach Staunen ebenso wie nach Entspannung – kurz, zu einer Suche nach einer Lebensform und nicht nur nach einer Weise, von Montag bis Freitag zu sterben.« Terkel benutzt hier eine sehr spirituelle Sprache und Botschaft. Eine Lebensweise, statt einer Art zu sterben – das ist genau die Definition des Geistes. Spiritualität hat mit einem vertieften Leben zu tun. Unsere Suche nach Sinn in unserer Arbeit, nach Anerkennung, nach Staunen oder Wunder oder Ehrfurcht ist eine andere Art und Weise zu sagen, daß unsere Arbeit es verdient, eine mystische Erfahrung zu sein. Und doch berichtet Terkel, daß viele der von ihm interviewten Personen »eine zwiespältige Haltung gegenüber ihrem Beruf einnahmen«[8]. Offenbar und bekanntermaßen erleben wir bei der Arbeit nicht immer nur Freude.

Jene theologische Weltanschauung, die ich als die Sündenfall-Erlösungs-Tradition bezeichne, legitimiert einen großen Teil des Leidens, das wir in unserer Arbeitswelt durchmachen, indem sie lehrt, daß die Arbeit eine Strafe ist, die wir seit Adams Sündenfall ererbt haben. Die Theologin Dorothee Sölle nennt dies die »Fluch-Tradition«. In dieser Tradition ist Arbeit »etwas völlig anderes als die gute Tätigkeit des Bauens und Bewahrens und sagt nichts über die Würde des Mitschöpferseins und die Verantwortung, die wir für das Gutsein der Schöpfung tragen. In der › Fluch-Tradition‹ ist Arbeit Strafe.«[9] Die beiden großen Gartengeschichten der hebräischen Bibel, die Genesis und das Hohelied, handeln aber nicht von der Arbeit als Fluch, sondern von Arbeit als Freude. Adam wird in den Garten gesetzt, »ihn zu bebauen und zu erhalten« (Genesis 2,15). Und die Theologin Phyllis Trible kommentiert dazu: »Da der Garten Eden ein Ort der Freude ist, fördert seine Bebauung und seine Erhaltung das Vergnügen.« Respekt, Achtung und Verehrung sind Schlüssel zu dieser Arbeit des Bebauens und Erhaltens. Madonna Kolbenschlag sagt zu dieser positiven Arbeitstheologie, wie sie sich in der biblischen Überlieferung findet: »Die Vorstellung der Arbeit als › Aufforderung zur Selbstüberschreitung‹ ist in der judäo-christlichen Überlieferung tief verwurzelt. Die griechisch-römischen, die biblischen und die mittelalterlichen Quellen bestätigen alle dieses Bewußtsein.«[10] Der französische Philosoph Henry Arvon kommt zu dem Schluß: »Das Christentum übertrug der Arbeit einen neuen Wert. ... Die menschliche Arbeit, *ars humana*, spiegelt und führt die göttliche Schöpfung, ars divina, fort.«[11] Doch zu oft hat die christliche Theologie, wie Sölle sagt, die Arbeit »nur als eine Folge der Sünde verstanden. Die Orthodoxie neigt dazu, menschliche Arbeit als Fluch zu deuten; als etwas, das für unser Heil keine Rolle spielt; eine niedrige Tätigkeit, verglichen mit den großen Taten des Schöpfergottes; ein fruchtloses Sich-Abmühen. Und die großen schöpferischen Taten Gottes wurden im Verlauf der Geschichte des Christentums oft dazu benutzt, den Menschen zu demütigen und klein zu halten.«[12]

In diesem Verständnis wird Arbeit in der Tat sündig und zu einem Teil unserer Entfremdung von der Erde. Aus dem Zusammenhang gerissen, klingt Genesis 3,17 wirklich wie ein Fluch: »Verflucht sei der Erdboden um deinetwillen. Unter Mühsal sollst du dich von ihm ernähren alle Tage deines Lebens. Dornen und Disteln soll er dir wachsenlassen.« Wie die Sexualität ist die Arbeit komplex. Durch sie können wir erlösen oder zerstören, können wir befreien oder versklaven. Die biblische Spiritualität lehrt, daß sich der prophetische Ruf nach Gerechtigkeit auch auf die Arbeit bezieht: Arbeit braucht selbst eine Befreiung, sie braucht eine Heiligung und sie bedarf der Feier. Diese Lehre tritt besonders im Hohenlied hervor. Darin wird das Bild der Arbeit im Weinberg, ein häufiges biblisches Thema, zu einer Metapher für alle unsere Beziehungen. Dort wird eine erotische Liebe zwischen Liebendem und Geliebter und zwischen der Geliebten und ihrer Arbeit gepriesen. Wie Sölle sagt: »Das Bild des Weinbergs steht im Hohenlied für Erotik, Lust und Liebesspiel. Aber dieses Bild spielt in der Bibel auch eine Rolle als Symbol des Friedens in der Treuebeziehung zwischen Israel und Gott (Jesaja 5,1) oder als Symbol für wirtschaftliche Gerechtigkeit beim Ausblick in die Zeit, wo die Weinbauern die Früchte ihrer Arbeit genießen werden und die Unterdrücker vertrieben sein werden (Jeremia 31,5; Jesaja 27,2 und 55,1).«[13]

Das Neue Testament erhöhte noch den Einsatz auf die Verbindung zwischen Lust und Arbeit. Dort wird die Metaphorik des Weinberges einmal in der Geschichte von Jesus bei der Hochzeit zu Kana noch bereichert (sein erstes öffentliches Zeichen oder seine erste Arbeit), dann in seinem Aufnehmen des Weinkruges und seiner Segnung beim letzten Abendmahl, und in der Auferstehungsgeschichte, wo das Gartenmotiv wiederkehrt. Die Ostergeschichte ist tatsächlich eine dritte Gartengeschichte. Dort begegnet der auferstandene Christus als ein Gärtner. Hier ersteht nicht nur Jesus, sondern auch der Garten

Eden und die Arbeitenden darin. Die Arbeit des Imperiums, in diesem Falle das römische Imperium, das Jesus kreuzigen ließ, besteht im Töten. Die Arbeit des Geistes aber ist es, auferstehen zu lassen: Alles ersteht auf, auch die Arbeit selbst.

Wenn wir die fehlenden Aspekte der Arbeit, wie etwa die Freude, weiter erkunden wollen, erweist sich ein Bezug auf die schöpfungsgemäße Tradition als nützlich. Diese reichhaltige Spiritualität liefert uns eine Landkarte, mit Hilfe welcher wir unsere Reise benennen und verstehen können. Unserer Kultur fehlen solche Landkarten, denn die innere Arbeit hat seit langem nicht mehr Vorrang gehabt, außer in den Bereichen der Genesung und der Therapie. In unserer Maschinenkultur besitzen wir ein Reparaturmodell, jedoch kein Gesundheitsmodell; so wie wir in der Religion ein Sündenfall-Erlösungsmodell besitzen, jedoch einem gesunden Modell von Spiritualität wenig Aufmerksamkeit geschenkt haben. Wie sieht gesunde Arbeit aus? Wann ist Arbeit begeisternd? In diesem Kapitel wollen wir die Via Positiva des Arbeitens überdenken.

Freude und Arbeit

Joseph Campbell machte in einem seiner Fernsehinterviews mit Bill Moyers den Satz »Folge deinem Glück« bekannt. Aus dem Blickwinkel der Schöpfungsspiritualität können wir sagen, daß wir unsere Arbeit noch nicht gefunden haben, solange es kein Glück darin gibt, keine Leidenschaft oder Ekstase. Wir haben dann vielleicht einen Job, aber keine Arbeit.

Thomas von Aquin sagt, daß »Gottes Freude absolut ist und der Gemeinschaft bedarf«. Daraus können wir lernen, daß die ganze Schöpfung aufgrund dieser »absoluten Freude« Gottes besteht. Das Schöpfungswerk war ein Werk der Freude, dessen ganzer Sinn darin lag, mehr Freude ins Dasein zu bringen. Das gibt uns nicht nur die Erlaubnis, in unserer Arbeit Freude zu finden, sondern legt uns geradezu die Verantwortung dafür auf. Freude ist in unserer Arbeit eine wesentliche Motivationsquelle. Meister Eckhart sagte es so: »Gott wird des Liebens und Arbeitens nie müde. ... Gott liebt um der Liebe willen, arbeitet um der Arbeit willen und liebt und arbeitet deshalb ununterbrochen. Gottes Arbeit ist Gottes Natur, Gottes Sein, Gottes Leben und Gottes Glück.«[14]

Studs Terkel sprach mit Kay Stipkin, die eine Bäckerei-Cooperative begann, die ihre ganze Gemeinde umgeformt hat. Viele haben dank ihrer Mühe wieder Freude in ihrer Arbeit gefunden. Sie spricht über die Philosophie ihrer Arbeit: »Arbeit ist ein wesentlicher Teil des Lebendigseins. Deine Arbeit ist deine Identität. Sie sagt dir, wer du bist. Alles ist so abstrakt geworden. Die Leute arbeiten nicht mehr um der Arbeit willen. Sie arbeiten für ein Auto, ein neues Haus, oder einen Urlaub. Nicht die Arbeit selbst ist ihnen mehr wichtig. Dabei macht es solche Freude, gut zu arbeiten.«[15]

Wir haben ein Recht auf und ein Bedürfnis nach Freude in unserer Arbeit. Wenn Freude gut genug für Gott ist und mächtig genug war, die Ursache des Universums zu werden, dann gehört Freude offenbar auch in unsere Arbeit. Es könne keine Lebensfreude geben ohne Freude in der Arbeit, warnt uns Thomas von Aquin, denn ein großer Teil unseres Lebens dreht sich um die Arbeit. Und ohne Freude gibt es keine Schöpfung. Die Liebe zieht uns an die Arbeit. Thomas von Aquin lehrt, daß die Arbeit Liebe voraussetzt, wenn er schreibt: »Tugend wirkt immer für etwas Gutes, für etwas gut ausgeführtes Gutes, das heißt: bereitwillig, freiwillig, freundlich und zuverlässig. Das sind die Kennzeichen tugendhaften Handelns, die nur beteiligt sein können, wenn man das liebt, was man anstrebt.«[16] Liebe versichert uns, daß unsere Arbeit freiwillig ist, gern geschieht, Freude macht und beständig ist. Darüber hinaus sorgt die Lust an unserer Arbeit dafür, daß wir besser arbeiten.[17] Wir sehen, Lust segnet auch die Arbeit, nicht nur die Arbeitenden.

Ein weiterer Aspekt von Lust und Arbeit ist die Erfahrung des Eifers. Eifer, so lehrt Thomas von Aquin, entsteht aus dem Erleben von Schönheit und Liebe, aus der Begegnung mit dem Guten der Dinge. Dem Guten in den Dingen zu begegnen, ihren Segen zu schmecken, darum geht es in der Via Positiva.

Um unsere Arbeit aufrechtzuerhalten, müssen wir in ihr Freude und das Gute an den Dingen tief erleben können. Lassen sie mich ein paar

Beispiele geben: Bei meiner Arbeit liebe ich zu schreiben. Warum? Das kann ich nicht sicher sagen. Ich kann nicht alle Gründe dafür ausdrücken. In der Tätigkeit des Schreibens liegt für mich zuviel Geheimnis, als daß ich in der Lage oder auch nur willens wäre, die darin empfundene Freude zu sezieren. Ich erinnere mich noch an das erste Mal, als ich mir sagte: »Ich bin ein Schriftsteller. Ich bin ein Schriftsteller, weil ich am glücklichsten bin, wenn ich schreibe.« Da war ich 29 Jahre alt, lebte auf einem baskischen Bauernhof in Südfrankreich und schrieb an meiner Doktorarbeit. Schreiben begeistert mich, weil es ein Weg des Lernens ist und weil ich das Lernen ekstatisch erlebe. Das Schreiben gestattet es mir, meine Gedanken in eine Art Ordnung zu bringen und sie anderen mitzuteilen, die dann wiederum neue Gedanken gebären. Was für eine Freude liegt in solchem wechselseitigen schöpferischen Prozeß! Selbst in der Einsamkeit ist das Schreiben ein ekstatisches Erlebnis: Indem ich meine eigenen Gedanken lese, ergibt sich für mich eine Art Spiegel, der mir ein tieferes Verständnis der Dinge vermittelt. Wenn ich lese, was ich schreibe, lerne ich daraus Neues. Staunen begegnet Staunen und überrascht mich. Aus all dem besteht die Via Positiva meiner Arbeit als Schriftsteller. Ich erlebe auch Freude und Lust in meiner Arbeit als Lehrer. Ich liebe es, die Studierenden wachsen zu sehen und sie dabei zu beobachten, wie sie sich selbst wachsen sehen. Ihr Wissen erweitert sich, sie können ihre eigenen mystischen Erfahrungen und ihre prophetischen Kämpfe klarer ausdrücken, und sie beginnen zu erkennen, daß sie nicht allein sind, sondern daß andere Mystikerinnen und Mystiker vor ihnen schon gekämpft haben und ihnen durch das Benennen dieser Erfahrungen ihre Hilfe anbieten. All diese Erlebnisse machen mir als Lehrer Freude. Ich liebe, wenn Studierende mich belehren – sei es durch die Fragen, die sie stellen, oder durch die Fragen, die sie lösen, oder durch die Erfahrungen, die sie mitteilen, oder durch die Argumente, die sie vorbringen. Lernen definiere ich als eins plus eins gleich drei: Meine Gedanken (als Lehrender) addieren sich zu ihren Gedanken, und günstigenfalls werden daraus neue Gedanken geboren. Lernen ist also ein schöpferischer Akt. Es ist eine gesunde und vollkommen erneuerbare Tätigkeit; und niemand kann uns das Erlernte wieder wegnehmen. Und ich liebe es zu beobachten, was Studierende mit dem Gelernten nach ein, zwei oder fünf Jahren tun, wenn sie meinen Klassenraum verlassen haben. Dadurch entsteht für mich ein Gefühl von Geschichte und Teilhaben an einem fortlaufenden Strom der Weisheit, der sich in zukünftige Generationen hinein fortsetzt.

Ich liebe es auch zu beobachten, wie meine Fakultät wächst und begeistert ist, wie sie enthusiastisch und kraftvoll aus dem Bildungsmodell heraus lehrt, das wir an unserem »Institute in Culture and Creation Spirituality« (ICCS) entwickelt haben. Ich arbeite gern mit anderen Lehrenden zusammen, entwerfe Ideen und löse Probleme in Spiritualität und Wissenschaft, Spiritualität und Umwelt, Spiritualität und Psychologie, Spiritualität und Kunst oder Spiritualität und Politik. Ich genieße es, wenn eine meiner Mitlehrerinnen mich beiseite nimmt, um mich anzuleiten, wie es kürzlich geschah. In diesem Fall war es eine Malerin, die darauf bestand, daß ich mit ihr malen sollte. Was für ein Vergnügen! In der Tat Via Positiva!

Auch schätze ich das Halten von Vorträgen. Ich spreche gern zu verschiedenen Arten von Publikum, zu Ärzten und Beschäftigten im Krankenhaus, zu Therapeutinnen und Lehrern, zu Eltern und jungen Menschen, zu Studierenden, Geistlichen und Priestern, zu Künstlern und Wissenschaftlerinnen. Ich ermuntere die Gruppen gern, das neue Paradigma mit in ihre Arbeitswelt zu nehmen und diese als Basisgemeinden zur Verwandlung der Gesellschaft und der Geschichte zu betrachten. Ich liebe es, die Menschen auf ihrer geistigen Reise zu bestätigen, ihnen zu zeigen, daß sie tatsächlich Wesen voll mystischer Möglichkeiten und prophetischer Verantwortung sind. Als wir im Herbst des Jahres 1992 einen Workshop über die Erneuerung von Gottesdienstformen veranstaltet haben, war ich wirklich von dem Geleisteten bewegt, davon, wie die Fakultät als Gruppe zusammengewachsen ist, von dem Abschlußritual, das wir alle entworfen haben, von der Selbstlosigkeit aller, von der Verschiedenheit unserer Hintergründe – den religiösen, den beruflichen, dem Alter und der Lebensweise , die sich bei der Veranstaltung zeigten. All dies ist in meinem Leben und in meiner Arbeit Via Positiva.

Kürzlich traf ich jemanden, der mir erzählte, daß er und seine Partnerin beschlossen hätten, »nur noch die Arbeit zu tun, die wir

128

lieben. Wenn das heißt, daß wir 500 Dollar im Jahr damit verdienen, dann sei es so. Wenn es heißt, daß wir damit 50.000 Dollar im Jahr verdienen, dann sei es auch so.« Ich fragte ihn, wie es denn liefe. »Es veränderte unser Leben,« sagte er. Ja, zweifellos! Das Glück hat es an sich, unser Leben zu verändern, und Glück ist es, was wir auf der Via Positiva erfahren. Ich habe im Laufe der vergangenen Jahre so viele Menschen getroffen, die mit ihrer Arbeit aufgehört haben, weil sie ihnen keine echte Via Positiva mehr beschert hat, weil keine Freude mehr da war. Und alle lernten sie ein viel tieferes Vertrauen auf das Universum und auf sich selbst, indem sie das Risiko auf sich nahmen, eine vertraute und oft gesicherte Arbeitswelt zugunsten einer unbekannten aufzugeben. Viele Leute verwechseln Glück mit Sicherheit; aber um Sicherheit geht es bei der Via Positiva nicht. Ekstase hat nichts mit Sicherheit zu tun, sondern mit einem Empfinden der Transzendenz, mit einem Gefühl tiefen Sinns und der Verbundenheit in der Art und Weise, wie wir unsere Zeit und Kraft bei der Arbeit einsetzen. Die Arbeit verdient es, ekstatisch zu sein. Arbeit kann ehrfurchtgebietend sein: Wenn wir sehen, wie Menschen in unserer Anwesenheit lebendig werden, wenn zwischen Gruppen echte Heilung zustande kommt, wenn unsere Hände etwas Nützliches herstellen, wenn wir am Einsammeln von Weizen teilnehmen und wenn die Nahrung aus der Ernte uns mit Ehrfurcht erfüllt. Schönheit und Arbeit sind einander nicht fremd. Im Gegenteil soll all unsere Arbeit dazu dienen, in der einen oder anderen Hinsicht Schönheit hervorzubringen. Aber wo Ehrfurcht und Schönheit sind, da ist auch Schrecken, so wie das Universum und sein Wirken sowohl ehrfurchtgebietend als auch erschreckend sind. Rilke sagte es so:

> »...denn das Schöne ist nichts
> als des Schrecklichen Anfang, den wir noch grade ertragen,
> und wir bewundern es so, weil es gelassen verschmäht,
> uns zu zerstören. Ein jeder Engel ist schrecklich.«[18]

Ehrfurcht umfaßt auch den Tanz mit dem Schrecken. Der Mangel an Ehrfurcht ist es, der uns langweilt, und den Mangel an Ehrfurcht sollten wir mehr fürchten als den Schrecken. Schrecken ist in die Ehrfurcht eingebaut.

Als Studs Terkel viele verschiedene Menschen über ihre Arbeit interviewte, fand er heraus, wie grundlegend eine Via Positiva für gesunde Arbeit ist. Er zitiert einen Feuerwehrmann aus Brooklyn, der zuvor in einer Bank gearbeitet hatte: »Die Feuerwehrleute sieht man wirklich etwas tun. Du kannst sehen, wie sie ein Feuer löschen. Du siehst sie mit Kindern auf ihren Armen herauskommen. Du siehst sie Mund-zu-Mundbeatmung machen, wenn da einer stirbt. An so was kommst du einfach nicht vorbei. Das ist real. Für mich ist es das, was ich sein will. Ich habe in einer Bank gearbeitet. Das ist einfach nur Papier. Das ist nicht real. Von 9 bis 5 und alles Scheiße. Du guckst nur auf Zahlen. Jetzt kann ich aber zurückblicken und sagen, ›Ich habe ein Feuer gelöscht. Ich habe geholfen jemand zu retten.‹ Da zeigt sich etwas, was ich auf dieser Erde getan habe.«[19]

Wenn dieser Arbeiter sagen kann, »das ist es, was ich sein will« benennt er einen Traum, eine Berufung, einen geheimnisvollen Ruf, der ihm Ekstase bringt. Wenn wir Ekstase bei der Arbeit finden, dann finden wir auch die Kraft, die nötigen Kämpfe durchzustehen. Die Arbeit eines Feuerwehrmannes ist nicht leicht, aber seine Via Positiva umfaßt auch eine Auferstehungserfahrung: Etwas zeigen zu wollen, »was ich auf dieser Erde getan habe«, ist wie beim Künstler, der nach den Worten von Otto Rank ein Geschenk zurücklassen will. Es paßt auch zu Thomas von Aquins Verbindung zwischen Arbeit und Darstellung. Dieser Feuerwehrmann will etwas zurücklassen. Er will etwas von seiner Leidenschaft darstellen, der Leidenschaft für das, was »real« ist. Er hat die Liebe gefunden, die seiner Arbeit zugrunde liegt. Er hat Via Positiva darin gefunden, ein Feuerwehrmann zu sein.

Unsere Arbeit soll eine Gnade sein: ein Segen und ein Geschenk, sogar eine Überraschung und ein Akt bedingungsloser Liebe gegenüber der Gemeinschaft – und nicht nur gegenüber der heutigen Gemeinschaft, die uns für unsere Arbeit belohnt oder auch nicht, sondern auch gegenüber der kommenden Gemeinschaft, gegenüber den Generationen, die auf unsere Arbeit folgen. Ich erinnere mich in diesem Zusammenhang daran, wie ich zusammen mit einer Biophy-

130

sikerin ein Ritual über die Heiligkeit des Körpers gefeiert habe. Sie zeigte uns Bilder unserer inneren Organe und erklärte uns mit jedem Bild, wie dieses Organ uns dient. Nachdem sie, zum Beispiel, die Lunge vorgestellt hatte, verbeugte sich die Gruppe vor der Lunge und sang auf Latein einen Dank an die Lunge und ihre Schöpferin. Das taten wir gegenüber 26 Organen des Körpers. Als wir endeten, entstand im Raum eine tiefe Stille. Ich bat um Meinungen, und ein Mann stand auf und sagte: »Ich bin seit 25 Jahren Arzt. Dieses ist das erste Mal gewesen, daß ich die Heiligkeit des Körpers erlebt habe. Ihr müßt dieses Ritual in jedes Medizinstudium im Land bringen und den jungen Leuten erzählen, daß es das ist, warum jemand Arzt wird.« Beachten wir die Logik darin: Ein Veteran seines Berufs vertritt hier die Auffassung, daß unsere Medizin weniger konkurrenzorientiert, weniger gierig und weniger teuer sein würde, wenn wir die Heiligkeit des Körpers wiederentdeckten. Der Schlüssel dafür ist, mit dem Gefühl für Freude und Heiligkeit anzufangen. Wenn wir alle, Beschäftigte im Gesundheitswesens eingeschlossen, auf die Via Positiva in unserer Arbeit Obacht geben würden, könnten wir eher phantasievolle Möglichkeiten finden, allen Bürgerinnen und Bürgern medizinische Versorgung zu sichern.

Nach dem eben geschilderten Ritual stand eine Frau auf und sagte: »Ich war eine Drogenabhängige und Alkoholikerin. Wenn mich jemand durch dieses Ritual geführt hätte, als ich noch jung war, hätte ich meinen Körper niemals mißbraucht.« Ein Ritual hat damit zu tun, das Heilige in den ganz gewöhnlichen Dingen des Lebens wachzurufen: Das Außergewöhnliche im Gewöhnlichen zu finden und das Gewöhnliche im Außergewöhnlichen. Wir alle haben Körper. Vielleicht würden wir diese weniger mißbrauchen, wenn wir mehr Rituale hätten, um unseren Körper zu ehren und uns das Heilige *in* uns bewußt zu machen. Dadurch würden wir uns selbst und andere weniger mißbrauchen.

Unsere Arbeit soll – wie gesagt – ein Geschenk, eine Gnade, ein Segen sein. Wir sollten oft darüber nachdenken, ob das wirklich so ist und wie wir bei der Entwicklung von Arbeit und Arbeitswelt darum ringen können, sie segensreicher zu gestalten. In einer solchen Meditation rühren wir an die Tiefe unserer Arbeit, an ihre geistige

Bedeutung und sehen ihren Beitrag zu unserer Freude im Leben. Wenn wir in Verbindung mit unserer eigenen Freude sind, können wir auch Werkzeuge der Freude für andere sein. Dann ist unsere Arbeit wahrhaft begeisternd. Unsere Arbeit singt ihren Gesang an die Herzen der anderen. Sie ruft dabei eine Antwort hervor, und aus dieser Antwort entsteht wieder neue Arbeit. Der Gesang des universellen Werkes geht weiter; und wir tragen dazu bei, so wie wir auch davon empfangen. In diesem gegenseitigen Antworten ermutigt uns unsere Arbeit. Aus solchem Arbeiten wird Gemeinschaft geboren, denn Gemeinschaft ist im wesentlichen das, was die Wortbedeutung nahelegt: eine gemeinsame Aufgabe, die auf einer gemeinsamen Vision beruht und sich in unserer Arbeit ausdrückt. Wenn es nur *ein* Werk im Universum gibt, dann sind wir alle bereits eine einzige Gemeinschaft – vorausgesetzt, wir realisieren alle irgendwie dieses Große Werk.

Die Verantwortung, die sich aus unserer Arbeit ergibt, und unsere Antwort darauf gehen tiefer als Pflicht oder Schuld. Dieses tiefere Verantwortungsgefühl ist eine Antwort auf die *Dankbarkeit*, die aus Ehrfurcht und Staunen geboren wird. Das Wunder unserer Arbeit, unserer Fähigkeit, zum Wirken des Universums beizutragen, erfüllt uns mit Dankbarkeit und kann auch bei anderen Dankbarkeit erzeugen. Nehmen wir zum Beispiel die Arbeit unserer Eltern. Vielleicht sind sie schon in Rente oder verstorben; wir können aber immer noch an die Bezauberung, den Duft frisch gebackener Kekse in der Küche oder des frisch geschnittenen Grases im Garten zu riechen, denken; oder an einem kalten Wintermorgen die Wärme zu fühlen, wenn ein Elternteil das Feuer im Ofen schürte; oder das Essen am Mittagstisch zu genießen. Wir tragen die Früchte der Arbeit früherer Generationen in unseren Erinnerungen mit uns, und tiefer noch, gleichsam auch in unseren Genen und der DNS. Die Arbeit unserer Vorfahren segnet uns und erfüllt uns mit Dankbarkeit. Das gleiche können wir für die folgenden Generationen tun, weil uns der Weg dazu gewiesen worden ist: der Weg heiligen Wirkens, der Weg der Arbeit als Via Positiva.

Als die Arbeit vom Land in die Städte überging, vom Erdboden zum Beton, von der Hand zur Maschine; als die industrielle Revolution die Bedeutung von Arbeit für uns neu definiert hat, ging viel verloren. Der größte Verlust war vielleicht das Gefühl des Staunens über den Kosmos und die Verbindung mit dem Universum, zur Natur, mit den Sternen und Winden, Pflanzen und Tieren, die zur Arbeit auf dem Lande gehörten. Wie mir ein Bauer einmal sagte, ist jeder Kleinbauer ein Mystiker. Was verloren ging, war die Mystik der Via Positiva, die sich auch durch keine Gehaltserhöhung ersetzen läßt, durch keine Konsumorgie und auch nicht durch unzählige Einkaufsbummel. Kraftvoll sagt es Rainer Maria Rilke:

>>*Alles Erworbene bedroht die Maschine, solange*
sie sich erdreistet, im Geist, statt im Gehorchen, zu sein.<<

Wenn ich diese Zeilen lese, erinnern sie mich an den Satz Jesu, daß der Sabbat für die Menschen existiere und nicht die Menschen für den Sabbat. Rilke sagt, daß Maschinen und Technik für andere »im Gehorchen« existieren und unseren Geist nicht besetzen dürfen, denn wir existieren nicht für die Maschinen. Unsere Technik muß einer größeren Vision unterworfen sein. Rilke fährt fort:

>>*Nirgends bleibt sie zurück, daß wir ihr ein Mal entrönnen*
und sie in stiller Fabrik ölend sich selber gehört.
Sie ist das Leben, – sie meint es am besten zu können,
die mit dem gleichen Entschluß ordnet und schafft und zerstört.

Aber noch ist uns das Dasein verzaubert; an hundert
Stellen ist es noch Ursprung. Ein Spielen von reinen
Kräften, die keiner berührt, der nicht kniet und bewundert.<<[20]

Sehr weise macht Rilke deutlich, daß die einzige Lösung gegenüber der Vergötzung der Maschine, die sich für das Leben hält und die Arbeit am besten zu können meint, in der Wiederentdeckung des Staunens und der Ehrfurcht liegt, die die Erfahrung des Wunderbaren uns eingibt, das Bedürfnis, in ihrer Gegenwart niederzuknien. Das

Wunder, das Staunen entsteht letztlich aus der Gabe des Daseins selbst, aus dem ursprünglichen Geheimnis und der Quelle all dessen, was wunderbar ist. Es bedarf einer Rückkehr zur Via Positiva, wenn wir unseren Geist, der selbst von der Maschine überrannt worden ist, und unsere Achtung vor dem Dasein, das viel herrlicher als die Maschinen ist, genesen lassen wollen. Unser Dasein hat etwas Unbedingtes, Gnadenhaftes, Geschenktes. Der Bauer weiß dies oder lernt es wenigstens, wie Rilke feststellt:

> *»Selbst wenn sich der Bauer sorgt und handelt,*
> *wo die Saat in Sommer sich verwandelt,*
> *reicht er niemals hin. Die Erde schenkt.«*[21]

Die Erde schenkt die Gabe der reifenden Saat und den Erfolg der Arbeit aufgrund der Bemühungen des Bauern. In vieler Hinsicht ist die Via Positiva mehr ein Weg des Nichthandelns als des Handelns. Alle Arbeit, alles Wirken soll von dieser Art sein – eine Art Schenken, eine Gnade, ein großzügiges Hingeben unserer Gaben an die Bedürfnisse anderer und der Gaben anderer an unsere Bedürfnisse. Darin besteht die wechselseitige Bezogenheit des Arbeitens. Wir haben die Freiheit, dieses Gefühl des Schenkens und Beschenktwerdens zu ignorieren, es abzulehnen oder zu verdrängen. Und doch bildet es die Grundlage all unseren Handelns, all unserer guten Arbeit, und wir ignorieren auf eigene Gefahr. Die Bhagavad Gita preist die gleiche Verbindung zwischen Arbeit und Freude, zwischen Arbeit und Ehrfurcht:

> *»Alle erreichen sie Vollkommenheit, wenn sie Freude in ihrer Arbeit*
> *finden. Vernimm, wie dies geschehen kann. Zur Vollendung gelangt,*
> *wessen Arbeit Dienst ist an dem, woher alles kommt und was in allem*
> *ist.«*[22]

Wenn alle Dinge von Gott stammen, ist Gott ebenso an der Quelle der Arbeit. Vielleicht stammt gerade unsere Arbeit von Gott.

Arbeit als Ruf, Berufung oder Rolle

Damit treten wir direkt vor das Mysterium der *Berufung*. Auf irgend
eine Weise ruft uns das Universum, der Schöpfer des Universums,
die Quelle des Daseins, Teilnehmende am Werk des Universums zu
werden. Antworten wir, so wird es das Universum auch tun. Goethe
meint, daß es bezüglich allen schöpferischen Handelns eine grundlegende Wahrheit gebe: Die Vorsehung werde nämlich tätig, sobald
wir uns gänzlich einsetzen. Dann geschehe vieles, was sonst nicht
möglich wäre und wovon wir uns nicht hätten träumen lassen.[23]
Der Ruf muß mit offenem Herzen gehört werden. Wenn wir gerufen
werden, *wer* ruft denn dann? Thomas von Aquin lehrt, daß die
Vorsehung selbst, das leitende Prinzip des Universums, unsere verschiedenen Berufungen festlegt. Unsere Berufungen sind Teil der
ordnenden Weisheit im Universum. Er schreibt: »Da für das menschliche Leben viele Dinge notwendig sind, für die ein Mensch allein
nicht aufkommen könnte, ist es erforderlich, daß verschiedene Menschen verschiedene Berufe ausüben. Die einen sollten Bauern sein,
andere sorgen für die Tiere, noch andere bauen, usw. mit anderen
Aufgaben. ... Diese Aufteilung der unterschiedlichen Aufgabenberei-
che auf verschiedene Personen wird durch die Vorsehung vorgenommen, insofern einige Menschen mehr zu einer bestimmten Art der
Arbeit neigen als zu anderen.«[24]
Thomas weist darauf hin, wie wir unsere Berufung finden können:
durch unsere natürliche Neigung, durch das, was wir am liebsten tun,
wofür wir begabt sind und woran wir Freude haben. Kürzlich traf ich
einen 33jährigen Mann, der einen Job mit 60.000 Dollar Jahresgehalt
und einen bequemen Lebensstil aufgab, weil seine Arbeit sein Herz
nicht erreichen konnte. Er ging dann auf eine Art Pilgerschaft, die
ihn schließlich in eine spirituelle Gemeinschaft brachte, wo er heute
lebt und Heilung durch Rebirthing lehrt. Obwohl er bei seiner
vorigen Arbeit enorm erfolgreich gewesen war, fühlte er sich zu einer
tieferen spirituellen Arbeit berufen, und obwohl es für ihn zwei Jahre
der Armut und Heimatlosigkeit bedeutete, ist er heute »überglück-
lich« mit der Arbeit, die er tut.

Wir Arbeitenden sind heutzutage gerufen, unsere Arbeit neu in Augenschein zu nehmen: Wie wir sie tun, wem sie nützt oder schadet; was genau wir tun und was wir tun könnten, wenn wir unsere gegenwärtige Arbeit loslassen und einem tieferen Ruf folgten. Wir sollten gründlich über Thomas von Aquins Theologie nachdenken, daß die *Vorsehung selbst* uns zu einer sinnvolleren Arbeit ruft. Ich treffe heute auf viele Menschen, die ihre Arbeit loslassen (wie auch ihre Jobs), um eine andere Arbeit zu finden, eine Arbeit an der neuen Schöpfung. Nora Watson, eine Redakteurin eines Gesundheitsmagazins, sagt dazu: »Ich glaube, daß die meisten von uns nach einem Beruf suchen und nicht nach einem Job. Die meisten von uns haben ebenso wie die Fließbandarbeiter Jobs, die für unseren Geist zu klein sind. Die Jobs sind nicht groß genug für die Menschen.«[25] Die Bhagavad Gita unterstreicht die Wichtigkeit einer Berufung, wenn sie lehrt: »Besser ist es, die eigene Pflicht unvollkommen, als die fremde Pflicht vollkommen auszuführen; wer die ihm durch Gott auferlegte Aufgabe erfüllt, den kann keine Sünde berühren.«[26]

Paulus hält es für wichtig, daß wir als Arbeitende unserer Berufung folgen, und sagt, daß die einzige wahre Sünde im Leben unsere Weigerung sei, die Arbeit zu tun, zu der wir berufen sind. Der Exeget Krister Stendhal stellt heraus, daß die von der westlichen Theologie so genannte »Bekehrung« des Paulus auf der Straße nach Damaskus nicht eine wirkliche Bekehrung war, sondern eine Berufung zu einer neuen Aufgabe, einer neuen Arbeit: »Paulus wurde nicht so sehr ›bekehrt‹, als vielmehr zu einer bestimmten Aufgabe berufen, die ihm durch seine Erfahrung des auferstandenen Herrn vermittelt wurde: das Apostolat für die Heiden. ... Paulus beschreibt im Galaterbrief also seine Erfahrung, inbegriffen einer prophetischen Berufung, ähnlich der des Jesaja und Jeremia. Wie die prophetischen Vorbilder fühlt er sich von Gott selbst erwählt, die Botschaft von Gott und Christus zu den Heiden zu bringen. ... Wieder und wieder stellen wir fest, daß es bei Paulus kaum einen Gedanken gibt, der nicht um seine Mission, seine Arbeit kreist. Das ›Ich‹ in seinen Schriften ist nicht ›der Christ‹, sondern ›der Heidenapostel‹. Darum spreche ich lieber von der Berufung als von einer Bekehrung des Paulus.«[27]

Ist die prophetische Berufung, die Paulus erlebte, nicht ähnlich dem, was wir selbst in unserer Arbeit erleben könnten? Wie Rabbi Heschel sagt, liegt das Prophetische in uns allen. Wenn Spiritualität bedeutet, unser Leben als Mystiker und Prophetinnen zu leben, dann müssen wir unsere Aufmerksamkeit auf die prophetische Berufung richten, die wir alle erhalten. Das bedeutet, daß wir unser Leben als Mystikerinnen und Mystiker leben und als Antwort auf eine *Berufung*. So schreibt Jesaja über seine Berufung: »Jahwe berief mich vom Mutterleib, vom Mutterschoß an nannte er meinen Namen. ... Ich mache dich zum Licht der Völker, daß mein Heil bis an die Grenzen der Erde reicht« (Jesaja 49,1,6). Und Jeremia sagt: »Bevor ich dich im Mutterleib bildete, habe ich dich erkannt. Bevor du aus dem Mutterschoß hervorgingst, habe ich dich geheiligt. Zum Propheten der Völker habe ich dich gemacht« (Jeremia 1,5).

Auf eine Berufung zu hören, heißt gehorchen. Dieser Akt des Gehorchens, das Hören mit offenem Herzen und das Geben einer verantwortlichen Antwort, ist ein eschatologisches Zeichen. Es ist ein Sakrament im buchstäblichen Sinne dieses Wortes: Unsere Arbeit ist ein Sakrament, unsere Berufung ist ein Sakrament, der Wandel unserer Berufung unter dem Einfluß des heiligen Geistes ist ein Sakrament. Es handelt sich um ein Mysterium, um ein stilles Geheimnis, das uns von seinem tiefen und unkontrollierbaren Ort aus auffordert, Risiken einzugehen, loszulassen und vielleicht unsere Lebensweise zu verändern. Warum? Um der Zukunft willen, oder besser, um der Gefährdung der Zukunft willen, wegen der ganz realen Möglichkeit, daß es keine Zukunft mehr gebe. Das Eschatologische ist definitionsgemäß unsere Antwort auf die Zukunft. Vielen Beobachtenden legt die heutige ökologische Krise nahe, daß es für unsere Spezies auf diesem Planeten vielleicht keine Zukunft gibt und auch keine Zukunft für den Planeten, sofern unsere Spezies sich weigert, ihre Wege zu verändern. Hier aber kommt die Berufung ins Spiel: eine Stimme aus der Zukunft, die die Menschen aufruft, an eine Zukunft zu glauben. Eine Stimme der Jungen und der Ungeborenen, die die Erwachsenen bittet, ihre Wege zu ändern und so zu leben, als würde es eine Zukunft geben. Glaube hat nicht hauptsächlich mit Dogmen zu tun, sondern mit Handlungen. Wenn wir an eine

Zukunft glauben, werden wir uns auch so verhalten. Und zu diesen Verhaltensweisen kann auch eine völlig neue Art des Arbeitens in unserer Welt, unseren Beziehungen, unseren Berufen, unseren Kirchen, Tempeln und Synagogen gehören.

Thomas Berry weist darauf hin, daß viele Menschen heute in der Arbeit nach einer *Rolle* suchen. Das ist eine wichtige Beobachtung. Eine Rolle könnte eine weniger individualistische und mehr kosmische Art sein, unsere Arbeit in der Welt zu betrachten. Das Webster's Dictionary sieht im Begriff der *Rolle* eine »funktionelle Beziehung«. Unsere Suche nach den Rollen, die wir in der Welt spielen können, ist eine Suche nach Beziehungen. Arbeit als Rolle paßt sehr gut in eine nachmaschinelle Kosmologie. Daraus ergeben sich folgende Fragen an unsere Arbeit: Welche Rolle läßt mich meine Arbeit im Großen Werk spielen, bei der Arbeit meiner Gemeinschaft und meiner Spezies in meiner Zeit der Geschichte? Zu welcher Rolle bin ich begabt? Welche Rolle zieht mich am meisten an? Eine Rolle ist wie ein Prozeß: Sie entwickelt sich, sie dehnt sich aus und verändert sich. Wir alle spielen Rollen. Wir passen nicht einfach in die Schubladen, die Arbeitsplätze genannt werden. Eine Rolle hat immer etwas Spielerisches an sich, aber auch eine gewisse Ernsthaftigkeit: In einer größeren Sicht der Dinge umfaßt sie Schicksal und vorausschauende Weisheit. Sie läßt uns an einem Drama teilnehmen; denn wie wir gesehen haben, liegt der Ursprung des Wortes *Rolle* in den Pergamentrollen, auf welche die Texte der Schauspieler geschrieben waren. Die Neuentdeckung einer sich entfaltenden Schöpfungsgeschichte ist ein Drama. Wir alle haben eine Rolle in diesem Drama zu spielen, und diese Rolle ist unsere Arbeit.

Es ist vielsagend, daß das französische Wort für Rolle auf das lateinische *rota* »Rad« zurückgeht. Auch darin steckt wieder eine kosmische Rolle: Unser Spiel im kosmischen Mandala oder heiligen Rad bestimmt unsere Arbeit. Wie die Bhagavad Gita es sagt: »Alles findet durch die miteinander verwobenen Kräfte der Natur statt. Wer aber in eigensüchtigen Selbsttäuschungen verfangen ist, hält sich für den Handelnden.«[28] Das Drama ist viel größer, als wir es uns vorstellen. Und wir sind nicht die einzigen Akteure darin. Unsere Rollen sind kosmische Rollen in einem kosmischen Drama. Unsere Arbeit ist eine kosmische.

Es macht große Freude, eine Rolle im kosmischen Drama spielen zu können. Es ist eine Übung in Verzauberung, in Begeisterung – eine wahrhafte Erfahrung der Via Positiva! Gerade in einer Zeit aufkommenden kosmologischen Bewußtseins kann unsere Arbeit sich auf kosmische Rollen beziehen. Die Rolle, die von uns heutzutage allerdings verlangt wird, kann nicht sofort mit *Handeln* anfangen, sondern mit *Sein*. Das Werk des Daseins geht dem Werk des Handelns voraus. Bei dieser Verschiebung des Bewußtseins unterstützt uns Meister Eckhart. Er sagt, wenn er zur Gottheit zurückkehrt, aus welcher er gekommen ist, werde ihn niemand fragen, was er getan hat, weil niemand ihn dort vermißt haben wird, wo die Einheit so vollkommen ist. Wir werden nicht so sehr an unserer Arbeit gemessen, als an unserem Dasein. »Denke mehr darüber nach, was du bist, und weniger darüber, was du tust«, rät er. »Denn wenn du gerecht bist, werden auch deine Wege gerecht sein.« Die Einladung, vom Tun zum Sein überzugehen, ist ein sehr wichtiger Beitrag einer Spiritualität der Arbeit. Wenn wir unsere Arbeit unter dem Gesichtspunkt des *Seins* betrachten, ergibt sich daraus für die ganze Diskussion über die Arbeit ein neuer Rahmen. Wir erhalten dadurch Freiheit der Phantasie, um mit unserer Einschätzung von Arbeit und Nichtarbeit ganz neu zu beginnen. Wir können die Arbeit anders anschauen. Was macht unsere Arbeit mit unserem Dasein? Was macht sie mit dem Dasein anderer Menschen? Oder mit dem Dasein anderer Wesen? Welche Forderungen stellen andere Wesen an unsere Arbeit, was ist mit den Regenwäldern, Walen und Vögeln, was fordern sie von unserer Arbeit? Um welche Art von Arbeit bitten uns die Kinder von morgen? Und welche Art Arbeit verlangt mein tiefstes Wesen zu tun?

Arbeit und die Kräfte der Vollendung

Arbeit hat mit Zukunft zu tun. Deshalb geht es dabei immer auch um die Erfüllung von Träumen, von Verheißungen und um das Eintreten in Mysterien, die größer sind als wir und größer als unsere Arbeit. Dadurch wird Arbeit eschatologisch. Gute Arbeit hat mit Hoffnung zu tun. Sie bringt Hoffnung und erweckt Hoffnung in anderen. Arbeit fordert auch unsere Hoffnung heraus, gerade weil sie uns mit unserer Verzweiflung in Berührung bringt und das Gefühl für die »letzten Dinge« in uns wachruft. Auch der Tod ist auf geheimnisvolle Weise mit Arbeit verbunden. Es ist traurig, jemand beim Tode eines anderen Menschen sagen zu hören: »Ihre oder seine Arbeit war noch unvollendet.« Dagegen wirkt es segensreich, sagen zu können: »Ihre oder seine Arbeit war vollbracht.« Interessanterweise wird von Jesus am Kreuz erzählt, daß er gesagt habe: »Es ist vollbracht«. Seine Arbeit war vollendet, obwohl sie nach allen menschlichen Maßstäben unvollendet und unvollkommen erschien. Die Vorstellung, daß der Tod unsere Arbeit unterbricht oder dies zumindest zu tun scheint, verfolgt uns. Die Arbeit und das Leben sind so gründlich miteinander vermischt, daß das eine zum Ende kommt, wenn das andere aufhört. Thomas von Aquin schrieb, daß »jene Tätigkeit, die dem Menschen lieb ist und zu der er hinneigt, in der er verweilt und auf die er sein Leben hinordnet, das ›Leben‹ des Menschen genannt wird«[29]. Ja, unsere Arbeit ist oft unser ganzes Leben: Die künstlerische Arbeit zum Beispiel erfüllt oft das Leben der Künstlerinnen und Künstler ganz. Unsere Leidenschaft für das Leben kann unsere Leidenschaft für die Arbeit und umgekehrt sein, da wir nur eine Leidenschaft haben. Wie oben schon erwähnt, definiert Otto Rank die schöpferische Arbeit als das Bedürfnis, »ein Geschenk zurückzulassen«. Etwas zurückzulassen, bedeutet auch einen Abschied. Unter anderem arbeiten wir deshalb, weil wir dieses Leben eines Tages verlassen werden. Wir wollen Spuren hinterlassen.

Arbeit und Tod gehören nicht nur deshalb zusammen, weil mit dem Ende des Lebens auch die Arbeit endet, sondern in tieferer Sicht auch deshalb, weil unsere Arbeit letztlich eine eschatologische Tat ist. In seinem Buch »Working« schreibt Studs Terkel über die Arbeitenden, die er interviewt hat: »Vielleicht ist auch Unsterblichkeit ein Teil dieser Suche. Ausdrücklich oder unausgesprochen war es immer wieder der Wunsch der Heldinnen und Helden dieses Buches, in Erinnerung zu bleiben.«[30] Damit benennt Terkel eine weitere Verbindung zwischen Arbeit und Tod: das Thema der Unsterblichkeit, des Wunsches, etwas in dieser Welt verändert zu haben, in Erinnerung zu bleiben: Das alles hat auch mit Auferstehung zu tun.

Arbeit ist ein Ausdruck unserer Hoffnung und unseres Glaubens an den Segen des Lebens. Warum sonst sollten wir ein Geschenk hinterlassen? Warum sollten wir nicht besser unsere Probleme und Rechnungen hinterlassen (was ja tatsächlich unsere Kultur im Augenblick mit unseren Kindern und Enkelkindern tut)? Ein Geschenk zu hinterlassen, steht für *Dankbarkeit;* und um Dankbarkeit geht es letztlich bei unserer Arbeit. Alle echte Arbeit ist ein Dank für unser Dasein im Kosmos, für unsere Heimat, wo so viel der Arbeit stattfindet. Meister Eckhart sagt: »Denn Fruchtbarwerden der Gabe, das allein ist Dankbarkeit für die Gabe.«[31] Unsere Arbeit ist ein Dank dafür, daß wir Teilnehmende an der Arbeit sein durften, der Arbeit des Kosmos, der Arbeit der Menschheit, unserer eigenen Arbeit und Gottes Arbeit. Als Jesus als Junge verschwunden war und dann im Tempel gefunden wurde (wobei der Tempel für das Universum stehen mag), sagte er: »Ich muß in dem sein, was meines Vaters ist.« Unser Erwachsenwerden besteht darin, daß wir ein Verständnis finden für die Verbindung zu dem, was unseres »Vaters« ist, das heißt zur Schöpfung des Universums.

Arbeit ist also eindeutig keine menschliche Erfindung, sondern eine kosmische Tätigkeit, ja, *die* kosmische Tätigkeit. Es gibt nur eine Arbeit, nur ein Werk im Kosmos, nur ein Wort oder *Dabhar*, nur eine schöpferische Kraft: Und dieses eine Werk ist Gottes Arbeit. Die Menschen sind dazu eingeladen, an diesem kosmischen Werk teilzunehmen. Wir sind mit der Freiheit beschenkt, eine Wahl zu treffen, das heißt, wir können uns auch gegen diese Arbeit entscheiden und uns mit nur anthropozentrischer Tätigkeit oder mit Untätigkeit oder Arbeitslosigkeit zufriedengeben. Wenn die Arbeit ein Mysterium ist, dann müssen unsere Herzen auf den Ruf zur Arbeit hören.

Das überraschende und deshalb transzendente Element an unserer Arbeit ist es, daß wir niemals genau wissen, wann sie beendet ist oder wen oder was sie beeinflußt. Warum konnte Jesus sagen, sein Werk sei vollbracht? Was war seine Arbeit? Warum hat sie ihn in so viele Schwierigkeiten gebracht? Hat sie ihn umgebracht? Falls ja, war es die Sache wert? Wann ist Arbeit größer als der Tod? – Oder: Was ist mit dem Werk von Martin Luther King? Ist nicht dieses größer als der Tod? – Der große Sufimystiker und Dichter Rumi schrieb ein Gedicht über den Tag der Auferstehung und die Arbeit:

> »*Am Tage der Auferstehung*
> *wird Gott sagen,*
> ›*Was hast du getan*
> *mit der Stärke und der Kraft,*
> *die deine Nahrung*
> *dir auf der Erde gab?*
> *Wie hast du deine Augen benutzt?*
> *Was hast du mit deinen fünf Sinnen gemacht,*
> *während sie trübe wurden und verblichen?*
> *Ich gab dir Hände und Füße als Werkzeuge,*
> *um den Boden für das Pflanzen vorzubereiten.*
> *Hast du mit der Gesundheit, die ich dir gab,*
> *das Pflügen erledigt?*‹
> *Du wirst nicht aufrecht stehen können,*
> *wenn du diese Fragen hörst.*
> *Du wirst dich voll Scham beugen*
> *und schließlich die Herrlichkeit erkennen.*
> *Dann wirst du dich nach rechts wenden,*
> *und zu den Propheten*
> *um Hilfe blicken,*
> *als wolltest du sagen:*
> ›*Ich stecke im Morast meines Lebens.*
> *Helft mir heraus!*‹

Und sie werden antworten,
jene Könige:
›Die Zeit des Helfens ist vorüber.
Der Pflug steht dort auf dem Felde.
Hättest du ihn nur benutzt.‹
Dann wirst du dich nach links wenden,
wo deine Familie ist.
Und sie werden sagen:
›Schaue nicht auf uns! Dieses Gespräch findet statt
zwischen dir und deinem Schöpfer!‹«[32]

Dieses Gedicht klingt verdächtig nach jenem Gleichnis Jesu, in dem derjenige verdammt wird, der sein Talent vergraben hat, und diejenigen gepriesen werden, die ihre vielen Talente durch guten Gebrauch vervielfacht haben (Matthäus 25,14-30).

Im Augenblick der Geschichte, im Anbruch eines neuen Jahrtausends, befinden wir uns in einer eschatologischen Krise. Überall in unserer Gesellschaft gibt es Zeichen – Verzweiflung, Pessimismus und Trägheit –, die der Hoffnung zuwiderlaufen, welche einer lebendigen Eschatologie entspringt. Diese Zeichen äußern sich in Verdrängung und Weigerung, die Schattenseite der Kultur und der Seele anzuschauen.

Eschatologie hat dagegen mit Hoffnung zu tun. Auch Arbeit soll sich auf Hoffnung richten. Wann sind wir glücklicher, als wenn unser Tun für uns und andere eine Freude ist?

Arbeit bezieht sich also auf Eschatologie, weil sie sowohl mit dem Tode oder den »letzten Dingen« zu tun hat, als auch mit dem Leben oder dem, was wir über das Leben in der Zukunft glauben (einschließlich auch des Zustandes nach dem Tod). In dieser Hinsicht ist Arbeit in der Tat das, was wir zurücklassen. Sie fordert uns dazu heraus zu überdenken, ob wir ein *Geschenk* zurücklassen wollen oder nicht.

Diejenigen, die keine Arbeit haben, sind vom eschatologischen Abenteuer in ihrer größeren Gemeinschaft ausgeschlossen. Das führt zu Selbsthaß und Gewalt, denn in jeder menschlichen Seele gibt es eigentlich Hinweise auf das Schenken und auf die Endlichkeit unserer Anwesenheit auf der Erde. Wir träumen alle Träume von guter

Arbeit. Wenn dem Eschatologischen keinen Raum gewährt wird, kein Herzensort, in welchem man sich der Berufung zuwenden kann, dann macht sich nur zu bereitwillig die Gewalt breit. Auch Gewalt trägt Zeichen des Eschatologischen, von etwas Größerem als uns selbst. Sie umfaßt die kosmischen Kräfte, die als Mächte und Gewalten bezeichnet wurden. Man könnte Gewalt als eine Pseudoeschatologie bezeichnen, die in einer historischen Phase wie der unseren übertrieben erlebt wird, weil Hoffnung so selten ist und Pessimismus herrscht. Eschatologie, der Glaube an die Zukunft des Lebens, hat nicht nur mit dem Tod zu tun, sondern auch mit dem Spiel: denn in Wirklichkeit weiß niemand von uns, was die Zukunft bringen wird. So können wir sie uns also entweder in nihilistischen Formen vorstellen (wenn wir das tun, endet all unser Arbeiten) oder als ein Spielfeld von Möglichkeiten für die Menschheit und von uns geliebten Menschen (wenn uns dies gelingt, dann können Kreativität neu einsetzen und mit ihr unvorhersehbare Entdeckungen in der Arbeit und in der Schaffung von Arbeit). Ja, wenn Phantasie und spielerische Zugänge wieder Raum in unserer Eschatologie gewinnen und damit in unserem Verständnis von Arbeit, dann kehrt der Geist, das Geschenk der Überraschung, des Transzendenten, wieder zurück.

»Lobpreis,« sagt der afrikanische spirituelle Lehrer Onye Onyemaechi, »verlangt alles von dir. Gib es alles. Halte nichts zurück.« Wenn wir unsere Arbeit als Lobpreis von uns geben, kehrt sie zurück. Sie kehrt als Geist zurück, als Kraft, als Trost und als Hoffnung. Wenn wir dies verstehen, verstehen wir die Verbindung zwischen Arbeit und Auferstehung. Arbeit kann eine schwierige und asketische geistige Übung sein, eine schweißtreibende Erfahrung, eine Reise in die Via Negativa und eine Ahnung von den Schatten, die den Tod begleiten. Sie kann aber auch eine Via Creativa sein, denn jede kosmische Arbeit ist von dieser Art; und dann wird die Arbeit zu einer eschatologischen Geschichte von Hoffnung und neuem Leben.

Die eschatologischen Elemente der Arbeit sind nun Spiel, Überraschung und Geist. Fehlen einer Arbeit diese Elemente, so handelt es sich nicht um wahrhaft menschliche Arbeit und auch nicht um Arbeit im Universum. Wer hätte die Schaffung des Auges durch das Universum vorhersagen können? Die Erfindung des Wassers auf diesem

Planeten, als es nur Gestein gab? Das Auftreten des Lebens? Die Arbeit des Universums ist von Überraschungen durchdrungen. Unsere Arbeit muß von der gleichen Art sein. Sie ist in dem Maße überraschend, in dem wir wirklich im Universum leben, das heißt, in Gottes Tempel und nicht nur in den von Menschen gemachten Welten.

Wenn Gott Leben ist, »Leben an sich«, wie Thomas von Aquin es ausdrückt, dann haben diejenigen, die auf Gott antworten wollen, keine Wahl, als das Leben zu wählen. »Leben und Tod habe ich dir vor Augen gestellt. Wähle das Leben!« (Deuteronomium 30,19). Das Leben zu wählen aber, bedeutet eine Option für die Zukunft unseres Planeten, für unsere Kinder und deren Kinder, für alle Lebewesen, die diesen Planeten so wunderbar und so schön sein lassen. Das ist eine eschatologische Wahl, ein Akt der Hoffnung. Das ist eine Antwort auf den Ruf, das Leben zu wählen, des Rufes von jenem Einen, das das Leben ist, das »Leben an sich«. Jede Arbeit, die aus einer anderen Quelle als der Lebensquelle stammt, ist geringer als göttlich, ist nicht das Werk des Kosmos. Sie ist ein Weg des Pessimismus und nicht der neuen Schöpfung. Sie drückt dann einen Glauben an den Tod und nicht an die Kräfte der Auferstehung aus.

Keine andere Arbeit in Sicht

Die Verwurzelung unserer Arbeit in der Via Positiva, der Daseins- und Lebensfreude und der Freude an der Arbeit, ist ein wesentlicher Teil unserer Neubetrachtung der Arbeit. Darin liegt eine Rückkehr zu unseren Ursprüngen und eine Bekräftigung der Verbindung zwischen unserer Arbeit und der Arbeit des Universums – einer Arbeit, die der Freude gegenüber nicht gleichgültig ist, sondern aus der »absoluten Freude« der Schöpferin ausfließt, wie Thomas von Aquin es sagt. Freudige Arbeit bringt uns in Berührung mit der Erfahrung, daß – so Eckhart – »jeder Engel mit seiner ganzen Freude und seiner ganzen Seligkeit in mir ist und in Gott selbst mit seiner ganzen Seligkeit«. Vielleicht konnte Johannes vom Kreuz, der spanische Mystiker des 16. Jahrhunderts, dies in seinem Gedicht »Gesang des Geistes« einfangen, in dem er schrieb, daß ein Liebender bereit ist, alles für ein gutes Werk zu opfern, ja, für das *einzige* Werk des Universums:

> *»Meine Seele hat all meine Kraft*
> *in Seinen Dienst gestellt.*
> *So achte ich nicht mehr auf meinen Gewinn,*
> *sondern nur auf die eine Aufgabe,*
> *mich allein in der Liebe zu üben.«*[33]

Kapitel 4

Kreativität: Wo innere und äußere Arbeit verschmelzen

Wann aber *sind* wir? Und wann wendet er
an unser Sein die Erde und die Sterne?

Rainer Maria Rilke[1]

*Durch gute Werke errichtet man in sich das Bild des himmlischen
Menschen.*

Thomas von Aquin[2]

*Das Tao wird die große Mutter genannt:
Leer und doch unerschöpflich,
gebiert es unendliche Welten.
Es ist immer in dir gegenwärtig.
Du kannst es verwenden, wie du willst.*

Tao Te Ching[3]

*Im Grunde arbeiten wir um zu erschaffen, und nur gelegentlich, um
zu essen.*

Willis Harman und John Hormann[4]

Rilke stellt die Frage danach, wann wir *sein* können. Ich gehe davon aus, daß wir auf dem *Weg* zum Sein sind, wenn wir auf unser Nichthandeln achten, das heißt auf die Via Positiva (Ehrfurcht) und die Via Negativa (Dunkelheit) unseres Lebens. Aber wir *werden* tatsächlich erst wirklich, wenn wir uns ganz an die Kreativität hingeben, bis der Geist, der Himmel und Erde gemacht hat, durch uns fließen und seine neue Schöpfung durch uns bewirken kann. Wir werden wirklich, wenn unser Werk sich an das Große Werk anschließt. Wir werden wirklich, wenn unsere innere Arbeit zur Arbeit in der Welt wird, wenn unsere aus gesammelter Aufmerksamkeit für Begeisterung und Nichtigkeit entstandene Kreativität dem Ziel der Wandlung, der Heilung und des Feierns dient. Mit anderen Worten: Wir werden wirklich, wenn unsere Arbeit, unser Wirken, zum Mitgefühl wird, das sich auf überraschende und verändernde Weise schöpferisch ausdrückt. Und dieses alles kann nur in dem Maße geschehen, in dem wir aus dem Nichthandeln heraus handeln. Das heißt, wenn das Göttliche »die Erde und die Sterne an unser Sein wendet«.

Kosmologie und Kreativität

Rilkes Frage danach, wann Gott die Erde und die Sterne an uns wendet, wirft das Thema von Arbeit und Kreativität auf, das Thema unseres Seins. Wir *sind* nämlich erst dann, wenn unsere Kreativität eine Gelegenheit hat, sich in unserer Arbeit auszudrücken. Rilke stellt also fest, daß unser Sein zu tun hat mit der heiligen Erfahrung der Erde und der Sterne, die sich an uns wenden. Genau das aber geschieht in der Kreativität. Wenn wir etwas gebären, wirken in uns die schöpferischen Kräfte eines fortwährend gebärenden Kosmos, die Feuerkräfte des ursprünglichen Feuerballs, die Sonnenenergie aus dem Photosyntheseprozeß und die Expansionskräfte unseres sich ausdehnenden Universums. In diesem Bild Rilkes spricht uns die Notwendigkeit an, eine erneuerte Beziehung zwischen Kosmologie und Arbeit zu finden. Wenn denn Erde und Sterne sich an uns wenden, folgt dann auch daraus, daß sie auch in unsere Arbeit einfließen? Und vielleicht aus unserer Arbeit ausfließen? Wenn diese Kosmologie wahr ist, wie kann dann Arbeit je wieder langweilig sein? Wie könnte das Leben je langweilig sein? Könnte es je wieder Arbeitslosigkeit geben? Könnte jemand »arbeits-los« sein?

Eckhart zitiert Paulus (2 Timotheus 4,2) mit dem Satz: »Sprich das Wort aus, sprich es herfür, bring es herfür und gebier das Wort.«[5] Im Nichthandeln existieren wir nicht nur, um zu empfangen, sondern auch um aktiv vom Empfangenen zurückzugeben. Was wir dabei gebären, ist nichts weniger als »das Wort«, das heißt der Logos, die Weisheit des einen universellen Werkes, zu dem wir gehören. Jeder, jede einzelne von uns kommt mit einer einzigartigen Geschichte auf die Welt, mit einem einzigartigen DNS-Muster und deshalb einer einzigartigen Art und Weise, die Welt zu sehen, und auszudrücken, was wir sehen. Und wir sehen die Dinge unterschiedlich. In jenem Gleichnis der blinden Männer, die alle einen Elefanten tastend beschreiben, haben sie alle aus ihrer jeweiligen Perspektive recht – wieviel mehr gilt das für Frauen und Männer, die versuchen, das Dasein zu benennen, die Herrlichkeit des Seins und unserer Geschichte im Universum. Kreativität ist kein Luxus für Wochenendkünstler, sondern liegt im Wesen unseres Daseins. Wir alle sind Schöpferinnen und Schöpfer, und deshalb wartet auf uns alle Arbeit – gute Arbeit.

Es gibt einen natürlichen Übergang von der Via Positiva und der Via Negativa zur Via Creativa bei unserer Arbeit. Unser inneres Wirken aus Begeisterung und Verzauberung erweckt unsere Leidenschaft und Kraft für die Arbeit, für das Antworten und für das Ja-Sagen. Unser inneres Wirken aus Nichtigkeit und Trauer erweckt unser Bewußtsein dafür, wieviel Arbeit getan werden muß und wieviele Wesen leiden müssen, weil wir unsere Arbeit nicht weise tun. Wenn diese beiden Erfahrungen in unserer Kreativität zusammenfinden, werden wir in das Große Werk geführt.

Kreativität ist die Verbindung zwischen unserer inneren Arbeit und der äußeren Arbeit, die die Gesellschaft von uns fordert. Kreativität ist die Schwelle, über welche unser Nichthandeln zu Handlungen führt, die Schönheit, Feier und Heilung in die Welt bringen. Kreativität ist sowohl eine innere wie auch eine äußere Arbeit.

Manchmal ist Kreativität in unserer Arbeit schwer zu entdecken, denn unsere Gesellschaft belohnt sie meistens nicht. Während des Maschinenzeitalters war der Verlust der Herzensverbindung zum Kosmos ein schwerer Schlag für unsere schöpferische Phantasie, wie schon Rilke sah:

> *»O das Neue, Freunde, ist nicht dies,*
> *daß Maschinen uns die Hand verdrängen.*
> *Laßt euch nicht beirrn von Übergängen,*
> *bald wird schweigen, wer das ›Neue‹ pries.*
>
> *Denn das Ganze ist unendlich neuer,*
> *als ein Kabel und ein hohes Haus.*
> *Seht, die Sterne sind ein altes Feuer,*
> *und die neuern Feuer löschen aus.«[6]*

Achtung und Ehrfurcht vor dem Kosmos würden jedoch auch die Arbeit unserer Hände ermutigen. Denn das Ganze ist die tiefere Quelle unserer Arbeit. Die anthropozentrische Epoche hat die Arbeit entstellt. Nur das viel ältere Feuer, das Feuer vom Himmel, und unsere Beziehung dazu, kann unsere Arbeit inspirieren und uns und sie entflammen.

Während der industriellen Revolution wurde die Kreativität an den Rand gedrängt und oft mit Mißtrauen betrachtet. Das verhält sich auch heute noch so. So hörte ich, daß an den New Yorker Gymnasien der Kunstunterricht wegen Budgetkürzungen gestrichen wurde. Dahinter steht die Vorstellung, daß Kunst für den Geist und die Entwicklung der Kinder ein Luxus ist, der von unserem Speisezettel gestrichen werden kann wie Pudding. Das widerspricht den Gesetzen oder Gewohnheiten des Universums, wie wir sie heute kennen, und der dem Universum innewohnenden Schöpferkraft, die immer neu zeugt, immer neu gebiert und neue Dinge tut. Unglücklicherweise müssen unsere von Menschen entworfenen Arbeitswelten, einschließlich der Vorbereitung auf die Arbeitswelt, die wir heute

150

Ausbildung nennen, diesen der Kreativität innewohnenden Wert erst noch erkennen.

Kreativität braucht sich nicht durch ihr Produkt zu rechtfertigen, obwohl sie Wundervolles hervorgebracht hat. Kreativität ist sich selbst Lohn genug, ist ihr eigenes Werk. Deshalb kann sie auch mit Recht als Gnade und nicht als eine Mühe bezeichnet werden. Wie beim Durchlaufen der Via Positiva und der Via Negativa lernen wir bei der Kreativität von neuem, was es heißt, »ohne ein Warum zu arbeiten«, wie Eckhart es ausdrückt. Gott wirkt um des Wirkens willen, und wenn auch wir um des Arbeitens selbst willen arbeiten, dann wissen wir, daß wir es mit schöpferischer Arbeit zu tun haben. Unsere Kreativität hält ihre Hand über uns und vermittelt uns ihre eigene Erleuchtung und Belohnung. Eckhart beendet eine seiner erstaunlichsten Predigten mit der Feststellung, daß es ihn nicht kümmere, ob er von jemand verstanden worden sei oder nicht. Er hätte seine Predigt auch dem Opferstock gehalten, wenn niemand in die Kirche gekommen wäre. Das ist das Bekenntnis eines Künstlers, der sich gezwungen fühlt, seine innere Wahrheit ohne Rücksicht auf die Folgen mitzuteilen. Das ist wahrhaft Arbeit »ohne ein Warum«.

Ohne eine Gelegenheit, ihre Kreativität auszudrücken, werden die Menschen kaum Glück in ihrer Arbeit finden können. Willis Harman und John Hormann sprechen in ihrem Buch »Creative Work« über die Wichtigkeit von Kreativität und Arbeit: »Die gesamte Geschichte stützt die Beobachtung, daß das Bedürfnis, etwas zu erschaffen, ein grundlegender Drang bei Menschen ist. *Wir arbeiten hauptsächlich, um zu erschaffen, und nur gelegentlich, um zu essen.* Solche Kreativität kann sich in Beziehungen, in der Kommunikation, in der Dienstleistung, in der Kunst oder in nützlichen Produkten zeigen. Sie bildet den wesentlichen Sinn unseres Lebens.«[7]

Wir alle sind Ebenbilder Gottes, Ebenbilder der Schöpferin par excellence, Bilder des Künstlers aller Künstler, der Quelle aller Kreativität im Universum. Wenn wir dieses Bild in uns verleugnen, verweigern wir die größte Belohnung unserer Arbeit. Das hieße, die Arbeit auf eine maschinenartige Tätigkeit zu reduzieren, und damit Menschen auf Maschinen. Nach diesem Modell des Menschseins haben wir in den vergangenen drei Jahrhunderten gearbeitet: nach der Vorstellung, daß unser Geist wie auch unser Körper Mechanismen, statt schöpferischer Organismen sind.

Die Via Creativa erweist all dies als Lüge. Sie lehrt uns, daß Arbeit ein Bereich des Erschaffens, des Gebärens unserer tiefsten Bilder ist. Unser größter Beitrag zur Gemeinschaft besteht in dem, was wir hervorbringen. Dieser Wert der Kreativität ist von einer durch Maschinen beherrschten Gesellschaft abgewertet worden, wie sie auch Vorurteile gegen die Mystik gepflegt hat. Wir haben nur wertgeschätzt, was der Kopf und die Augen tun können: messen, lesen und schreiben. Unterschätzt haben wir aber alles, was das Herz wissen und tun kann, einschließlich der kreativen Werke, die aus der Herzenserfahrung von Ehrfurcht und Ekstase, wie auch von Trauer und Nichtigkeit hervorgehen. Rilke benennt die Arbeit, der wir uns zuwenden müssen, so:

> »Werk des Gesichts ist getan,
> tue nun Herz-Werk
> an den Bildern in dir, jenen gefangenen; denn du
> überwältigtest sie: aber nun kennst du sie nicht.
> Siehe, innerer Mann,
> dein inneres Mädchen,
> dieses errungene aus
> tausend Naturen, dieses
> erst nur errungene, nie
> noch geliebte Geschöpf.«[8]

In diesem Absatz spricht Rilke über die Arbeit, über eine neue Art von Arbeit, die auf uns wartet und von uns gefordert wird. Das ist die Herzensarbeit, alle in uns eingeschlossenen Bilder freizusetzen, Bilder, die wir nicht wirklich kennen, weil wir sie unterdrücken. Die Bilder des Maschinenzeitalters sind nicht diejenigen der Gegenseitigkeit, sondern der Kontrolle und des Dualismus. Im inneren Mann, so zeigt uns Rilke, findet sich eine innere Frau (und in der inneren Frau ein innerer Mann), so wie zweifellos auch Tausende anderer Geheimnisse. In unserem tiefsten Selbst sind sogar die Geschlechterrollen umgestaltet. Wir müssen auf unsere Innenwelt Obacht geben, denn in ihr liegt die Arbeit der Zukunft. Das bedeutet aber auch, unsere Trauer und unsere Freude zu achten, unsere Erfahrungen der Via Negativa und der Via Positiva. Rilke stellt auch fest: »Nirgends, Geliebte, wird Welt sein, als innen. ...«[9] Wenn wir unser inneres Werk Gestalt werden lassen, dann arbeiten wir wahrhaft. Zu diesem Zweck haben wir eine gut funktionierende Phantasie. Wir nehmen Probleme oder Themen aus der äußeren Welt in uns auf, brüten darüber, leben damit, »bewegen sie in unserem Herzen«, wie es von Maria heißt, schlafen darüber und träumen davon. Und wenn wir Glück haben, antworten wir schließlich darauf. Aus dem Problem, dem wir uns gestellt haben, das wir verdaut und mit dem wir gerungen haben, wird etwas geboren. Eine Zeitlang wird aus der äußeren Arbeit eine innere, die sich dann wieder in die Außenwelt hinausbewegt und ihr Teil zur Heilung und Wahrheit beiträgt. Otto Rank bezeichnet die Erfahrung eines schöpferischen Menschen, wenn er schreibt, daß »der höchste Typ des Künstlers derjenige ist, der einen typischen Menschheitskonflikt in sich verwenden kann, um kollektive Werte hervorzubringen, die zwar den traditionellen Formen und Inhalten ähneln - weil sie im Prinzip aus dem gleichen Konflikt stammen -, die jedoch individuell sind, neue Schöpfungen solcher kollektiven Werte, und die die persönliche Ideologie des Künstlers als eines Repräsentanten seines Zeitalters darstellen.«[10] Als Repräsentanten des Zeitalters, in dem wir leben, leben wir mit offenem Herzen und offenem Geist, so daß wir den Kampf und Konflikt unserer Zeit in uns aufnehmen. Unsere Kreativität wird ihr Bestes tun, mit jenen Konflikten zu ringen, um eine Art Lösung oder Hoffnung daraus hervorzubringen.

Gemäß Ranks Analyse »zeigt die Arbeit eines Künstlers seine Kämpfe in der Liebe und im Leben, die beim produktiven Typus aus seinem schöpferischen Impuls hervorgehen, und nicht umgekehrt. Dieser Konflikt entsteht in ihm aus einer Intensivierung allgemeiner menschlicher Zwiespalte,« nämlich dem Kampf zwischen Leben und Arbeiten. Mir scheint, daß wir alle einen intensivierten Kampf um die menschliche Grundbefindlichkeit erleben. Aber ein solcher Konflikt braucht nicht negativ zu sein, sondern ist tatsächlich ein Teil der Reise zum kreativen Schaffen, ein Teil der Reise durch die Via Negativa.

»Nur durch seinen inneren Kampf erringt der Künstler den Mut, die Kraft und den Überblick, um einen sich ankündigenden Wandel der Grundeinstellung vor anderen Menschen zu erfassen, ihn intensiver zu spüren und ihm eine Form zu geben.«[11]

Wir nehmen ein inneres Thema, das durch das Horchen auf unsere inneren Bilder entsteht, arbeiten daran, entwerfen dafür eine Form, pressen und schütteln es, beschneiden und bemalen es, träumen darüber, und schließlich stellen wir das Werk der größeren Gemeinschaft vor. So ist aus der inneren Arbeit ein äußeres Werk geworden, von dem wir hoffen, daß es in der Gemeinschaft Anklang findet. Das ist künstlerische Arbeit, unser aller Arbeit.

Dieses Phantasieren können wir wieder betreiben, ja, wir müssen es auch; denn die Maschinenwelt, die wir nun hinter uns lassen, hat uns unsere Vorstellungskraft fast völlig geraubt. Selbst das Fernsehen, eine ihrer hervorstechendsten Erfindungen, hat unsere Phantasie unfruchtbarer gemacht und unsere Kreativität hintangestellt. Vor maschinenartigen Unterhaltungsmonstern sind wir immer passiver geworden. Rilke warnt uns vor dem Preis, den wir für diesen Zustand zu zahlen haben, und erklärt, daß die neue Schöpfung nur aus unserem Inneren heraus beginnen kann.

> »Nirgends, Geliebte, wird Welt sein, als innen. Unser
> Leben geht hin mit Verwandlung. Und immer geringer
> schwindet das Außen. ...
> Tempel kennt er nicht mehr. Diese, des Herzens, Verschwendung
> sparen wir heimlicher ein. Ja, wo noch eins übersteht,
> ein einst gebetetes Ding, ein gedientes, geknietes -, hält es sich,
> so wie es ist, schon ins Unsichtbare hin.
> Viele gewahrens nicht mehr, doch ohne den Vorteil,
> daß sie's nun innerlich baun, mit Pfeilern und Statuen, größer!«[12]

Rilke sieht in unseren schöpferischen Kräften Hoffnung: In unserem Inneren sind wir in der Lage, Tempel zu bauen, »des Herzens Verschwendung«, die größer als die äußeren Tempel sind, die wir in Museen besuchen können. Rilke rät uns auch, die Kräfte unserer

Phantasie nicht zu unterschätzen. Wir bauen, was wir haben wollen – Tempel oder Interkontinentalraketen, Verschwendung aus unserem Herzen oder aus unserer Gier und Angst. Wir dürfen die Gelegenheit nicht versäumen, an Großem zu gebären, was wir können, und unsere schöpferische Arbeit an das Große Werk des Universums anzuschließen. Schließlich hat irgendwann auch die Kathedrale von Chartres zunächst als eine »Verschwendung des Herzens« in der menschlichen Phantasie existiert.

Auf der Via Creativa erkennen wir häufig zum ersten Mal, daß unser Leben unser Werk ist, daß die Berufung, von der wir im vorigen Kapitel sprachen, ein Ruf an unser tiefstes Selbst ist, hervorzutreten; ein Ruf ähnlich dem, mit dem Jesus Lazarus aus dem Grabe herausrief und seine Tücher abwickeln ließ, damit alle Welt sich über die erneuerte Existenz, über das wiedererstandene Leben wundere. Otto Rank sagt über den Künstler: »Die Berufung ist keine Frage des Lebensunterhaltes, sondern des Lebens selbst. ... Der Künstler übt seine Berufung nicht aus, sondern *ist* sie. ... Der Künstler braucht seine Berufung für seine geistige Existenz.«[13]

Wir alle brauchen unsere Berufung für unsere geistige Existenz. Wir brauchen Arbeit, die mehr als ein bloßer Broterwerb ist, sondern das Leben selbst. Wie Thomas von Aquin feststellte, heißt gut zu leben, gut zu arbeiten oder eine gute Tätigkeit darzustellen. Leben und arbeiten gehören zusammen, und unsere Arbeit dreht sich darum, das Schöne, unser Dasein, unsere Wahrheit, das Leben und deshalb auch Gott, die Lebensgeberin, darzustellen.

Thomas hat unserer Diskussion über die Arbeit als Nichthandeln und Handeln vorgegriffen, wenn er sagt, daß unsere Arbeit von zweierlei Art sei, eine äußere und eine innere, und daß der innere Akt der Vernunft sei, die Wahrheit zu bedenken.[14] Was Thomas von Aquin als die innere Arbeit bezeichnet, ist die Arbeit der Via Positiva und der Via Negativa, das Aufmerken auf die innere Wahrheit, die wir erfahren. Wir bedenken die Wahrheit durch einen inneren Akt der Vernunft. Das ist Arbeit, besonders in einer Zeit wie der unseren, in der so viele Bilder und Botschaften uns von außen erreichen, aus Fernsehen und Radio, aus Zeitungen und Zeitschriften. Man muß still werden und der eigenen Erfahrung treu bleiben. Das ist ein innerer Akt der Vernunft, das Nichthandeln der Via Positiva und der Via Negativa. Darin liegt die Kraft der Kreativität und der meditativen Kunst, durch die wir auf die Wahrheit unserer Erfahrung horchen und sie dann in einfachen Symbolen und Ausdrucksformen äußern. Dadurch tragen wir das Werk der Wahrheit weiter, geben ihm Gestalt und äußern es, damit andere es betrachten und kritisieren können.

Kreativität als Offenbarung

Alle Kreativität ist Offenbarung. »Des Wortes Natur ist es, daß es offenbart,« sagt uns Meister Eckhart.[15] Im Herzen eines jeden Menschen scheint ein Bedürfnis zu liegen, selbst Quelle der Offenbarung zu werden, die wir empfangen haben. Wir wollen Offenbarende sein, Verkündende des Neuen. Wir wollen die Geschichte erzählen, die göttliche Geschichte, jene Geschichte, die größer als wir selbst ist, die zu atmen wir begnadet worden sind, und sei es auch nur für »ein mit den Maßen der Zeit kaum Meßliches zwischen zwei Weilen«[16], als uns ein Daseinsgefühl gewährt wurde. In solchen herausgehobenen Momenten oder Epiphanien, fühlen wir jede Verbindung, die im Universum besteht. So betet das Volk der Lakota für »alle unsere Verwandten«. In solchen Augenblicken werden wir lebendig, ganz lebendig, so von Geist erfüllt, daß durch unsere Adern Dasein rinnt. Aber auch die heiligste aller Geschichten kann nicht erzählt werden, kann nicht zu unserem Werk werden, wenn wir sie nicht in unserem Inneren bearbeitet haben. »Wo doch das sichtbarste Glück uns erst zu erkennen sich gibt, wenn wir es innen verwandeln.«[17]
Thomas von Aquin, der feststellte, daß »die heiligen Schriften sich in zwei Bänden gebunden finden, in dem einen der Schöpfung und dem anderen der Bibel«[18], hat diese Leidenschaft geahnt, die Teil der Offenbarungsgeschichte des Universums wurde. Deshalb hat man nach Thomas das Recht, Gottes Geschöpfe als Gottes »Worte« zu bezeichnen, denn sie drücken den göttlichen Geist aus, wie die Wirkungen ihre Ursache. »Jedes Geschöpf ist zum Zeugnis Gottes

geschaffen, insofern jedes Geschöpf die göttliche Güte bezeugt. ...
Und seine Schönheit bezeugt die göttliche Weisheit.«[19]
Meister Eckhart spiegelte diese Vorstellung durch seine Aussage, daß
jedes Geschöpf Gottes voll und ein Buch über Gott sei. *Wir* sind
Natur; *wir* sind Bände der Offenbarung und Bücher über Gott. Ein
Teil der Leidenschaft, die uns zum Schaffen drängt, zum Darstellen,
zum Erzählen unserer Geschichte, ist die Leidenschaft der göttlichen
Offenbarung selbst. Die Gottheit sucht danach, sich überall zu offenbaren. Und Eckhart sagt, daß jedes Geschöpf sein Bestes tue, um Gott
auszudrücken.[20] Offenbarung ist nicht auf Bücher oder auf die
Vergangenheit beschränkt – der Geist weht wo er will. Wenn unser
Werk also tatsächlich aus unserer inneren Arbeit entstanden ist, wird
es ein weiteres Kapitel, sogar eine weitere Bibel in der Geschichte
der heiligen Schriften unserer Gattung sein. Wie bei den Propheten
in der Bibel wird unsere Arbeit »ausreißen und pflanzen«, sie wird
befreien und herausfordern, sie wird Ruhe und echten Frieden
bringen. Weil wir Teil der Natur sind und in dem Maße, in dem wir
unserer wahren Natur gemäß leben, sind wir in der Tat »Bände« der
Offenbarung. Wie jedes Buch müssen wir geöffnet und gelesen
werden, müssen wir ergriffen werden, um erkannt zu werden. Unsere
Arbeit, unser Wirken ist eine solche Öffnung, eine solche Offenbarung.

Mit-Schöpfung und Geist

Jetzt können wir mitempfinden, warum Studs Terkel sagt: »Unsere
Jobs sind für uns zu klein.« Der weitreichende Reduktionismus, den
uns unsere mechanistische Weltanschauung aufgezwungen hat, hat
einen hohen Zoll gefordert. Wenn unsere Arbeit zu klein ist, offenbart sie nicht, enthält sie kein Geheimnis, keine tiefere Leidenschaft,
die aus der unbenennbaren Quelle stammt, keine Weisheit, keine
echte Wahrheit. Sie ist dann bedeutungslose Routine, Schweiß ohne
Sinn, Pflicht ohne Spiel, bloße Mühe, die keine Früchte trägt. Es fehlt
ihr das Neue, die Kraft und die Hoffnung auf die Zukunft. Sie ist

nicht eschatologisch, kein Abenteuer, ist nicht größer als wir selbst, ruft uns nicht zur Expansion, wie das Universum sich ausdehnt. Ist unsere Arbeit klein, so kann sie unsere Seele nie zufriedenstellen, die sich nach den gewaltigen Strudeln des Göttlichen sehnt, die aus den wilden Werken des Lebens neues Leben ziehen, neue Wahrheit aus der heiligen Wildnis unserer Erfahrung. Wenn unsere Arbeit zu klein ist, fehlt ihr Geist. So sagt Meister Eckhart über den göttlichen Geist in der menschlichen Seele: »Ebenso tut's der Geist: Der läßt sich's nicht an jenem Lichte nur genügen; er dringt immerzu vor durch das Firmament hindurch und dringt durch den Himmel, bis er kommt zu dem Geiste, der den Himmel umtreibt; und von dem Umlaufe des Himmels grünt und belaubt sich alles, was in der Welt ist. Immer noch aber genügt's dem Geiste nicht, er dringe denn weiter vor in den Wirbel und in den Urquell, darin der Geist seinen Ursprung nimmt. Dieser Geist muß alle Zahl überschreiten und alle Vielheit durchbrechen, und er wird dann von Gott durchbrochen. ... Gott leitet diesen Geist in die Wüste und in die Einheit seiner selbst, wo er ein lauteres Eines ist und in sich selbst quillt.«[21]

Unsere Arbeit soll das Domestizierte verlassen und hinaus in die Wildnis gehen. Das meint, daß wir den Geist in unsere Arbeit einbeziehen müssen. Der Geist mag keine sicheren und komfortablen Häfen. Von ihm heißt es, daß er »durch das Firmament hindurchdringt und durch den Himmel«, daß er zu dem hinlangt, was die Himmel bewegt, »weiter vordringt in den Wirbel und in den Urquell«. Der Geist sucht danach, von Gott durchbrochen zu werden, der ihn in die Wüste und die Einsamkeit führen kann, wo Gott »in sich selbst quillt«. Offenbar bringt der Geist, wie die Schönheit, so auch den Schrecken mit sich. Ehrfurcht erweckt das Furchterregende. Daß wir Mitschaffende mit dem Geist sind, heißt, daß wilde und geheimnisvolle Dinge geschehen, wenn wir unsere Arbeit tun. Ob nun diese Arbeit darin besteht, Informationen über Safer Sex weiterzureichen, den Obdachlosen beim Bau ihrer eigenen Wohnungen zu helfen, einen Garten anzupflanzen, ein Lied zu erlernen, ein Kind zu versorgen, Erwachsene zu unterrichten, in den Straßen Streife zu fahren - alles enthält mehr Geheimnis als Probleme, mehr Offenbarung, als sich je kontrollieren läßt. In jedem Augenblick kann der

Geist hervorbrechen, aus jeder echten schöpferischen Tat. Wenn wir durch Worte versuchen, andere zur Liebe zu erwecken, so sagt es Thomas von Aquin, so sei es der heilige Geist, der dieses hervorbringe, »indem er die menschliche Sprache als Werkzeug benutzt. Der Geist selbst aber vollendet innerlich das Werk.« Ja, es ist der »Heilige Geist, der das Herz zur Arbeit bewegt« und er tut dies »durch die Kraft der Liebe«.[22]

Der gleiche Geist, der zu Beginn der Welt über den Wassern schwebte und der im Akt der neuen Schöpfung über den Wassern von Marias Schoß schwebte, gibt sich mit uns an ein Werk des Mitschaffens hin. Wir sind Partner im Großen Werk des Universums. Der Geist hängt in einer ganz wirklichen Hinsicht von uns ab, von unseren Arbeitskräften, und wir sind mit einer gottähnlichen Eigenschaft gesegnet. »Alle Zweitursachen erreichen dadurch, daß sie Ursachen sind, Gottähnlichkeit,« kommentiert Thomas von Aquin. Denn »alle Zweitursachen führen die göttliche Vorsehung aus«[23]. Was ist eine »Zweitursache«? Das sind wir! Alle Geschöpfe sind Zweitursachen, wenn Gott als die Erstursache verstanden wird, die Ursache ohne eine Ursache. Wir sind alle »Ausführende der göttlichen Vorsehung« und »Herrschende der Welt«. Nimmt es wunder, daß wir unserer Kreativität oft zu entfliehen versuchen? Daß wir uns damit abfinden, daß andere ihre Kreativität über uns ausüben, statt unsere eigene einzusetzen? Es bedarf tiefer innerer Arbeit, uns stark genug werden zu lassen, um uns unserer eigenen Verantwortung als Mitschaffende zu stellen. Dazu ist vorbereitende Zeit nötig. Wir müssen uns für diese Mühen stählen. Wir müssen uns anfüllen und entleert werden. Wir müssen andere Wege des Lebens bereisen.

Von der westlichen Christenheit kann man sagen, daß sie eine sehr schwach ausgeprägte Sicht des Heiligen Geistes besitzt. Im gleichen Maße, in dem die westliche Christenheit die mystische Tradition ignoriert hat, haftet sie an den Themen der Erlösung, der Sünde und der Moral, hat aber nur sehr wenig über den Geist zu sagen. In diesem Bereich überraschen uns sehr kraftvoll die Schöpfungsmystikerinnen und -mystiker. Sie benennen offen ihre Erfahrungen mit dem Geist, den Eckhart als den »großen Wandler« bezeichnet. Wenn wir den Geist ignorieren, ignorieren wir auch die Via Creativa. Der Heilige

Geist ist die erste Gabe in unserem geistigen Leben. Wie Eckhart sagt: »Die erste Gabe, die Gott gibt, ist der Heilige Geist. Mit dieser Gabe gibt Gott alle anderen göttlichen Gaben, das ist das lebendige Wasser, und wer immer dieses empfängt, wird niemals mehr dürsten.« Dieses Wasser ist Gnade und Licht, es entspringt in der Seele, erhebt sich im Inneren und drängt hinauf, bis in die Ewigkeit.« In dieser Gabe liegt Energie und Vitalität. Wie die Kreativität selbst, läßt diese sich nicht niederhalten, sie »springt auf«, »erhebt sich im Inneren«, »drängt nach oben«. Und wir gebären diesen Geist auch: »Aus uns fließt Gott aus und der Heilige Geist.«[24] So wie Maria in der Person Jesu den Kosmischen Christus gebar, so gebären auch wir den Christus, wenn wir unsere Tiefen in die Welt bringen, wenn wir am großen Werk der Schöpfung des Universums teilhaben. Thomas von Aquin hat erkannt, daß man durch »gute Werke in sich das Bild des himmlischen Menschen errichtet«[25]. Dieser »himmlische Mensch« ist unser inneres, unser wahres Selbst; es ist also eine Manifestation des Kosmischen Christus.

Für Eckhart ist der Heilige Geist nicht nur Wasser, sondern auch Wind und Feuer. Der Wind ist es, der den »Funken der Seele« entfacht, der unablässig in uns allen brennt. In diesem Funken »liegt so etwas wie ein Ursprung alles Guten verdeckt und wie ein leuchtendes Licht, das allezeit leuchtet, und wie ein brennender Brand, der allezeit brennt; und dieser Brand ist nichts anderes als der Heilige Geist.« Es ist der Heilige Geist, der uns zu unseren heiligen Ursprüngen zurückbringt, in den Grund und den Anfang, wo auch der Sohn seinen Anfang im Schöpfer genommen hat. Wir kehren zur Gottheit zurück. »Der Heilige Geist bringt die Seele zu jenem ewigen Bild, von welchem sie ausgeflossen ist, zu dem Vorbild, nach dem der Vater alles gemacht hat, dem Bild, in welchem alle Dinge eins sind, der Weite und der Tiefe, in welcher alle Dinge ihr Ende finden.«[26]

»Die Gnade kommt mit dem Heiligen Geist,« sagt Meister Eckhart, denn die Gnade ist »nicht statisch, sondern immer im Werden. Die Gnade macht die Seele Gott ähnlich.«[27] Unsere Kreativität ist Gnade, und Gnade ist unsere Kreativität.

Das Tao Te Ching drückt diese Erfahrung und Verantwortung, daß wir Mitschaffende sind, so aus:

»Das Tao wird die große Mutter genannt:
Leer und doch unerschöpflich,
gebiert es unendliche Welten.
Es ist immer in dir gegenwärtig.
Du kannst es verwenden, wie du willst.«[28]

Schon diese kurzen Kommentare über den Heiligen Geist zeigen uns, wie zentral eine Geistestheologie für das Verständnis der Kreativität ist. Durch eine solche Geistestheologie erlangen wir wieder das Verständnis, daß unsere Kreativität Teil des Großen Werkes des Universums ist. Unsere Kreativität ist einfach die Teilhabe am fortwährenden Gebären der Gottheit und des Universums überall um uns herum.

Die Frucht unserer Arbeit: Wie unsere Arbeit Gott im Universum gebiert

Eckhart und andere Mystikerinnen und Mystiker haben eine absurde, wilde Idee aufgebracht, nämlich daß unser Arbeiten Gott hervorbringe. Alle Arbeit, so könnten wir sagen, ist ein göttliches Gebären, es ist das Austragen des Sohnes und der Tochter Gottes in die Welt. Eckhart stellt die Frage: »Was hilft es mir, wenn der Vater den Sohn gebiert, wenn nicht auch ich ihn gebäre? Aus diesem Grunde gebiert Gott seinen Sohn in einer vollkommenen Seele und liegt im Kindbett, so daß Gott ihn wiederum in all seinen göttlichen Werken gebären kann.« Wenn es Gottes Sehnsucht ist, Gottes Kind »in allen göttlichen Werken« zu gebären, dann ist die Entfaltung des Universums dieser Geburtsprozeß. Gott wird aus den Werken des Universums geboren – und wir sind solche Werke, und unsere Werke sind auch Werke des Universums. Gott ist im Werden und »wächst und schwindet« während die Geschöpfe Gott ausdrücken[29].

Eckhart setzt Kreativität mit *Dankbarkeit* gleich, wenn er erklärt, daß »Fruchtbarwerden der Gabe allein Dankbarkeit für die Gabe ist«[30]. Gott wird tatsächlich in uns und unseren Werken fruchtbar. Unsere Arbeit ist ein Austragen der göttlichen Frucht, ein Fruchtbarwerden durch Gottes Zusammenarbeit mit uns. So wie Liebende einander ihre Dankbarkeit ausdrücken, wenn sie Kinder gebären, so zeigt auch unsere Kreativität unsere Dankbarkeit. Echte Arbeit entsteht aus tiefer Dankbarkeit. Ja, Arbeit dreht sich um Dankbarkeit, ist Ausdruck unserer Dankbarkeit für unser Dasein. Haben wir keine Arbeit, so haben wir wahrscheinlich keine Möglichkeit, diese Dankbarkeit auszudrücken.

Welche Frucht ist es, die wir da austragen? »Die Früchte sind groß, nicht weniger und nicht mehr als Gott selbst ist.«[31] Die Frucht unserer Arbeit ist das Hervorbringen der Gottheit. Wie oft setzen wir uns für solches göttliches Gebären ein? Einmal in unserem Leben? Wohl kaum. Eckhart zufolge ist solche Arbeit üblicher, als wir es uns vorstellen. »Die Seele bringt alle Tage hundertmal oder tausendmal Frucht, ja unzählige Male, gebärend und fruchtbarwerdend aus dem alleredelsten Grunde.« Dieser »edelste Grund« ist der Schlüssel zu all unserer Arbeit, die Quelle und der Ursprung von allem. Wieder einmal erkennen wir, warum für echte Arbeit die Rückkehr zu unserem Ursprung so wichtig ist. Denn hier liegt auch der Ursprung des göttlichen Wortes. »Fürwahr, aus demselben Grunde, daraus der Vater sein ewiges Wort gebiert, aus dem wird sie fruchtbar mitgebärend.« Es gibt nur *ein* Werk im Universum, weil es nur *einen* Ursprung, *einen* Grund gibt.

Der Schlüssel, dieses Werk des Universums auszutragen, ist die Rückkehr zum einen Ursprung des Universums. Um dies zu tun, müssen wir vom Inneren heraus arbeiten. Wir müssen in uns gehen. »Was im eigentlichen Sinne in Worten geäußert werden kann, das muß von innen heraus kommen und sich durch die innere Form bewegen, nicht dagegen von außen hereinkommen, sondern: Von innen muß es herauskommen.«[32] Unsere Arbeit ist so geartet, daß sie, wenn sie nur von außen kommt, nicht am Einen Werk des Universums teilhaben wird. Damit beschreibt Eckhart die Kreativität. Wenn wir vom Inneren heraus arbeiten, erreicht auch der Heilige Geist sein Werk mit uns: »Das Werk, das ›mit‹, ›außerhalb‹ und ›über‹ dem

Künstler ist, muß zum Werk werden, das ›in‹ ihm ist, in ihm Form annimmt, mit anderen Worten, daß er ein Kunstwerk hervorbringt nach dem Vers ›Der Heilige Geist wird über sie kommen‹ (Lukas 1,35), so daß das ›über‹ zu einem ›in‹ werde.«[33] Wieder hören wir darin vom Wert und von der Kraft der *inneren* Dimension unserer Arbeit. Wenn das Werk ein inneres ist, so kann der Heilige Geist dabei helfen. Das Versprechen, das solche Arbeit begleitet, ist ehrfurchtgebietend: »Warte nur auf diese Geburt in dir, so findest du alles Gute und allen Trost, alle Wonne, alles Sein und alle Wahrheit. Versäumst du dies, so versäumst du alles Gute und alle Seligkeit.«[34] Wenn unsere Arbeit tief aus dem Inneren kommt, bildet sie den Schatz, der in der Seele verborgen liegt, von dem Jesus im Matthäusevangelium (13,44) spricht. Wir müssen den Boden bestellen, um diesen Schatz hervorzubringen, so Juliana von Norwich:

> »*Sei ein Gärtner.*
> *Grabe und hacke,*
> *mühe dich und schwitze,*
> *wende die Erde um*
> *und suche die Tiefe,*
> *wässere die Pflanzen beizeiten.*
> *Führe diese Arbeit fort*
> *und lasse süße Fluten fließen*
> *und edle Früchte in Fülle entspringen.*
> *Nimm diese Nahrung und diesen Trunk*
> *und trage ihn zu Gott*
> *als deine wahre Anbetung.*«[35]

Unsere Arbeit wird zu unserer wahren Anbetung. Die Trauben und der Wein, die unser Garten hervorbringt, der Weizen und das Brot, die unsere Arbeit erzeugen, stellen den Leib Christi dar. Ohne unsere Arbeit gibt es keine Eucharistie. Ja, die Eucharistie *ist* unsere Arbeit, unser Dank für unser Dasein. In unserer Arbeit werden wir zu Müttern Gottes und bringen das göttliche Kind ins Universum. Wir gebären neue und nie zuvor gesehene Heilande. Wir alle werden

Eltern des Kosmischen Christus. Unsere Arbeit braucht niemals langweilig zu sein! Da sie die Gottheit und das Universum umfaßt, brauchen die Früchte unserer Arbeit nie zu enden. Damit erfüllt sich die Verheißung Christi aus dem Johannesevangelium: »Ihr werdet Frucht bringen, und eure Frucht wird bleiben« (Johannes 15,16).

Welche Alternative gibt es für die Wiederverbindung von Arbeit und Kosmologie? Die Alternative liegt in noch mehr Anthropozentrismus und Arroganz sowie in der Langeweile, die sie begleitet. Und auch die Arbeitslosigkeit ergibt sich daraus. Wenn die Menschen sich vom größeren Werk des Universums abschneiden, werden unsere Arbeitswelten in der Tat sehr klein. Obwohl eine ungeheure Menge an Arbeit darauf wartet, getan zu werden, gibt es Millionen »Arbeitsloser«, denen keine gute Arbeit gegeben wird. Menschen, die von der Kosmologie abgeschnitten sind, fehlt die Kraft, und die Phantasie, Arbeit neu zu erfinden. Sie sind der geistigen Sünde der *acedia* unterworfen, der Trägheit, die »sich weigert, etwas Neues anzufangen« (Thomas von Aquin), wie etwa neue Wege, Arbeit zu definieren und zu entwerfen. Meine Überzeugung wird immer stärker, daß eine der schwersten Sünden der Menschheit unser Anthropozentrismus ist. Indem wir uns vom Rest der Schöpfung abschneiden, berauben wir uns der Ehrfurcht und des Staunens und damit auch der Achtung und der Dankbarkeit. Wir vergewaltigen unser eigenes Wesen und können der Jugend nur noch Banales bieten. Rabbi Heschel sagt, die Sünde sei »die Weigerung der Menschheit zu sein, was wir sind«. Hat er damit recht, dann ist der Anthropozentrismus eine schwere Sünde. Niemand von uns ist von Natur aus anthropozentrisch, niemand lebt von menschlicher Arbeit allein. Wir sind durch und durch Teil eines größeren Werkes, Teil der Sonne und der Sterne, der Elemente und des Windes, der Atome und des Ökosystems, der Pflanzen und der Tiere. Und das gilt nicht nur von uns Menschen als biologischen Organismen, sondern auch von unseren Seelen, denn die Schönheit der Schöpfung nährt unser Erstaunen in der Dichtung, der Musik, der Kunst, dem Tanz und dem Ritual. Die Rückkehr zum Großen Werk wird also von großer Hoffnung begleitet.

Die Würde unserer Arbeit

Den ersten Teil dieses Buches begannen wir mit einem Zitat von
E.F. Schumacher, daß wir »unser inneres Haus in Ordnung bringen
sollen«. Im ersten Kapitel untersuchten wir das innere Haus der
Dunkelheit, der Nichtigkeit, des Schmerzes und des Loslassens; im
zweiten Kapitel das innere Haus der Kosmologie; im dritten Kapitel
das innere Haus der Freude, der Lust und der Verzauberung; und
in diesem letzten Kapitel das innere Haus der Kreativität. Diese
Untersuchung des inneren Hauses der Menschheit zeigt uns vieles,
worüber wir nur staunen können. Unsere Seelen, das heißt, unser
Bewußtsein und unsere Leidenschaften, unsere Ekstasen und unser
Leid, sind weder ordentlich noch klein. Wie das übrige Universum
auch expandieren wir und haben erhebliche Größe - Thomas von
Aquin spricht von *magnanimitas,* was wörtlich »Seelengröße« bedeutet. Unserem Wesen wohnt große Würde inne; große Würde
kommt auch unserer Arbeit an der Untersuchung jenes inneren
Wesens und seines Ausdrucks zu.

Im jetzigen Augenblick der Geschichte müssen wir die Aufmerksamkeit besonders unserer eigenen Würde zuwenden. Ohne ein
Bewußtsein jener Würde werden wir nicht den Mut haben
können, Mitschaffende zu sein. Wir werden uns masochistisch
damit abfinden, daß andere Menschen unsere Welten für uns
gestalten. Thomas von Aquin staunt darüber, wie Gott uns durch
unsere Fähigkeit, etwas zu verursachen, Gott ähnlich gemacht hat:
»Die Dinge sind Gott nicht nur dem Sein, sondern auch der
Tätigkeit nach ähnlich. Welche Ursachen Gott den Wirkungen
auch vorgeordnet hat, gibt Gott ihnen die Kraft, diese Wirkungen
hervorzubringen. ...Die Würde des Verursachens wird sogar den
Geschöpfen mitgeteilt.«[36] Wir erhalten Würde durch unsere ver-
ursachenden Kräfte, durch unsere Arbeitskraft. In unserem Mitschaffen offenbaren wir nicht nur uns selbst, sondern ahmen auch
Gott nach. Unsere Arbeit ist ein Ausdruck, eine Darstellung unserer
Würde. Wenn wir arbeiten, wenn wir am Werke sind, ist auch
die göttliche Weisheit am Werk.

Das Gegenteil der Weisheit ist die Torheit. Torheit kann Kreativität ebenso benutzen wie die Weisheit. Deshalb muß unsere Kreativität der Kritik unterworfen sein und an der Wirklichkeit der Schattenseiten unserer Kultur und unserer Seele geprüft werden. Auf der Seite der Weisheit, nicht auf der törichten Seite, muß die Kreativität freigelassen werden. Der geistige Pfad und die Praxis gesunder Arbeit enden aber mit einem Lob der Kreativität. Kreativität muß um der Gerechtigkeit, des Mitgefühls und des Festes willen ausgeübt werden. Kreativität muß eingesetzt werden, um uns von Arbeitslosigkeit, Verzweiflung, Rassismus, Sexismus und anderen Kräften, die die Weisheit hindern und die Torheit fördern, zu befreien. Dieses Werk des Wandels werden wir in den folgenden Kapiteln betrachten.

TEIL 2

Das Große Werk und die äußere Arbeit: eine Neuerfindung der Arbeit

Jemand arbeitet in einem Stall. Sie hat einen geistigen Durchbruch.
Was tut sie da? Sie kehrt in den Stall zurück.

Nach Meister Eckhart[1]

Es ist besser zu handeln, als untätig zu sein; deshalb erfülle deine
Aufgabe. Ohne Tun bleibt nicht einmal der physische Körper erhalten.
... Verzicht auf das Handeln und heilige Werke führen zum höchsten
Heil; besser als der Verzicht ist aber der Yoga der heiligen Werke.

Bhagavad Gita[2]

Man darf nicht glauben, eine beliebige politische oder wirtschaftliche
Reform, eine wissenschaftliche Neuerung oder ein technischer Fort-
schritt der einen oder anderen Art könne das Dilemma der Industrie-
gesellschaft lösen, bei dem es auf Leben und Tod geht. Dazu liegen
diese Probleme zu tief, nämlich im Herzen und in der Seele eines
jeden von uns. Dort muß die Hauptarbeit der Reform geleistet werden
– insgeheim und unauffällig.

E.F. Schumacher[3]

Aus der Kraft des Nichthandelns muß letztlich ein veränderndes
Handeln entstehen, das durchtränkt ist von schöpferischem Handeln.
Veränderungen müssen sich aus dem Nichthandeln der Ehrfurcht und
der Trauer, aus der Via Positiva und der Via Negativa ergeben.
Wir haben die Grundlage gesunden Arbeitens betrachtet und besprochen, was in unserer Seele und in unserer Arbeitswelt fehlt und
banalisiert worden ist – wie sehr unsere Phantasie in den letzten
dreihundert Jahren seit Newton verstümmelt worden ist. Jetzt ist es an
der Zeit, einige Lösungen vorzuschlagen. Was für Arten von Arbeit
können wir tatsächlich tun? Worin besteht die Arbeit – im Gegensatz
zu bloßen Jobs –, die unser Planet heute braucht? Welche Art von Arbeit
braucht unsere Jugend? Welche die Arbeitslosen? Welche wir selbst?
Für welche Art von Arbeit sollten die Menschen ausgebildet werden,
und durch welche Bildungsmodelle können wir dies dann erreichen?

Wie wir im ersten Teil sahen, gibt uns E.F. Schumacher einen fundierten Ausgangspunkt, wenn er erklärt, daß wir alle »unser inneres Haus in Ordnung bringen« können. Das innere Haus unseres eigenen Wesens ist durcheinander geraten; die inneren Häuser unserer Nationalstaaten und Arbeitswelten ebenfalls. Das innere Haus, in dem unsere Vorstellungen von Rasse, Geschlecht und Sexualität wohnen, ist ebenfalls durcheinander. Solange die Dinge in einem solchen Zustand sind, kann die menschliche Arbeit sich dem Großen Werk des Universums nicht anschließen. Und von dieser Quelle abgeschnitten, wird sie Verzweiflung, Arbeitslosigkeit, Militarismus, Habgier, Rassismus, Sexismus und Unrecht fortführen. Es wird, kurz gesagt, keine echte Arbeit geben, sondern nur Jobs und diese mit zunehmender Knappheit. Wir werden um die verbleibenden Jobs kämpfen, und unsere Mauern werden immer dicker werden, unsere Schützengräben tiefer und die Zugbrücken der Orthodoxie und der Angst zahlreicher.

Darum sagt Schumacher direkt und einfach, daß die angemessene Arbeit der Menschheit in dieser geschichtlichen Epoche die Arbeit an sich selbst ist. Das ist eine radikale und aufrüttelnde Vorstellung: Wir *brauchen* wirklich nicht noch mehr Maschinen. Das Verschwinden der Autofabriken muß nicht unbedingt schon das Ende der Volkswirtschaft bedeuten. Was aber brauchen wir wirklich? Schumacher führt aus: »Man darf nicht glauben, eine beliebige politische oder wirtschaftliche Reform, eine wissenschaftliche Neuerung oder ein technischer Fortschritt der einen oder anderen Art könne das Dilemma der Industriegesellschaft lösen, bei dem es auf Leben und Tod geht. Dazu liegen diese Probleme zu tief, nämlich im Herzen und in der Seele eines jeden von uns. Dort muß die Hauptarbeit der Reform geleistet werden – insgeheim und unauffällig.« Was wir also brauchen, ist eine Untersuchung unseres Wesens, unseres Herzens und unserer Seele, unseres inneren Selbst und der Ursachen für die Gewalt, an der wir teilnehmen. Das ist der Schauplatz zur Erfindung neuer – und oft sehr alter – Arbeitsformen. Wenn wir diese Notwendigkeit einmal anerkannt haben, werden wir die Mittel und Kräfte finden, neue Arbeit zu schaffen. Vorausgesetzt, wir pflanzen zur rechten Zeit und am rechten Ort einen gesunden Baum, werden die Blätter des Baumes

170

von allein hervorkommen. Wenn unsere Arbeit *wirklich* wird, werden Jobs auf dem Fuße folgen.

Wann aber ist Arbeit *wirklich*? Arbeit ist dann wirklich, wenn sie notwendig ist. Schumacher weist uns daraufhin, daß die heute am meisten gebrauchte Arbeit die Arbeit am Innenleben der Menschheit ist. Ein großer Teil der heute notwendigen Arbeit wird darin bestehen, die Fehler und Unterlassungen der industriellen Ära auszuräumen. Ein gutes Beispiel dafür ist die Arbeit im Umweltbereich, um Wasser, Boden, Luft, Wälder, die Nahrungskette und die Biotope wieder in einen gesunden Zustand zu versetzen. Doch die industrielle Revolution hat nicht nur den Mutterboden verseucht, sondern auch unsere Seelen. Unsere Seelen sind geschrumpft, weil uns erzählt wurde, daß wir innerhalb einer kosmischen Maschine leben, in der Staunen, Ehrfurcht, Mystik, Freude, Kindlichkeit, Spiel und Kunst nicht erwünscht sind. Thomas von Aquin warnt uns vor einem »Schrumpfen des Geistes«, welches *acedia* oder Trägheit verursacht, oder die Weigerung, »Neues zu beginnen«.[4] Sie nährt Verzweiflung und Feigheit, Langeweile, Ruhelosigkeit und die Reizüberflutung.

Nicht Geld, sondern Bedürfnisse schaffen Arbeit. Und richtige Arbeit wird wiederum für mehr Arbeit sorgen, sofern wir die Frage nach den Bedürfnissen richtig beantwortet haben. Welche Art von Arbeit erwartet das Universum von uns zur Zeit? Welche Arbeit erbittet die Erde von uns? Welche Arbeit wollen andere Lebewesen zur Zeit von uns? Welche Arbeit verlangt die Jugend? Welche Arbeit brauchen die zukünftigen Menschengenerationen von uns? Welche Arbeit will unser Herz von uns? – Wir brauchen nicht einfach irgendeine Art von Arbeit oder irgendwelche Jobs. Was wir brauchen, ist die rechte Arbeit zur rechten Zeit.

Schumacher sagt, daß mehr als je zuvor unsere äußere Arbeit aus unserer inneren fließen muß. Jobs werden dadurch geschaffen, daß wir mehr Aufmerksamkeit auf unsere innere Arbeit lenken; auf diejenige von Individuen wie auch auf diejenige der Gemeinschaft als ganzer; denn auch unsere Gemeinschaften haben ein Innenleben. Dieses Innenleben ist zu lange vernachlässigt oder zugunsten rein äußerer Arbeit übergangen worden. Unsere Zeit ruft nach Arbeit an der menschlichen Gattung selbst, an ihrer verzweifelnden und depressiven, von Selbsthaß besetzen und oft destruktiven Jugend; an ihren rassistischen, adultistischen, sexistischen und gleichgültigen Erwachsenen; an ihren erschöpften Institutionen der Erziehung, der Religion, der Politik, der Wirtschaft und der Kunst. – Wer kann jetzt noch sagen, daß es keine Arbeit gäbe?

Während der vergangenen Epoche der Nationalstaaten hat die äußere Arbeit der Kriegführung – der militärischen Zentren und der Rüstungsindustrie, der gewaltigen Armeen und der Forschung für Waffen – einen großen Teil unseres Arbeitsmarktes eingenommen. Nach Vaclav Havel wurde die »unpersönliche Macht« unserer Zeit mit einer »kosmologischen‹ Vorstellung vom Imperium verbunden, wobei dieses Imperium mit dem einzigen wahren Zentrum der Welt identifiziert wird, mit der Welt an sich, und der Mensch als sein alleiniger Besitz betrachtet wird«[5]. Falls diese Ideologie überhaupt je gerechtfertigt war, ist sie es heute auf keinen Fall mehr. Das Ende des kalten Krieges kann neue Kräfte freisetzen, die auf einer reichhaltigeren und gewiß stimmigeren Kosmologie gründen.

Doch wir erleben starke Widerstände dagegen, die finanziellen Investitionen, das wissenschaftliche Know-how und die Quellen unserer Phantasie auf eine Erneuerung des menschlichen Geistes konzentrieren. Die Erneuerung, die wir brauchen, umfaßt die Erziehung, die Jugend, die Umwelt und jene Lasten von Mißbrauch und Leid, die so häufig zu Sucht und Selbsthaß führen. Sie umfaßt die Kunst, nicht nur Jobs, sondern auch Arbeit zu beschaffen und damit die Berufe und Arbeitswelten einer Kritik zu unterziehen. Alle diese Bereiche werden wir im folgenden nacheinander abhandeln.

Eine echte Spiritualität der Arbeit wird etwas über die Arbeitslosigkeit sagen müssen. Es besagt einiges, daß Völker, die noch in einer Kosmologie leben, keine Arbeitslosigkeit kennen. Unter Naturvölkern gab es so etwas nicht. Der Anthropologe Marshall Sahlins vermutet, daß die Gesellschaften der Jäger und Sammler die »ursprünglichen Überflußgesellschaften« waren: »Die Mitglieder der primitivsten Gesellschaften der Welt haben wenig Besitztümer, aber sie sind nicht arm. Armut ist nicht durch eine bestimmte Menge von Gütern definiert, auch ist sie nicht einfach ein Verhältnis von Mitteln und Zwecken. Sie ist vor allem eine Beziehung zwischen Menschen.

Armut ist ein Sozialstatus. Als solcher ist sie eine Erfindung der Zivilisation.«[6]

Woher kommt Arbeitslosigkeit? Sie kommt aus der gleichen Quelle, aus der die Armut stammt: aus sozialen Strukturen und Ideologien, die zum Versagen von Beziehungen führen. Unsere Arbeitsmarktkrise ist eine Neuerung der modernen Zivilisation. Alle unsere Arbeitswelten, von den Handarbeitenden bis zu den Akademikern, sind von der begrenzten Arbeitsphilosophie unserer Zivilisation durchdrungen. Die fehlgegangenen Beziehungen dieser Zivilisation, die im »Kriegshandwerk« gipfeln, suchen uns jetzt heim, nachdem der kalte Krieg und die auf dem Militarismus basierenden Definitionen der Arbeit ein Ende haben.

Wir können sicher sein, daß immer, wenn das Lebensnotwendige vielen Bürgerinnen und Bürgern nicht mehr zugänglich ist, ein Paradigmenwechsel zustande kommen wird. Das geschieht heute in unserer Kultur. Gerade diejenigen Menschen, die es am meisten brauchen, werden von der Gesundheitsfürsorge, der Ausbildung, den Gesetzen, der Wirtschafts- und Geschäftswelt, der Politik und der Religion nicht mehr erreicht. Wir müssen gewohnte Berufsgruppen einer Kritik unterziehen und Wege vorschlagen, wie sie aus ihren Sackgassen herausfinden. Gerade in den Berufsgruppen finden wir häufig Beispiele für fehlgelaufene Beziehungen. Unter der Last des Paradigmenwechsels scheinen viele von ihnen zusammenzubrechen. Es ist etwas ganz anderes, ob man Berufe durch die Linse eines Maschinenuniversums sieht, oder durch die Linse eines grünen, organischen Universums, in dem wir alle unausweichlich miteinander verbunden sind.

In diesem zweiten Teil werden wir die Neuerfindung und Wiederverzauberung der Arbeit untersuchen; wir setzen uns dabei mit den akademischen Berufen auseinander. In unserer Kultur treffen viele akademisch Geschulte grundlegende Entscheidungen über Beschäftigung, Arbeitslosigkeit und die Qualität der Arbeit.[7] Teil 2 handelt von Ideen, Ressourcen, Bewegungen, mutigen und phantasievollen Menschen, die es gewagt haben, in ihren Berufen eine bessere Arbeit anzusteuern. Angesichts der überwältigenden Notlage, in der wir alle leben, können diese Geschichten helfen, das Prophetische in uns allen zu erwecken und Alternativen zu unseren Arbeitswelten anzubieten. Wir können dabei erkennen, daß wir mit unseren Träumen über die Arbeit nicht allein sind, nicht allein mit unseren tiefsten Sehnsüchten, daß wir unsere Berufe gemeinsam wieder lebendig machen und bewirken können, daß sie ihren tieferen moralischen und geistigen Potentialen treu bleiben. Das Wort »gemeinsam« soll darauf hinweisen, daß wir alle an einer gemeinschaftlichen Aufgabe arbeiten.

Was jede Berufsgruppe und eigentlich auch jede Bürgerin und jeder Bürger heute brauchen, ist die Rückkehr der Weisheit in unsere Arbeit. Dies geschieht, wenn wir zur ursprünglichen Bedeutung unserer Berufe zurückkehren – zu einer Bedeutung, die damit zu tun hat, anderen zu dienen. Verzauberung, Verzückung ist kein Wort, das wir oft mit unserer Arbeit in Verbindung bringen; und doch verspricht Meister Eckhart, daß Arbeit zu einer Quelle solcher Verzückung werden kann, wenn wir zu unseren Ursprüngen zurückkehren. Echte Spiritualität des tätigen Lebens wird uns dabei helfen, gute Arbeit zu schaffen.

Arbeitende sollten sich selbst fragen: Wie kann meine Arbeit gute Arbeit für andere schaffen? In diesem Teil unseres Buches fragen wir: Wie kann das neue Paradigma der ökologischen Revolution und der Schöpfungsspiritualität dabei helfen, gute Arbeit zu schaffen und Arbeitswelten in dieser kritischen Zeit der Planetengeschichte zu wandeln? In den folgenden fünf Kapiteln werden wir einzelne Arbeitswelten untersuchen, die sich unter dem Druck des Paradigmenwechsels von der Maschine zum Grünen, vom Job zur Arbeit wandeln.

Kann man bestreiten, daß unsere Berufe zu einem großen Teil ihren Zauber verloren haben? Wie glücklich sind denn heute die Menschen bei ihrer Arbeit? – Kürzlich sprach ich mit einem Masseur, der mir erzählte, daß er mit Akademikern zu tun habe und oft in Büros gehe, um den Angestellten dort viertelstündige Massagen zu geben. Er sagte mir, daß er von dieser Arbeit begeistert sei, weil die meisten Leute solche Entspannung sehr begrüßen, da sie ihre Arbeit wirklich hassen. Neuere Studien zeigen, daß durch den größeren wirtschaftlichen Druck viele Arbeitende und Angestellte gezwungen sind, fünfzig bis sechzig Stunden pro Woche zu arbeiten, nur um mitzuhalten. Die Kündigung von Kolleginnen und Kollegen am Arbeitsplatz hat verheerende Auswirkungen auf unser Sicherheitsgefühl, was leicht zu zwanghaften Arbeitsgewohnheiten führt.

Unter der Last eines Paradigmenwechsels, auf den sie nicht vorbereitet waren, brechen viele Berufe heute zusammen. Der Dekan einer juristischen Fakultät gab kürzlich zu, daß nur sechs Prozent seiner Abgänger in diesem Jahr einen Job im juristischen Bereich finden werden. Ist der Grund dafür wirklich, daß wir nicht mehr Anwälte brauchen? Könnte der Grund nicht vielmehr der sein, daß wir nicht noch mehr von den Anwälten brauchen, die jene Gesetze praktizieren, an die wir gewöhnt sind? Wir brauchen andere Gesetze, die die Umwelt, die unsere Kinder und die Mittellosen schützen, statt den Mächtigen unter die Arme zu greifen. Vielleicht liegt die Krise in der Art von Arbeit, die unsere Gesellschaft den Arbeitenden anbietet.

Da die akademischen Institutionen und die Berufsgruppen im Bildungssektor sich nie einer angemessenen Selbstkritik unterzogen haben, ist keiner der über die Universitäten ausgebildeten Berufe auf den notwendigen Paradigmenwechsel vorbereitet. Unsere Berufe schaffen nicht die neuen Formen der Arbeit, die den Forderungen einer nachindustriellen Ära entsprechen. (Einzelne Personen innerhalb der verschiedenen Berufe arbeiten zwar auf dieses Ziel hin, die Berufsgruppen als ganze ziehen jedoch noch nicht mit.) Wie können wir den Berufen heute wieder ihren Zauber und das Gefühl der Berufung vermitteln? Wie können wir unsere Berufsgruppen dazu bewegen, die neue Kosmologie zu berücksichtigen?

Meister Eckhart sagt: »Jemand arbeitet in einem Stall. Sie hat einen geistigen Durchbruch. Was tut sie da? Sie kehrt in den Stall zurück.« Mit einer neuen Weltanschauung an unsere Arbeitsplätze zurückzukehren, ist etwas Umwerfendes. Wir sind heute dazu aufgerufen, unsere Arbeitswelten zu *infiltrieren*, sie von einem mechanistischen zu einem grünen Bewußtsein zu bringen. Diese Arbeit an der Arbeit ist subversiv. Sie verlangt von uns und unseren Berufen mehr: nämlich, mit einer Metapher Jesu, neuen Wein in *neue* Schläuche zu füllen, und sich nicht mit den alten Formen zufriedenzugeben.

Wie können wir nun diesen Paradigmenwechsel innerhalb unserer Arbeitswelten und Berufe voranbringen? Der erste Schritt zur Wiederverzauberung unseres Berufslebens ist: unserem Innenleben Aufmerksamkeit zu widmen. Die Revolution in unseren Berufen wird stattfinden, wenn wir die Kriterien für ein gesundes Innenleben auf die Arbeitswelt anwenden. Wie eine Rückkehr zu unseren Ursprüngen unserem Dasein eine Perspektive gibt, so müssen wir uns auch wieder an die Ursprünge unserer Berufe erinnern. Wie weit die Berufe sich auch von ihren ursprünglichen Zielen entfernt haben mögen, waren sie doch einmal im Innenleben der Gemeinschaft verankert. Sie haben begonnen als ein Ausdruck des geistigen und körperlichen Mitgefühls, über das die Propheten schrieben. Wir können die Berufe erlösen, indem wir zu den besten Hoffnungen zurückkehren, die sie einmal im Dienste anderer umsetzten.

In diesem Teil werden wir also einzelne Berufe daraufhin untersuchen, wie Spiritualität auf die einzelnen Arbeitsdisziplinen anwendbar ist. In jeder Berufssparte gibt es heute Menschen, die darum ringen, die Wandlungen um uns herum zu verstehen und neuen Wein in die alten Schläuche zu gießen, Menschen, die darum ringen, in ihrem Inneren das Geistige zu erwecken. Das ist in der Tat gute Arbeit, denn sie bringt wieder Gutes in unsere Arbeit. Das ist mit dem Rat gemeint, den Christus im Johannesevangelium gibt, daß wir »in der Welt, aber nicht von der Welt« sein sollen. Wir können in unseren Berufen sein, ohne von ihnen zu sein, das heißt, ohne unsere Seele an sie zu verkaufen. So müssen wir tatsächlich handeln, wenn unsere Arbeitswelten hilfreich dabei sein sollen, die Probleme unserer fortgeschrittenen Industriegesellschaft zu lösen. Meine Abhandlung darüber kann natürlich nicht erschöpfend sein. Vielmehr werden wir nur einen kurzen Blick auf einzelne Menschen werfen können, die versuchen, an ihrer Arbeitsstätte den Paradigmenwechsel weiterzutragen; ich will damit die prophetische Phantasie der Lesenden in bezug auf ihre jeweils eigenen Berufe anregen.

C.G. Jung behauptete einmal, daß »religiös schöpferisch nur der Mystiker ist«[8]. Ich würde diese Feststellung erweitern und sagen: »Nur mystische Menschen bringen Schöpferisches in ihre Berufe.« Dieses mystische Erwachen stellt die Hoffnung für unsere Arbeit dar. Weil nun Propheten Mystiker in Aktion sind, kann mystisches Erwachen bei allen Arbeitenden eine neue Bereitschaft wachrufen, das zu tun, was Propheten tun: sich einmischen! Heute tragen viele Individuen und Bewegungen die prophetische Aufgabe innerhalb unserer Arbeitswelt weiter. Von der neuen Kosmologie inspiriert, schaffen sie für die Arbeitenden neue Rollen und Möglichkeiten. Indem wir von ihnen lernen, können wir alle durch unsere spirituelle Phantasie zu einer Wiederverzauberung unserer jeweiligen Berufe beitragen, die sie lebendiger und gerechter machen würde.

Dieses Bemühen, unsere Arbeit durch Spiritualität zu verlebendigen und zu befruchten, ist in unseren geistigen Traditionen eine sehr alte Übung. Die alte Schrift Indiens, die Bhagavad Gita, sagt es so: »Es ist besser zu handeln, als untätig zu sein; deshalb erfülle deine Aufgabe. Ohne Tun bleibt nicht einmal der physische Körper erhalten. ... Verzicht auf das Handeln und heilige Werke führen zum höchsten Heil; besser als der Verzicht ist aber der Yoga der heiligen Werke. Nicht richtig ist es, die heiligen Werke, die getan werden sollten, ungetan zu lassen. Ein solches Verzichten auf Arbeit wäre eine Täuschung der Dunkelheit.«[9] Heiligkeit besteht also nicht allein im Nichthandeln. Sie besteht in der angemessenen Handlung, die mit einer reinen Absicht unternommen wird. Die Neuerfindung der Arbeit braucht zunächst eine genaue Unterscheidung, welche Handlungen heute angemessen sind, die dann mit einer reinen Haltung unternommen werden müssen. So die Gita: »Wer heilige Werke tut, weil sie getan werden müssen, und wer dabei keine Eigensucht und Gedanken an Lohn hat, dessen Arbeit ist rein und in Frieden. Dieser Mensch sieht und hat keine Zweifel. Er verzichtet, ist rein und in Frieden. Arbeit, ob angenehm oder schmerzhaft, ist ihm eine Freude.«[10]

Kapitel 5

Die ökologische Revolution und die Neuerfindung der Arbeit

In Harmonie mit dem Tao
ist der Himmel rein und weit,
die Erde fest und erfüllt;
alle Wesen gedeihen gemeinsam,
zufrieden damit, wie sie sind,
wiederholen sie sich ohne Ende, erneuern sich endlos.
Wenn die Menschen sich in das Tao einmischen,
wird der Himmel schmutzig,
die Erde verödet,
das Gleichgewicht bricht zusammen,
die Wesen werden ausgelöscht.

Tao Te Ching[1]

Ökologie ist funktionelle Kosmologie.

Thomas Berry[2]

*Die ökologische Revolution hängt definitionsgemäß von einem außer-
gewöhnlichen Maß an sozialen Veränderungen ab, von einer Kompression der Geschichte – vom Zusammendrängen des Wandels der
Jahrhunderte in Jahrzehnte.*

Lester Brown[3]

Industrielle Landwirtschaft ist ein grundlegender Fehler.

Wendell Berry[4]

*Ein politischer Führer muß in gewissem Maße etwas von den Dingen
verstehen, die die Seele angehen, wie ein Arzt, der die Augen
behandelt, die Augen und den ganzen Körper studieren muß.*

Thomas von Aquin[5]

Im ersten Kapitel sprachen wir darüber, wie die Erde in unserer
Zeit leidet. Ökologisches Erwachen führt zu einer Neuerfindung
der Arbeit. Lester Brown, der Leiter des World Watch Institute,
vergleicht unsere momentane Epoche mit der industriellen Revolution, die im 18. Jahrhundert die Arbeit auf radikale Weise
erneuerte, und mit der agrarischen Revolution, die vor zehntausend
Jahren die Arbeit neu erfand. Er sagt, die ökologische Revolution
sei »in sehr grundlegendem Sinne eine soziale Revolution. Sie ist
ein Ergebnis der Veränderung unserer Werte, einer Neubetrachtung
von uns selbst als eines Teiles der Natur, der Erkenntnis unserer
Abhängigkeit von den natürlichen Systemen der Erde, von ihren
Ressourcen und den Gütern und Diensten, die sie zur Verfügung
stellen.«[6] Diese Definition der ökologischen Revolution ist gleichbedeutend damit, sie als eine geistige Bewegung zu bezeichnen,
die unsere Werte in Frage stellt, die uns neu zu sehen lehrt und
die uns echte Demut und Bescheidenheit lehrt, das heißt, unsere
Abhängigkeit von der Erde (das lateinische Wort *humilitas* für
Demut oder Bescheidenheit hängt mit dem Wort *humus*, Erde,
zusammen).

Eine ökologische Revolution hilft uns, die Arbeit neu zu erfinden, weil Ökologie und Kosmologie zusammengehören. Bedenken wir, daß das Wort Ökologie vom griechischen Wort für »Heim, Heimat, Haus« *(oikos)* stammt. Ökologisches Erwachen ist deshalb Wachwerdendes Bewußtsein für unser wahres Haus. Und unser wahres Haus, unsere Heimat ist das Universum selbst. Unser Heim wird verdorben durch die Art und Weise, wie wir leben und arbeiten. Indem wir dieses Heim zu bewahren und zu reinigen versuchen, tun wir zugleich ökologische und kosmologische Arbeit. (Schließlich ist die Erde Teil der Geschichte des ganzen Universums.) Dank der neuen Schöpfungsgeschichte können wir wieder den Zauber dieses einzigartigen Heimes im Kosmos erfahren. Deshalb kann Thomas Berry sagen, daß Ökologie eine funktionelle Kosmologie sei.

In unserer Zeit geht es darum, das Heilige nicht als einen Gegenstand zu sehen, den man über oder außerhalb oder jenseits von uns finden kann (das wäre Theismus), sondern als etwas, was um uns herum und »durch uns hindurch« fließt, wie es die Mystikerin Mechthild von Magdeburg aus dem 13. Jahrhundert ausdrückte. Es gehört wesentlich zu einem ökologischen Erwachen, daß wir das Göttliche um, in und durch alle Dinge finden können (das heißt, eine Theologie des Kosmischen Christus wiederentdecken). Dadurch wird uns die Heiligkeit aller Dinge, ihr Eigenwert und Eigenrecht bewußt.

Die Erde ruft uns auf, einen kritischen Blick auf die Arbeit zu werfen, die wir tun und nicht tun. Aus diesem Ruf der Erde entstehen die neuen Berufungen in unserer Generation, die neuen »Rollen«, die wir spielen müssen. In unserem Bemühen, vom Industriezeitalter zum ökologischen Zeitalter fortzuschreiten, spielt die Zeit nicht für uns. Vor vier Jahren sagte Lester Brown voraus, daß wir noch 20 Jahre haben und nicht länger, um die Dinge zu wenden. Das bedeutet, daß der Countdown nun auf 16 Jahre fortgeschritten ist. Es gehe darum, so sagt Brown, »die Veränderungen in einem Ausmaß zu beschleunigen, das man bislang nur aus der Mobilmachung für den Krieg kennt. Die ökologische Revolution hängt definitionsgemäß von einem außergewöhnlichen Maß an sozialen Veränderungen ab, von einer Kompression der Geschichte – vom Zusammendrängen des Wandels der Jahrhunderte in Jahrzehnte.«[7]

In welcher Hinsicht kann unsere Arbeit an dieser ökologischen Revolution teilhaben? In welcher Weise können wir auf diese Einladung antworten, so daß dadurch in einer neuen Epoche der Arbeit neue Arbeitsplätze und Arbeitsweisen geschaffen werden? Brown zufolge müssen viele Menschen aktiv werden, damit eine ökologische Revolution zustande kommen kann: »Den Planeten zu retten, ist kein Zuschauersport, ... wenn nicht sehr viele von uns ökologisch aktiv werden, als einzelne oder als organisierte Gruppen, dann kann die ökologische Revolution nicht erfolgreich sein. Der Erfolg hängt davon ab, daß wir die menschliche Trägheit überwinden und daß wir mit den auf den Status quo gerichteten Wirtschaftsinteressen sowie den strukturellen Hemmnissen der Gesellschaft fertig werden.«[8]

Der ökologische Aktivist Jonathan Porrit, der Biologe Rupert Sheldrake, der Regenwaldschützer John Seed und andere unterstreichen die Notwendigkeit, die Arbeit für die Erde mit spiritueller Arbeit zu verbinden. Einst leitete ich einen Workshop bei einer Earth/Spirit-Konferenz in Portland in Oregon, bei dem wir unsere Tradition des Kosmischen Christus wahrnahmen und mit Hilfe von Kreistänzen versuchten, die Verbindungen von Mikro- und Makrokosmos unserem Körper und unserer Seele nahezubringen. Danach kam ein einunddreißigjähriger Mann zu mir und sagte: »Ich bin seit achtzehn Jahren ein ökologischer Aktivist. Ich bin überhaupt nicht an Religion interessiert, sondern kam zu dieser Konferenz nur aus Neugier wegen des Titels. Dieser Workshop war für mich das große Aha-Erlebnis. Das ist etwas Radikales − Aktivisten tanzen zu lassen. Ich kann es kaum erwarten, dies meinen Mitaktivisten mitzubringen. Es wird uns neue Energie geben.« Zwei Monate später traf ich diesen jungen Mann wieder; und er hatte die Kreistänze tatsächlich zu seinen Leuten gebracht.

Viele Friedensaktivisten denken immer noch anthropozentrisch und übersehen die Verbindung zwischen ihrer Leidenschaft für die Gerechtigkeit zwischen Völkern und der Notwendigkeit einer Gerechtigkeit gegenüber der Erde. Sie verniedlichen die ökologischen Themen als »mittelschichtspezifisch«. Doch hat nicht zuletzt der ökologische Gipfel in Rio im Jahre 1992 sehr deutlich gezeigt, wer den höchsten Preis für die ökologische Verwüstung zahlt: *Es sind die Armen, die am meisten unter ökologischen Katastrophen leiden müssen.* Die Menschen der sogenannten Dritten Welt sind sich zunehmend der Zerstörungen, die ihnen von den reicheren Nationen aufgezwungen werden, bewußt. Der Environment Protection Agency zufolge landen fünfundsiebzig Prozent des US-amerikanischen Giftmülls, der außerhalb der von der Agency festgelegten Grenzwerte liegt, in Gemeinden mit vorwiegend schwarzer oder lateinamerikanischer Bevölkerung. Die größte Giftmülldeponie der USA befindet sich in Emelle, Alabama, einer völlig verarmten Stadt mit achtzig Prozent schwarzer Bevölkerung; und die höchste Konzentration solcher Giftmüllhalden liegt in Chicagos schwarzer Südseite. Die Hälfte der schwarzen und lateinamerikanischen Bevölkerung der USA lebt in Gemeinden mit Giftmülldeponien. Zwei Millionen Tonnen radioaktiven Urans sind auf dem Land der Navajo abgekippt worden, woraufhin die Jugendlichen der Navajo siebzehnmal soviel Krebs an den Geschlechtsorganen haben wie der nationale Durchschnitt. Über dreihunderttausend lateinamerikanische Landarbeiter in den USA leiden jährlich an Krankheiten aufgrund von Pestizidkontakt. Und umweltbezogene Asthmaerkrankungen töten Afroamerikaner fünfmal so häufig wie Weiße. Vierundvierzig Prozent der städtischen schwarzen Kinder leben mit dem Risiko einer Bleivergiftung.[9]

Einsatz für ökologische Veränderungen und für soziale Gerechtigkeit gehen offenbar Hand in Hand. Ökologische Fragen könnten die Menschen im Kampf für ihr eigenes Überleben vereinen. Und sollte es darum nicht bei jeder gesunden Politik gehen? Wir müssen einen so breiten Konsens wie möglich erreichen, um wieder die richtigen Beziehungen miteinander aufzubauen. Aufgrund der ökologischen Arbeit könnte unsere Politik den Dualismus der Moderne überwinden hin zur Mentalität der wechselseitigen Abhängigkeit, auf die allein eine echte Gerechtigkeit aufgebaut werden kann.

Als Menschheit müssen wir unsere Fähigkeit wiedergewinnen, Anschluß an das Große Werk zu finden, an unsere geistigen Fähigkeiten des Heilens und des Mitgefühls. Das ist eine Arbeit, für die ganze Generationen von Menschen sich mit vollem Herzen einsetzen können. Kürzlich traf ich eine Frau aus Iowa, die Gruppen von

Freiwilligen organisiert hatte, um Bäume zu pflanzen. Im ersten Jahr pflanzten sie fünfundvierzigtausend Bäume, sie gehen davon aus, in diesem Jahr zweihunderttausend Bäume zu pflanzen. Eine gesunde Erde ist Voraussetzung für gesunde Nahrung, einen gesunden Körper, gesunde Kinder und Enkelkinder. Und sie ist auch Voraussetzung für gesunde Arbeit. Das Tao Te Ching sagt:

>*In Harmonie mit dem Tao*
ist der Himmel rein und weit,
die Erde fest und erfüllt;
alle Wesen gedeihen gemeinsam,
zufrieden damit, wie sie sind,
wiederholen sie sich ohne Ende, erneuern sich endlos.
Wenn die Menschen sich in das Tao einmischen,
wird der Himmel schmutzig,
die Erde verödet,
das Gleichgewicht bricht zusammen,
die Wesen werden ausgelöscht.«

Das Böse, die Ökologie und das Große Werk

Wir Menschen haben die Möglichkeit, die natürliche Ordnung der Dinge zu zerstören. Doch sind, wie schon Hildegard von Bingen vor über achthundert Jahren warnte, auch wir selbst Teil dieser Ordnung und in gegenseitiger Abhängigkeit mit ihr verbunden, so daß die Natur selbst uns für unser Unrecht bestrafen wird. Vaclav Havel hat den Zusammenhang zwischen der Vernachlässigung des Großen Werkes und dem Bösen, das wir der Schöpfung antun, verstanden. Er beschreibt, wie er als Junge durch die Felder ging und den Rauch roch, den die Industrie in die Luft spie: »Jedesmal, wenn ich es sah, hatte ich das starke Gefühl, daß da etwas ganz falsch war, daß die Menschen den Himmel verseuchen. ... Diese Verschmutzung des

Himmels beleidigte mich direkt. Mir schien, daß die Menschen sich schuldig machten, daß sie etwas Wichtiges zerstörten, die natürliche Ordnung der Dinge auf willkürliche Weise störten, und daß so etwas nicht ungestraft bleiben kann.«[11]

Havels Analyse, wie die industrielle Ideologie und Praxis unsere Beziehungen zueinander beleidigt, erinnert an den im zweiten Kapitel besprochenen Paradigmenwechsel, denn auch Havel geht es um die Frage, wie wir die Welt wahrnehmen und wie wir auf sie Bezug nehmen: »Für mich persönlich bedeuten die den Himmel verschmutzenden Schornsteine nicht nur einen bedauerlichen technischen Mangel, in dessen Kalkulation leider der ›ökologische Faktor‹ gefehlt hat, und der sich mit Hilfe der passenden Filter leicht reparieren läßt. Ich sehe darin ein Symbol eines Zeitalters, das die Grenzen der natürlichen Welt und ihrer Gesetze zu überschreiten versucht, das sie zu einer bloßen Privatsache, zu einer Frage der subjektiven Vorlieben oder Gefühle zu erklären versucht, zu den Illusionen, Vorurteilen und Launen von bloßen Individuen. *Es ist ein Symbol für eine Epoche, die die bindende Kraft persönlicher Erfahrung zu leugnen versucht – einschließlich der Erfahrung des Geheimnisses und des Absoluten – und dieses persönlich erlebte Absolute durch ein neues, von Menschen geschaffenes Absolutes als Maßstab der Welt zu ersetzen versucht, das ohne jedes Geheimnis und frei von ›subjektiven Launen‹ ist und als solches unpersönlich und inhuman. Es ist das Absolute der sogenannten Objektivität: die objektive, rationale Erkenntnis des wissenschaftlichen Modells der Welt.«*[12]

Havel sieht unsere »Verschmutzung des Himmels« als den Preis, den wir für den Mangel einer gemeinsamen Kosmologie zahlen. Diese rationale Erkenntnis des wissenschaftlichen Weltmodells umzuwenden, wird selbst schon neue und gute Arbeit schaffen. Ein Weg dazu ist, das Mysterium, das Wunderbare und die Schönheit einer natürlichen Umwelt wieder wertzuschätzen und ihr Existenzrecht zu achten – mit anderen Worten, wieder Achtung und Ehrfurcht vor der Natur zu lernen und das mystische Leben zu erfahren, das alle Wesen teilen. Das Industriezeitalter hat uns keine Instrumente an die Hand gegeben, mit der Wirklichkeit des Bösen umzugehen. Eine Epoche, die eine Kosmologie leugnet, leugnet auch die Wirklichkeit des Bösen und bringt auf diese Weise kosmisch Böses hervor. Eine

Maschine ist eine Maschine; sie läßt an sich keinen Raum für die Weite der Ehrfurcht und des Wunderbaren *oder* des Bösen, das durch den Mißbrauch unserer schöpferischen Phantasie entsteht. Aus unserer übertrieben rationalistischen Weltsicht jedoch ist ein »Massenwahn geworden, der nichts mehr mit irgendeiner Form von Rationalität gemein hat«[13]. Dieser Standpunkt paßt zu der Ansicht des Psychologen Otto Rank, der meinte, daß unsere Zivilisation sich durch ihren übertriebenen Rationalismus umbringe. Wenn wir das Nichtrationale oder Mystische – einschließlich des Potentials zum kosmisch Bösen, das wir alle in uns tragen –, leugnen, dann ist ironischerweise das Ergebnis, daß die von uns geschaffene Arbeit sadistisch wird, daß sie das Wirken des kosmischen Schattens weiterträgt und sich im Sumpf unserer verletzten Psyche suhlt. Mit diesem Wirken des Schattens verbinden sich Habgier, Zwang und andere zerstörerische Kräfte. Havel sagt: »Durch die Abschaffung der Mythen ist auch der Stall, in dem die geheimnisvollen Tiere des menschlichen Unbewußten seit Jahrtausenden gehalten wurden, abgeschafft worden. Auf der Basis des tragischen Irrtums, es seien Phantome, kamen die Tiere frei und verwüsten nun die Landschaft. Sie verwüsten, aber gleichzeitig machen sie es sich an Stellen bequem, wo wir es am wenigsten erwarten – zum Beispiel in den Sekretariaten politischer Parteien. Diese Heiligtümer moderner Vernunft leihen ihnen ihre Werkzeuge und ihre Autorität, so daß die Plünderung schließlich durch die wissenschaftlichste aller Weltanschauungen sanktioniert wird.«[14]

Die wissenschaftlichste aller Weltanschauungen kann tatsächlich ihre eigene Grundsubstanz plündern: die Erde mit ihren Wäldern und Böden, wie auch den Geist und die Seele der Menschen. Das ist der Weg des Lasters und der Dummheit. Schon Hildegard von Bingen warnte uns: »Wisse die Wege« und meinte damit die Wege des Lasters und der Dummheit sowie die Wege der Tugend und Weisheit. Haben wir aber das Wissen, so müssen wir die angemessene Wahl treffen. Bedenken wir nun die Wege der Tugend und der Weisheit, die zu einer Epoche der ökologischen Revolution passen.

Ökologische Tugenden

Thomas von Aquin verstand die menschliche Moral als etwas vom Wesen her Schöpferisches: Durch die Tugenden oder Kräfte (das lateinische Wort *virtus* bedeutet sowohl Tugend als auch Kraft) schaffen wir uns selbst und unsere Gemeinschaften. Er sagt: »Menschliche Tugend ist ein Teilhaben an der göttlichen Kraft.«[15] Thomas und andere philosophische Vorfahren schrieben ausführlich über alle möglichen Tugenden, über bürgerliche, häusliche, geistige und moralische. Heute müssen wir uns aber um das kümmern, was ich als *ökologische Tugenden* bezeichne.

Ökologische Tugenden sind Gewohnheiten, die uns *sanft* über die Erde gehen lassen und dadurch ihre Segnungen der Gesundheit und Ganzheit, der Güte und Schönheit an zukünftige Generationen weitergeben. Da wir diese Tugenden während der industriellen Epoche und der Verstädterung unseres Lebens und unserer Seele in diesem Jahrhundert derartig vernachlässigt haben, ist es nun wichtig, daß wir ihnen wieder Aufmerksamkeit schenken. Und: Indem wir das tun, werden wir völlig neue Arten von Arbeit erschaffen.

Tugenden entwickeln sich, wie sich unsere Kultur und unser historischer Kontext entwickeln, auch unter Einbeziehung der wirtschaftlichen Prozesse. Wenn wir die Wirtschaftsgeschichte der vergangenen tausend Jahre betrachten, so ergibt sich vereinfachend daraus etwa folgendes:

Frühes Mittelalter: Im Feudalsystem bildet das *Land* die Basis der Wirtschaft und Kultur. Die Kultur organisiert sich um die Interessen der Adligen: Die Ritter schützen das Land, die leibeigenen Bauern bearbeiten das Land, und die Mönche leben und beten auf dem Land.

Neuzeit: Durch das Auftreten des Frühkapitalismus wird das Land durch tragbares *Geld* ersetzt, wodurch die Möglichkeiten des Handels, des Reisens und der Verbindungen zwischen Europa und dem Nahen und Fernen Osten – und seit dem 16. Jahrhundert auch mit Amerika – gefördert werden. Gold, Silber und Sklaven dienen in diesem Kontext ganz den Interessen der Klasse mit Geldbesitz.

Die Moderne: Der Kapitalismus verbindet sich mit der Wissenschaft, der Technik und der Industrie und schafft völlig neue Industrieunternehmen, die von nun an fast ausschließlich die Arbeitsmöglichkeiten bestimmen. Als Protest gegen die Verdinglichung der Arbeitenden tritt in diesem Zusammenhang der Marxismus auf, verfällt aber selbst wiederum der Sünde der Bürokratie und des Industrialismus und damit auch der Nationalstaaten, die sich in den Kriegen des 20. Jahrhunderts in Brutalität entwickelten – damit ging der marxistische Idealismus verloren.

Die Gegenwart: Multinationale Konzerne, die oft die Nationalstaaten übergreifen, handeln jenseits aller moralischen und gesetzlichen Bindungen und etablieren sich selbst als die Epizentren des Reichtums und damit als die Verteiler von Jobs. Arbeitsplätze werden von einem Land ins andere verlegt, jeweils abhängig davon, wo die niedrigsten Löhne und die geringsten Umweltschutzauflagen geboten werden. Das Ergebnis ist, daß die industrielle Basis der nördlichen Länder ernsthaft schwindet, daß aber die ökologische Basis der südlichen Länder noch schlimmer verwüstet wird.

Unser heutiger Begriff des Reichtums ist grob anthropozentrisch und auf lange Sicht hin nutzlos; denn selbst Milliardäre haben unter der gleichen schwindenden Ozonschicht zu leben wie alle anderen. Ich schlage vor, den Reichtum auf neue Weise zu betrachten. In dieser Definition tauchen Gold, Silber, Sklaven, Geld, Land oder Immobilien nicht als Wertebasis auf. Reichtum wird vielmehr an Hand der *Gesundheit des Planeten* und an der Gesundheit allen eng miteinander vernetzten Lebens darauf bemessen: Boden, Wälder, Luft, Gewässer, Pflanzen, Tiere, Fische, Vögel, Getreide und Menschen. Die ökologische Revolution bedarf einer völlig neuen Definition des Reichtums, sogar einer neuen Zahlungsweise, die nicht auf dem Gold in einer Bank beruht, sondern auf der Gesundheit des Planeten: Wenn man so will, Geld, das in Form von gesunden biologischen Systemen rückzahlbar ist.

Um diese Ebene des Bewußtseins zu erreichen, müssen wir als Individuen und Gemeinschaften einen Lebensstil finden, der den ökologischen Tugenden Rechnung trägt. Wenn wir mit solchen Tugenden leben, können wir uns darauf vorbereiten, die Grundlage des Reichtums und der Wirtschaft neu zu erfinden. Schließlich bedeutet das Wort *Ökonomie* nicht das Studium der Geheimnisse des Geldes oder des Börsenmarktes oder die Pathologie der Habgier, obwohl gerade dies gewöhnlich in den Abteilungen für Wirtschaftswissenschaft an unseren Universitäten gelehrt wird, welche wiederum selbst häufig von industriellen Interessen und Geldern bestimmt sind. Ökonomie bedeutet den *Umgang mit unserem Haushalt*. Und unser grundlegender Haushalt ist die Erde selbst.

Wir haben zugelassen, daß die Definition des Reichtums von den Reichen kontrolliert wird: den Besitzenden der Medien, der Banken, der Industrie, von denjenigen, die in den Aufsichtsräten unserer Universitäten, Banken, Kanzleien, Parteien, Medienkonzernen und multinationalen Konzernen (oder besser übernationalen Konzernen) sitzen. Ihre Definition des Reichtums ist sehr schmal: Aktien, Wertpapiere, Gold, Silber, Geld, Immobilien. Ich gehe davon aus, daß diese Definition des Reichtums historisch begründet und auch historisch überholt ist. Als Menschheit müssen wir neu definieren, was Reichtum ist, wer ihn besitzt und wie er verteilt wird. Wenn Reichtum in der Gesundheit des Planeten besteht, dann besitzt ihn niemand. Vielmehr haben alle Nutzen daran und teilen die Verantwortung für seine Erhaltung. Die richtige Verteilung dieses Reichtums ist bereits durch die Natur selbst vorgenommen worden, doch haben die Menschen die dem Planeten angeborene Gerechtigkeit verdrängt. Gesetze sind notwendig, um Gerechtigkeit unter den Menschen zu schützen sowie auch zwischen Menschen und nichtmenschlichen Wesen. Der Verantwortungsbereich für echten Reichtum auf diesem Planeten wird durch die ökologischen Tugenden und die aus ihnen entspringende Arbeit bezeichnet.

Hier nun einige Beispiele für die ökologischen Tugenden, die unsere Generation ausbilden sollte. Das Ausüben dieser Tugenden wird nicht nur das Rückgrat der ökologischen Revolution, sondern auch die Grundlage für die Praxis der Schöpfungsspiritualität bilden, einer schöpfungsgemäßen Mystik, die prophetisch und sozial verändernd wirkt. Die Übung dieser Tugenden wird neue Arbeit und neue Arbeitsplätze schaffen und, wie ich meine, auch die Grundlage für eine Neudefinition des Reichtums bilden.

Vegetarismus oder Semivegetarismus

Lange schon ist bekannt, welchen Preis die Erde und die arme Bevölkerung für die Fleischsucht der reichen Länder zahlen müssen. Von einem Hektar Land könnte man zwanzigmal mehr Menschen mit einem vegetarischen Speiseplan ernähren als mit den typischen euro-amerikanischen Fleischmahlzeiten. Die Wassermenge, die man braucht, um Vieh für einen Fleischesser groß zu ziehen, beträgt täglich viertausend Gallonen, wogegen es für einen Vegetarier nur dreihundert Galonen pro Tag sind. Über die Hälfte der gesamten in den Vereinigten Staaten verbrauchten Wassermenge wird verwendet, um Land für die Aufzucht und den Futteranbau von Vieh zu bewässern. Außerdem produziert das Vieh in den Vereinigten Staaten zwanzigmal soviel Exkremente wie die gesamte menschliche Bevölkerung. »Die Fleischindustrie allein kommt für mehr als das Dreifache an schädlichen organischen Abfallstoffen bei der Wasserverschmutzung auf wie der Rest der gesamten nationalen Industrie.«[16] Vegetarismus oder Semivegetarismus ist keine moralische Wahlmöglichkeit, sondern wird zunehmend zu einer Notwendigkeit. Er hat viel mit der Gesundheit des Planeten zu tun und mit der Achtung vor Tieren und anderen nichtmenschlichen Lebensformen.[17] Eine Studie hat errechnet, daß eine Einschränkung des Fleischverzehrs bei den Nordamerikanern um zehn Prozent allein sechzig Millionen Menschen auf der Welt zusätzlich ernähren könnte, die jetzt verhungern müssen – eine bloß zehnprozentige Einschränkung! Wohl nicht eine allzu große Sache! Alle Nordamerikaner, die Fleisch auf ihrem Speiseplan heute für selbstverständlich halten, könnten dies sofort tun. Oder wie stünde es mit einer Einschränkung von 20, 50, 75 oder sogar 100 Prozent? All diese Wahlmöglichkeiten stehen uns offen! Wenn wir stark genug motiviert sind, können wir durchaus loslassen. Ich stelle mir dieses Loslassen nicht aus Schuldgefühlen vor, sondern in Begleitung von Ritualen. Wir könnten zum Beispiel das Goldene Kalb als Archetyp unserer geistigen Vorfahren aufgreifen und riesige goldene Kälber aus Pappmaché auf unseren Märkten, in den Universitäten und Sportstadien aufbauen. Wir könnten uns um diese goldenen Kälber versammeln und einander schwören – mit geheiligten

Versprechen, die zu halten wir einander helfen würden, – soviel von unserem Fleischverzehr wegzustreichen, wie unser Gewissen uns als angemessen nahelegt, seien es nun zehn Prozent oder hundert Prozent oder etwas dazwischen. Dann könnten wir die Kälber anzünden, um die Freudenfeuer herum tanzen und damit unsere Versprechen festigen. Das würde nicht nur Regenwälder, Böden, Wasser und gute Luft retten, sondern würde auch unsere Seele lebendiger machen und gleichzeitig für Gemeinschaft sorgen. Wir würden die Wertschätzung innerhalb unserer Gemeinschaft verbessern, denn durch einen solchen geistigen Akt würden wir uns für die Gesundheit und das Wohlergehen der zukünftigen Generationen auf diesem Planeten einsetzen. Wir würden die Kraft erleben, die aus einem gemeinsamen Opfer entsteht. Unsere Großzügigkeit bliebe nicht ohne Lohn: Aus ihr entstünde Freude.

Der Autor Jeremy Rifkin hat die Ursprünge der Fleischindustrie bis zu dem Punkt zurückverfolgt, an dem die Heiligkeit der Fortpflanzung verloren ging, die für die Menschen immer durch Rinder symbolisiert wurde. Dadurch daß unsere Beziehung zu den Rindern säkularisiert wurde, »verwandelten wir die Gattung der Rinder in eine Produktionsquelle, die manipuliert werden konnte«. Er glaubt, daß eine Ablehnung des Fleischverzehrs in einer Ablehnung des gesamten industriellen Paradigmas gipfeln kann: »Die Veränderung unserer Beziehung zum Rind ist ein Schritt von enormer historischer Bedeutung. Wenn wir uns, jeder für sich und alle zusammen, entscheiden könnten, die Rinderkultur zu überwinden, würde dies den modernen Begriff der Ökonomie mit ihrer nahezu ausschließlichen Betonung der ›industriellen Produktivität‹, die an die Stelle der alten Vorstellung von Fruchtbarkeit und Fortpflanzungsfähigkeit getreten ist, tief im Mark treffen. Darin spiegelt sich das veränderte Bewußtsein der westlichen Zivilisation im Kampf um eine Neudefinition ihrer selbst und ihrer Beziehung zur natürlichen Ordnung und zu den kosmischen Prinzipien wider.« Aus dem Loslassen des Fleischverzehrs folge ein geistiges Erwachen: »Die Verminderung des Rinderbestandes auf eine ökologisch vertretbare Zahl wird eine Gesundung und Erneuerung der Natur auf allen Kontinenten fördern.« Daraus entstünde Gerechtigkeit für die Armen: »Gleichzeitig stehen den Armen größere Anbauflächen und mehr Getreide zur Verfügung.« Viele von ihnen werden in der Lage sein, die überfüllten Städte zu verlassen und auf kleine Bauernhöfe zurückzukehren. All das ruft nach einer geistigen Veränderung, denn »die Wiederherstellung der Natur, die Neugestaltung unserer Beziehung zum Rind auf einer ideellen und geistigen Grundlage sowie unsere eigene Veränderung sind untrennbar miteinander verbunden. Es sind dies die wesentlichen Bestandteile eines neuen postmodernen Empfindens, die Vorboten eines neuen, erdorientierten Bewußtseins.«[18]

Der Prozeß, das Fleisch von unseren Speiseplänen zu entfernen, wird genügend Arbeit für Ritualisten und für Köchinnen und Köche und Arbeitende in einer neuen Nahrungsindustrie schaffen, die uns die Zubereitung vegetarischer Mahlzeiten lehren könnten.

Recycling

Wenn wir Dinge wiederverwerten, nehmen wir Anteil an der Ausbreitung neuer Industriezweige, gleichzeitig räumen wir das von den alten angerichtete Durcheinander auf. Und während das Bewußtsein für Recycling wächst, sorgt es für neue Formen bürgerlicher Mitbeteiligung und familiärer Zusammenarbeit. Besonders Kinder empfinden die Wichtigkeit des Recycling. Sie sind schließlich diejenigen, die am meisten davon profitieren werden, denn sie und unsere Enkel werden am meisten verlieren, wenn wir ihnen keine gesunde Erde hinterlassen. Recycling öffnet also Wege der Kommunikation zwischen den Generationen und bietet der Jugend gesunde Arbeit an. Kein Bürger, keine Familie und keine Gemeinschaft kann es sich leisten, die Notwendigkeit der Wiederverwertung zu übersehen. In Städten mit Recycling-Programmen entstehen neue Jobs, manche für die ganz Armen und Benachteiligten, die mit einem Teil der dazugehörigen Maschinerie umgehen können; gleichzeitig wird Geld gespart und Land davor bewahrt, zur Müllkippe zu werden. Man schätzt, daß heute in den USA bereits etwa dreißigtausend Menschen mit der Wiederverwertung von Aluminium beschäftigt sind. Das sind zweimal so viel Arbeitsplätze wie in der aluminiumproduzierenden Industrie! Wenn wir die Wiederverwertung des Aluminiums voll

ausschöpfen, könnten daraus 375000 neue Arbeitsplätze allein in den Vereinigten Staaten geschaffen werden. Studien weisen darauf hin, daß die Wiederverwertung viel mehr Arbeitsplätze bereitstellt als Müllkippen oder Verbrennungsanlagen.[19] Im Hinblick auf die Abfälle von New York City berichtet eine Studie: »Ein verbessertes Programm zur Aufarbeitung von Materialien könnte die Recyclingrate in New York City von 18 auf 75 Prozent erhöhen. Im Gegensatz zum Verbrennen von Abfall würde dieser Weg sowohl Geld sparen als auch neue Arbeitsplätze schaffen. Die Kosten von 500 Millionen Dollar zum Aufbau einer Verbrennungsanlage liegen dreimal so hoch wie die einer Recyclinganlage, die mit der gleichen Menge an Müll fertig werden kann. Selbst ein sehr bescheidenes Ziel – die Wiederverwertung eines Viertels der städtischen Abfälle bis zum April 1994, wie das Gesetz es empfiehlt, – würde 1400 neue Arbeitsplätze schaffen, mehr als viermal so viel wie die Anzahl, die durch die Verbrennung des gleichen Volumens an Abfall entstehen würde.«[20]
Wir haben natürlich noch keine Möglichkeit gefunden, die üblen nuklearen Abfälle der Menschheit zu verwerten. Die Tiefenökologin Joanna Macy hat dazu die beste Idee gehabt: Statt die atomaren Abfälle – »aus den Augen, aus dem Sinn« – in der Erde zu vergraben oder in den Meerestiefen zu versenken und den zukünftigen Generationen jahrtausendelang das Erbe unserer Nachlässigkeit und Gedankenlosigkeit zu hinterlassen, sollten wir aus diesem Zeug überirdische »Tempel« schaffen. Diese Stätten würden 24 Stunden am Tag von monastisch lebenden Gemeinschaften aus Freiwilligen versorgt, die ein oder zwei Jahre ihres Lebens der Obhut für diese »heiligen Stätten« widmen. Sie wären Zeugen dessen, was die Menschheit getan hat und in der Lage zu tun ist, wenn sie nicht Achtsamkeit praktiziert und ihre Aufmerksamkeit allem widmet, einschließlich ihrer Abfälle. Sie würden die Aufmerksamkeit auf die Schattenseite unseres Wesens lenken. Das Böse würde nicht unter den Teppich gekehrt, sondern sichtbar bleiben. Wir alle wären gezwungen, seine Gegenwart unter uns zuzugestehen. So würden wir ehrlicher bleiben.
Teil der heiligen Aufgabe der Mitglieder solcher Gemeinschaften von Freiwilligen wäre es, den Brüdern und Schwestern, die als Pilgernde und Gäste zu Besuch kämen, zu dienen. Jung und Alt gleichermaßen

könnte dort hinkommen, um mit der monastischen Gemeinschaft gemeinsam über Macht und Verantwortung unserer Gattung nachzudenken und über die Fähigkeiten der Menschheit zum Bösen und Guten zu meditieren. Solche Gemeinschaften würden gute Arbeit anbieten, nicht nur für ihre eigenen Mitglieder, sondern auch für die fortwährende Erziehung der Kultur als ganzer und zum Segen zukünftiger Generationen.[21]

Radfahren

Wenn in allen Städten Fahrradwege gebaut würden, könnten viel mehr von uns mit Fahrrädern zur Arbeit fahren, Dinge erledigen und uns vergnügen. Die europäischen Städte sind den Städten der USA in dieser Hinsicht schon weit voraus. Fahrradfahren ist eine viel billigere Art, Sport zu betreiben als in Fitneß-Centern. Fahrräder stoßen keine giftigen Gase aus und verbrennen keine nichterneuerbaren Energiequellen, und es bedarf keines Krieges um den Besitz der Rohstoffe. Der Einsatz für das Fahrradfahren schafft auch Arbeitsplätze. Nach dem Bericht »State of the World« von Lester Brown heißt es: »Eine Schätzung aus dem Jahre 1988 stellte fest, daß die Anzahl der Arbeitsplätze, die beim Bau städtischer Fahrradwege entstünde, neben denen des Autobahnbaus sehr günstig dasteht.«[22] Bill Mc Kibben äußert sich über die geistigen Vorteile des Radfahrens. Er ist der Auffassung, daß ein Fahrrad »technisch ebenso ausgefeilt ist wie ein Elektroauto und, wie eine nicht unbedeutende Minderheit von Menschen schon entdeckt haben, unendlich viel eleganter. Auf einem Fahrrad sieht man die Welt um sich herum, bemerkt die Hügel, die in einem Auto nicht auffallen. Man sieht die Nachbarschaft in einem Tempo, in dem sie noch real ist und nicht verwischt. Man spart natürlich Sprit, aber man hört auch den eigenen Körper wieder.«[23]

Öffentliche Verkehrsmittel

Während manche Leute über den Niedergang der amerikanischen Automobilindustrie klagen, weil viele amerikanische Autohersteller in Übersee bauen lassen, ist es doch Tatsache, daß wir bereits 600

Millionen Autos in der Welt haben, die eine der Hauptursachen der Luftverschmutzung und des Verschwindens der Ozonschicht sind. Brauchen wir tatsächlich noch mehr Autos in der Welt? Ich würde Autos sogar in die gleiche Kategorie wie militärische Anlagen stellen: je weniger, um so besser. Bei einem Vortrag in East Lansing in Michigan, wo Tausende von Arbeitenden durch die Schließung einer Autofabrik ihre Arbeit verloren hatten, habe ich auf diesen Sachverhalt hingewiesen. Und überraschenderweise wurde ich nicht aus der Stadt geprügelt, sondern erhielt stehenden Applaus. Die Leute sind ja nicht dumm. Nur die Politiker und Geschäftsleute, die wegen der Einengung ihres Blickfeldes auf unmittelbaren finanziellen Gewinn geblendet sind, können es sich leisten, Tatsachen zu verdrängen und sich ihnen zu verweigern. Wir anderen, die wir versuchen müssen, zu atmen und unser Leben zu leben, wissen, daß die Dinge sich ändern müssen.

Natürlich müssen wir die Arbeitenden der Autoindustrie umschulen und die Fabriken umbauen, in denen sie gearbeitet haben. Aber: Was könnte besser zur Konvertierung von Autofabriken dienen, als in ihnen öffentliche Verkehrsmittel herzustellen? Oder Lastwagenfabriken zu konvertieren, indem in ihnen Schienenfahrzeuge hergestellt werden, die ökologisch viel sinnvoller sind? Und warum werden in amerikanischen Städten nicht wieder Straßenbahnen eingeführt, die viel billiger als U-Bahnen sind, die leise und sauber fahren und in denen sich fortzubewegen für Gemeinschaft sorgt. Bis zum Ende des Zweiten Weltkriegs besaßen die meisten unserer Städte Straßenbahnnetze, deren Abschaffung in unmittelbarem Zusammenhang mit dem Wachstum der Autoindustrie von Detroit und den Ölkonzernen steht, denen Märkte für ihre Produkte garantiert werden mußten. Öffentliche Verkehrsmittel sorgen für mehr Arbeitsplätze als Autos und Lastwagen. In Deutschland wurde zum Beispiel herausgefunden, daß der Autobahnbau am wenigsten Arbeitsplätze von allen öffentlichen infrastrukturellen Investitionen bringt. Eine Milliarde DM, die für Autobahnen ausgegeben werden, schaffen 14000 bis 19000 Jobs, während die gleiche Investition in den Eisenbahnausbau 22000 Arbeitsplätze schaffen würde, oder 23000, falls man eine leichte Streckenbaukonstruktion wählt.

Ich denke, daß unsere wirkliche »Verteidigungs«-Industrie im öffentlichen Transportwesen und in anderen ökologischen Tugenden liegt. Indem wir diese üben, verteidigen wir etwas viel Wertvolleres: unseren Planeten. Laßt uns unsere Nahrungskette, unsere Luft, unsere Gewässer, die Wälder, den Mutterboden, unseren Körper, unsere Phantasie, unseren Geist, die Pflanzen und Tiere und die Kinder der Zukunft verteidigen.

Der Einsatz erneuerbarer Energiequellen

Die Umweltkatastrophe birgt die Gelegenheit für Erfindungen und Kreativität. Wir brauchen eine Explosion der menschlichen Phantasie und des Entdecker- bzw. Erfindergeistes, um uns aus der Sackgasse herauszubringen, in die wir uns selbst manövriert haben. All diese Kreativität wird für gute und notwendige Arbeit sorgen. Statt uns zu stark auf fossile Brennstoffe zu verlassen, die von überall her zu uns transportiert werden müssen und dabei das Meeres- und andere Biotope gefährden, müssen wir Sonnen-, Wind-, Erdenergie und andere Alternativen entwickeln, die saubere und erneuerbare Wärme freisetzen. Auf der Forschungsebene sind in diesen Bereichen bereits große Fortschritte gemacht worden, doch ist das bisher kaum im Alltag spürbar geworden.

Windkraftanlagen zum Beispiel sind im Staate Kalifornien am weitesten entwickelt worden, da der frühere Gouverneur Jerry Brown für den Bau von Windmühlen Steuervorteile gewährte. Die damals gebaute Anlage erzeugt genügend Elektrizität für vier Millionen Menschen. Die 17000 Windturbinen in Kalifornien bilden einen Industriezweig von einer Milliarde Dollar Umsatz. Die kalifornischen Windfarmen erzeugen mehr Energie als die aller anderen Staaten zusammen, obwohl Kalifornien bezüglich des Windaufkommens in den Vereinigten Staaten nur auf Platz neunzehn liegt. Stellen wir uns nur vor, wieviel Energie in Windfarmen der Staaten Norddakota oder Nebraska erzeugt werden könnte, die viel windreicher als Kalifornien sind. Auch die Technik der Windmühlen ist dank der menschlichen Kreativität so weit fortgeschritten, daß die Kosten von früher fünfzig Cent pro Kilowattstunde auf nunmehr fünf Cent gesenkt werden konnten und den Wind damit konkurrenzfähig gegenüber Gas und Öl machen. Diese Fortschritte beruhen unter anderem darauf, daß in jeder Windmühle ein kleiner Computer installiert wird, der dafür sorgt, daß sie stets im genau richtigen Winkel zum Wind steht und dadurch den höchsten Nutzungsgrad erreicht. Ähnliche Fortschritte sind in bezug auf die Sonnenenergie gemacht worden. Der Einsatz erneuerbarer Energiequellen ist eine gute und für die Umwelt gesunde Arbeit. Warum bauen wir nicht in den armen Ländern solche Industriezweige auf, so daß sie in ihrer Entwicklung die industrielle Phase überspringen können?

Studien zeigen, daß diese neuen Energieindustrien mehr Arbeitsplätze zur Verfügung stellen als unsere gegenwärtigen. Zur Erzeugung von tausend Gigawattstunden Elektrizität jährlich werden zum Beispiel in einem Atomkraftwerk hundert Arbeitende gebraucht, in einem Kohlekraftwerk 116. Um die gleiche Menge an Energie in einem Sonnenkraftwerk zu erzeugen bedarf es 248 Arbeitender und auf einer Windfarm 542: In der Logik des industriellen Paradigmas ein kurzschlüssiger Nachteil.[25]

Es gibt noch viele andere Möglichkeiten, unseren Energiebedarf einzuschränken und gleichzeitig Arbeitsplätze zu schaffen. Die Wärmeisolierung unserer Häuser und Arbeitsstellen zum Beispiel würde für Arbeit sorgen, bei welcher die Leute ihre eigenen kleinen Unternehmen aufbauen könnten. Ein eigenes Geschäft zu betreiben, kann sich als viel angenehmer erweisen, als von den multinationalen Automobilkonzernen abhängig zu sein. Eine Studie in Alaska hat festgestellt, daß die Isolierung von Häusern pro ausgegebenem Dollar mehr Arbeitsplätze schafft als jede andere Kapitalanlage. Ja, es werden dabei dreimal so viele Arbeitsplätze möglich gemacht als beim Autobahnbau.[26] Man schätzt, daß allein in den USA jährlich sechs bis sieben Millionen Arbeitsplätze entstehen würden, wenn es eine öffentliche Förderung für die Wärmeisolierung gäbe. Behalten wir dabei im Auge, daß die Hausisolierung unseren Energieverbrauch erheblich senken und damit sowohl im individuellen als auch im öffentlichen Bereich erheblich Geld sparen würde.

Forschungen haben zur Entwicklung einer Glühbirne geführt, die 18 Jahre lang brennen kann, die in gewöhnliche Gewinde paßt und 75

Prozent weniger Strom braucht als die herkömmlichen. Diese als Stromsparbirne bekannte Lampe könnte den Stromverbrauch ganz erheblich senken helfen und damit die Möglichkeit schaffen, Kraftwerke zu bauen, die weniger Verschmutzung erzeugen und auch weniger zur globalen Erwärmung beitragen.[27] In den Vereinigten Staaten ist das elektrische Licht für ein Viertel des gesamten Elektrizitätsverbrauchs verantwortlich und macht bis zu 40 Prozent der Stromrechnungen in Betrieben aus. Unsere Elektrizitätskosten würden schon um insgesamt 30 Prozent sinken, wenn es nur bei diesem Punkt eine Änderung gäbe.

Eine weitere gute Nachricht aus dem Bereich des Transportwesens: Es gibt inzwischen technische Möglichkeiten zum Bau eines Elektroautos, das mit dem Äquivalent von einem Liter Benzin mehr als dreißig Kilometer fahren könnte. Das heißt, es bedarf der Energie von einem Liter Benzin, um die Batterie dieses Autos so aufzuladen, daß es mehr als dreißig Kilometer weit fahren kann. Im Gegensatz zu den meisten Prototypen von Batterieautos fährt dieses nun mit einer Art von Batterien, die wir zwar bereits benutzen, doch eine der genialen Ideen dabei ist es, daß die Batterie jedesmal wieder aufgeladen wird, wenn das Auto bremst. Auch im Vergleich mit benzingetriebenen Autos schneidet es von den Fahreigenschaften her günstig ab. Da Elektroautos leise und sauber sind, wäre ein solches Auto besonders für das Fahren in der Stadt nützlich und revolutionär. (Bezüglich der batteriegetriebenen Autos entsteht natürlich das Problem mit dem Blei und den giftigen Säuren, die dadurch in Umlauf kämen. Zumindest weist eine Studie daraufhin, daß dadurch die doppelte Menge an gefährlichen Giftstoffen entstünde wie bei benzingetriebenen Autos.)

Dies sind nur ein paar Beispiele für die menschliche Erfindungsgabe hinsichtlich Umweltfragen, die für gute Arbeit sorgt. In unserer Zeit sind Erfindungsgabe und Kreativität selbst ökologische Tugenden.

Organischer Landbau und die Rückkehr des bäuerlichen Familienbetriebes

Der Vizepräsident der USA, Al Gore, der auf einem Bauernhof aufgewachsen ist, weist exemplarisch darauf hin, daß stündlich drei

Hektar besten Mutterbodens an Memphis vorbeifließen. Der einstmals reichhaltige Mutterboden in Iowa war 35 Zentimeter tief, doch mißt seine Dicke jetzt nur noch die Hälfte. Ein Grund dafür ist, daß viele Menschen sehr kurzsichtig handeln: »Menschen, die Land für kurzfristige Gewinne pachten, denken oft nicht an die Zukunft. Sie beuten den Boden aus und ziehen dann weiter. Und selbst für diejenigen, denen das Land gehört, ist es schwer, auf kurze Sicht mit Farmern zu konkurrieren, die sich über langfristige Folgen keine Gedanken machen.«[28] Und wir fahren damit fort, Böden, Gewässer und Pflanzen mit Pestiziden zu durchsetzen, über deren Wirkungen wir nichts wissen – wie damals in Vietnam mit Agent Orange. Unsere »unsichtbaren Gifte« bilden für Gore »ein Symbol für die Sorglosigkeit, mit der unsere Zivilisation die Welt schädigt, beinahe ohne sich der eigenen Macht bewußt zu sein.«[29]

Der Geologe Thomas Berry sagt: »Die Agroindustrie nimmt nicht mehr teil am Produktionskreislauf der natürlichen Welt, sondern löscht gerade die Bedingungen aus, auf welchen dieser Kreislauf beruht.«[30] Der Farmer und Dichter Wendell Berry hat geäußert, daß »industrielle Landwirtschaft ein totaler Fehler ist«. Landbau ist keine Industrie, sondern eine mystische Beziehung, eine Union und Kommunion des Menschen mit dem Wetter, dem Boden, dem Regen, der Saat, den Pflanzen, den Tieren, dem Wind und der Luft. Der Boden auf der Erde hat in den letzten Jahrzehnten den höchsten Preis für unsere mechanistische Kosmologie gezahlt.

Vaclav Havel beginnt seinen Aufsatz »Politik und Gewissen«, auf den ich wiederholt hingewiesen habe, mit einer Erinnerung an seine Jungenderfahrung, über Land zu gehen und die Schornsteine zu sehen, die mit ihrem Qualm »den Himmel verschmutzen«. In diesem Aufsatz kritisiert er jede Form der Politik, die nur unsere anthropozentrische Macht ausspielt, jede Politik, die den Imperialismus an die Stelle einer echten Kosmologie setzt, die »dieses Imperium mit dem einzigen wahren Zentrum der Welt identifiziert, mit der Welt an sich, und den Menschen als seinen alleinigen Besitz betrachtet«[31]. Als Beispiel für den Preis, den wir für unseren übertriebenen Rationalismus zu zahlen haben, führt Havel die Verdrängung der bäuerlichen Familienbetriebe an: »Dreißig Jahre, nachdem der industrielle Wir-

belsturm die bäuerlichen Familienbetriebe von der Erdoberfläche
gefegt hatte, entdeckten die Wissenschaftler erstaunt Dinge, die selbst
ein nur halbwegs gebildeter Bauer immer schon gewußt hatte: daß
die Menschen einen hohen Preis zahlen müssen für jeden Versuch,
ein für alle Mal jene demütig akzeptierte Grenze der natürlichen Welt
radikal fortzuwischen samt der Tradition genauester persönlicher
Einsichten. Seit die Hecken untergepflügt und die Wälder abgeschla-
gen wurden, sind die Vögel ausgestorben, und mit ihnen billige
Beschützer des Getreides vor lästigen Insekten verschwunden. Die
riesigen, eingeebneten Felder haben zu einem Verlust von jährlich
vielen Millionen Kubikmetern Mutterboden geführt, der sich in
Jahrhunderten angesammelt hatte. Chemiedünger und Pestizide haben die Pflanzen, den Boden und die Gewässer katastrophal vergiftet.
Und die schweren Maschinen pressen den Boden systematisch zusammen, so daß er luftundurchlässig und damit unfruchtbar wird. In
gigantischen Molkereien leiden die Kühe an Neurosen. ... Der Fehler
liegt nicht bei der Wissenschaft als solcher, sondern bei der Arroganz
der Menschen des wissenschaftlichen Zeitalters.«[32]
Man schätzt, daß bei dem derzeitigen Tempo, mit dem die industrielle
Landwirtschaft den Boden ruiniert, die Vereinigten Staaten zu Beginn
des nächsten Jahrhunderts Nahrungsmittel werden importieren müssen (weiß Gott, woher). Da nun die industrielle Landwirtschaft als
solche ein Fehler ist, warum hören wir nicht auf damit? Würden die
Regierungen statt der großen Nahrungsmittelkonzerne die Kleinbe-
triebe mit organischem Landbau subventionieren, dann könnten
wieder enorm viele Arbeitsplätze neu entstehen, denn die Erde kann
viele Menschen beschäftigen, wenn sie nicht in eine industrielle
Autobahn verwandelt wird. Abgesehen davon können Familien, die
sich für eine gesunde Landwirtschaft einsetzen, selbst auch gesünder
leben; auch den Kindern bereitet es immer Freude, in einer Beziehung zur Natur aufzuwachsen. Die Kleinstädte, die heutzutage aus-
sterben, weil sie von den bäuerlichen Familienbetrieben abhängig
sind, könnten wieder erblühen. Und da in solchen Städten Wohnraum immer billiger ist, wären auch wieder bezahlbare Wohnungen
zu haben. Es würde mehr gute Arbeit geben. Die im organischen
Landbau angebauten Nahrungsmittel würden viel mehr Nährstoffe

enthalten als das von Pestiziden verseuchte Essen, das wir heute zu uns nehmen. Dann wären wir auch körperlich gesünder, wir und unsere Kinder würden an Geist und Seele gedeihen. Als Folge der besseren Luft und der gesünderen Nahrung würden natürlich auch die medizinischen Kosten sinken und damit vielleicht auch die Beiträge für unsere Krankenversicherungen.

Der Wirtschaftswissenschaftler E.F. Schumacher schreibt: »Es gibt Untersuchungen, aus denen hervorgeht, daß bei dieser Art von Anbau, bei dem Lebensmittel für die Familie produziert werden, der Hektarertrag durchschnittlich fünfmal so hoch ist wie auf einem gut geführten Bauernhof.« Das bedeutet, daß der Wiederaufbau bäuerlicher Familienbetriebe die Nahrungsproduktion auf das Fünffache steigern würde und den zukünftigen Generationen immer noch genügend gesunden Mutterboden ließe.[33] Wieviele Menschen könnten gute Arbeit bekommen, wenn die bäuerlichen Familienbetriebe wieder erstünden, wenn Familien sich vom Land ernähren würden, wenn nicht nur der Boden, sondern auch die kleinen Städte lebendig würden? Wieviele Menschen, deren Vorfahren in den Norden der USA gewandert sind, um dort während des zweiten Weltkrieges und danach Industriearbeit anzunehmen, könnten ihre Wurzeln in einer gesunden Arbeit auf dem Lande wiederfinden? Vielleicht könnten Regierungen kleine bäuerliche Betriebe durch Steuern und Subventionen so fördern, wie sie es jahrzehntelang mit der industriellen Landwirtschaft getan haben. Diese Art Ermutigung könnte sich als eine kluge Investition in zukünftige Gesundheit sowohl der auf dem Lande Arbeitenden wie auch der Konsumenten erweisen. Das wäre auch ein Beitrag zur körperlichen und geistigen Gesundheit der Jugend, die durch die Arbeit auf dem Lande die Formen der Disziplin und der Liebe zum Leben lernen könnte, die man heute in den Großstädten kaum noch mitbekommt. Landarbeit ist gewiß eine Tugend, die es wert wäre, wieder gepflegt zu werden. Dazu müssen wir die Landarbeit wieder von der mechanistischen Mentalität, aus dem industriellen Rahmen und dem Unternehmertum befreien.

Bäume pflanzen

Bäume erhalten den Mutterboden und helfen, die Luft für uns zu säubern; denn Bäume nehmen ständig Kohlendioxyd und andere potentielle Giftstoffe auf. Ich hatte schon von der Frau aus Iowa erzählt, deren Initiative bislang mehr als 300000 Bäume gepflanzt hat. Bäume zu pflanzen macht Spaß. Alte und Junge, ganze Familien und Gemeinschaften können dabei zusammenarbeiten. Man kann dies in Groß- und Kleinstädten und auf dem Lande tun. Wir alle brauchen Bäume, wir alle sind durch Bäume gesegnet. Wir können neue Beziehungen zu Bäumen knüpfen, die schließlich die ersten Geschöpfe waren, die aufrecht standen. Zu begründen, warum Bäume heute besonders gefährdet sind, erübrigt sich bei Zurkenntnisnahme aktueller Waldschadensberichte.

Gärtnern

Gärtnern nützt uns nicht nur durch die Produktion von köstlicher Nahrung und die erfreuenden Farben der Gemüse und Blumen, sondern es bildet z.B. auch in der Jugend ein Gefühl für wechselseitige Abhängigkeit und Erdbezogenheit. Es ist eine wunderbare Therapie für all diejenigen Menschen, die – gleich welchen Alters – an Wut, Frustration oder Trauer leiden. Die Erde ist groß und kann viel aufnehmen: Gern nimmt sie von uns unseren Ärger, unsere Trauer, unser Leid und unsere Hoffnungen. Einige indianische Traditionen haben Rituale, den Ärger in Steinen in der Erde zu begraben. Der Bezug zur Erde erneuert unsere Seele. Wir können auch in den Großstädten gärtnern, wo der Schutt niedergerissener Gebäude guten Boden verbirgt; oder es kann oben auf Hochhäusern probiert werden, wo Sonne und Regen regelmäßig hingelangen. In sozial schwierigen städtischen Gebieten, zum Beispiel im Küstenbereich von Bristol in England, hat sich gezeigt, daß das Gärtnern bei den Einwohnern einen ganz neuen Geist schafft. Oft kommt gerade dadurch erst Gemeinschaft zustande. In einem Garten wachsen nicht nur Pflanzen, sondern auch der menschliche Geist.

Warum beginnt die Bibel ihre Lehre über die Menschen mit einer Gartengeschichte? Warum ist der Rahmen des kosmologischen Liebesgedichtes, des Hohenlieds, ein Garten? Warum feiern die christlichen Schriften die Auferstehung Christi in einem Garten? In einem dieser Berichte erscheint Christus sogar in Gestalt eines Gärtners. Das Wort *Paradies* selbst stammt von dem persischen Wort für Garten. Gärten lehren uns wechselseitige Abhängigkeit und Erdbezogenheit und darum Weisheit. Sie rufen uns zurück zu unseren Wurzeln, denn wir alle sind aus Erde, stehen auf zwei Füßen und essen Erde. Ein afrikanisches Sprichwort sagt: »Behandle die Erde gut. Sie wurde dir nicht von deinen Eltern gegeben. Sie wurde dir von deinen Kindern ausgeliehen.« Gärten sind nicht unser Eigentum, sie sind uns geliehen – wie alle Schönheit und Gesundheit – geliehen von zukünftigen Generationen. Am Schluß ihres Buches »Creating Eden: The Garden as a Healing Space« schreibt Marylin Barrett: »In meinem eigenen Garten konnte ich beobachten, wie jeder zarte Schößling, jede geöffnete Blüte und jedes welkende Blatt in der Harmonie und im Überleben des gesamten Gartens eine Rolle zu spielen hat. In meinem eigenen Leben konnte ich beobachten, wie die Weisheit des Gartens mich das Überleben lehrte. Die Probleme und Hindernisse, denen ich mich gegenüber sehe, und die Enttäuschungen und Verluste, die ich erlebe, sind für mein Gleichgewicht und mein Wohlbefinden ebenso wichtig wie meine Freuden und Erfolge. Wir müssen den Boden für einen neuen Weltgarten bereiten. Wir müssen die Ressourcen der Erde hinsichtlich einer langfristigen Fürsorge betrachten, müssen denken, wie Menschen beim Gärtnern denken, die Zukunft im Sinn, und die Wachstumszyklen vorbereiten, die noch kommen.«[34] Die Autorin erzählt uns, daß ein Garten etwas Eschatologisches an sich hat. Er enthält eine Vision der Zukunft und eine Wirklichkeit für uns und für die, die nach uns kommen: ein Merkmal jeder echten Arbeit.

Für unsere eigene Unterhaltung sorgen

Es wird Zeit, daß wir uns die Freizeit von der Unterhaltungsindustrie zurückholen. Denken wir nur einmal daran, wieviel unserer freien Zeit wir den Berufsathleten und den sie unterstützenden Konzernen widmen, statt unseren eigenen Bedürfnissen nach körperlicher Übung und Entspannung. Wenn ich Kinder hätte und einen Fernseher, dann würde ich darauf bestehen, daß neben das Fernsehen eine leere Kiste gestellt wird; für jede Stunde, die meine Kinder fernsehen würden, würden sie eine Stunde damit verbringen, selbst mit der leeren Kiste ihr Spiel zu erfinden. Wir müssen Tätigkeiten aufgreifen, bei denen wir uns wirklich mit uns selbst und anderen beschäftigen können: musizieren, malen, dichten, tanzen, massieren, kochen, wandern – nicht, um dabei Preise zu gewinnen oder besser zu sein, sondern so, wie wir mit einem Gebet umgehen würden, denn darum geht es bei diesen Tätigkeiten, es sind meditative Handlungen und Künste.

Wenn wir wieder die Verantwortung für unsere eigene Unterhaltung und Freizeit übernehmen, dann folgt daraus viel gesunde Arbeit. Feste in der Gemeinde, Stadtfeste, Ferienfeste und Ausflüge, Feste mit Älteren und mit Behinderten, Feste mit denen, die anders sind als wir, und auch Feste in der Familie – all das bringt gute Arbeit. Das ist eine Ausübung einer ökologischen Tugend.

Studieren

Unseren Geist zu gebrauchen, zu entwickeln und zu üben; die Schöpfungsgeschichte von der Wissenschaft zu lernen; die großen Mystikerinnen und Mystiker unseres geistigen Erbes mit Herz und Geist zu lesen; die Fakten über die Systeme der Erde zu studieren; die neue Wissenschaft zu erlernen und ihre Verbindung zu den spirituellen Lehren des Ostens und Westens, zu Mitgefühl und wechselseitiger Abhängigkeit herzustellen; Möglichkeiten zu studieren, wie die Gesellschaft verändert werden kann – all das ist Teil einer ökologischen Tugend. Wir brauchen die linke Hirnhälfte nicht abzulegen, um der rechten Aufmerksamkeit widmen zu können. Hildegard von Bingen verkündete, daß »alle Erkenntnis von Gott kommt«[35]. Und Thomas von Aquin hielt fest, daß »Irrtümer über das Geschaffene bisweilen von der Glaubenswahrheit abführen«[36]. Unser Geist gehört uns; und niemand kann auslöschen, was wir mit ernsthaftem Bemühen in unserer Lebenszeit gelernt haben.

Doch wie alles andere auch ist unser Geist der Umweltverschmutzung unterworfen. Wenn wir unsere eigene Unterdrückung verinnerlichen und anfangen, die schlimmsten Dinge zu glauben, die andere über uns sagen – über unsere Rasse, Volksgruppe, unser Geschlecht, unsere sexuellen Vorlieben, unsere Klasse oder unseren Status in einer Gruppe –, dann sind wir verschmutzt worden. Auch wenn wir stundenlang passiv vor dem Fernseher sitzen, wird unser Geist verschmutzt. Unser Geist ist etwas Wunderbares, »capax universi«, des Universums fähig, um Thomas von Aquin noch einmal zu zitieren. Unser Geist verdient gesunde Übung. Wir sollten ihn beispielsweise gebrauchen, um zu lesen, Vorträge anzuhören und Kunstausstellungen zu besuchen, Bibliotheken zu benutzen und richtige Gespräche zu führen. Unser Geist darf nicht verschwendet werden.

Organisieren von Gemeinschaften

Es ist eine ökologische Tugend, in der Gemeinschaft zu lehren und von ihr Weisheit zu erfahren, Basisgruppen zu sammeln, die die Weisheit der größeren Gemeinschaft fördern. Die ökologische Krise findet nicht nur in Form von zerstörten Regenwäldern und ausgedörrtem Land statt, sondern auch durch das Abkippen von Giftstoffen in den ärmsten Regionen der Welt. Sie hat mit Beamten zu tun, die andere Beamte bestechen, damit sie atomaren und anderen giftigen Müll abkippen können. Sie hat mit dem Müll auf den Straßen zu tun und mit dem Schaffen von Arbeitsplätzen, die sich mit den Ursachen wie auch mit den Folgen ungeordneter Müllabladung beschäftigen. Praktische ökologische Tugenden bestehen darin, die Bäche wieder offenzulegen, die durch unsere Städte fließen, die aber mit Zement und Schutt bedeckt sind. Sie haben zu tun mit dem Säubern von Stränden, Ufern und Parks und dem Erlernen echter und dauerhafter Gebräuche des Recycling. Damit es dazu kommen kann, müssen sich so viele Gruppen, Gemeinschaften, Initiativen und Interessensgruppen wie möglich organisieren. In diesem Prozeß des Organisierens werden wir erleben, wie sich in der Nachbarschaft, in der Gemeinde neue Gruppierungen und Verbindungen unter Menschen bilden. Wir können die Säuberungsaktionen der Umwelt zu Ritualen gestalten und dadurch unsere Arbeit mit dem Großen Werk verbinden. Wir alle stehen vor der ökologischen Katastrophe, und niemand ist davon ausgenommen.

Wir alle leiden, wenn die Erde leidet. Wie wir beim ökologischen Gipfel in Rio sahen, können aus der Krise der Erde überraschende Koalitionen entspringen. Die reichen Länder, deren Lebensweise so viel zur Entstellung des Planeten beiträgt, können von den ärmeren lernen. Das Entstehen neuer nichtstaatlicher und politischer Organisationen, der zivile Ungehorsam und das Erlassen übernationaler Gesetze und Vereinbarungen sind Beispiele dafür, wie ökologische Tugenden in uns lebendig werden können. Sind wir einmal wach geworden, wird daraus gewiß noch mehr folgen.

Stabilisierung der Bevölkerungszahl

Der amerikanische Vizepräsident Al Gore hat geschrieben: »Kein anderes Ziel ist für die Rettung der globalen Umwelt so entscheidend wie die Stabilisierung der menschlichen Bevölkerung.«[37] Die Explosion der menschlichen Bevölkerung hat in der letzten Hälfte dieses Jahrhunderts alle Systeme und alle Wesen auf diesem Planeten stark betroffen. In den vergangenen fünfundvierzig Jahren hat die menschliche Bevölkerung sich auf fünfeinhalb Milliarden Menschen vergrößert und wird sich in den nächsten fünfundvierzig Jahren noch einmal verdoppeln. Schätzungsweise vierundneunzig Prozent dieser Zunahme wird in den Entwicklungsländern stattfinden, wo Armut und Schädigung der Umwelt am gravierendsten sind, und wo die Bevölkerungsdichte junger Erwachsener am größten sein wird. Bei der augenblicklichen Geschwindigkeit des Wachstums werden in dreißig Jahren in Kenia z.B., wo es heute siebenundzwanzig Millionen Menschen gibt, fünfzig Millionen Menschen leben. Ägyptens fünfundfünfzig Millionen werden auf hundert Millionen anwachsen; und in Nigeria, mit heute hundert Millionen Einwohnern, werden im Jahre 2020 dreihundert Millionen Menschen leben.

Wie können wir die Erdbevölkerung begrenzen? Indem wir den Grad der Alphabetisierung und das Niveau der Ausbildung heben, indem wir uns gegen Sexismus wenden und die Lage der Frauen verbessern, indem wir die Kindersterblichkeit senken und Zugang zu wirksamen Techniken der Geburtenkontrolle schaffen, um nur ein paar Beispiele zu nennen. Eine dieser Techniken der Geburtenkontrolle ist eine geistige Übung, die ich im nächsten Kapitel besprechen will. Durch kluge Anleitungen könnten diese Techniken allen jungen Menschen auf der Welt zugänglich gemacht werden. Die Begrenzung der menschlichen Bevölkerungszahl ist für das ökologische Überleben der Menschheit und für den Planeten selbst zu einer Haupttugend geworden. In einem gemeinsamen Statement der Wissenschaftler und Wissenschaftlerinnen von der National Academy of Science der Vereinigten Staaten und der American Academy of Arts and Science heißt es: »Auf der Tagesordnung der Menschheit sollte nur die Vermeidung eines Atomkrieges wichtiger sein als die Beschränkung des Bevölkerungswachstums. Die Überbevölkerung und das schnelle Bevölkerungswachstum sind eng verbunden mit der derzeitigen menschlichen Zwangslage, einschließlich des schnellen Abbaus der natürlichen, nicht erneuerbaren Ressourcen, der Schädigung der Umwelt, der drastischen Klimaveränderungen und der zunehmenden internationalen Spannungen.«[38] Da das Ende des kalten Krieges nun die Atomkatastrophe ein wenig in den Hintergrund gestellt hat, könnte es für einzelne und für Regierungen an der Zeit sein, die Fragen der Stabilisierung des Bevölkerungswachstums in den Vordergrund zu stellen.

Neue Politik

Ein progressiver Politiker sagte mir kürzlich, daß das Interessanteste in der Politik zur Zeit »die Spiritualität und die Umwelt« sei. In dieser Feststellung liegt Hoffnung, denn sie zeigt, daß einige Politiker die Botschaft über das Große Werk unserer Zeit empfangen haben und darauf antworten, indem sie ihre politische Arbeit in den Rahmen dieses Großen Werkes stellen. So sollte das auch sein, denn Politik selbst ist ein großes Werk. Thomas von Aquin betrachtet sie als die Erfüllung des Gebotes »Liebe deinen Nächsten« im größtmöglichen Maßstab. Er schreibt, daß wir in der Politik das letzte Ziel des menschlichen Lebens bedenken, und daß derartige Politik etwas Göttliches an sich hat. »Gewiß gehört es zur Liebe, die unter den Menschen herrschen sollte, daß jemand das Wohl auch einzelner Menschen bewahrt. Viel besser und göttlicher aber ist es, dies für das Wohl eines ganzen Volkes oder Staates zu tun.« Thomas von Aquin glaubt, daß zum Ausführen wirklicher Politik die Politiker mehr über die menschliche Seele wissen müssen als Ärzte über den Körper! Darüber hinaus »ist die Verpflichtung des politischen Führers, die Seele zu studieren, deren Tugend er sucht, aber größer, denn die politische Wissenschaft ist wichtiger als die Medizin.«[39]

Diejenigen, die im politischen Feld arbeiten, sind reif für ein neues Paradigma, das ihre Arbeit neu definiert. Die Kongreßabgeordnete Pat Schroeder sagte, daß Politikerinnen und Politiker folgen werden, wenn das Volk führt. Das ist eine hoffnungsvolle Aussage, doch reicht sie nicht aus. In vieler Hinsicht müssen Politiker, die sich wirklich darauf verpflichtet haben, die Leitung der Gemeinschaft zu übernehmen, sowohl folgen als auch führen. Eine Politik, die völlig säkularisiert und völlig anthropozentriert ist, wird nirgendwohin führen können als zurück, denn das Paradigma der Säkularisierung ist bereits ausprobiert worden und hat versagt. Eine Politikerin oder ein Politiker, die sich nicht auf irgendeine Art geistiger Übung einlassen, sind nicht in der Lage zu führen, denn sie wissen nicht, was in der Welt – der inneren oder äußeren – vor sich geht. Ein Politiker, der nur ein äußeres Leben hat, wird von den Winden selbstbezogener Propaganda oder von der Gier nach Geld hin- und hergeworfen werden und wird zur Schachfigur der Machtmanager eines abgewirtschafteten mechanistischen Weltbildes, statt dem Volk zu dienen. Hier eine Echtheitsprüfung, der wir unsere Politiker aussetzen können: Versprecht ihr uns eine Zukunft ohne Opfer? *Opfer* ist kein Wort, das den Lippen eines Politikers häufig entschlüpft; solange es dies aber nicht tut, haben wir nicht die Wahrheit vor uns. Loslassen und Erlernen gesünderer Lebensweisen wird zu den Hauptbestandteilen unserer kulturellen Zukunft gehören, denn wir müssen lernen, mit weniger, einfacher und mit größerer ökologischer Tugend zu leben. Ohne Loslassen werden wir keinen Grund zum Feiern haben, und die Verzweiflung wird weiter zunehmen. Die Tugenden, die ich in diesem Kapitel als ökologische Tugenden aufgezählt habe, sind alle auch politische Tugenden. Ihre Umsetzung oder ihre Negierung wird letztlich die Zukunft für uns als Volk, ja, als Menschheit ausmachen. In ihnen liegt die Politik der Zukunft, und junge Menschen mit Hoffnung und Ideen sollten sich auf ein politisches Leben stürzen, um es und seine Arbeitsbedingungen zu erneuern, damit es einer ökologischen Revolution dienen kann. Die politische Arbeit der Zukunft braucht sich nicht mehr mit erschöpften Floskeln über Altruismus zu maskieren. Vielmehr wird es um Überleben und um Gerechtigkeit gehen.

Im politischen Bereich treffen sich die Menschen; hier setzen sie die Prioritäten für ihr Gemeinschaftsleben und das Leben auf dem Fundament gemeinsamer Werte. Das Versprechen der ökologischen Revolution darf nicht verkürzt werden. So erklärt der kalifornische Senator Tom Hayden zum Beispiel: »Die Gesetze, die für die Kalifornische Küste und die Wälder gültig sind, behandeln sie als bloße ›Rohstoffquellen‹ mit einem reinen Nützlichkeitswert. Selbst die siebenhundert Jahre alten Mammutbäume haben unter unserem Gesetz keinen Eigenwert. Nach dieser weithin vertretenen Anschauung können Arbeitsplätze und Fortschritt nur aus der systematischen Ausbeutung der natürlichen Rohstoffquellen entstehen. Dieser Weg war jedoch ein Fehlschlag. …Nach dreißig Jahren des Protestes und des politischen Einsatzes bin ich heute mehr als je überzeugt, daß wir für eine erträgliche Zukunft eine moralische Vision brauchen – ein ›Erdevangelium‹, mit den Worten unserer religiösen Überlieferung.«[40]

Angesichts der Wichtigkeit, die das neue Paradigma der wechselseitigen Abhängigkeit und Teilhabe beimißt, kommt es darauf an, daß wir unsere Politik nicht bloß nach den Begriffen der »Profis« in Politik und Beamtenschaft definieren lassen. Wir müssen die Politik von den Massenmedien und den enormen Geldausgaben für das Medienspiel zurück in lokale Vertretungen und lokale Diskussionen holen. Die Politik ist eine zu wichtige Arbeit, um sie einer Elite zu überlassen. Wir alle sollten in der Lage sein, ein paar Stunden pro Woche für politische Arbeit freizumachen, ob das nun als Organisieren stattfindet, als den Älteren Zuhören, Motivieren der Jugend, Besuch in Gefängnissen, Ausbau unserer Bildung, als Debatte von aktuellen

Themen, Aufräumen von Parks oder Ausgraben der Bäche oder als freundschaftlicher Umgang mit unseren Nachbarn ... Politik hat viel mehr mit Beziehung zu tun und ist daher unser aller Sache.

Viele von uns waren einst erstaunt, als der damalige Senator Al Gore sein Buch »Wege zum Gleichgewicht« veröffentlichte, und wir waren wiederum überrascht, als er von Bill Clinton als Kompagnon gewählt wurde. Gore vertritt in seinem Buch mutige Standpunkte im Hinblick auf die Erneuerung der politischen Berufung durch eine ökologische und sogar kosmologische Spiritualität. Er schreibt über die Krise des politischen Lebens: »Auch war ich nun in der Lage, die entsetzlichste Tatsache in unser aller Leben zu ermessen: daß die Menschheit in der Lage ist, sich selbst zu zerstören. ... Es war ganz, wie Samuel Johnson einmal sagte: Wenn man in zwei Wochen gehängt werden soll, dann kann man sich wunderbar konzentrieren. Und als ich begann, in größeren Dimensionen über den Weg unserer Nation und unserer Zivilisation nachzudenken, begann ich auch, mir über die Rolle Gedanken zu machen, die ich dabei spielen könnte. ... Ökologie ist die Wissenschaft vom Gleichgewicht, und einige derselben Prinzipien, die das gesunde Gleichgewicht der Elemente steuern, gelten auch für die gesunde Balance der Kräfte, die unser politisches System ausmachen. In meinen Augen steht jedoch unser System am Randes des Verlustes seines Gleichgewichtes.«[41]

Wenn Politik ihr Gleichgewicht verloren hat, wie aufgrund der industriellen Zivilisation die Erde selbst, was kann dann das Heilmittel für unser Leiden sein? Es ist, mit Gores Worten, die Spiritualität. »Letztendlich müssen wir ein Gleichgewicht in uns selbst zwischen dem, was wir sind, und dem, was wir tun, wiederfinden. ... Die Notwendigkeit eines persönlichen Gleichgewichts kann sogar noch einfacher beschrieben werden. Je gründlicher ich versuche, die Wurzeln für die globale Umweltkrise zu erforschen, um so mehr bin ich überzeugt, daß es sich um eine äußere Manifestation einer inneren Krise handelt, die ich, in Ermangelung eines besseren Wortes, als ›geistige Krise‹ bezeichnen möchte. ... Aber welches andere Wort könnte die Gesamtheit von Werten und Überzeugungen beschreiben, die unser grundsätzliches Verständnis für unseren Platz im Universum bestimmen?«[42]

Es erübrigt sich festzustellen, daß es ein großes Hoffnungszeichen ist, daß ein Politiker mit einem Gespür für Ökologie, Kosmologie und Spiritualität heute Teil des politischen Mainstream sein kann. Entsprechende Führungsaufgaben könnten daraus schnell entstehen. Im letzten Kapitel seines Buches entwirft Gore daher eine echte politische Tagesordnung, in Form eines »globalen Marshallplans« zur Erhaltung der Erde. Als überragendes Ziel betrachtet er, »besonders in den Entwicklungsländern die sozialen und politischen Voraussetzungen zu schaffen, die der Entstehung einer nachhaltigen Gesellschaftsordnung am ehesten dienlich sind.«[43] Sein Plan hat fünf strategische Ziele:

1. Stabilisierung der Weltbevölkerung.

2. Schnelle Schaffung und Entwicklung ökologisch angepaßter Techniken.

3. Umfassender und überall stattfindender Wandel unserer ökonomischen »Faustregeln«, mit denen wir die Auswirkungen unserer Entscheidungen auf die Umwelt bemessen.

4. Aushandeln und Festlegen einer neuen Generation internationaler Abkommen, die die riesigen Unterschiede zwischen »entwickelten« und »Entwicklungs«-Ländern berücksichtigen.

5. Die Einrichtung eines Ausbildungsplanes über unsere globale Umwelt für alle Weltbürgerinnen und -bürger.

In der neuen Sicht der politischen Arbeit, wie Gore sie unternommen hat, liegt eine große Hoffnung und Herausforderung. Die Jugend wird durch solche Aussichten sicherlich angesprochen und begeistert, wodurch sich die politische Klasse im Laufe der Zeit ändern wird. Wenn eine zunehmende Anzahl von Frauen in höhere Staatsämter gewählt wird, können wir eine Beschleunigung dieser Veränderungen erwarten. Havel, Hayden und Gore gehören nur zur ersten Generation politischer Propheten, die den Weg verkünden. Ganze Wellen prophetischer Bewegungen sammeln ihre Kräfte, um die Welt der ökologischen und kosmologischen Politik zu beeinflussen.

Ethisch investieren

Eine weitere ökologische Tugend ist das Investieren unter Einbeziehung des Gewissens. Diejenigen Menschen und Institutionen, die Geld investieren wollen, sollten ihre moralischen Entscheidungen nicht ihren Buchhaltern, Anwälten oder Bankangestellten überlassen. Sie sollten sich selbst fragen: Was sind unsere Werte? Welche Werte wollen wir unterstützen? Welche Gruppen fördern diese Werte heutzutage? Wie kann mein (oder unser) Geld z.B. umweltbewußte oder gesundheitsfördernde Gruppierungen und Organisationen unterstützen? Das Social Investment Forum schätzt, daß zur Zeit von Bürgern der Vereinigten Staaten etwa fünfhundert Milliarden Dollar in Bereichen investiert werden, die sich auf besondere ethische, soziale oder ökologische Belange richten und auch finanzielle Einkünfte bringen. Auch in Deutschland und Großbritannien breitet sich dieses Phänomen aus.

Die Zeit ist offenbar gekommen, die ökologischen Tugenden einzusetzen, Gewohnheiten also, die wir erlernen und ausüben können, und die es uns ermöglichen, den folgenden Generationen von Lebewesen einen schönen Planeten zu hinterlassen. Mächtige und gut etablierte Interessen werden sich solchen Tugenden widersetzen. Deshalb gehören Wachsamkeit, Lernen, Organisieren von Gruppierungen und die Bewahrung eines reinen Herzens und eines klaren Geistes zu diesem Kampf. Diese Arbeit, die offensichtlich mit dem Großen Werk verbunden ist, mit der Harmonie, die aus der Zusammenarbeit mit dem Tao folgt, diese Arbeit braucht von uns allen Courage oder »ein großes Herz«. Sie wird von uns verlangen, Nahrungs- und Automobilabhängigkeiten sowie andere Gewohnheiten der zeitgenössischen Gesellschaft, die fehlgeleitet sind, loszulassen. Aber aus dem Lassen der alten Arbeit wird neue erzeugt.

Kapitel 6

Neuerfindung der Arbeit: Bildung, Jugendarbeit und Sexualität

Lernen ist eine heilige, eine unverzichtbare Form der Läuterung und auch eine Adelung.

Rabbi Abraham Heschel [1]

Bei einem Besuch in Sri Lanka fiel mir am meisten auf, daß Sarvodaya, eine Selbsthilfebewegung, die arbeitslose Jugend nicht als eine Belastung ansah, wie die meisten Gesellschaften es tun, wo sie auf Kosten der Gesamtwirtschaft leben und unstet oder destruktiv sind. Irgendwie ist Sarvodaya in der Lage gewesen, die Jugendlichen zu etwas Vorteilhaftem hin zu wenden.

Ein Beamter der Weltbank [2]

Immer und überall – außer in der modernen Welt – war die Sexualität eine Erscheinung des Heiligen und der Geschlechtsakt ein allumfassender Akt, also auch ein Mittel der Erkenntnis.

Mircea Eliade [3]

In diesem Kapitel werden wir das transformierende Denken auf jene Arbeit anwenden, die im Bereich von Bildung und Ausbildung, in bezug auf die Jugend und unsere Sexualität zu tun ist. Dem Wissen-

212

schaftler Thomas Kuhn zufolge ist in einer Zeit des Paradigmenwechsels die Ausbildung das Allerwichtigste. Daraus ergibt sich aber das Problem, welche Art von Ausbildung dem Paradigmenwechsel am besten dient. Wenn wir unser tägliches Leben mit dem Großen Werk des Universums in Verbindung bringen sollen, wie Rilke es sagte, dann müssen wir auf jeden Fall unser inneres Haus in Ordnung bringen, und besonders unser inneres Haus hinsichtlich der Jugend, der Ausbildung und der Sexualität. Wenn wir uns mit diesen Bedürfnissen auseinandersetzen, werden wir auf jeden Fall viel Arbeit erfinden und wiedererfinden.

Bildung

Man könnte sagen, daß unsere Epoche einen Bedarf an *Weisheitsschulen* hat, im Gegensatz zu den *Wissensfabriken*, die die Ausbildung während des Industriezeitalters geprägt haben. Man kann kaum überschätzen, wieviele neue Arbeitsplätze und wieviel neue Kraft allein durch diesen Wechsel hervorgebracht werden können. Eine Weisheitsschule achtet Herz und Leib, die rechte Hirnhälfte mit Ehrfurcht und Staunen ebenso wie die analytische oder linke Hirnhälfte. Sie würde deshalb auch die Kunst schätzen, indem sie sie einlädt, uns nicht nur Kunst, sondern das Leben zu lehren, uns die Bilder zu lehren, die sich in uns allen finden. Weil wir durch meditative Kunst Bilder in uns hervorlocken, würde eine Weisheitsschule Aufmerksamkeit auf das Leid, die Trauer und den Zorn der Menschen ebenso lenken wie auf ihre Sehnsüchte und Träume. Wenn die Menschen die Wahrheiten zum Ausdruck bringen können, die in ihnen sind, dann lernen sie wirklich.

In einem solchen Lernprozeß können wir viele Dinge gewinnen: Liebe zu uns selbst und ein Bewußtsein unserer eigenen Würde; Einsicht in unsere Gaben ebenso wie in unsere Grenzen; soziale Beziehungen zu anderen in und außerhalb unserer Arbeitswelt; ein Gefühl der Verbundenheit mit der Menschheitsgeschichte, indem wir uns mit Literatur, Geschichtswissenschaft, Kunst und Naturwissenschaft auseinandersetzen; Fähigkeiten des Kommunizierens, Organisierens, Entwerfens und Heilens. Durch Bildung und Ausbildung findet lebendige Weisheit auch einen Zugang zur ganzen Gemeinschaft.

Erziehung kann ein Weg sein, wie die Menschheit das Beste aus unseren Kindern und gleichermaßen aus den Erwachsenen hervorlockt. Anders als andere Lebewesen sind wir durch unsere DNS nicht völlig programmiert. Wir müssen belehrt und gefordert werden. Wir müssen Übungen machen und lernen, um unsere Weisheit, unser Mitgefühl und unsere Fähigkeit, beide in eine praktische Ordnung zu bringen, zu aktivieren. Es wird aber immer deutlicher, daß die Ausbildungsmodelle, die wir während des Industriezeitalters eingeführt haben, für eine nachindustrielle Epoche nicht mehr angemessen sind. Sollen Erziehung und Bildung noch einmal ihrer Aufgabe gerecht werden, uns in Weisheit und Mitgefühl anzuleiten, dann bedürfen sie einer tiefen und gründlichen Umformung. Mit anderen Worten, sie bedürfen der *Arbeit*.

Studien zeigen, daß Investitionen im Ausbildungsbereich mehr Arbeitsplätze schaffen als in allen anderen Bereichen. Es läßt sich errechnen, daß man mit einer Milliarde Dollar Steuergeldern im Verteidigungssektor 25.000 Arbeitsplätze schaffen könnte, mit der gleichen Summe Geld aber im Bereich der öffentlichen Verkehrsmittel 30.000, im Wohnungsbau 38.000, im Gesundheitswesen 40.000 und im Bildungssektor 41.000.[4] Diese Statistiken umfassen noch nicht die Einsparungen im Gesundheitswesen, die zustande kämen, wenn die Menschen mit sich selbst zufrieden wären. (Kanadische Studien weisen auf eine direkte Beziehung zwischen Bildungsstand und Langlebigkeit hin.) Sie umfassen auch nicht die Summen, die wir beim Bau von Gefängnissen und beim Ausbau der Polizei sparen könnten, wenn die Menschen sich nicht mehr dem Verbrechen zuwenden müßten, um sich Ausdruck zu verschaffen oder Geld zu bekommen; und auch nicht das Geld, das sich bei den Sozialausgaben sparen ließe, wenn die Menschen durch ihre Ausbildung nicht auf Sozialhilfe angewiesen wären, sondern arbeiten würden.

Die erste Aufgabe bei einer Umformung der Bildung besteht darin, sie als eine Ausbildung für *Arbeit* und nicht nur für *Jobs* zu begreifen.

Wenn wir unsere Jugend dazu ausbilden, sich einer nachindustriellen Arbeitswelt zuzuwenden (denn die Definitionen der Arbeit aus dem Industriezeitalter passen für unsere Zeit nicht mehr), dann könnten wir vielleicht Anleihen bei viel älteren, vorindustriellen Formen der Ausbildung und Erziehung machen. David Purpel, Pädagogikprofessor der Universität von North Carolina, stellt die wesentliche Frage: Was wollen wir durch unsere Erziehung und Bildung eigentlich so dringend bewirken? Er vertritt die Auffassung, daß wir unsere Ausbildung banalisiert haben, indem den größeren, eher kritischen Themen ausgewichen wird oder sie vernachlässigt werden, und die Betonung auf technischen, statt auf sozialen, politischen und moralischen Themen liegt. Damit kritisiert er den Anspruch der sogenannten Wertfreiheit der Moderne und versucht die »prophetische Überlieferung« wieder ins Gespräch über die Erziehung zu bringen, zusammen mit dem Einsatz für »Mitgefühl, Kreativität und Gerechtigkeit«. Purpel selbst erfüllt innerhalb seines Berufes eine prophetische Aufgabe, indem er darauf drängt, von einem mechanistischen Modell zu einem grünen, einem ökologischen, zu kommen. Er meint, daß uns bei unseren Bildungsbemühungen ein »Mythos« fehle oder ein »übergeordnetes Glaubenssystem«.[5]

Eine Lektion, die wir von den vorindustriellen Völkern lernen können, ist die Kraft des Geschichtenerzählens. Es beeindruckt mich, wie wichtig das Geschichtenerzählen unter Stammesvölkern ist, denn es bildet die Grundlage ihres Bildungssystems. Die Kelten zum Beispiel sagten, *daß nur die Dichter Lehrer sein könnten.* Warum? Ich glaube, weil Wissen, das nicht durch das Herz geht, gefährliches Wissen ist. Denn es fehlt ihm an Weisheit, es führt leicht zu einem Machttrip, und es kann das Leben der Lernenden erdrücken. Was geschähe, wenn unsere Ausbildungssysteme darauf bestünden, daß die Lehrenden Dichterinnen oder Geschichtenerzähler oder Künstlerinnen sein müßten? Welche Veränderungen würden daraus folgen?

Bildung in großem Maßstab *ist* die neue Arbeit. Unser Geist kann niemals zuviel wissen. Unser Geist möchte sich ausdehnen, um das Unendliche zu erfahren – das Unendliche, für das »Geist« nur ein anders Wort ist. Unser Denken sehnt sich nach dem Geistigen, es sehnt sich danach, immer neu und jung zu sein, immer zu lernen, immer lebendig zu sein. Jeder Geist hat ein Recht darauf und eine Sehnsucht danach, sich auszudehnen, Weisheit kennenzulernen, sei es bei Siebenjährigen oder bei Siebenundsiebzigjährigen. Ein indianischer Freund erzählte mir, daß er oft in Gymnasien eingeladen wird, um über das indianische Leben und seine Weisheit zu sprechen. Man legt ihm aber vorher nahe, nicht das Wort »Geist« zu benutzen. »Aber ich bin ein Indianer,« sagte er mir. »Ich kann nicht über das Leben sprechen, ohne über den Großen Geist und die anderen Geister der Schöpfung zu reden.« In welche Torheit hat sich unsere Kultur verrannt, indem sie das Wort »Geist« zensiert, damit die Jugend es nicht hört! Uns scheint nicht klar zu sein, daß Menschen, die der Geisterfahrung und der Methoden dazu beraubt sind, notwendigerweise Alternativen dazu suchen werden und manchmal zu gefährlichen Pseudo-Wegen zum Geist greifen wie Alkohol und andere Drogen, unausgereifte Sexualität oder Sekten. Eine Kultur, die den Geist ausgrenzt, ruft Suchtformen förmlich herbei, Süchte, die die kosmische Einsamkeit der Menschen verbergen und die aus unreifen Bemühungen entstehen, den Geist auf eigene Faust oder allein mit Gleichaltrigen zu finden. Erwachsene, die Angst vor dem Geist haben, dürften keine Lehrpläne für Kinder entwerfen.

Unser Bildungssystem kann heute durch die Kosmologie, die aus der neuen Schöpfungsgeschichte entsteht, neu bearbeitet, neu erfunden und verändert werden (siehe Kapitel 2, wo ich einen Umriß dieser Kosmologie dargestellt habe). Wir brauchen Ausbildung über Ehrfurcht – über Ehrfurcht vor unserem Universum, unserem Planeten und seiner achtzehn Milliarden Jahre umfassenden Geschichte, vor den Geschöpfen, mit denen wir diesen Planeten teilen, und Ehrfurcht vor der Menschheit selbst, mit ihrer erstaunlichen Fähigkeit zur Kreativität wie auch zur Zerstörung. Wir müssen dazu ausgebildet werden, unser inneres Haus in Ordnung zu bringen, wie Schumacher es ausdrückte – in diesem Fall das innere Haus der großen Gemeinschaft wie auch das der einzelnen. Ganz gleich, welche besondere Herkunft, Rasse, ethnischen Wurzeln, Religion, welches Geschlecht oder welchen sozialen Status wir haben, wir teilen heute alle die gleiche Schöpfungsgeschichte. Ehrfurcht ist etwas, das alle Menschen gemeinsam erfahren. Sie ist individuell wie auch für die Gemeinschaft als

Ganzes eine Kraftquelle. Bekommt die Ehrfurcht wieder Raum, so haben wir Kraft, Neues zu beginnen, Mut loszulassen und Freude, uns einzulassen. Wo wir der Ehrfurcht Raum geben, erwecken wir die Mystik. Das ist Erziehung, die wir heute so dringend brauchen. Theodore Roszak weist darauf hin, daß »während der Aufklärungszeit mystische (›enthusiastische‹) Erfahrungen als schlimmstes Vergehen gegen die Vernunft und die Wissenschaft lächerlich gemacht wurden«[6]. Daraus ergibt sich die Frage: Kann die Erziehung, die Ausbildung etwas an dieser inneren, geistigen Verdorrung verändern? Falls nicht, wäre dann nicht jeder andere Versuch müßig, Ausbildung zu verbessern? Wäre es dann nicht nur eine oberflächliche Reform? Ist nicht jede Mühe um Erziehung und Bildung zum Scheitern verurteilt, wenn Mystik dabei ausgelassen wird? Wenn der Geist ausgelassen wird? Wenn das Bewußtsein fehlt? Wenn denn der Geist, wie so viele Philosophen und religiöse Überlieferungen behaupten, eine solch unverzichtbare Kraft des Menschlichen ist, wie kann dann die menschliche Erziehung und Bildung darauf verzichten? Wie können wir je lernen, die Erde und ihre Geschöpfe zu achten? Wie sonst könnte unsere Jugend Kraft gewinnen?

Es existieren bereits etliche Modelle von Weisheitsschulen, die den Weg zu einer gewandelten Ausbildung zeigen. Es gibt z.B. die Waldorfschulen nach den Lehren von Rudolf Steiner, die Montessorischulen und das Institute in Culture and Creation Spirituality (ICCS), bei dessen Aufbau ich vor 18 Jahren mithalf. In all diesen Modellen wird die Notwendigkeit einer Kosmologie anerkannt, das Bedürfnis nach Meditation, die es uns ermöglicht, die Kosmologie in uns aufzunehmen. Da ich unser Modell am besten kenne, werde ich es als Beispiel für die benötigten Reformen unseres Bildungssystems verwenden.

Das ICCS hat einen dreifachen Bildungsplan. Zunächst lehren wir die neue wissenschaftliche Schöpfungsgeschichte. Diese Geschichte erzählt uns vom Wunder unseres Körpers, unserer Nahrung, unseres Planeten und unserer Geschwistergeschöpfe. Diese Geschichte muß von Wissenschaftlerinnen wie von Künstlern, die heute unsere Mystiker sind, immer wieder erzählt werden, denn sie betrifft uns alle.

Zweitens lehren wir Kunst als Meditation, denn Kunst ist die Sprache der Mystik. In meditativer Kunst graben wir die in allen Menschen wohnenden Bilder aus und ehren sie. In der meditativen Kunst finden die Menschen ihre innere Kraft und lernen, sich den nur von außen stammenden Bildern zu widersetzen. Sie wenden Aufmerksamkeit auf ihre innere Arbeit, denn die inneren Bilder lassen sich nicht belügen, ob es nun Bilder der Ehrfurcht und des Wunderbaren sind oder Bilder der Trauer, der Sorge oder der Wut. All diese Bilder brauchen Raum zum Atmen. Das ist die Arbeit der Kunst als Meditation: Unsere Bilder atmen zu lassen, ihnen Leben zu geben, sie so herauszustellen, daß die Gemeinschaft uns helfen kann, sie zu deuten und uns mit ihnen auseinanderzusetzen, so daß die Bilder wiederum der Gemeinschaft Leben geben können.

Natürlich schließt die meditative Kunst auch den Körper ein, denn es gibt keine Kunst ohne Körper. Und deshalb ehrt die Ausbildung am ICCS den Körper, indem sie ihn in unsere Lernprozesse einbindet. Nehmen wir zum Beispiel die Schwitzhütte, ohne die wir in Amerika wohl kaum eine angemessene Bildung zustande bringen werden. Dort ist der Körper der Lehrer, und der Körper ist es auch, der geprüft wird. Kreistänze, Trommeln und meditative Massagen sind weitere Wege, wie wir vom und mit dem Körper lernen können.

Und drittens lehren wir für die linke Hirnhälfte Wissen über unser spirituelles Erbe aus dem Westen und dem Osten wie auch Fertigkeiten, um Mitgefühl in die Gesellschaft einzubringen. Mitgefühl wird verstanden als ein Leben aus dem kosmischen Gesetz der wechselseitigen Abhängigkeit. Es ist ein Feiern, weil wir uns in einem großzügigen Universum befinden und bedingungslose Liebe uns hierher gebracht hat. Das Schaffen von Gerechtigkeit und andere Formen des Heilens sind Ausdruck des Mitgefühls, weil wir alle in menschlichen Gesellschaften leben, die sich nach Heilung von vielen Arten des Unrechts sehnen. Ziel der Ausbildung im Modell des ICCS ist das *Mitgefühl*. Dies ist unser Ausgangspunkt, nicht nur, weil die Mystiker Mitgefühl lehren (so Meister Eckhart: »Was immer Gott wirkt, der erste Ausbruch ist Barmherzigkeit [Mitgefühl, engl.: compassion]«[7]), sondern auch, weil Wissenschaftlerinnen und Wissenschaftler heute die gleiche Wahrheit betonen. Wir gehen davon aus, daß unser Universum am besten als ein Organismus vorgestellt werden kann, denn ein Organismus ist eine wechselseitig abhängige Wesenheit. Wenn der Fuß schmerzt, schmerzt der ganze Körper. Das ist die Wahrheit, die wir heute aus der Geschichte des Universums lernen.

Wenn wir Erziehung und Ausbildung als Vorbereitung für Arbeit und nicht nur für Jobs verstehen, dann müssen wir fragen: Welche Arbeit ist heute die nützlichste? In welche Arbeit sollten wir am besten investieren und welche Ausbildungsmodelle würden uns am besten dienen? Ich gehe davon aus, daß die nützlichste Arbeit heutzutage nicht die zerstörerische Arbeit der Fabriken ist, sondern die aufbauende Arbeit des Mitgefühls. Wenn Mitgefühl das erste Ziel von Bildung und Erziehung ist, wird sich dies überall in der Gesellschaft niederschlagen. Mitgefühl wird sich darin ausdrücken, daß Menschen freiwillig Analphabeten lehren, daß Menschen über unseren Körper, unsere Ernährung und Gesundheit lehren. Mitgefühl kann in die Analysen der wirtschaftlichen Beziehungen zwischen Reichen und Armen einfließen und kann Lösungen anbieten, die wirtschaftliche Kluft zu überbrücken. Mitgefühl kann junge Künstlerinnen und Künstler ergreifen und ihnen nicht nur die Methodik ihrer Kunst vermitteln, sondern auch die Gründe, warum sie ihre Kunst überhaupt lieben. Mitgefühl wird sich dafür einsetzen, Arbeit zu *erfinden*. Die Ausbildung kann anfangen, sich mit Leidenschaften, der Wut und dem Leid ebenso auseinanderzusetzen wie mit den Träumen und Sehnsüchten. Wir müssen in unserer heutigen Bildungswelt Raum für Trauer schaffen, denn so viele von uns sind in ihrem eigenen Leben verletzt worden, und die Wunden der Erde sehen wir überall um uns herum. Anders als die Modelle, die die Amerikaner in den letzten Jahrhunderten aus Westeuropa geerbt haben, würde ein mitfühlendes Bildungsmodell auch Menschen mit farbiger Haut achten, denn die Bildungs- und Erziehungsüberlieferungen dieser Menschen haben sich nie einer Definition der Wahrheit als bloßem Kopfwissen unterworfen (»klare und abgegrenzte Ideen« in Descartes Worten). Darüber hinaus kann ein solches Ausbildungsmodell nicht vorgetäuscht werden, sondern nur Erwachsene, die selbst davon geformt und umgeformt worden sind, können es anderen Generationen mitteilen. Die Erziehungsarbeit, die ich vorschlage, besteht in der Lehre über unser inneres Selbst, unser inneres Haus als einzelne und Gemeinschaften. Da wir diese Arbeit seit Jahrhunderten vernachlässigt haben, liegt darin *das* Potential einer »Wachstumsindustrie«.

Wir haben unsere Bildung und Erziehung säkularisiert und anthropozentriert. Wir haben den Geist hinausgeworfen und mit ihm die Kosmologie und unser Gefühl für die nichtmenschliche Welt. Weil wir Erziehung und Ausbildung so zu einem Übungsplatz für bloße Jobs reduziert haben, fehlt uns auch die Kraft und Motivation dafür. Unser geistiges Erbe aber, wie es etwa Rabbi Abraham Heschel repräsentiert, lehrt uns, daß »Lernen eine heilige, eine unverzichtbare Form der Läuterung ist und auch eine Adelung«. Beachten wir, daß er sowohl von Läuterung spricht (wir könnten dies als »Disziplin« bezeichnen) *und* von Adelung, die aus dem Lernen folgen. Lernen ist eine Ekstase, eine geistige Erfahrung. Es ist nicht nur eine »Vorbereitung auf das Leben. Lernen *ist* Leben, eine höchste Lebenserfahrung, ein Höhepunkt des Daseins. ...Das Ende unserer Ausbildung ist der Anfang der Verzweiflung.«[8]

Wie kann, sofern Lernen selbst eine geistige Übung ist, Bildung ohne die Dimension der Spiritualität erneuert werden? Als erstes und höchstes Ziel jeder Erziehung und Ausbildung benennt Heschel die »Erziehung zur Achtung«. Achtung folgt aus der Ehrfurcht, sie fängt mit unseren Erfahrungen zu Hause an: »Der Ursprung von Sanftheit und Mitgefühl liegt in der Achtung. Wichtigstes Ziel der Erziehung ist es, einem Kind die Fähigkeit zur Achtung zu vermitteln. Das Herz der Zehn Gebote findet sich in den Worten: Achte deinen Vater und deine Mutter. Ohne tiefe Achtung für die Eltern ist unsere Fähigkeit, die anderen Gebote zu beachten, sehr in Gefahr. Das Problem, vor dem wir stehen, das Problem, vor dem ich als Vater stehe, ist die Frage, warum mein Kind mich achten sollte. Solange mein Kind in meinem persönlichen Dasein, in meinen Handlungen und Einstellungen nichts entdeckt, was seine Achtung erweckt – die Fähigkeit etwa, eine Befriedigung aufzuschieben, Vorurteile zu überwinden, das Heilige zu empfinden, um das Edle zu ringen – warum sollte es mich da achten? ... Erziehen bedeutet, die Seele zu pflegen, nicht nur den Geist.«[9] Im höheren Alter sieht Heschel »nicht nur das Alter der

220

Stagnation, sondern das *Alter mit Gelegenheiten zum inneren Wachstum.*«[10] Er schlägt vor, daß Seniorenheime eigene Direktoren für den Bildungsbereich und intellektuelle Aktivitäten bekommen.

Thomas von Aquin warnt: »Es gibt nichts Gefährlicheres als eine Lehre, die die Menschen in die Grube der Verzweiflung wirft.«[11] *Ich gehe davon aus, daß wir Verzweiflung lehren, wenn wir Anthropozentrismus lehren. Wo immer Kreativität, die zu unseren Ausbildungsarten und Lektionen gehört, ignoriert wird, wird Verzweiflung gelehrt. Und wo immer wir einer mechanistischen Kosmologie unterworfen werden und sie nicht durch eine grüne Kosmologie ersetzen können, lehren wir Verzweiflung.* Wir dürfen nicht erstaunt sein, wenn die Jugend ihre Verzweiflung und ihren Selbsthaß in großem Maßstab an der Gesellschaft austrägt. Das menschliche Tier ist sehr verwundbar durch die Lehren der Älteren; und wenn die Älteren Verzweiflung lehren, wird die Jugend dies aufsaugen und es auf ihre Weise zurückgeben. Das Tao Te Ching lehrt, daß man seinen Ursprung kennen soll, denn dieser sei die Essenz der Weisheit.[12] Wenn die Jugend in ihrer Erziehung nicht die Möglichkeit vermittelt bekommt, sich auf ihre eigenen Ursprünge zu beziehen, dann wird sie die Weisheit, die sie sucht, nicht schmecken können. Und für ihre Verzweiflung und ihren Zynismus werden wir alle einen hohen Preis zahlen müssen.

Mit diesem Abschnitt haben wir versucht, auf Schumachers Frage »Was kann ich eigentlich tun?« ganz direkt zu antworten: Wir können unsere Erziehung neu erfinden. Wir können sie der Menschheit würdiger, empfindsamer für die Erde und andere Lebewesen, bewußter unseres ganzen Gehirns (der linken und der rechten Hälfte) sowie unseres Körper und unseres Herzens gestalten. Wir können sie wirksamer machen und ihr ein gemeinsames Ziel geben: Mitgefühl aufzubauen.

Jugendarbeit für die Jugend

Alle Themen, die ich in diesem Buch anspreche, betreffen die Jugend sowohl direkt als auch indirekt. Die Jugend ist es, die die meisten Alpträume über die Zukunft dieses Planeten hat. Sie und ihre Kinder und Enkel sind es, die einen Planeten von uns erben werden, der weniger gesegnet und weniger schön ist als der, den die vorigen Generationen erben durften. Sie sind diejenigen, die den Preis werden zahlen müssen für die Bodenerosion, die Entwaldung, die Wüstenbildung, die Vergiftung der Gewässer, die Ozonlöcher, die atomaren und chemischen Abfallstätten, die Vernichtung der Vielfalt von Lebensformen und viele andere Schulden der vorhergehenden Generationen.

Kürzlich stellte eine Reportage fest, daß die Belegung der Jugendstrafanstalten in den Vereinigten Staaten zwischen 1979 und 1991 fast um 30 Prozent gestiegen ist.[13] Die Armut der Jugend brütet Gewalt und Verzweiflung aus. Die Erwachsenen könnten ihr eigenes Leben dadurch bereichern, daß sie mit der Jugend zusammenarbeiten und diesen Einsatz als eine Möglichkeit betrachten, neue Arbeit zu schaffen. Es wird Zeit, daß die Erwachsenen ihre Rolle im Leben so begreifen, daß sie ein Geschenk für die Jugend wird.

Arbeit mit der Verzweiflung

Vieles spricht auch für die heutige Jugend, trotz ihrer Verzweiflung und ihrer Alpträume. Das Wichtigste davon ist wohl, daß sie nicht der Verdrängung verfallen wird, denn das kann sie sich nicht leisten; Jugendliche wissen, was los ist, was ihnen und um sie herum geschieht. Viele befinden sich in der dunklen Nacht der Seele, und das ist im übrigen gar kein schlechter Ort. Wie die Schriften der Hindu lehren, kann Verzweiflung ein Yoga sein, ein Weg zum Göttlichen. Der Mönch und Theologe Bede Griffith schreibt: »Verzweiflung ist oft der erste Schritt auf dem Weg zum spirituellen Leben. Es ist sehr wichtig, durch eine Erfahrung der Leere, der Desillusionierung oder der Verzweiflung hindurchzugehen. Viele Menschen erwachen nicht zur Wirklichkeit Gottes und zur Erfahrung einer Transformation in ihrem Leben, bevor sie nicht durch diese Verzweiflung oder den großen Zweifel hindurchgegangen sind.«[14] Wie alle Mystikerinnen und Mystiker lehren, ist die Via Negativa eine Zeitlang notwendig. Sie hat uns viel zu lehren, vor allem Weisheit, statt bloßer Kenntnisse.

Die Jugend geht häufig durch Trauerarbeit hindurch, indem sie entweder ihren Zorn und ihre Wut austrägt oder sie mit Drogen, Alkohol und Konsum zudeckt, oder indem sie Banden bildet, die ihre eigenen, oft entsetzlichen rituellen Forderungen haben. Erwachsene sollten weise genug sein, sich Jugendlichen bei alternativen und heilsamen Trauerritualen anzuschließen.

Die Arbeit mit Verzweiflung und Trauer wird uns helfen, das innere Haus der Jugend in Ordnung zu bringen. Die Lösung von Trauer und Verzweiflung kann sogar eine Art vorbeugender Medizin sein, die die Notwendigkeit von Gefängnissen aufhebt. Denn wenn die Jugend keine echten Ventile für ihre Trauer, ihre Wut, ihr Leid und ihre Transzendenz hat, dann werden sich diese Bedürfnisse schließlich in Gewalttätigkeit zeigen. Daß wir dabei versagt haben, diese Bedürfnisse anzusprechen, zeigt sich heute z.B. an überfüllten Gefängnissen, die wir so schnell nicht nachbauen können. Statt aber für Jugendliche und junge Erwachsene mehr Gefängnisse zu bauen, sollten wir der Gewalt vorbeugen, die diese Gefängnisse notwendig macht: indem wir die neue Arbeit ernst nehmen, die Jugend aus ihrer Trauer herauszuführen.

Warum kann man zum Beispiel nicht Pilotprojekte starten, bei denen man Jugendliche aus den Großstädten für mehrere Monate etwa nach Ghana bringt, wo sie am Dorfleben teilnehmen könnten, von Älteren angeleitet würden und wieder Kontakt zu ihren Ursprüngen und spirituellen Überlieferungen bekämen. Das würde eine Entwurzelung (Teil aller Übergangsriten) aus ihrer derzeitigen Heimat mit sich bringen und könnte diese jungen Seelen mit Phantasie, Hoffnung und innerer Disziplin erfüllen. Eine solche Erfahrung würde Gefängnisaufenthalten vorbeugen, denn es ist sehr wahrscheinlich, daß diese Teenies als junge Erwachsene zurückkehrten und in ihren Gemeinschaften Führungsrollen übernehmen würden.

Jugend, Spiritualität und Ganzheit

Das Jungsein hat noch eine zweite, hoffnungsvolle Dimension. Die Jugend hat eine ganzheitlichere Weltsicht. Ich habe dies selbst in vielen Gesprächen mit Menschen im dritten Lebensjahrzehnt beobachten können: Sie sind weniger von der dualistischen Weltanschauung geprägt als die abendländischen Menschen der letzten Jahrhunderte. Wenn es zum Beispiel um Religion geht, sind die meisten der nachdenklichen jungen Erwachsenen heute schon nachkonfessionell. Sie wünschen sich geistige Erfahrungen und die ethische Verantwortung, die damit einhergeht, sie legen aber keinen Wert auf die Ideologien und Feindbilder, die den überwiegenden Teil der institutionalisierten Religionen in ihrer Geschichte begleitet haben. Die gegenwärtige Generation ist weniger von einer dualistischen oder Fische-Weltanschauung geprägt (wobei die Fische durch zwei Fische symbolisiert werden, die in entgegengesetzte Richtungen schwimmen). Statt dessen sind sie in ein Wassermann-Bewußtsein hineingeboren, das heißt eine Weltanschauung, die die Welt als großen Ozean sieht, als ein großes Ganzes (Kosmologie), in welchem wir schwimmen, leben und unser Dasein haben. Lassen sie mich dafür ein paar Beispiele geben:

In meiner Arbeit als spiritueller Theologe treffe ich junge Frauen und Männer, die sich in der vorigen Epoche der Gesellschaft und der Kirche zweifellos entschieden hätten, Nonnen oder Mönche zu werden. Diese Wahl treffen sie heute aber nicht mehr. Warum nicht? Ist es ein Mangel an Großzügigkeit oder Idealismus? Keinesfalls. Diese Menschen sind großmütig, haben ihre Füße aber auf dem Boden; sie sind Idealisten, aber auch Realisten. Sie wissen, daß die wirkliche Kraft nicht mehr in den Institutionen liegt, die das Herz und die Seele ihrer Generation nicht mehr ansprechen. Können denn bloße soziale Anpassungen die leeren Priesterseminare und Konvente verändern? Sicherlich nicht. Wenn sie jedoch Orte spirituellen Lernens wären und sich selbst zu führenden Stätten unter den Weisheitsschulen wandeln könnten, könnten sie der kommenden Generation einen großen Dienst anbieten. Mit Befriedigung erlebe ich, daß die begabtesten und kreativsten unserer jungen Menschen der Auffassung sind, daß sie Mystiker und Prophetinnen in der Welt sein können. Dazu aber, so glauben sie, können und müssen sie den gleichen Wechselfällen und Prüfungen des Lebens unterliegen und in den gleichen Beziehungen stehen, den sozialen, intimen persönlichen, sexuellen, beruflichen und bürgerlichen, wie ihre Gleichaltrigen.

Die Erwachsenen müssen erkennen, daß das Fischezeitalter und seine sozialen Entwürfe hinter uns liegen. Die dem Wassermann entsprechende, nichtdualistische Sicht – daß jemand Mönch und verheiratet oder Mystikerin in einer intimen Beziehung oder Prophetin und gleichzeitig Mystikerin sein kann – ist dem Lebensstil und der Lehre Jesu Christi viel näher als die großen monastischen Siedlungen. Ich bin überzeugt davon, daß der Geist bei vielen unserer Jugendlichen heute gerade in ihrer Berufung am Werke ist. Sie sind sehr ernsthaft auf der Suche, und viele empfangen auf ihre Rufe auch echte Antworten. Sie sind auf Wegen, auf denen sie wirklich Arbeit neu erfinden werden, wie wir später noch sehen.

Auf einer Vortragsreise in den Niederlanden wurde ich gefragt: »Sagen Sie uns bitte, warum die Jugend so an Schöpfungsspiritualität interessiert ist?« Mich hat diese Frage erstaunt, denn ich wußte nicht, woher die fragende Frau (eine katholische Schwester in den Sechzigern) diese Information hatte. Ja, warum ist die Jugend so an Schöpfungsspiritualität interessiert? Nachdem ich Zeit hatte, über dieses Thema nachzudenken, glaube ich dieses Interesse besser verstehen zu können. Ich denke, daß Jugendliche an einem Großen Werk teilhaben möchten. Sie wollen nicht, daß ihr Leben banal oder banalisiert wird. Sie wollen nicht, daß ihre Seele geschrumpft wird, um in eine Schublade oder ein Prokrustesbett namens Job zu passen. Sie greifen die Neuigkeiten über das Universum täglich in den Medien auf und haben das Gefühl, daß sie tatsächlich Teil einer gewaltigen und erstaunlichen Geschichte sind – der Geschichte des Universums. Und sie suchen *Schönheit*. Das versprechen sie sich von ihrer Lebensarbeit: eine Suche nach unendlicher Schönheit, eine Suche nach Geist.

Die Notwendigkeit von Abenteuern und Träumen

Jugend wünscht sich Abenteuer und hat auch ein Recht dazu – innere Abenteuer, geistige Abenteuer, Abenteuer des Geistes, des Herzens und des Körpers. Die Erwachsenen sollten damit beschäftigt sein, für solche Abenteuer zu sorgen, sei es durch Theater, Bergtouren, Präriewanderungen, mathematische Herausforderungen, Videoproduktionen, Löschen von Waldbränden oder das Reparieren von Automotoren. Kürzlich sah ich im Fernsehen ein Interview mit einem jungen Mann aus einer Großstadt. Er bekämpfte Waldbrände und sagte, dies sei der erste Job in seinem Leben. Und er strahlte dabei Stolz und Würde aus. Vorher hatte er wegen Mordes im Gefängnis gesessen.

Jugend muß gefordert werden. Denn auch sie muß ihr inneres Haus in Ordnung bringen. Versuchen sie einmal, Jugendliche in eine Schwitzhütte zu setzen, wo sie gemeinsam dem Tod gegenüberstehen, wo sie um ihr Leben singen, wo sie durch ihren Körper beten und ihre emotionalen, körperlichen und geistigen Giftstoffe ausschwitzen. Die Erwachsenen werden in dieser Art von Beziehung gute Arbeit finden. – Und wie ist es mit neuen Visionen? Und Übergangsriten? Ohne solche Übergangsriten werden wir nicht erwachsen. Wir bleiben ewige Jugendliche, und in uns staut sich Gewalt an. In dieser inneren Arbeit sehe ich eine der großen Wachstums-»Industrien« der neunziger Jahre: unser inneres Haus in Ordnung zu bringen, das Haus der Erwachsenen *und* das der Jugend.

Ich glaube auch, daß die Jugend Disziplin lernen muß, denn dafür gibt es keinen Ersatz. Um nach dem Unendlichen auszugreifen, muß man Grenzen anerkennen und innere Disziplin entwickeln. Die wichtigste Gabe, die erwachsene Arbeitende mit Jugendlichen teilen können, liegt in Übungen der Disziplin, die der inneren Suche größeren Tiefgang ermöglichen. Wie steht es da mit Träumen? Wo sind die Erwachsenen, die auf die Träume der Jugendlichen achten und diese Weisheit für andere weitertragen? Lehren wir unsere Jugend, aus ihren Träumen etwas zu lernen, sie zu deuten, ihnen zu vertrauen und die in ihnen liegende Offenbarung zu ergreifen, sie in Drama, Video, Dichtung, Tanz und Malerei darzustellen? In der

Lehre innerer Disziplin liegt Arbeit für Erwachsene, sie ist Arbeitsvorbereitung für die Jugend.

All diese innere Arbeit, die ich beschreibe, bietet Wege der Teilhabe am Großen Werk des Universums. Jeder junge Mensch hat bewußt oder unbewußt den Wunsch, sich in solcher Größe zu verlieren. Und warum auch nicht? Wir kommen an diesem Ort nur einmal vorbei. Es bedarf großer Seelen, um am Großen Werk teilzuhaben. Die Heime, Schulen, Kirchen, Synagogen und sogar die Freizeit sollten die neue Kosmologie aufsaugen. Hier liegt Arbeit, die die Gemeinschaft der Erwachsenen ernst zu nehmen hat, denn auch hier beginnt die Arbeit eigentlich mit den Erwachsenen. Wenn unsere Seelen geschrumpft und klein sind, sind wir ein Teil des Problems; und unsere Jugend ist dazu verdammt, über die Erde zu gehen und alles noch einmal von vorn zu beginnen und fällt dabei immer tiefer in Verzweiflung. Wenn aber die Erwachsenen sich an die Arbeit machen, der Jugend die Wirklichkeiten der Seele bewußtzumachen, dann besteht Hoffnung − und Arbeit − für uns alle. Wir sollten die Jugend in Gemeinschaften aufnehmen und sie dazu ausbilden, spirituelle Führer und Führerinnen zu werden. Dann könnten sie für ihre Gleichaltrigen Lehrende werden.

Jugendliche als Arbeitende

Wir dürfen die Jugendlichen nicht als Ziele unserer Arbeit sehen, sondern selbst als Arbeitende. Sie haben einander und auch uns Ältere viel zu lehren. Junge Menschen können zum Beispiel mit den ganz Kleinen arbeiten, sie babysitten oder ihnen vom Sport bis zum Computer etwas beibringen. Denken wir nur an das enorm erfolgreiche Experiment, das die sandinistische Regierung in Nicaragua unternommen hat, bevor sie durch den von der USA gestützten Contrakrieg unterminiert wurde. Die Regierung sandte Teenager mit Lese- und Schreibkenntnissen in die Dörfer und bäuerlichen Gemeinschaften, um erwachsene Analphabeten zu lehren. Die Ergebnisse waren erstaunlich. Diese »Friedenscorps« von Teenagern zur Alphabetisierung schafften es, die Verbreitung des Analphabetismus innerhalb von nur zwei Jahren von achtzig Prozent der Bevölkerung auf dreizehn Prozent zu senken! Solche Statistiken erzählen natürlich nur einen Teil der Geschichte, der Rest läßt sich viel schwieriger messen. Zwischen Alten und Jungen entstanden nämlich neue Kommunikationsfelder; die Alten gaben Weisheit an die Jüngeren weiter; die Jugend fühlte sich dadurch gestärkt und erfüllt; und alle erlebten Gemeinschaft zwischen den unterschiedlichen Generationen. Haben wir in den Vereinigten Staaten schon etwas Vergleichbares versucht, wo doch eine Studie zeigte, daß fast die Hälfte der Menschen unserer Gesellschaft praktisch fast Analphabeten sind?[15] Wie stark würden unsere Versicherungsraten und medizinischen Kosten sinken, wenn wir die Jugend in grundlegenden pflegerischen Fähigkeiten ausbilden könnten, so daß sie sich um Kranke kümmern und Alte besuchen könnten?

Achtung vor der Jugend

Die eben geschilderten eindrucksvollen Errungenschaften der Jugend und auch der Regierung in Nicaragua werfen wichtige Fragen auf. Wie leicht sind wir bereit, unsere Jugend zu banalisieren, sie passiv und abhängig zu machen, Konsummonster aus ihnen zu machen oder auch Abziehbilder unserer eigenen Erwachsenenphantasien und ungelösten pubertären Sehnsüchte! Denken wir nur an den Sexismus im Führungsverhalten oder an den Machismo und die organisierte Gewalt, die wir in vielen Jugendsportarten lehren. Denken wir nur an die Unterhaltungsindustrie und an die Leichtfertigkeit, mit der sie die Leidenschaften der Jugend aufgreift und für ihre eigene Gier und Sensationslüsternheit ausbeutet. Welch eine schwerwiegende Sünde der Adultismus ist! Wie leichtfertig machen wir unsere jungen Menschen zu Gegenständen unserer eigenen unbewältigten Bedürfnisse! Der Mißbrauch und die Ausbeutung, die stattfinden, wenn die Erwachsenen die Welt nur durch die Linse ihrer eigenen Werte sehen, ist gewaltig.

In ihrem Buch »Dharma and Development« berichtet Joanna Macy über die Selbsthilfebewegung in Ceylon, die als Sarvodaya bekannt ist, und über ihre erfolgreichen Bemühungen, die Jugend einzubeziehen, statt sie als ein Problem zu sehen. Wird die Jugend geachtet und geschätzt, so haben auch alle anderen Gesellschaftsschichten davon einen Vorteil: »Von Anfang an entschied sich Ariyaratna (der Gründer und Präsident von Sarvodaya), mit und durch die Jugend zu arbeiten, um seine Gesellschaft zum › Erwachen‹ aufzufordern. Das erste *shramadana* oder gemeinschaftliche Arbeitsprojekt wurde von sechzehn- und siebzehnjährigen Studierenden geleitet. Und alle darauffolgenden *shramadanas* und Projekte konzentrierten sich auf die ohnmächtigen Teile der Gesellschaft, wozu nicht nur die Frauen, die Landlosen und die Armen gehören, sondern auch die Menschen ohne Schulbildung und kleinen Kinder. ... Man baut *janashakti* (die Macht des Volkes) nicht nur von den Graswurzeln her auf, sondern auch von der Kindheit her.«[16] Die Jugendlichen waren gute Arbeitende, und ihre Wirkungen reichten bis weit über ihre eigene Altersgruppe hinaus. Sie benutzten Drama und Sketche, um die Menschen zu bilden und zu erziehen. »In all den Dörfern sah ich den Einsatz und Idealismus der Kinder, die die Erwachsenen in die Bewegung hineinzogen,« berichtet Macy. Ein Beamter der Weltbank beobachtete das gleiche: »Bei einem Besuch in Sri Lanka fiel mir am meisten auf, daß Sarvodaya, eine Selbsthilfebewegung, die arbeitslose Jugend nicht als eine Belastung ansah, wie die meisten Gesellschaften es tun, wo sie auf Kosten der Gesamtwirtschaft leben und unstet oder destruktiv sind. Irgendwie ist Sarvodaya in der Lage gewesen, sie zum allgemeinen Nutzen einzusetzen.«[17]

In unserer Kultur sind Jugendliche oft Fachleute für Elektronik. Sie hören die neue Schöpfungsgeschichte und spüren gleichzeitig die tiefe apokalyptische Bedrohung der Schöpfung. Vielleicht könnten sie uns zur Arbeit mit interaktiven Videos anleiten, die eine spirituelle Basis hat, und in Ritualen, die diese Techniken einsetzen. So etwas geschieht zur Zeit in Sheffield in England, wo eine Gemeinschaft von zwanzig- bis dreißigjährigen Künstlerinnen und Künstlern mit Genehmigung des anglikanischen Bischofs »virtuelle planetarische Messen« schaffen, die wöchentlich 600 Jugendliche in den Gottesdiensten anziehen. Einer der Teilnehmenden sagte: »Das ist nicht Gottesdienst *für* die Jugend, sondern es ist Gottesdienst *von* der Jugend.« Wenn die

Jugend ignoriert wird, verlieren wir vieles – nicht nur in der Entwicklung der Jugend, sondern auch in der Entwicklung der gesamten Gesellschaft.

Sexualität

Der Anthropologe Mircea Eliade warnte uns vor dem Chaos, das die moderne Epoche mit ihrem Verständnis der Sexualität erzeugt hat: »Überall und immer, außer in der modernen Welt, ist Sexualität eine Hierophanie gewesen und der Sexualakt eine ganzheitliche Handlung und auch ein Weg der Erkenntnis.« Sexualität soll eine der heiligen Erfahrungen im Leben der Menschen sein – vorausgesetzt, wir wissen, daß wir in einem geheiligten Kosmos leben. Alle spirituellen Überlieferungen feiern die Sexualität als einen heiligen Akt des Universums, eine Hierophanie, durch welche wir mit dem Großen Werk um uns herum verbunden sind. Das Hohelied der Bibel widmet sich ganz dieser Wahrheit. Dieses kosmologische Lied ist wunderschön und erzählt allen Liebenden, daß ihre Liebe ein heiliger, mystischer Akt in Gemeinschaft mit allen anderen sakramentalen Handlungen des Universums ist. In der menschlichen Liebe, wie dieses Buch sie darstellt, wird der wahre Sabbat wieder inszeniert: die Freude an der Schöpfung, die Freude, die Gott an der Schöpfung hat und die die Schöpfung an Gott hat, das Hervortreten aller Geschöpfe, der Tiere und Pflanzen, der Sterne und des Mondes, um an der Lust der Liebenden teilzuhaben. Im Hohenlied wird eine Geschichte der neuen Schöpfung oder Wiederschöpfung erzählt, eine Erlösung der Geschichte vom Garten Eden.
Sexualität ist Teil des Großen Werkes des Universums. Wir wissen das, weil das Universum sie erschaffen hat und ihr zustimmt. Nach den Worten Thomas von Aquins ist Sexualität »ein großer Segen«. Wie jede Kraft verlangt die Sexualität von uns, daß wir sie achten und respektieren, zunächst innerhalb von uns, dann in anderen und schließlich auch zwischen uns und anderen. Wenn wir aber keine spirituellen Wege kennen, mit deren Hilfe wir die innere Kraft achten

können, werden wir sie auch nie in anderen achten, sondern sie und die Sexualität statt dessen für Werke benutzen, die des Großen Werkes des Universums nicht würdig sind.

Heute müssen jung und alt gleichermaßen neu über Sexualität belehrt werden. Die mechanistische Epoche hat uns ohne Leidenschaft und Eros in unserem Leben gelassen, deshalb ist die Sexualität an die Peripherie gedrängt worden, in die Kammern der Pornographie und der Lüsternheit per Video. Sexualität ist aus dem Heiligtum verbannt worden, wurde in dem vergeblichen Versuch, sie zu verdrängen, von der Religion unter den Teppich gekehrt. Das ist nicht nur merkwürdig, sondern auch gefährlich, denn einer der Wege, auf dem wir alle mit dem Großen Werk des Universums verbunden sind, ist die sexuelle Erfahrung. Oder wenigstens sollte das der Fall sein. Die mystischen und kosmologischen Entdeckungen, die die sexuelle Liebe bietet, werden in unserer Kultur nur zu oft durch Konsumsex, Sucht nach Sex, zwanghaften Sex, sexuellen Mißbrauch oder sexuelle Neurosen verseucht. Eine Kultur ohne Kosmologie, ohne spirituelle Praktiken, mit Hilfe derer die Jugend innere Disziplin und kosmische Verbundenheit lernen kann, verschwendet die Kraft der Sexualität und wendet sie in etwas Negatives: in eine Fluchtmöglichkeit, eine Waffe, eine Sucht und in der Zeit von Aids vielleicht in einen frühen Tod oder eine einsame Existenz.

Meine Erfahrung ist, daß heutige jungen Menschen die Wahrheit über die Sexualität wollen: Als Erstes können wir ehrlich über Sexualität sagen, daß sie eine heilige Kraft ist, mit der wir alle gesegnet sind. Thomas von Aquin sagt, daß von allen Kräften unserer Seele – der nährenden, der stützenden und der erzeugenden – die erzeugende Kraft die größte ist, denn sie macht uns Gott am meisten ähnlich, der »äußerst fruchtbar« ist. Die Via Creativa, der dritte Pfad der Schöpfungsspiritualität, beschäftigt sich insofern mit Sexualität, als es dabei um Fruchtbarkeit und Kreativität geht, nicht nur um den buchstäblichen Akt der Zeugung, der Empfängnis und Geburt von Kindern, sondern auch um andere tiefe Handlungen. Zu diesen tieferen Handlungen gehört die Segnung einer Beziehung, das Teilen von Nähe, die Entdeckung von sich selbst und anderen, das Anteilnehmen an kosmischer Anmut, das Spielen und Ringen mit dem Kosmischen

Christus in der Lust und der Sinnlichkeit des Gebens und Empfangens von Liebe und das Geschenk, wie wir in dieser Welt mit Weisheit spielen können.

Weil Sexualität in ihrer vollen Gestalt unter die Via Creativa fällt, setzt sie die Erfahrung und Disziplin der Via Positiva und Via Negativa, die dieser vorhergehen, voraus. Mit anderen Worten, Sexualität kann nicht die Via Positiva ersetzen, sofern diese in anderen Bereichen der Ehrfurcht und des Staunens außerhalb der sexuellen Erfahrung erlebt werden muß, und sie kann auch nicht die Leere füllen, die entsteht, wenn wir das Erleben des Nichts auf der Via Negativa meiden. Gesunde und ganzheitliche Sexualität setzt Loslassen, Leerwerden, Warten, Einsamkeit, Humor und Keuschheit voraus, welche die Via Negativa uns lehrt. Solange wir die Lektionen der Einsamkeit noch nicht gelernt haben, sollten wir mit der Kraft der Sexualität nicht herumspielen. Es handelt sich dabei um eine so mächtige mystische Erfahrung, daß die undisziplinierte Annäherung an sie einer Waffe in der Hand gleicht: Wir können uns damit selbst zerstören, oder das Leben anderer ruinieren, nicht nur, indem wir Krankheit verbreiten, sondern auch, indem wir Kinder zeugen, bevor wir dazu bereit sind. Wie leicht kann das Leben von Erwachsenen und Kindern geschädigt werden, wenn sexuelle Kräfte unreif angewendet werden!

Wir brauchen Übergangsriten, die uns in das Mysterium und die Verantwortung für unsere sexuelle Kraft einführen, denn nur das Ritual lehrt uns, das Heilige zu achten. – Falls Robert Bly damit Recht hat, daß Männer nur durch Rituale lernen, und wenn diese in unserer Kultur offenbar selten sind, dann nimmt es nicht wunder, daß unsere Kultur voll von unwissenden und gefährlichen Männern ist.

Der Begriff der Inuit (Eskimo) für den Geschlechtsverkehr bedeutet »zusammen zu lachen«. Wir benötigen in der Tat viel Lachen in dieser sorgenvollen Zeit. Sexualität kann zu jenem Gelächter beitragen, aber nur in dem Maße, wie ihre Macht in den Zusammenhang des Großen Werkes gestellt wird. Dort liegt nämlich ihr Ursprung, ihr Zweck, ihre Schönheit und ihre Anmut. Uns über die Sexualität neu zu belehren, sie aus der Kommerzialisierung, dem Konsum, dem Eskapismus oder der Sucht herauszuheben, sie von allem Moralismus und allen Schuldgefühlen zu befreien, wohin viele religiöse Traditionen sie getrieben haben, – das wäre ein weiterer Weg, die Arbeit in unserer Zeit neu zu erfinden.

Die Sexualität zu erneuern, bedarf vieler verschiedener Arbeitender, um zu erziehen, Übergangsriten durchzuführen, Gruppendiskussionen zu leiten, den Menschen bei der Beilegung gemachter Fehler zu helfen, eine gesunde Einsamkeit zu lehren, die Homophobie zu bearbeiten, Ehen und verbindliche Partnerschaften zu stärken, den Menschen bei der Erkundung alternativer Formen von Intimität zu helfen, oder auch gesunde Formen des Zölibats zu lehren, wo das passend ist. Kurz gesagt, gibt Aufrichtigkeit ein weites Arbeitsfeld ab, das wir entwickeln könnten, wenn wir nur wollen; und die kommenden Generationen verdienen dies besonders im Blick auf Praxis und Theorie der Sexualität. Hinsichtlich der Sexualität und ihrer Verbindung mit dem Großen Werk ist viel gute Arbeit für alle Altersgruppen zu tun.

Die Wandlung unseres sexuellen Bewußtseins ist nicht nur für die Jugend wichtig, sondern für das Jugendliche in uns allen. Die Rückkehr des Eros ist eine wichtige Kraftquelle bei jeder kulturellen Erneuerung. Die Angst vor der Sexualität, die es heute gibt, kann die Rückkehr eines heilenden Eros leicht behindern – das gilt sowohl für die Krankheiten als auch für eine tief verwurzelte dualistische Ideologie, die die Materie gegen den Geist ausspielt und die immer schon von der fundamentalistischen Religion des Abendlandes gelehrt wurde. Ohne Bedürfnisse für das Leben und die Integration all unserer Leidenschaften wird die Menschheit nicht die Kraft haben, ihre Trägheit zu überwinden und sich selbst neu zu erfinden. Die Fruchtbarkeit, die wir in unserem Leben brauchen, wird nicht entstehen können, wenn wir vor den fruchtbaren Kräften fortlaufen, mit denen wir gesegnet worden sind. Bei der Wiederentdeckung einer gesunden und aufrichtigen Sexualität können die Jugendlichen sich als geistige Führer für die Älteren erweisen, die es manchmal für bequemer halten, das ganze Thema zu übersehen. Die Forderungen, die die Jugend bezüglich sexueller Weisheit an die Älteren stellt, könnte zu einer besseren und tieferen Verständigung zwischen den Generationen beitragen und mehr Lust in das Leben aller bringen.

Zum Ordnen unseres inneren Hauses gehört also auch die Verbindung zwischen Sexualität und dem Großen Werk des Universums. Das Auseinanderbrechen so vieler Ehen und Beziehungen und die schweren Verbrechen gegen sexuelle Minderheiten aus Angst und Ignoranz weisen ebenfalls auf die Notwendigkeit größerer Aufrichtigkeit hin. Auf diejenigen, die uns über Sexualität und Spiritualität lehren können, wartet wirkliche Arbeit, wichtige Arbeit und viel Arbeit.

Das kontrollierte Bevölkerungswachstum ist heute – wie wir sahen – ein drängendes Thema. Die bloßen Techniken der Empfängnisverhütung allein können die menschliche Bevölkerung nicht begrenzen. Ich glaube, daß wir auch mystische Übungen brauchen. In der taoistischen Überlieferung und in bestimmten Yogatraditionen Indiens lernen die Männer z.B., sich beim Geschlechtsverkehr so zu steuern, daß im Orgasmus kein Samen ausgestoßen wird und daß dennoch die Lust des Paares in keiner Weise vermindert wird. Wäre es nicht sehr passend, allen jungen Männern in der Welt diese mystischen Praktiken beizubringen? Bei solcher Erziehung geht es *nicht* nur um Sex, sondern um die Grundlage der Spiritualität: innere Disziplin und mystische Erfahrung. Menschen, die diese Art des mystischen Eros und der Sexualität gelehrt haben, erzählen mir, daß zwar die Leute ursprünglich wegen der sexuellen Dimension angezogen werden, daß es aber spirituelle Übungen sind, die dort tatsächlich gelehrt und die dann auch am meisten geschätzt werden. Der Schlüssel zu den taoistischen Übungen ist das Atmen, wobei es schließlich auch um Gebet geht. Im zwölften Jahrhundert sagte Hildegard von Bingen, daß Gebet nichts anderes sei als das Einatmen und Ausatmen des einen Atems des Universums. Arbeit an erotischer Kraft und Spiritualität ist eine Arbeit, die unser inneres Haus wirklich in Ordnung bringen wird und auch unseren überbevölkerten äußeren Häusern hilft.

Zeit für einen neuen spirituellen Orden?

In diesem Kapitel haben wir drei Bereiche untersucht, in welchen wir Menschen noch unerledigte Aufgaben haben. Die zu erledigende Arbeit muß offenbar *von der Menschheit an der Menschheit* getan werden. Und doch sind wir bei unseren Bemühungen, die Jugendlichen und dann die Kinder Kosmologie zu lehren, keinesfalls allein. Wir sind auch nicht allein, wenn es darum geht, mit und von der Jugend zu lernen. Und wir sind nicht allein beim Umerziehen unserer selbst, der Jugend und der Alten gleichermaßen, was Sexualität betrifft. Die gesamte Schöpfung jubelt uns bei dieser wichtigen Arbeit zu, denn sie steht bei den Bemühungen der Menschheit, unser inneres Haus in Ordnung zu bringen, auf dem Spiel.

Es gibt heute ein besonderes Bedürfnis der Jugend nach Beistand der Älteren: Warum existiert kein Sabbatjahr für junge Menschen, ein Jahr Befreiung von den Kämpfen des Heranwachsens (von denen Psychologen uns sagen, daß sie in unserer Kultur bis zum siebenundzwanzigsten Lebensjahr dauern), um sich an einer spirituellen Entdeckungsreise zu beteiligen? Ein solches Sabbatjahr würde den Arbeitsmarkt entlasten und die jungen Leute neue Wege lehren, sich selbst zu finden.

Was heute von uns gefordert ist, hat, meiner Auffassung nach, die engste Parallele zu der Gründung neuer religiöser Orden in der Vergangenheit. Die Orden entstanden in Zeiten kultureller und religiöser Paradigmenwechsel, ja, in Zeiten religiöser Dekadenz wie der unseren. In Sheffield in England bauen Jugendliche heute einen Orden auf, der sich der wichtigen Arbeit, Rituale zu schaffen, gewidmet hat, die für die heranwachsende Generation funktionieren. Sie lernen Möglichkeiten, in Gemeinschaft zu leben und doch den Privatraum zu achten. Sie lernen die Lektion des Opferns für eine größere Sache, indem diejenigen, die Erwerbsarbeit leisten, ihr Geld zusammenwerfen, so daß andere Mitglieder in die Lage versetzt werden, sich mit voller Kraft der rituellen Arbeit für die Gemeinschaft zu widmen. Der Schlüssel für die Kraft dieses neuen spirituellen Ordens besteht in der klaren und herausfordernden gemeinsamen Aufgabe: Rituale zu machen, die funktionieren. Ich habe das Gefühl, daß viele junge Menschen auf der ganzen Welt heutzutage begeistert über die Einladung zu solch einer Gemeinschaft wären – in Europa wäre ein weiterer Beleg die Taizé-Bewegung, zu einer Gemeinschaft, die für mehr als banale Zwecke existiert.

Wir brauchen heute nicht so sehr einen *religiösen* Orden als vielmehr einen *spirituellen*, einen Orden, der die Jugend spirituelle Praxis lehrt und auch besonders auf die Wunden der Jugend achtgibt. Heilsame spirituelle Praxis, Wege des Betens und Meditierens, die Kunst des Schweigens und der Einsamkeit; all das sind *Rechte*, auf denen alle Menschen bestehen sollten. Das Problem heute ist, daß die ältere Generation derartig von den antimystischen Haltungen der Moderne geprägt ist, in der sie aufgewachsen ist, daß man nur selten spirituelle Wege von ihr lernen kann. Thomas Berry, der Mitte siebzig Jahre alt ist, gab kürzlich zu: »Meine Generation ist eine autistische.« Die Älteren unter uns haben es nicht gelernt, auf die Offenbarungen der Natur um sie herum oder in sich zu lauschen. Weisheit ist knapp. Wir brauchen daher einen neuen spirituellen Orden, um alles an Weisheit hervorzubringen, was wir noch in unserem kollektiven Gedächtnis haben.

Der neue spirituelle Orden wird nicht zum Fischezeitalter passen, das heißt, er wird sich nicht mit dem Dualismus beschäftigen, in der Welt oder außerhalb der Welt zu sein, Laie oder ordiniert, männlich oder weiblich, homosexuell oder heterosexuell, alt oder jung, oder sich dem Konfessionalismus hingeben. Seine Spiritualität wird schöpfungsgemäß sein, was bedeutet, daß in ihr das Göttliche verehrt wird, wo immer sie es findet. Der neue spirituelle Orden wird sich damit beschäftigen, Menschen auszubilden und zu stützen, die der Erdgemeinschaft dienen – spirituelle Kriegerinnen und Krieger, die sich dem Entstehen einer ökologischen Religion widmen. Die Heilung des verwundeten Kindes wird dem Erwachsenen gestatten, im Universum sowohl zu *spielen* (Mystik) als auch zu *arbeiten* (Prophetie).

Wo es eine lebendige Vision gibt, die auf dem Dienst an der Erdgemeinschaft und an den ungeborenen Generationen gründet, da ist Leben. Solch ein Orden würde Leben geben, Hoffnung und Kraft. In einem solchen Erwachen könnte viel geschehen. Der Menschheit fehlt heute ja kein Geld (abgesehen davon, daß alle unsere patriarchalen Institutionen Schulden haben). Was uns am meisten fehlt, ist Energie, Vision und Erwachen. Uns fehlt Geist. Wenn die Menschheit aufwacht, ist sie großer Dinge fähig. Dieser Ruf zur Größe ist es, der wie ein Hoffnungsstrahl aus einer solchen Ordens-Gemeinschaft hervorgehen könnte. Wenn wir unsere Phantasien freisetzten, gäbe es neue Arbeit in Fülle.

Anmerkung zur deutschen Ausgabe:
Beispiele für solche Bewegungen, die sich eine feste, an der Schöpfungs- oder ökologischen -Spiritualität orientierte Regel geben, sind in Mitteleuropa etwa die »Schöpfungsgemeinschaft« mit Sitz in Münster und die Beaulieu-Bewegung mit Sitz in Bern.

Kapitel 7

Neuerfindung der Arbeit: Gesundheitswesen, Psychologie und Kunst

Die Lehrpläne der meisten medizinischen Fakultäten des Abendlandes umfassen die Welt der Ideen und Gefühle nicht. Die Welt aber hat sich weiterbewegt, und die Medizin steht in Gefahr, zurückgelassen zu werden.

Patrick C. Pietroni[1]

Die traditionellen Methoden zur Auslösung der Entspannung sind ebenfalls aus der heutigen Welt verbannt. Gebet und Meditation nach dem Brauch unserer Vorfahren finden heute nur mehr historisches Interesse.

Herbert Benson[2]

Die psychologischen Wurzeln der globalen Menschheitskrise scheinen in letzter Analyse in dem Verlust einer geistigen Perspektive zu liegen.

Stanislav Grof[3]

*Die Psychologie sucht nach einem Ersatz für die kosmische Einheit,
welche die archaischen Menschen noch genossen haben und in ihrer
Religion ausdrückten. Die Menschen der Moderne haben sie aber
verloren, ein Verlust, der für die Entwicklung des neurotischen Typus
verantwortlich ist.*

Otto Rank[4]

*Der Blick auf unsere wechselseitige Abhängigkeit und Verbundenheit
ist die weibliche Perspektive, die nicht nur in unserem wissenschaftlichen Denken und der Politik, sondern auch in der ästhetischen
Philosophie verlorengegangen ist.*

Suzi Gablik [5]

In diesem Kapitel werden wir uns damit auseinandersetzen, wie der
Paradigmenwechsel vom mechanistischen zu einem grünen Zeitalter
bei der Neuerfindung der Arbeit im Gesundheitswesen, der Psychologie und der Kunst helfen kann.

Gesundheitswesen

Es ist kein Geheimnis, daß sich Medizin und Gesundheitsversorgung
in einer Krise befinden. Die Fragen, die sich um die Krankenversicherungen drehen – wer sie bekommt, wer nicht, wer dafür zahlt,
welche Art Medizin davon gedeckt wird? – sind eng mit unserem
Denken über die Medizin überhaupt verbunden. Es sagt einiges über
unser medizinisches Verständnis im Westen, daß die Krankenversicherungen alternative und preiswerte Behandlungen wie Körpertherapien, Meditation, Akupunktur oder Homöopathie selten oder nicht
bezahlen, während sie Computertomographie, Laserchirurgie und
andere hochgerüstete Medizintechniken abdecken. Die meisten
Menschen definieren Medizin immer noch auf der Vorstellungsgrundlage der Aufklärung, daß der menschliche Körper eine Maschi-

ne sei. So definierte es Descartes: »Ich halte den menschlichen Körper
für eine Maschine. In meinem Denken vergleiche ich einen kranken
Menschen und eine schlecht gebaute Uhr mit einem gesunden
Menschen und einer gut gebauten Uhr. Ich behaupte, daß die
Funktionen in dieser Maschine ebensowohl allein aufgrund der
Beschaffenheit der Organe zustande kommen wie die Bewegungen
in einer Uhr.«[6]

Was geschieht, wenn wir daran glauben, daß unser Körper eine
Maschine wie ein Uhrwerk sei? Der britische Biologe Rupert Sheldrake stellt fest: »In Descartes' Philosophie wurde der gesamten Natur,
auch dem menschlichen Körper, die Seele entzogen; alle Dinge und
Lebewesen wurden mechanistische Automaten, und nur die rationale
Seele, der bewußte Geist, behielt eine winzige Domäne, nämlich die
Zirbeldrüse. Nach dieser neuen Theorie konnte die Natur kein
eigenes Leben mehr besitzen: Sie war seelenlos und ohne Spontaneität, Freiheit und schöpferische Kraft.«[7]

Dr. Patrick C. Pietroni, einer der führenden Dozenten des Univer-
sitätskrankenhauses St. Mary in London, sieht in seinem provokanten
Buch »The Greening of Medicine« die Krise in der medizinischen
Ausbildung Signal als für einen Paradigmenwechsel, auf welchen der
Berufsstand der Ärzte reagieren kann oder auch nicht: »Die Lehrpläne
der meisten medizinischen Fakultäten des Abendlandes umfassen die
Welt der Ideen und Gefühle nicht. Die Welt aber hat sich weiterbe-
wegt, und die Medizin steht in Gefahr, zurückgelassen zu werden.
Medizinstudierende lernen immer noch eine Medizin, die im we-
sentlichen vom Körper und seinen Funktionen handelt: daß der
Körper aus Einzelteilen aufgebaut ist, die als solche voneinander
getrennt studiert werden. Sie lernen immer noch, daß der Geist eine
vom Körper abgetrennte Entität sei. Immer noch lernen sie, daß eine
Behandlung entweder durch eine Verschreibung oder durch eine
Operation erfolgt. Und sie erhalten wenig oder gar keine Ausbildung
in Kommunikationsfähigkeiten und verlassen die Universität mit
einem Wissen über Krankheiten, aber ohne ein Verständnis der
Gesundheit.«[8]

Und doch sieht Pietroni Hoffnung für das Gesundheitswesen der
Zukunft. Er stellt die Prinzipien der »Harmonie, des Gleichgewichts,

der wechselseitigen Verbundenheit von natürlichen Phänomenen und der Suche nach innerer Wachheit« heraus, die seiner Auffassung nach in der Medizin des 21. Jahrhunderts eine Revolution hervorbringen werden. Er glaubt, daß ein solcher Bewußtseinswandel bereits begonnen hat, wie er sich in Büchern wie »Love, Medicine and Miracles« zeigt, die »nahelegen, daß die Möglichkeit, eine Veränderung im eigenen Wohlbefinden zu bewirken, von einem veränderten Bewußtsein über sich selbst und der eigenen Beziehung zur Umwelt abhängen kann«.[9]

Das Thema Gesundheit und Medizin betrifft nicht nur die Patienten, sondern auch die im Gesundheitswesen tätigen Menschen, die durch übermäßige Arbeitsbelastung und oft durch ihre Arbeitssucht unter Druck stehen. Gute Arbeit wartet gewiß auf diejenigen, die sich für eine Veränderung des abendländischen Zugangs zur Medizin einsetzen. Ein Teil dieser guten Arbeit wird darin bestehen, die im Gesundheitswesen Tätigen zu entlasten, weil sie beruflich zuviel leisten müssen und sich zuwenig mit ihrem eigenen Leben beschäftigen können. Arbeitende im Gesundheitswesen brauchen ebensoviel spirituelle Praxis wie alle anderen, vielleicht sogar mehr: Ihre Arbeit bringt sie in tägliche Nähe mit den Mysterien des Lebens und des Todes. Wenn spirituelle Führerinnen und Ritualisten sich ebenso um das Wohlbefinden der Therapierenden wie der Patienten kümmern würden, so wäre es zum Vorteil aller.

Den Anfang einer solchen Umorientierung können wir in vielen Krankenhäusern – vor allem aber auch in der Arbeit der Hospiz-Bewegung beobachten, wo die Krankenhausgeistlichen ein nur psychologisches Modell der Pastoral durch ein spirituelles ergänzt haben, welches Imaginationen, Meditationen und Rituale integriert. Die Pastorin Barbara St. Andrews, die seit vierzehn Jahren anglikanische Priesterin ist, hat am Pacific Presbyterial Medical Centre in San Francisco eine Vortragsreihe über »Medizin und Philosophie« begonnen. Monatlich lädt sie Vortragende ein, die über den Paradigmenwechsel und über archaische Heilweisen sprechen. Die Ergebnisse sind bemerkenswert. Sie erzählte mir zum Beispiel, daß nach einem Vortrag über Eckharts Predigt über die Vertreibung der Geldverleiher aus dem Tempel ein Saal voller Ärztinnen und Ärzte geweint hat.

Und sie sagte weiter, daß es ihr darum gehe, die Fürsorge wieder in die Gesundheitsfürsorge zurückzubringen und die auf das Herz bezogenen Begabungen in unserer Gesellschaft wieder in den Vordergrund zu stellen.

Im allgemeinen Krankenhaus von Marin in Kalifornien wird eine ähnliche Vortragsreihe unter dem Titel »Innovationen in der Krankenhausgestaltung« abgehalten, die den Unterschied zwischen der Behandlung einer Krankheit und der Behandlung einer Person hervorhebt: »Eine Gesundheitskrise im menschlichen Leben berührt sowohl die emotionalen wie auch mentalen und geistigen Erfahrungen, ebenso wie die Familie, den Freundeskreis und die Arbeitskollegen. Für viele ist es eine Gelegenheit, die eigenen Lebensentscheidungen und Prioritäten noch einmal zu überdenken, und es kann eine chaotische und erschreckende Zeit sein. Eine solche Zeit birgt auch das Potential, eine neue Lebenssicht zu entwerfen, die neuen Bedürfnissen gerecht wird und das innere Wachstum fördert. Ein solches Verweben der Lebenserfahrung mit Hoffnung und Bedeutung ist für den Heilungsprozeß wesentlich. Dies ist ein schöpferisches Bemühen, für das es Mut braucht und das durch eine vorurteilsfreie Unterstützung seitens anderer gefördert wird. Für einen echten Fortschritt brauchen wir ein dynamisches Gleichgewicht von Hoffnung und Realismus, Mitgefühl und Technik, Phantasie und Überlieferung.«[10]

Seit dieses Krankenhaus aktiv mit dem neuen Paradigma arbeitet, hat es ein Krebszentrum eröffnet, das von Künstlerinnen und Künstlern, die selbst Krebs an sich erfahren haben, mit geplant und gestaltet worden ist. Der Garten wird ausschließlich mit Pflanzen besetzt werden, die chemotherapeutische Stoffe enthalten.

Ein gewaltiges Potential an Leidenschaft und Interesse, das für die Erholung und Heilung der Gemeinschaft der Therapierenden selbst verwendet werden könnte, liegt zur Zeit brach. Innerhalb der heilenden Berufsstände kann gewiß viel gute Arbeit geleistet werden; alle werden davon profitieren – die Patienten nicht weniger als die Berufstätigen, und die Versicherungsanstalten nicht weniger als die Finanzverwaltungen der Krankenhäuser. Einige Führungskräfte könnten sich jedoch durch die Integration spiritueller Methoden

242

bedroht fühlen, denn ihre Ausbildung umfaßt nur selten eine Kosmologie oder Spiritualität oder auch nur ein Wertesystem, das über Bilanzen hinausreicht: ein weiterer Fingerzeig, daß die Ausbildung verwandelt werden muß, vor allem auch die Ausbildungen im Geschäftsbereich und Management. Darüber werden wir im 8. Kapitel weiter sprechen.

Zu dem Wechsel in Sprache und Bewußtsein, den wir in der Medizin brauchen, gehört die Umformung der patriarchalen Kriegsmetaphorik zu einer mehr mitfühlenden Ausdrucksweise. Bisher sprechen wir vom »Kampf gegen die Krankheit«, vom »Krieg gegen den Krebs«, vom »Beseitigen einer Infektion«, vom »Herausschneiden einer Geschwulst«, vom Finden der »Wunderpille«. All diese Bilder erinnern wohl kaum an das »Liebet eure Feinde«. Zu einem erotischen Leben gehört aber auch die Fähigkeit des Körpers, auf sanfte und liebevolle Berührung zu reagieren, auf Übungen und gesunde Ernährung, auf gesundes Wasser, gesunde Luft und Nahrung. Viel Krankheit oder Unwohlsein kommen dadurch zustande, daß die erotische Ganzheit einer gesunden Umwelt zerstört wird. Wie die Gesundheit der Erde, so ist auch unsere eigene. Unsere Bemühungen um die Gesundheit können auf keinerlei Weise von der Gesundheit anderer Lebewesen auf diesem Planeten und der des Planeten selbst getrennt werden. Vielleicht kann man Arbeit im Umweltschutz am besten als eine Art Präventivmedizin verstehen. Das Umweltbewußtsein gestattet es uns wieder, die Wichtigkeit von Beziehungen als Schlüssel zu jedem gesunden Leben wertzuschätzen.

Beim Heilen haben Gebet und Meditation ihre Rolle zu spielen. In seinem Buch »The Relaxation Response« hat Dr. Herbert Benson durch wissenschaftliche Versuche die positiven Wirkungen der Meditation auf die Verlangsamung des Stoffwechsels, die Senkung des Blutdrucks und des Blutzuckers dokumentiert.[11] Benson spricht von einer Bluthochdruck-Epidemie in unserer Gesellschaft und zeigt, daß diese durch Meditationsübungen beseitigt werden kann, die er als »Entspannungsreaktion« bezeichnet; es handelt sich dabei um Übungen, die immer schon im Zusammenhang religiöser Lehren praktiziert worden sind und durch alle Zeiten hindurch Teil der Menschheitskulturen waren.[12] Wenn Benson vom »Loslassen des Intellekts« und einer »Entspannung des Willens« spricht, um eine Stille des Geistes herbeizuführen, klingt er wie Meister Eckhart. Auch, wenn er das innere und äußere Selbst unterscheidet: »Unser gewöhnliches Denken betrifft Dinge, die sich außerhalb von uns abspielen. Infolge unserer emotionalen Bindungen, sozialen Gefühle, ideologischen Überzeugungen und der Kontakte durch unsere Sinne wenden wir unsere Gedanken stets äußeren Faktoren zu. Jeder Versuch, dieses nach außen gerichtete Bewußtsein wieder zu uns selbst zurückzulenken, benötigt einen ganz anderen geisten Prozeß.«[13]

Benson betont die *physiologische* Dimension der Meditation, die allein schon eine Revolution des Gesundheitswesens hervorbringen würde, welche die Gesundheitskosten erheblich senken würde und damit letztlich auch die Versicherungsbeiträge. Die Befähigung zu einer solchen Entspannungsreaktion hat nichts mit technischer Hochrüstung zu tun und ist nicht etwas, was wir von Experten bekommen. Vielmehr »gibt es sie in uns allen«[14]. Es bedarf einer neuen Philosophie der Arbeit in unserer Kultur und besonders im Gesundheitswesen, um ein solches inneres Wirken mit all seinen Potentialen für eine physiologische wie auch emotionale Heilung hervorzurufen: »*Die Entspannungsreaktion hingegen kann nur unter der Bedingung hervorgerufen werden, daß man sich um den Zeitaufwand nicht kümmert und eine bewußte Anstrengung auf sich nimmt.* Unsere Gesellschaft hat bisher der Entspannung nur wenig Bedeutung zugemessen. Vielleicht betrachtet unsere Arbeitsmoral einen Menschen, der sich Zeit nimmt, als wenig leistungsfähig und träge. Die traditionellen Methoden zur Auslösung von Entspannunng sind ebenfalls aus der heutigen Welt verbannt. Gebet und Meditation nach dem Brauch unserer Vorfahren haben heute nur mehr historisches Interesse. ...Wäre es nicht vernünftig, diese angeborene Fähigkeit als ›Entspannungspause‹ anstatt der Kaffeepause in unser tägliches Leben einzugliedern? Jeder könnte natürlich die Methode zum Hervorrufen der Reaktion nach seiner persönlichen Neigung wählen: eine weltliche, eine religiöse, eine westliche oder eine östliche Technik.«[15]

Alles, was ich über das Leben von Ärzten lese, klingt sehr nach einer Verschwörung, vor der Entspannungsreaktion zu fliehen. Ich kenne einen Priester, der in einem Wohnheim für Medizinstudenten in

New York wohnt. Seine Hauptverantwortung besteht darin, Selbstmorde zu verhindern; im Jahr, bevor er angestellt wurde, gab es dort
vier Selbstmorde. Die zwanghaften und suchtbetonten Arbeitsgewohnheiten der Mediziner beginnen schon bei der Ausbildung und
dauern bei vielen fort, bis sie in den Ruhestand gehen. Der alte Satz
»Arzt, heile dich selbst!« ist noch nie so passend gewesen. Wir werden
keine solide Medizin bekommen, bevor nicht Ärztinnen und Ärzte,
Schwestern und Pfleger eine spirituelle Praxis haben dürfen und darin
gefördert werden.

Dr. Patch Adams ist ein Arzt, der aus dem geläufigen medizinischen
Paradigma ausgeschert ist und ein neues entwirft, zu dessen »häreti-
schen« Vorstellungen es gehört, die Gesundheitsfürsorge umsonst zu
gewähren. Als Gründer des »Gesundheit-Instituts« in West Virginia
haben er und andere Therapeuten mehr als fünfzehntausend Menschen
ohne Bezahlung oder Hintergehung der Versicherungen behandelt.
Sein Buch »Gesundheit!« ist ein kraftvolles medizinisches Manifest, das
den Ärztestand dazu auffordert, »in der Medizin von einer Hierarchie
der Macht und des Status zu einem freundlichen Teamgeist zu
gelangen«. Er fordert ein drastisches Umdenken im Gesundheitswesen:
»Statt am versagenden Gesundheitssystem herumzureparieren, müssen
wir Lösungen schaffen, die für Patienten wie für das Pflegepersonal
wirklich begeisternd sind. Wir müssen in einer gemeinsamen, die
Disziplinen übergreifenden Bemühung niederreißen, was uns weh tut,
und den Beruf der Heilenden heilen. Wir müssen die Medizin wieder
aus dem Geschäftsleben herauslösen und erkennen, daß Habgier und
Selbstsucht die Gesellschaft und ihr Gesundheitssystem in große Gefahr
gebracht haben.«[16] Eine der klugen Ideen von Adams ist es, den
Depressiven Dienen als Therapieform vorzuschlagen, er bezeichnet
dies als »eines der größten, je entdeckten Heilmittel«. Dienen sei »der
große Müdigkeitskiller, der Zerstörer von Depression und Langeweile,
der Weg, die durch Furcht erzeugte Unbeweglichkeit zu beenden«[17].
Ein weiterer Arzt, der sich über das gegenwärtige Paradigma hinweg-
zusetzen gewagt hat, ist Larry Dossey, der in seinem Buch »Healing
Words: The Power of Prayer and the Practice of Medicine« Wissenschaft und Spiritualität zu einer großen Synthese zusammenführt, die
die heilende Kraft des Gebetes stützt.

Ein weiterer Weg zu einer neuen Sicht des Gesundheitswesens ist die Relativierung aus einer bloß abendländischen Sicht des Körpers und die Einbeziehung der östlichen Sicht von Gesundheit und Krankheit. Sinn der chinesischen Medizin z.B. ist es, die Harmonie wiederherzustellen, von der man annimmt, daß sie in allen Wesen des Universums vorhanden ist, die aber durch Unfälle oder Infektionen gestört werden kann. Die medizinischen Fakultäten des Abendlandes betonen das Studium von Leichen. In der traditionellen medizinischen Ausbildung des Ostens lernen die Studierenden an lebenden Körpern. Dabei untersuchen sie nicht nur die isolierten Teile, sondern auch den Reichtum der wechselseitigen Beziehungen innerhalb des Körpers: der Gefühle und der Organe, der Körperformen und der Beziehungen zwischen Herz und Leber. Die chinesische Medizin kann hervorragend die Zeichen von Ungleichgewicht im Körper erkennen, bevor es zu organischen Schäden kommt, und somit eine Krankheit verhindern, bevor sie sich entwickelt. Der Westen hingegen kann hervorragend Zellentartungen oder infektiöse Bakterien finden und beschädigte Organe entfernen.

In San Francisco führen Harriet Beinfield und Efrem Korngold eine Klinik, die mit chinesischer Akupunktur und Pflanzenheilkunde arbeitet. In ihrem Buch »Between Heaven and Earth: A Gate to Chinese Medicine« stellen sie eine Sichtweise der Medizin dar, die sich grundlegend vom mechanistischen Modell unterscheidet. Sie stellen das abendländische Bild des »Arztes als Mechaniker« in Kontrast zum »Arzt als Gärtner«, der ihrer Ansicht nach den östlichen Zugang symbolisiert. Heilende sind wie Gärtner, die die natürlichen Prozesse respektieren, denn »Gärtner *machen* das Wachstum im Garten nicht. Die Natur tut es. Ein Gärtner ist ihr Verbündeter, der den Boden vorbereitet, die Saat einsät, bewässert, Unkraut entfernt und die Pflanzen in die richtige Beziehung zueinander und zur Sonne setzt.« Der menschliche Körper ist dem Erdkörper ähnlich, denn »sowohl der Garten als auch der menschliche Körper sind Mikrokosmen der Natur«. Harmonische Muster durchziehen den menschlichen Garten. »Der Körper verhält sich zur Natur wie eine Geige zum Orchester«[19]; die Entsprechungstheorie lehrt, daß ein größeres System sich nur im Gleichgewicht befinden kann, wenn jedes kleinere System darin ebenfalls ausgeglichen ist.

Nach dieser Überlieferung wird Gesundheit definiert als »die Fähigkeit eines Organismus, sich auf eine große Bandbreite von Anforderungen einzustellen, so daß sein Gleichgewicht und seine Integrität gewahrt bleiben«. Und Krankheit gilt als »ein Versagen darin, sich an Anforderungen anzupassen, eine Störung des Gesamtgleichgewichts und ein Riß im Gewebe des Organismus. ... Die Quelle der Krankheit kann jede Anforderung an den Körper sein, mit welcher dieser nicht fertig wird, ob das nun eine schädigende Substanz oder ein schlechtes Gefühl ist. Die Krankheit ist die Manifestation eines instabilen Prozesses, das Muster einer unharmonischen Beziehung.«[20] So klingt diese Definition von Krankheit für mich wie eine Definition des Unrechts: unharmonische Beziehungen.

Trotz des westlichen Skeptizismus funktioniert die chinesische Medizin. Ein chinesischer Arzt sagte mir einmal: »Wir praktizieren diese Art Medizin seit Jahrtausenden. Sie hätte wohl nicht so lange Bestand gehabt, wenn sie uns nicht gut gedient hätte!« Nicht nur auf Praktizierende dieser Überlieferung wartet gute Arbeit in Fülle, sondern auch auf diejenigen, die solche Art Medizin in Krankenhäusern und Kliniken zugänglicher machen können und die die Versicherungen dazu drängen, so etwas zu unterstützen. Im Grunde sollten die Versicherungsbeiträge bei der Therapie mit solch ganzheitlichen Methoden niedriger sein. Und zwar erstens, weil es dafür weniger oder preiswerter Technik bedarf; zweitens, weil die positiven Ergebnisse zur Folge haben, daß die Versicherer nicht wiederholt zur Kasse gebeten werden; und drittens, weil der personelle und organisatorische Überbau klein ist.

In Syracuse, New York, traf ich einen Arzt, dessen Leidenschaft darin besteht, *alle Leute und Traditionen*, die an Heilung arbeiten, zusammenzubringen – darunter Ärztinnen und Ärzte der westlichen Medizin, Praktizierende der östlichen Richtungen, Chiropraktiker, Homöopathen, Pflanzenheilkundige und so weiter. Eine solche Art *medizinischer Ökumene* ist längst überfällig: Keine einzelne Tradition hat alle Antworten, und alle können von den Fähigkeiten und der Weisheit der anderen lernen.

Das Gesundheitswesen kann Infusionen von neuer Kraft erhalten, wenn Künstlerinnen und Künstler in die heilende Arbeit eingebunden werden. Die Kunst liefert uns einige Wege der Heilung, um unsere inneren Kräfte der Leidenschaft für das Leben zu wecken. Wunderbare Dinge geschehen zum Beispiel im Spiralgarten der Rehaklinik in Toronto, einer Anstalt für krebskranke Kinder. In diesem Garten können die Kinder außerhalb des Krankenhausgebäudes spielen, anpflanzen und Rituale durchführen, bei denen sie Masken, Puppen, Musik und Spiele einsetzen. Zunächst war das medizinische Personal sehr skeptisch bezüglich dieses Gartens; aber die Resultate, die verbesserte Verfassung der Kinder, haben für sich selbst gesprochen. Der Garten wurde von dem Künstler Paul Hogan begonnen und wird jetzt von einer Kerngruppe von sechs bis zehn Künstlerinnen und Künstlern versorgt, die »dabei helfen, zwischen den Kindern untereinander, zwischen ihnen und der Umwelt und den Menschen und Situationen, die Teil des Krankenhausalltags sind, Verbindungen herzustellen. Kultur wird hier als Brücke zurück zur Gemeinschaft und fort von den entfremdenden Auswirkungen einer Krankheit angesehen. Ein Besucher: › In diesem Spiralgarten wird die Kunst ihrer größten Prüfung unterworfen: in bezug auf ihre Fähigkeit, den Geist zu heilen.‹ «[21]

In San Francisco begründete und leitete Robert Rice ein Kunstprojekt am Institut für das Älterwerden. Bei diesem Projekt besuchen professionelle Musiker, Schriftstellerinnen, visuelle Künstler und Schauspielerinnen behinderte und ältere Menschen in einer Tagesstätte für Erwachsene oder in ihren Wohnungen und leiten sie im Zeichnen, Malen, Musizieren, kreativen Schreiben, Schauspiel und anderen Formen künstlerischen Ausdrucks an. Die Ergebnisse sind sehr inspirierend – sowohl für die Klienten als auch für die Anleitenden. Ein älterer Mann sagte: »Ihr Künstler habt mein Leben gerettet.« Und eine andere schrieb, daß die Künstler ihr »einen Schatz gegeben haben, den ich den langen Lebenserfahrungen auf dieser Erde hinzufügen kann. Er war in der Lage, all die Sinne meines schwächerwerdenden Organismus zu erwecken, so daß ich die Dinge um mich herum wieder genießen kann. Davor schien meine Zeit nur noch dahinzusickern, aber jetzt scheinen die Stunden von verborgenen

Kräften draußen im Raum angetrieben zu sein, sie leuchten furchtlos auf wie ein Komet, der bald verlischt, aber niemals genau weiß, wann.« – Der Künstler sagte dazu: »Ich entdecke ein immer stärkeres Gespür für Spiritualität und finde tiefere Ebenen der Verständigung«[22].

Kunst kann in der Tat eine spirituelle Disziplin für uns alle sein. Wenn wir das Künstlerische in unsere medizinischen Paradigmen einbeziehen, findet oft Heilung auf verschiedenen Ebenen statt, viel preiswerter als bei alleiniger Behandlung durch Technik.

Ein kanadischer Physiker, der auch Mitarbeiter des Umweltministeriums in Ontario ist, sagte mir kürzlich: »Hier in Ontario werden ernsthafte Versuche auf Regierungsebene unternommen, eine *gesündere* Gesellschaft zu bekommen und nicht nur eine *medizinisch stärker versorgte* Gesellschaft. ... Wir haben bisher ein *Medizinsystem* und nicht ein *Gesundheitssystem* gehabt.« Der Paradigmenwechsel im Gesundheitswesen, den wir in diesem Kapitel besprochen haben, umschreibt eine Bewegung von einem medizinischen Modell zu einem Gesundheitsmodell. Wenn man einen Arzt besucht und wegen einer Krankheit behandelt wird, dann wird man »repariert«. Wenn man aber am Ende der Sitzung dasitzt und der Arzt fragt: »Wie geht es ihnen denn jetzt«, dann betreibt er Gesundheitsarbeit.[23]

Ein wirkliches Gesundheitssystem würde der Arbeit und der Ausbildung viel Aufmerksamkeit widmen, denn nach den bisher verfügbaren Daten liegen hier die Ursachen für einen Großteil unserer gesundheitlichen Aufwendungen. Arbeitslose und unausgebildete Menschen leiden unter den höchsten Gesundheitsrisiken. Umweltschutz und Begleitung der kindlichen Entwicklung sind die wichtigsten Investitionen in die Gesundheit. Darüber hinaus zeigen die Daten, daß der wesentliche Einflußfaktor auf die durchschnittliche Lebenserwartung in jeder Gesellschaft in der Differenz zwischen Reichen und Armen liegt. Wo diese Kluft relativ gering ist – wie etwa in Costa Rica – ist die gesamte Gesellschaft körperlich und emotional gesünder. Wo aber die Kluft tief ist, ist die gesamte Gesellschaft krank. Menschen mit geringerem Einkommen verfallen leichter dem Alkohol, dem Nikotin und schlechten Ernährungsgewohnheiten, um mit ihrem Leben zurechtzukommen; darin liegen dann eher die gesundheitlichen Probleme als in der Armut, die ihre Ursache ist.

Kürzlich hat eine Studie festgestellt, daß ungesunde Lebensgewohnheiten und Gewalt die Vereinigten Staaten jährlich 43 Milliarden Dollar an direkten medizinischen Ausgaben kosten. »Gewalt, Drogen, Alkohol und Tabak ruinieren unser Gesundheitssystem,« sagt Dr. Daniel Johnson von der amerikanischen Ärztekammer.[24] Eine Investition in Gerechtigkeit und Spiritualität wäre also klug, denn sie würde unsere medizinischen Ausgaben senken.

Ein weiteres Beispiel für Kunst, die heilend wirkt, indem sie eine neue Kosmologie und bewußte Spiritualität hervorbringt, findet sich in der Arbeit des holländischen Architekten Ton Alberts, der in Amsterdam die ING Bank auf der Grundlage eines größeren Umweltbewußtseins und spiritueller Prinzipien entworfen hat. Er sagt: »Die Natur ist meine Inspirationsquelle. Die Schönheit der Natur verbindet sich mit organischer Architektur.« Größtmöglicher Einsatz von Sonnenenergie ist vorgesehen, Solarkollektoren werden eingesetzt, die Wände sind abgeschrägt und ein keramischer Wärmeaustauscher entzieht der Luft wieder Wärme. Es wird keine Klimaanlage gebraucht, Pflanzen und Springbrunnen im Gebäude sorgen für die nötige Feuchtigkeit. Das Ergebnis ist, daß das Gebäude jährlich 2 Millionen Dollar an Elektrizitätskosten spart und daß die Gesamtatmosphäre so freundlich für die 2200 Angestellten ist, daß die Abwesenheitszeiten um ein Viertel gesunken sind. Eine schöpfungsgemäße Architektur ist eine sinnvolle finanzielle Investition.[25]

Psychologie

Emotionale Gesundheit ist ein wesentlicher Aspekt bei der Neuerfindung der Arbeit im Gesundheitswesen. Das Wort Psychologie bezieht sich traditionellerweise auf das Studium der Seele; Denkerinnen und Denker der schöpfungsorientierten Tradition gingen davon aus, daß hier Heilung mit Hilfe von Spiritualität stattfindet. Im 13. Jahrhundert zum Beispiel verband Thomas von Aquin Mystik und

Ehrfurcht mit seelischer Heilung; er meinte, daß Staunen die Seele heilt: »Staunen war das Motiv, das die Menschen zur Philosophie brachte. Für die Heilung der Seele ist Philosophie, was Medizin für die Heilung des Körpers ist. Das Staunen ist eine Art Sehnsucht nach Wissen. Es ist Ursache der Freude, weil es mit der Hoffnung verbunden ist, das ersehnte Wesen zu entdecken.«[26] Thomas von Aquin sagt uns hier, daß das Staunen begleitet ist von der Heilung der Seele, von Sehnsucht, Freude und Hoffnung.

Der Psychologe Otto Rank verstand sehr gut das Leiden unserer Seele an der Abschaffung der Kosmologie: »Die Psychologie sucht nach einem Ersatz für die kosmische Einheit, welche die archaischen Menschen noch genossen haben und in ihrer Religion ausdrückten. Die Menschen der Moderne haben sie aber verloren, ein Verlust, der für die Entwicklung des neurotischen Typus verantwortlich ist.« Die Moderne beraubte uns unserer Kosmologie, und sie raubte laut Rank der Psychologie auch die Seele. »Die Psychologie ist der letzte und jüngste Sprößling der Religion, oder genauer, des uralten Glaubens an die Seele. Um aber rational erscheinen zu können, mußte die Psychologie die Existenz ihrer eigenen Eltern leugnen, nämlich den Glauben an die Seele ...«[27] Ranks psychologische Theorie drückt den schöpferischen Fluß zwischen Psyche und Kosmos aus: »Ich bin zu einer absolut dynamischen Psychologie gelangt, in der es nichts Statisches mehr gibt. Es mag Statisches geben, wenn aber ein Individuum mit einer neuen Situation konfrontiert wird, mit anderen Worten, mit dem Leben, so ist es seine Aufgabe, erst sich selbst zu erschaffen und dann hinauszugehen und äußerlich etwas zu schaffen. ... Ich halte Psychologie für eine Wissenschaft von Beziehungen und Wechselbeziehungen oder, falls sie einen moderneren Ausdruck wollen, eine Wissenschaft der Relationalität.«[28]

Mehr als fünfzig Jahre, nachdem Rank diese Feststellungen traf, beginnen wir endlich, anders über »seelische Erkrankungen« und ihre Heilung nachzudenken. Viele Menschen, die noch über einen säkularen und sogar mechanistischen Zugang zur Seele ausgebildet worden sind, fühlen sich berufen, Therapie als etwas zu praktizieren, das einer spirituellen Anleitung sehr nahe kommt. Sie bewegen sich von einem Sündenfall/Erlösungs-Modell, das mit der Frage beginnt »Was ist dein Problem?« zu einer schöpfungsorientierten spirituellen Richtung, die mit der weiterreichenden Frage beginnt »Was ist deine göttliche Begabung und wie kann diese sich freier ausdrücken?« Nach Jahrzehnten der Trennung und gegenseitigen Feindseligkeit sind heute mehrere psychologische Richtungen aktiv damit beschäftigt, das Psychologische und das Spirituelle zusammenzubringen. Die Common Boundary Bewegung (»gemeinsame Grenzen«), die von Anne und Charles Simpkinson begründet wurde, ist ein Beispiel dafür, denn ihr ganzer Sinn besteht darin, an Spiritualität interessierte Therapeutinnen und Therapeuten zusammenzubringen. Die Bewegung der transpersonalen Psychologie definiert die Rolle der Therapierenden neu im Lichte eines gesteigerten Bewußtseins von Spiritualität und ihren Möglichkeiten. Aus der letztgenannten Perspektive spricht Stanislav Grof über die Vernachlässigung der Spiritualität im Westen: »Die psychologischen Wurzeln der globalen Menschheitskrise scheinen in letzter Analyse in dem Verlust einer geistigen Perspektive zu liegen. Weil eine harmonische Lebenserfahrung unter anderem die Erfüllung transzendenter Bedürfnisse braucht, ist eine Kultur, die die Spiritualität verdrängt und den Zugang zu den transpersonalen Schichten des Daseins verloren hat, dazu verdammt, auch in all ihren anderen Tätigkeitsbereichen zu versagen.«[29] Eine prophetische und apokalyptische Warnung: Daß »alle anderen Tätigkeitsbereiche«, mit anderen Worten, all unsere Arbeit, »verdammt ist zu versagen«, weil unsere Kultur ihren Kontakt mit der Spiritualität verloren hat.

Eine weitere Bewegung, die im Rahmen der Psychologie neue Arbeit verspricht, ist die Ökopsychologie. In seinem Buch »Ökopsychologie« kritisiert Theodore Roszak die anthropozentrische Voreingenommenheit der westlichen Psychologie, angefangen mit Freud, »ganz der urbane Intellektuelle«, dessen Psychotherapie »das Individuum vom Planeten trennte«. Roszak geht davon aus, daß die Klarheit unseres Weltverständnisses von der emotionalen Stimmung abhängt, mit welcher wir der Welt gegenübertreten. »Fürsorge, Vertrauen und Liebe determinieren diese Gestimmtheit ebenso, wie sie die Art unserer Beziehung zu einem anderen Menschen determinieren. Unser Gefühl, von einer ›Außenwelt‹, die uns keine freundliche Reaktion entgegenbringt, abgetrennt zu sein, steht in ursächlichem Zusammenhang mit unserem obsessiven Bedürfnis, zu erobern und zu unterwerfen.«[30] Mit anderen Worten: Kosmologie heilt. Sie stellt uns in die richtigen Beziehungen und befreit uns von einer Eroberermentalität. Roszak ist der Überzeugung, daß Freuds Anthropozentrismus eine »von tiefer Verzweiflung geprägte Vision des Lebens« geschaffen hat, die »immer noch in den Hauptströmungen des psychologischen Denkens herumspukt. Es ist eine Art negativer Präsens, nie erwähnt, aber im Hintergrund immer anwesend: Die Vision eines Kosmos, der so unmenschlich, so fremd ist, daß er nicht ins Bewußtsein hineingenommen werden kann. Daß die moderne Psychotherapie sich für die Trennung von der Natur in ihrer Gesamtheit entschied und sich den Leiden der Seele nur innerhalb eines rein persönlichen oder sozialen Bezugsrahmens widmet, hängt damit zusammen, daß Freuds mutiger Versuch, eine menschlich akzeptable Verbindung zwischen der inneren und der äußeren Welt herzustellen, fehlschlug.«[31]

Roszak sieht, daß »in der westlichen Welt das biologisch-medizinische Modell der Psyche in Anlehnung an das bereits existierende biologisch-medizinische Modell des Körpers entwickelt wurde«. Im Paradigma der Aufklärung war der Körper ein »entzaubertes Objekt«, »nichts weiter als eine Maschine«. Man kann eine Maschine »als Sprungfedern, Hebel, Pumpen und Kolben« darstellen und deuten. Hier liegt der ferne Ursprung unserer Überzeugung, der Körper könne durch Ersatzteilchirurgie verbessert werden. Das Bild der Psyche büßte den Nimbus des Geheimnisvollen oder Heiligen ein, weil dem Körper, dem sie angeschlossen war, nichts Geheiligtes innewohnte. Roszak drängt auf eine Ersetzung unseres mechanistischen Paradigmas in der Psychologie durch ein Gefühl für den sakramentalen Charakter der Wirklichkeit, ein Verständnis der Seele, wie die antiken Psychologien es vertraten. Er glaubt, daß die Gesundheit selbst »eine Frage desselben Gleichgewichts ist, derselben Wechselbeziehung zwischen der menschlichen und der nichtmenschlichen Natur. ... Der Bereich der Natur ist der Bereich des Heiligen. Abkehr von der Natur wäre nicht nur Wahnsinn, sondern das größte denkbare Sakrileg.«[32]

Die industrielle Revolution wurde zu dem Modell, anhand dessen wir unsere Seele verstehen sollten. Es bot uns ein »gewalttätiges Modell der organischen Welt, in welchem Darwin nicht etwa das Gesetz des Dschungels in die zivilisierte Gesellschaft hineinlas, sondern vielmehr die Gesetze des Manchester-Kapitalismus auf den Dschungel übertrug: Alles Leben mußte das sein, was es in den Zentren des Frühkapitalismus geworden war, ein erbarmungsloser Kampf ums Überleben.«[33] Im Gegensatz dazu verstehen wir heute viel mehr von der komplexen Beziehung, von der wechselseitigen Abhängigkeit und Kooperation, die die Lebewesen und ihre Verbindungen untereinander charakterisieren. Gewissen ist ein Teil des menschlichen Wesens. Wir müssen über unsere säkularisierte Psychologie hinausgehen und von den antiken Gesellschaften lernen, die das Vertrauen und jene Forderungen betonten, die der nährende Planet an unsere Loyalität stellt.

Roszak meint, daß die Ökopsychologie unser Verständnis von uns selbst erweitert und auch das Geheimnis und das Wunderbare umfaßt, den allgegenwärtigen Geist und Sinn der achtzehn Milliarden Jahre umfassenden Geschichte, die wir mit allen Wesen auf diesem Planeten teilen. Er stellt acht Prinzipien auf, das Selbst neu zu betrachten:

1. Der Kern des Bewußtseins ist das ökologische Unbewußte. Dies zu ignorieren, führt zu kollektivem Wahnsinn in unserer Gesellschaft.
2. Die Inhalte des ökologischen Unbewußten repräsentieren die lebendigen Erinnerungen der kosmischen Evolution; die moderne Ökopsychologie beruft sich auf diese neue kosmologische Geschichte.
3. Ziel der Ökopsychologie ist es, den latenten Sinn für ökologische Wechselwirkungen wachzurufen, um die Entfremdung zwischen Menschen und der natürlichen Umwelt zu heilen.
4. Das ausschlaggebende Entwicklungsalter ist die Kindheit; die Ökopsychologie versucht »die dem Kind angeborene animistische Qualität der Erfahrung im funktionell gesunden Erwachsenen wiederzubeleben«. Sie wendet sich dafür vielen Quellen zu, darunter den Heilungsmethoden traditioneller Gesellschaften, der Naturmystik, wie sie sich in Religion und Kunst ausdrückt, der Erfahrung der Wildnis und den Einsichten der Tiefenökologie.

5. Das ökologische Selbst bildet in seinem Reifungsprozeß einen Sinn für die ethische Verantwortung dem Planeten gegenüber aus.

6. Die Ökopsychologie kritisiert die zwanghaften männlichen Ideologien der Naturbeherrschung und greift die Einsichten des Ökofeminismus und der feministischen Spiritualität auf.

7. Die Ökopsychologie setzt sich für kleinräumige soziale Strukturen ein, die das ökologische Selbst kräftigen und personalisieren, sie widersetzt sich den nach umfassender Herrschaft strebenden Gesellschaftsmodellen und der städtisch-industriellen Kultur, die dieses Selbst unterläuft. Die Ökopsychologie ist nachindustriell, aber nicht antiindustriell.

8. Die Bedürfnisse des Planeten sind auch die Bedürfnisse des Menschen, und die Rechte des Menschen sind die Rechte des Planeten. Mensch und Göttliches sind in einer »Synergie« des Planeten und des persönlichen Wohlbefindens miteinander verbunden.[34]

Ein weiterer Versuch, unsere psychologische Welt im Lichte der ökologischen Revolution umzugestalten, ist das Buch »Toward a Transpersonal Ecology« des Australiers Warwick Fox. In diesem Buch zieht Fox eine Verbindungslinie zwischen transpersonaler Psychologie und Tiefenökologie: »Ein transpersonaler Zugang zur Ökologie ist dann eben kein anthropozentrischer. ... Vielmehr ist ein transpersonaler Zugang zur Ökologie mit der Öffnung des ökologischen Bewußtseins befaßt, mit der Ausbildung eines ökologischen, größeren Selbst. Oder, wie ich es bereits beschrieben habe, mit einer diesseitigen Verwirklichung eines möglichst umfassenden Gefühls für das Selbst.«[35] Fox sieht in den meisten psychologischen Zugängen zum Selbst noch Überbleibsel der Newtonschen Stückwerkmentalität, erkennt der transpersonalen Psychologie aber zu, daß sie sich über diese Einschränkungen hinwegsetzt. »Was auch immer ihre qualitativen Unterschiede sein mögen, so beziehen sich doch das begehrend-impulsive Selbst, das denkend-entscheidende Selbst und das normierend-beurteilende Selbst alle auf ein enges, atomistisches oder stückwerkartiges Bild des Selbst, während das transpersonale Selbst sich auf eine weite, umfassende oder feldartige Vorstellung des Selbst gründet.«[36]

In einem solchen Zusammenhang wird traditionelle Ethik überflüssig, weil eine Ausweitung des Selbst bedeutet, das Feld auszuweiten, in welchem man lebt, sich bewegt und sein Dasein hat. Eine solche Ära der ökologischen Gerechtigkeit würde, mit anderen Worten, durch Mystik und Bezogenheit gekennzeichnet, statt durch Pflicht oder Verwaltung. Er zitiert Joanna Macy: »Es würde mir nicht einfallen, Sie zu ermahnen, sich nicht Ihr Bein abzuschneiden. Das würde weder mir noch Ihnen einfallen, weil das Bein ein Teil von Ihnen ist. Das gilt aber auch für die Bäume im Amazonasbecken: Sie sind unsere äußeren Lungen. Das beginnt uns gerade erst klar zu werden. Allmählich entdecken wir, daß wir unsere Welt *sind*.«[37] Joanna Macy vertritt hier das Gefühl einer kosmischen Mystik, die der Geisteshaltung einer transpersonalen Ökologie entspricht: »Alle Konzepte, die unserem Begriff des Selbst Grenzen setzen, sind künstlich. In systemischer Sicht bestehen wir aus und werden getragen von miteinander verflochtenen Strömen aus Materie, Energie und Information, die durch uns fließen und uns mit unserer Umwelt und anderen Wesen verbinden. Doch sind wir daran gewöhnt, uns mit jenem kleinen Bogen des Durchflusses zu identifizieren, der von dem engen Strahl des Blitzlichtes unseres individuellen, subjektiven Bewußtseins erhellt wird. Aber wir *müssen* unsere Selbstwahrnehmung nicht derart begrenzen. ... Ebenso plausibel wie ein Segment aus dem Prozeß herauszubrechen und unsere Grenzen darum aufzubauen ist es, unsere Identität mit dem größeren Muster zu verbinden, in Verbindung mit allen anderen Wesen zu existieren.«[38]

Macy spricht dabei ebenso aus ihrer spirituellen Praxis als Buddhistin, die regelmäßig meditiert, wie auch aus ihrer Leidenschaft für ökologische Gerechtigkeit. Mit ihrem Buch »World as Lover, World as Self« setzt sich Joanna Macy für eine Wiederkehr der Welt als Geliebter ein – ein Thema, das man in unseren alten spirituellen Quellen findet, im Hinduismus, Sufismus, in der Kabbala, der Göttin Religion und den christlichen Überlieferungen. Sie glaubt, daß diese Bereitschaft, sich vom »ursprünglichen, erotischen Spiel des Lebens« umfassen zu lassen, zu unserer Heilung beitragen würde. »Die Welt selbst hat in unserer Befreiung ihre Rolle zu spielen. Ihre Probleme, Schmerzen und Risiken können uns aufwecken, uns von den Bindungen des Ego befreien und uns in unsere weite, wahre Natur heimbegleiten.«[39]

Aber die Welt ist auch das Selbst, wie Macy feststellt, denn »die Art, wie wir das Selbst definieren und begrenzen, ist künstlich«; und die Ursache des Leidens unseres Planeten ist unsere Beziehung zur Welt. »Unsere beharrliche Vorstellung, daß wir von der Welt unabhängig sind, anderen Spezies überlegen und immun gegen das, was wir ihnen antun, zerstört diese Welt.« Macy bietet einen dreifachen Weg an, sich die Evolution des menschlichen Bewußtseins vorzustellen: Das erste Stadium ist die Kindheit, in der wir »noch keine Trennung von der natürlichen Welt um uns herum fühlten. Bäume, Felsen und Pflanzen umgaben uns mit einer lebendigen Gegenwart, die uns ebenso nah und pulsierend war wie unsere eigenen Körper. In jener ursprünglichen Nähe, die von den Anthropologen als ›Participation mystique‹ bezeichnet wird, waren wir mit unserer Welt eins wie ein Kind im Leib der Mutter.«[40]

Das zweite Stadium ist das des Selbstbewußtseins, das uns von der Welt distanziert hat. Die Verbannung aus dem Garten Eden erzählt die Geschichte dieser Entfernung, des Auftretens von freiem Willen und der »einsamen und heldenhaften Reise des Ego«. Vom Sündenfall bis zur Epoche der Aufklärung hat die Menschheit hervorragend gelernt, sich von der Natur zu entfernen, »um Entscheidungen zu treffen und Strategien zu entwerfen, um zu messen, zu beurteilen und unser Urteilsvermögen zu beobachten«. Wir dürfen diese Phase nicht nur als negativ ansehen, denn »sie hat uns große Leistungen gebracht, für die wir dankbar sein können. Das distanzierte und beobachtende Auge brachte uns das Hilfsmittel der Wissenschaft und eine unschätzbare Sicht der gewaltigen, geordneten Komplexität unserer Welt. Und die Anerkennung unserer Individualität brachte uns den Rechtsstaat und die allgemeinen Menschenrechte.«[41]

Im Augenblick sind wir mit der dritten Bewegung der Menschheit beschäftigt; wir sind »bereit, zurückzukehren«: »Nachdem wir Distanz gewonnen und unsere Wahrnehmung verfeinert haben, können wir uns umwenden und erkennen, wer wir die ganze Zeit über schon gewesen sind. Jetzt kann es uns dämmern: Wir sind die Welt, die sich selbst erkennt. Wir können unsere Getrenntheit aufgeben. Wir können wieder nach Hause kommen und an unserer Welt in einer reicheren, verantwortlicheren und schöneren Art teilhaben als zuvor in unserer Kindheit. ... Die Welt kann uns jetzt sowohl als Selbst als auch als Liebende erscheinen.«[42]

In dieser entschiedenen Weise, unsere Reise zu benennen und unser Erbe zu betrachten – das animistische, die biblische Geschichte vom Sündenfall, das Erbe der abendländischen Wissenschaft –, sehen wir einen wichtigen Weg, die Psyche neu zu erfinden. Aus dieser neuen, von Macy vorgeschlagenen Sicht wird sich viel gute Arbeit ergeben. Damit müssen wir uns in all unseren Institutionen beschäftigen. Schon vor siebenhundert Jahren erkannte Thomas von Aquin die der Kosmologie innewohnende Kraft, die Seele zu heilen; er sagte, daß das Staunen für die Heilung der Seele sei, was die Medizin für die Heilung des Körpers.[43] In unserer Hingabe an das Staunen liegt sowohl Freude als auch Hoffnung. Wieder stellen wir fest, daß es gute Arbeit gibt, und davon eine Menge.

Die Vision der Künstlerinnen und Künstler

Künstlerisch arbeitende Menschen sind durch das Paradigma des Industriezeitalters tief verletzt worden. Wie eine Maschine keinen Raum für Mystiker oder Kinder hat, so hat sie auch keinen Platz für Künstlerinnen, die während der industriellen Ära an den Rand gedrängt worden sind. Was für einen Preis mußten die Gesellschaft und all unsere Arbeitswelten für dieses Exil zahlen! Auch die Künstler und Künstlerinnen selbst haben einen hohen Preis gezahlt, wurden von der Gesellschaft als verrückt oder süchtig gekennzeichnet oder anderweitig abgewertet.

Im Gegensatz zur modernen Gesellschaft, die der Kunst ihre angemessene Rolle abspricht, erkannte Thomas von Aquin, daß die künstlerische Arbeit für jedes wirkliche Arbeiten wesentlich ist. Er sah Künstler als die »Intellektuellen«, das heißt als die Ideengebenden.

»Solange wir in diesem Leben sind, geht das Vorstellen mit dem Denken einher, ganz gleich wie geistig die Erkenntnis sei. Selbst Gott erkennen wir durch Bilder von den göttlichen Wirkungen.« Künstlerinnen und Künstler erwecken unsere Bilder, um uns zu unseren mystischen Ursprüngen zu bringen, denn »eine Vorstellung impliziert die Idee ihres Ursprunges«. Darüber hinaus können wir nicht ohne Kunst denken, denn »die Vorstellung ist ein Erkenntnisprinzip. Von ihr geht unsere geistige Tätigkeit aus, nicht als ein vorübergehender Stimulus, sondern als ein bleibendes Fundament«[44]. Die Kunst bildet also ein bleibendes Fundament für all unsere geistige Tätigkeit. Das jedenfalls glaubten die Menschen vor der Moderne.

Künstlerinnen und Künstler können auch unsere Verbindung zum Mystischen sein. Courtney Milne, ein Fotograf, der ein Buch namens »The Sacred Earth« veröffentlichte, erzählt von den Entdeckungen, die er durch seine Kunst machen konnte: »Die tiefsten Offenbarungen sind ironischerweise nicht an bestimmten heiligen Stätten aufgetreten, sondern eher als Erkenntnisse über das aufgetaucht, was ich da tue ... Mir ist klar geworden, wie du und ich – alle, die gern Bilder machen, – auf das Mystische reagieren, das in uns allen lebt ... Alle begeisterten Fotografen sind Künstler, und alle Künstler sind Mystiker. ... Daß ich dies weiß, gestattet mir, das Staunen zu pflegen, die Kamera in der Tasche zu lassen und einen neuen Ort erst voll zu erleben, mir zu gestatten, wieder ein Kind zu sein und die Neuigkeit eines alten Ortes zu entdecken oder die Vertrautheit, die in einem neuen Ort liegt.«[45]

Die Künstlerin und Kulturkritikerin Suzi Gablik fordert in ihrem Buch »The Reenchantment of Art« die künstlerische Welt heraus, die modernistischen Werte der Entfremdung und sozialen Antipathie fallenzulassen und eine neue Vision anzunehmen, die ein Gefühl für die Gemeinschaft, eine ökologische Perspektive und ein tieferes Verständnis der mythischen und archetypischen Grundlagen des Geisteslebens einbezieht. Gablik setzt sich für eine schöpfungsgemäße geistige Erneuerung der Kunst ein. Über das vorhergehende Paradigma der Aufklärungsepoche und seine Bedeutung für Künstler und Künstlerinnen sagt sie: »Individualismus, Freiheit und Selbstausdruck sind die großen modernistischen Reizwörter.« In jener Weltanschauung erscheint die Vorstellung, daß Kunst auch gemeinschaftlichen kulturellen Bedürfnissen dienen könnte, statt nur Ausdruck einer persönlichen Suche zu sein, fast als unverschämt. Dies ist aber der Motor für einen Paradigmenwechsel in der Kunst, einen Wechsel »von Gegenständen zu Beziehungen.« Gablik fordert ihre Kolleginnen und Kollegen auf, sich bei diesem Paradigmenwechsel nicht mit abstrakten Theorien zufriedenzugeben. Sie personalisiert und erdet damit die Wandlungen, denen wir uns unterziehen müssen, wenn sie feststellt, daß »der Weg zur Vorbereitung eines neuen Paradigmas darin liegt, daß wir im eigenen Leben Veränderungen vornehmen«[46]. Bei Spiritualität gehe es nicht nur um Theorie, sondern um Praxis. Gablik gibt das Thema des Loslassens ihrem eigenen Beruf vor, der Welt der Kunst: »Wir leben in einer giftigen Kultur, und das nicht nur ökologisch gesehen, sondern auch geistig. Wenn unsere Arbeit erfolgreich darin sein soll, zum notwendigen Prozeß der kulturellen Heilung beizutragen, dann müssen wir bereit sein, alte Programmierungen abzuschaffen, negative Vorstellungen und Glaubensformen, die für den Planeten und das Leben auf der Erde zerstörerisch sind, loszulassen. Was aber heißt das für die Kunst?«[47] Unter anderem bedeutet es für Gablik, die Vorstellung einer »Kunst um der Kunst willen« fallenzulassen. Eine solche Vorstellung impliziert nämlich eine »an sich vorhandene Zwecklosigkeit« und verrät sich damit als ein Aspekt der anthropozentrischen Kosmologie der Aufklärung. »Der Modernismus war die Kunst des Industriezeitalters,« erklärt sie und diente unter anderem der patriarchalen Vorstellung einer »wertfreien Ästhetik«.

Gablik verweilt jedoch nicht im destruktiven Aspekt des Loslassens; vielmehr stellt sie diejenigen in Frage, die aus dem bloßen Abriß eine Religion machen wollen. »Heilung ist der kraftvollste Aspekt der rekonstruktiven Postmoderne, während es den Dekonstruktionisten scheint, als könne Kunst nur abreißen. Hinter dem Abriß aber liegt keine Zukunft.« Die Künstlerinnen und Künstler müssen wählen, ob sie bloß einem Weg der Entmystifizierung folgen oder statt dessen »kulturelle Heiler sein« wollen.[48]

Es ist klar, welchem Weg Gablik hier folgt. In ihrer Benennung der beiden Pfade der Kunst beschwört sie die alte prophetische Berufung, die schon Jeremia kannte: »Auszurotten und niederzureißen, zu verderben und zu zerstören, aufzubauen und zu pflanzen« (Jeremia

1,10). Die Dekonstruktionisten wollen niederreißen und zerstören, doch Gablik reicht das nicht. Es entspricht auch nicht der prophetischen Tradition der Arbeit: »An ihren Früchten sollt ihr sie erkennen«, riet uns Jesus. Unser Werk wird beurteilt durch das, was es hervorbringt – kulturelle Heilung, in Gabliks Worten – nicht nur durch das, was man losläßt.

In diesem Zusammenhang fordert Gablik die Künstlerinnen und Künstler auf, »teilnehmende Mitschaffende« zu sein in einer »aktiven Form der Rekonstruktion«. Das Ziel ist die Heilung des Planeten. »Die Wandlung kann nicht durch noch mehr manischer Produktion und Konsum im Markt entstehen. Wahrscheinlicher entsteht sie aus einem neuen Gefühl des Dienens am Ganzen, aus einer neuen Intensität der persönlichen Hingabe. ... Das große kollektive Projekt hat sich selbst dargestellt. Es ist die Erhaltung der Erde.«[49]

In Gabliks Bemühung, ihren Beruf wiederzubeleben, finden wir alle vier Pfade der schöpfungsspirituellen Reise: das Staunen über den Kosmos, das Loslassen (die Dekonstruktion und sogar das Loslassen der Dekonstruktion), das Mitschaffen (Rekonstruktion) und das Verwandeln der Gesellschaft auf der Grundlage der inneren Werte der wechselseitigen Abhängigkeit (Mitgefühl). Gablik glaubt, daß es zum weiblichen Teil der Kunst gehört, die wechselseitige Abhängigkeit zurückzubringen. »Der Blick auf unsere wechselseitige Abhängigkeit und wechselseitige Verbundenheit ist die weibliche Perspek- tive, die nicht nur im wissenschaftlichen Denken und in der Politik, sondern auch in der ästhetischen Philosophie verlorengegangen ist.«[50]

Viele Künstlerinnen und Künstler wenden sich von der Mentalität einer Kunst um der Kunst willen, von der Konsummentalität ab und entdecken die Kunst wieder als spirituelle Disziplin, als einen Weg, eine leblose Kultur zu erneuern. Die neue Kosmologie erinnert uns daran, daß Kunst, statt nur *um der Kunst willen* dazusein, *um der Kreativität willen* da ist, das heißt um der Entwicklung und Heilung der Menschen und der Erde willen: »Damit das Volk (die ganze Schöpfung) lebe«, wie die Indianer beten.

Ich hatte im Laufe der Jahre oft das Glück, Künstlerinnen und Künstler zu treffen, die sich auf geistigen Wegen befinden, und konnte eine ganze Anzahl von ihnen einladen, in unseren Programmen über Schöpfungsspiritualität Kunst als Meditation zu lehren. Im allgemeinen drücken sie eine tiefe Dankbarkeit dafür aus, nach Hause zu kommen, weil sie Kunst als Spiritualität lehren und einzelne oder Gruppen mit dem Geist verbinden können.

Eine inspirierte Frau schrieb vor mehr als fünfundzwanzig Jahren ein Buch, das ich nach wie vor für die Bibel der meditativen Kunst halte. Ich spreche von der Töpferin, Dichterin, Philosophin und Malerin M.C. Richards und ihrem Klassiker »Centering«, worin sie den Prozeß der inneren Sammlung im Töpfern, Dichten und in der Person selbst beschreibt. Aus ihrem tiefen Verständnis als Töpferin und Dichterin denkt die Autorin über den schöpferischen Prozeß als das höchste geistige Werk unseres Lebens nach. »Wir müssen uns klar machen, daß in unserem Inneren ein schöpferisches Wesen lebt, ob wir es mögen oder nicht, und daß wir ihm den Weg freimachen müssen, weil es uns sonst keinen Frieden läßt.«[51] Sie führt uns durch einen schöpferischen Prozeß, indem sie uns »auf die Scheibe« setzt, und zeigt uns den Weg sowohl zur Kunst als auch zur spirituellen Praxis. Sie gibt dabei, wie alle Kunst, unserer spirituellen Praxis den Körper zurück. Sie verbindet uns wieder mit den natürlichen Elementen, dem Kosmos, der moralischen Phantasie, dem Spaß und der Leidenschaft, die wirksames Mitgefühl begleitet.

Richards achtet die »Intelligenz« des Tones, der Werkzeuge, der Farbe, des Körpers, des Feuers, der Malfarben, der Worte, der Stille – und den Geist, der uns damit überrascht, daß er irgendwann aus unserem Inneren hervorspringt. In ihrem Buch benennt Richards die Via Positiva der Mystiker als den Schlüssel zur Öffnung unserer Wahrnehmung: Es ist eine Frage der »Akzeptanz«, die in der »Hingabe an das Ganze« liegt. Akzeptanz ist bei Richards die Philosophie des Nichthandelns: »Wenn die Lehre der Akzeptanz davon spricht, die Kategorien von Gut und Böse abzuschaffen, dann nicht, um alles für gut zu erklären oder alles in Nichts zu verwandeln. Vielmehr geht es darum, eine Begegnung zwischen Mensch und Phänomen auf einer kategorienfreien und bewertungsfreien Ebene vorzubereiten. Das ist eine Vorbereitung auf die Akzeptanz des ›Seins‹ jeden Dinges.«[52]

Das erinnert an Meister Eckhart, der uns sagt, daß »Istigkeit Gott ist«. Es gibt viel Energie, eine Künstlerin von der künstlerischen Erfahrung auf derart mystische Weise sprechen zu hören. Aber Richards benennt auch die Via Negativa. In der Kunst der Sammlung wird auch das Leiden einbezogen: »Ich komme in eine Krise, weil ich mich der Akzeptanz und dem Leiden gewidmet habe, das damit einhergeht. Ich habe die Trennung zu akzeptieren, um mit der Gestalt in Kontakt zu bleiben, die eine Erfahrung annimmt. Ich muß meinen Ton gesammelt halten.«[53] Richards bezieht Kunst auch auf soziale Gerechtigkeit. »Aus der Wahrnehmung ergibt sich moralische Einsicht«, denn Mitgefühl »ist eine Art der Wahrnehmung«. Echte Kunst entwickelt unsere moralische Fähigkeit: »Aus der Fähigkeit des Kindes zu phantasieren wächst auch die Fähigkeit des Erwachsenen zum Mitgefühl: die Fähigkeit, sich das Leiden anderer vorzustellen, sich zu identifizieren.«[54] Kunst *dient*, so stellt Richards fest. Kunst ist nicht dazu gedacht, ein Geschäft zu sein, sondern eine geistige Disziplin, eine »absolute und ursprüngliche Begegnung, der wir uns völlig unterwerfen müssen«. Das hat mit Fleischwerdung zu tun: »In unseren Leibern findet Erlösung statt. Die Leibhaftigkeit des Kunsthandwerks ist es, die mich freut: Ich lerne durch meine Hände und meine Augen und meine Haut, was ich durch mein Gehirn nie lernen könnte ... Alle Kunst ist ein Verkörpern. Das Verkörpern des lebendigen Gefäßes in der Sphäre des Tones.«[55]

Wenn Richards auf ihren eigenen Beruf schaut, wirft sie Fragen der Ethik und sogar der Heiligkeit auf: »Die erste Frage ist immer: Wo ist die moralische Quelle? Wie können im menschlichen Willen die Gesetze gelernt werden? Wie können Intellekt und Heiligkeit sich vermählen?«[56]

M.C. Richards hat ihr Leben als ein Werk der Kunst, der Wahrnehmung und der Teilhabe gelebt. In den vergangenen neun Jahren hat sie in einer Gemeinschaft für geistig behinderte Erwachsene gelebt, die sich auf die Weltanschauung Rudolf Steiners gründet. Diese Gemeinschaft betreibt auch biologisch-dynamischen Landbau. Richards hat unsere Versuche, die Ausbildung neu zu erfinden, geehrt, indem sie an unserem Institut und in Programmen über Schöpfungsspiritualität in drei Kontinenten gelehrt hat. Sie hatte den Mut und die moralische Phantasie, die Parolen der Kunstwelt nicht nur in Frage zu stellen, sondern auch Alternativen anzubieten und zu leben. Während ihrer Lebenszeit hat sie das künstlerische Leben und die künstlerische Arbeit neu erfunden. Auf künstlerisch tätige Menschen, die wie sie auf authentische Weise leben möchten, wartet viel gute Arbeit.

Ein weiteres Beispiel für die Neuerfindung der künstlerischen Arbeit ist das Buch »Art and Physics: Parallel Visions in Space, Time and Light« des Chirurgen Leonard Shlain. Shlain behauptet, daß die revolutionären Künstlerinnen und Künstler des Westens den von visionären Physikern wie Einstein in diesem Jahrhundert erarbeiteten Paradigmenwechsel schon vorweggenommen haben. Allgemeiner gesagt, sieht er die Arbeit des Wissenschaftlers *als* Wissenschaftler als eine der linken Hirnhälfte oder als eine analytische an, die Arbeit des Künstlers *als* Künstler als eine der rechten Hirnhälfte oder eine intuitive. Andererseits aber brauchen Künstlerinnen und Künstler auch Technik und Kenntnisse, ebenso wie Wissenschaftlerinnen und Wissenschaftler Intuition und Kreativität. Shlain erklärt, warum er es gewagt hat, ein Buch zu schreiben, das Physik und Kunst zusammenzubringen versucht: Als Chirurg ist seine linke Hirnhälfte stark diszipliniert und in der Wissenschaft der Anatomie und ihren praktischen Methoden ausgebildet worden. In der chirurgischen Praxis aber spielt die Leidenschaft seiner rechten Hirnhälfte für Schönheit und Intuition eine wesentliche Rolle.

Shlain ist der Überzeugung, daß zunächst die künstlerisch Tätigen eine neue Art einführen, die Welt zu sehen, und dann formulieren die Physiker eine neue Art, über die Welt nachzudenken.[57] Zuerst kommt die Wahrnehmung (Kunst), dann der Paradigmenwechsel im Denken (Wissenschaft). Für seinen Ansatz bringt er Beispiele von Giotto, da Vinci, Manet, Monet, Cezanne, Picasso und anderen, die nicht nur überzeugen, sondern den künstlerisch Tätigen auch die ihnen schuldige Anerkennung als echte Intellektuelle gewähren, als Anreger der Ideen innerhalb einer Kultur. Im Zusammenhang damit ruft er auch diejenigen, die beruflich Kunst betreiben, dazu auf, moralische Verantwortung für ihre tiefen Intuitionen zu tragen. Shlain räumt natürlich ein, daß die Künstler, von denen er schreibt,

Einstein oder die neue Physik nicht kannten. Aber »sie haben in ihre Werke auf geheimnisvolle Weise Strukturen der physikalischen Weltbeschreibung eingebaut, die die Wissenschaft später entdeckt hat«[58]. Diese Intuitionen kamen zustande, indem sie auf die Tiefen ihres Selbst und der Gesellschaft um sie herum gelauscht haben.

Shlains These bildet in vieler Hinsicht eine Parallele zu der des Biologen Rupert Sheldrake, der das Gedächtnis als ein morphogenetisches Feld erklärt, das wir alle miteinander teilen und in dem Gedächtnisinhalte gespeichert sind. Unser persönliches Gedächtnis ist eine Resonanz auf die in diesem Feld befindlichen Gedächtnisinhalte. Shlain sieht Künstlerinnen und Künstler als Menschen, die für die in dem sie umgebenden Feld auftretenden Resonanzen empfänglicher sind. Sie besitzen die Fähigkeit, diese Wahrheit in Farben, Musik, Geschichten oder Formen darzustellen und die Inhalte unseres kollektiven Gedächtnisses zu offenbaren. Shlain glaubt, daß die von künstlerisch und von physikalisch tätigen Menschen geleistete Arbeit von anderen Mitgliedern ihrer Zivilisation erst später in alle Aspekte der Kultur übernommen wird.[59] Er erwartet von künstlerischer Arbeit viel: »Wenn die in der dionysischen rechten Hirnhälfte verwurzelte Vision des revolutionären Künstlers sich mit Vorahnung verbindet, wird die Kunst zukünftige Wirklichkeitsvorstellungen vorhersagen. ... Am wahrscheinlichsten entstehen solche aus der rechten Hirnhälfte, da Künstler und Mystiker, die sich in Bildern und Dichtung ausdrücken, auf diese Art des Bewußtseins besser eingestimmt sind.«[60]

Wie Kinder sind künstlerisch Tätige für neue Bilder offen. »Die radikalen Neuerungen der Kunst verkörpern das präverbale Stadium neuer Vorstellungen, die letztlich eine Zivilisation verändern werden. Für Kinder oder für eine Gesellschaft an der Schwelle der Veränderung beginnen neue Vorstellungen der Wirklichkeit mit der Aufnahme ungewohnter Bilder. Daraus entstehen abstrakte Ideen, die erst später in beschreibende Sprache umgesetzt werden.«[61]

Phantasie bildet das Herz der künstlerischen Arbeit und bildet auch das der Vorwegnahme eines neuen Paradigmas. Die Phantasie beginnt in der Kindheit, wird in unserer Kultur aber schnell von Worten überflügelt. »Da die Bilder bei uns schon in einem so frühen Alter von Worten aufgezehrt werden, vergessen wir, daß wir uns erst etwas vorstellen müssen, bevor wir etwas gänzlich Neues lernen können.« Aufgabe der künstlerisch Tätigen ist es, »neue Bilder zu schaffen« und ein »Frühwarnsystem für das kollektive Denken einer Gesellschaft zu sein«. Shlain ist der Überzeugung, daß durch die Erkenntnis der Komplementarität von Kunst und Physik ihre Integration »ein eher synthetisches Bewußtsein entfalten wird, welches *mit Staunen beginnt und mit Weisheit endet*«[62].

Man kann nur wünschen, daß er damit Recht hat und daß Künstlerinnen und Künstler überall neuen Stolz auf und Verantwortung für ihre Berufung finden werden. Shlains Vision fordert auch, daß Künstler und Physiker ihren Vorfahren unter den Mystikern mehr Aufmerksamkeit widmen, die vielleicht noch vor den Künstlern sehen und wahrnehmen können (oder die, wenn man so will, Künstler par excellence sind). Entsprechend schließt Shlain sein Buch mit einem Zitat nach Meister Eckhart: »Wann bewegt ein Mensch sich in bloßem Verstehen? Ich antworte: Wenn er oder sie eines vom anderen getrennt sieht. Und wann geht ein Mensch über das bloße Verstehen hinaus? Das kann ich euch sagen: Wenn er alles in allem sieht, dann geht jemand über bloßes Verständnis hinaus.«[63]

Künstlerische Arbeit geht nicht stückwerkartig vor, sondern hilft uns »alles in allem« zu sehen. Das ist auch die Arbeit der Mystikerinnen und Mystiker. Shlains Buch bringt Elemente einer lebendigen Kosmologie zusammen. Für sie ist Mystik notwendig, ebenso aber auch Kunst und Physik. Und indem Shlain sich auf die Beziehung zwischen den beiden konzentriert, verstärkt er auch die Gegenwart des Mystischen. Sein Buch macht deutlich, warum Mystik bei revolutionären Künstlern und visionären Physikern so verbreitet ist (und ich füge hinzu, auch bei nachdenklichen Chirurgen!).

Kunst als soziale Heilung

Ohne Spiritualität ist Kunst häufig zynisch, manipulativ, kommerziell und konsumorientiert, pessimistisch, egoistisch, konkurrierend, müde, ängstlich vor dem Tode, weil sie nicht gelebt hat, ruhmsüchtig, exklusiv, elitär, teuer, anthropozentrisch und eigennützig – ebenso wie Politik ohne Spiritualität, wie das Gesundheitswesen ohne Spiritualität oder Religion ohne Spiritualität.

Kunst aus Spiritualität ist auf der anderen Seite inklusiv, ekstatisch, freudig, mutig, fähig, uns in Trauer und über diese hinaus zu bringen, stärkend, offen für die Gemeinschaft in all ihrer Vielfalt, spielerisch, auf Gerechtigkeit bezogen, mitfühlend, respektvoll gegenüber anderen Kunstwelten, unsentimental, überraschend und deshalb von Geist erfüllt, jugendlich, frisch und »immer am Anfang«. Solche Kunst heilt. Sie erinnert mich an die Lehre des Aquinaten, daß es zwei Arten von Wasser gebe: lebendiges und gestautes. Lebendiges Wasser ist mit seiner Quelle verbunden, stagnierendes Wasser ist es nicht und deshalb tot und verwesend. Spiritualität ist Quelle der Kunst, wie sie auch Quelle aller guten Arbeit ist. Ist Kunst nicht mehr mit der Spiritualität verbunden, so stirbt sie. Ist sie aber mit ihrer Quelle verbunden, so fließen die lebendigen Wasser der Weisheit, sie erfrischen und erneuern.

Mit Spiritualität wiederverbundene Kunst hat ein hohes Potential, Langzeitarbeitslose zu beschäftigen. Lassen sie mich Beispiele geben: Imelda Smith, eine katholische Nonne aus Irland, besuchte vor elf Jahren das ICCS. Nach ihrem Abschluß kehrte sie nach Irland zurück und zog nach Tallaght, einem Vorort von Dublin, wo die Arbeitslosigkeit achtzig Prozent beträgt. Überall herrschte Verzweiflung, verbunden mit Alkoholismus und Mißbrauch von Kindern und Frauen. Eine der Einwohnerinnen erzählte ihr, daß ihre beiden halbwüchsigen Söhne drogensüchtig seien und auch sie selbst praktisch keine Hoffnung habe. Imelda begann, die Frauen zu organisieren, führte sie durch Körpergebet, durch meditative Kunst und ließ sie einander ihre Geschichten erzählen. Sie übernahmen ein verlassenes Haus in der Gegend und bauten es zu ihrem Zentrum um, renovierten es zweimal (einmal brannte es nieder) und sammelten Gelder. Heute bietet dieses Zentrum dreihundert Kurse an, die überwiegend von Einwohnern von Tallaght selbst gegeben werden. Eben diese Frauen, deren formaler Ausbildungsstand minimal ist, organisierten und verwalteten zum Beispiel am Rande von Dublin eine zweiwöchige internationale Versammlung zur Schöpfungsspiritualität. – Diese Geschichte handelt nicht von Menschen, die all ihre Probleme gelöst haben, sondern von einer Hoffnung, die sich aus der Asche der Verzweiflung erhoben hat. Auch die jungen männlichen Einwohner von Tallaght haben jetzt Anteil an der Kraft und Hoffnung, die Kiltadown House und die Schöpfungsspiritualität in ihre Gegend gebracht haben. Wenn die Hoffnung wiederkehrt, dann kehren auch Arbeit und das Verlangen danach zurück, damit die Kreativität, gute Arbeit zu schaffen und heilende Prozesse zu beginnen.

Dies ist nicht die einzige Geschichte einer Hoffnung. In El Salvador hat Fernando Llort, ein bekannter Künstler, damit begonnen, den bäuerlichen Einwohnern von La Palma, einer vom Bürgerkrieg belagerten Stadt, Kunstformen beizubringen. Vor sieben Jahren gründeten zwei Freunde, Rolando Erroa und Fernando Herrera, eine Werkstatt, die sie nach Franz von Assisi benannten und in der sie junge Handwerker ausbildeten. Ganze Familien haben inzwischen mit diesen kleinen Unternehmen zu tun, das inzwischen sein buntes Kunsthandwerk in die ganze Welt exportiert. Wo es zuvor Massenarbeitslosigkeit gab, beschäftigen jetzt die beiden Handwerkskooperativen und zwanzig Werkstätten in der Stadt mehr als dreitausend Menschen aus einer Gesamtbevölkerung von fünfzehntausend. Die Ergebnisse sind mehr als bloß finanzielle: »Diese Tätigkeit hat die Menschenwürde unseres armen Volkes gefördert«, stellt Llort fest. »Es handelt sich um ein bedeutendes kulturelles Erwachen, das dem Land sehr weitergeholfen hat.«[64] Während der schwierigsten Zeiten des Krieges waren viele Bürger versucht zu fliehen; ihr Einsatz für das Kunsthandwerk hielt sie in der Gemeinschaft und erhielt die Gemeinschaft am Leben.

Ich glaube, daß dort, wo das Leben am verzweifeltsten ist – unter den Arbeitslosen in Irland oder El Salvador oder den USA –, Kunst eine Antwort ist. Lassen sie mich eine wilde und doch notwendige Idee vorschlagen: Wir brauchen eine Reihe von Kunst- und Unterhaltungsuniversitäten in den Großstädten der Vereinigten Staaten. Bedenken wir folgende Fakten: Der Hauptexportartikel aus den Vereinigten Staaten sind heute nicht Autos, sondern Unterhaltung. Die USA verdienen durch den Unterhaltungsexport mehr Dollarmilliarden als durch jeden anderen Industriezweig. Statt Leben in die Autofabriken pumpen zu wollen, sollten wir uns darüber klar werden, wieviele Menschen auf der ganzen Welt sich nach Inspiration, Vision, erzählten Geschichten, Humor, Tanz, Musik und Schönheit aus der amerikanischen Seele sehnen. Diese Universitäten würden nicht nach dem Modell der aufgeblähten, bürokratischen und politisch beherrschten Staatsuniversitäten aufgebaut werden, wie wir sie heute kennen; diese Systeme sind überhaupt nicht mehr mit der geistigen Quelle verbunden, aus der alle Kunst genährt wird. Die Bürokratie würde vielmehr stark vereinfacht, wie in den mittelalterlichen Universitäten, wo die Studierenden ihre Lehrer direkt bezahlten.

Ich glaube, solche Universitäten hätten Erfolg. Und zwar, weil viele arbeitslose Menschen sie besuchen würden, angezogen von der natürlichen Anziehungskraft der Kunst. Während sie sich dort aufhielten, würden sie lernen, daß sie einen Platz im Universum haben. Die Lehrenden würden über die neue Kosmologie sprechen, Künste würden nicht als bloße Techniken gelehrt, sondern als spirituelle Praktiken – denn es gibt keine Kosmologie ohne spirituelle Praxis. Im Rahmen solcher Kunst- und Unterhaltungsuniversitäten würden Geschichte, Geographie, Völkerkunde, Naturwissenschaften, Psychologie und Wirtschaftswissenschaften eine ganz neue Bedeutung annehmen. Fähigkeiten wie Lesen, Schreiben und das Gespräch würden leichter aufgegriffen, weil die Motivation aus der enthusiastischen Kreativität der Studierenden selbst käme. Das Hochgefühl, das junge Menschen aus der Hoffnung beziehen würden, die solche Universitäten böten, würde jene Selbstbestätigung ersetzen, die sie jetzt in Verbrechen, Banden und Drogenverkauf suchen.

Solche Universitäten wären eine Art Ausbildung, die Gefängnissen vorbeugte. Und deshalb wären sie auch ein finanzieller Gewinn. Im Augenblick geben die Vereinigten Staaten 23.000 Dollar pro Gefangenen und Jahr aus. Investieren wir die Hälfte dieses Geldes jährlich in Studierende solcher Universitäten, so würden wir in lebenslange gute Arbeit investieren, in erneuerte Hoffnung und in Stolz. Solche Universitäten würden die Jugendlichen von den Straßen holen und auf Arbeit und ein Leben in der Gesellschaft vorbereiten.

Wer kann vorhersagen, welche neue Arbeit uns erwartet, wenn wir das grüne Paradigma auf die Bereiche des Gesundheitswesens, der Psychologie und der Kunst anwenden? Erst die Zeit wird es uns sagen. Deutlich ist jedoch, daß eine ökologische Revolution von uns neue Arbeit verlangt, eine Neuerfindung unserer alten Arbeit, ihrer Muster, ihrer Voraussetzungen und Ideologien, ihrer Philosophien, ihrer Wissenschaft und ihrer Techniken. In diesem Kapitel habe ich nur ein paar Beispiele von Menschen gegeben, die die Notwendigkeit erkannt haben, Arbeitswelten umzugestalten, und die uns damit herausfordern, Gleiches zu tun.

Kapitel 8

Neuerfindung der Arbeit: Wirtschaft, Unternehmensführung, und Wissenschaft

---

Mir bedeutet diese Vorstellung des Bruttosozialproduktes überhaupt nichts. ... Da es sich beim Bruttosozialprodukt um einen rein quantitativen Begriff handelt, geht er an der wirklichen Frage vorbei: Wie kann man die Lebensqualität verbessern?

E.F. Schumacher [1]

Daß man menschliches Wohlbefinden steigern könne, indem man das Wohlbefinden der Erde vermindert, daß man ein steigendes Bruttosozialprodukt durch ein abnehmendes Bruttoerdprodukt erreichen könne: Das war die grundlegende Schwäche dieses Schlaraffenlandmythos des Fortschritts.

Brian Swimme und Thomas Berry [2]

Kanonen, Panzer und Autos werden vom Bruttosozialprodukt hoch eingeschätzt; Umwelt, saubere Luft, sauberes Wasser usw. werden jedoch gleich Null geschätzt. Ebenso wenig gelten dabei unsere Kinder, die doch eigentlich unser zukünftiger Reichtum sind. ... Das Erziehen von Kindern, das Führen des Haushalts, die Arbeit in Elternbeiräten, wie auch viele andere Tätigkeiten werden nicht als Teil der formalen

Wirtschaft betrachtet. ... In vielen Ländern der Welt ist der Beitrag der unbezahlt Arbeitenden viel größer als das Bruttosozialprodukt.

Hazel Henderson[3]

Die Gemeinschaft unterstützt diejenigen Unternehmen, die die Gemeinschaft unterstützen.

Ben Cohen[4]

In ursprünglichen und sogar noch in kolonialistischen Gesellschaften spielten Frauen eine viel zentralere Rolle im Geschäft des Überlebens. Ihre Identität als Arbeitende und Managerinnen wurde als selbstverständlich angesehen. ... Frauen wurden am dramatischsten mit dem Beginn der Industrialisierung ... auf eine niedere Kaste zurückgestuft.

Madonna Kolbenschlag[5]

Das Modell, das die Geschäftsorganisation als eine kalte, unpersönliche Maschine darstellt, leugnet die Menschlichkeit. Menschen haben in drei Bereichen Bedürfnisse: Körper, Geist und Seele. Die meisten Firmen handeln jedoch, falls sie bei den Menschen überhaupt Bedürfnisse anerkennen, als gebe es nur zwei Voraussetzungen für die Produktion guter Arbeit: Geld und sichere Jobs.

Richard McKnight[6]

Der Hauptzweck einer Firma ist es, als Arena für die persönliche Entwicklung derer zu dienen, die in dieser Firma arbeiten. Die Produktion von Gütern und Dienstleistungen und der Profit sind nur Nebenprodukte.

Rolf Osterberg[7]

Wenn mehr über die grundlegende Rolle des Bewußtseins im Univer-
sum bekannt wird und die neuen Ideen sich durchsetzen, wird es
schließlich zu einem gründlichen Wandel in der Wissenschaft kom-
men. ... Es ist sogar möglich, daß schließlich eine neue Wissenschaft
geboren wird, eine Wissenschaft, die sich an den ganzen Menschen
mit voll entwickelten Fähigkeiten in Körper, Seele und Geist anpaßt.

Beverly Rubik [8]

In diesem Kapitel werden wir diskutieren, wie wir in den Bereichen
Wirtschaft, Geschäftsleben und Wissenschaft die Arbeit neu erfinden
können.

Wirtschaft

Die Aussagen von Ökonomen erwecken bei mir nicht besonders viel
Vertrauen – und offenbar auch bei den meisten Ökonomen nicht.
Paul Krugman, ein Wirtschaftswissenschaftler vom Massachusetts
Institute of Technology, gab kürzlich in einem Zeitungsartikel zu:
»Wir haben wenig Ahnung davon, was eigentlich los ist.« Und ein
anderer Ökonom sagte: »Offen gestanden bezweifle ich, ob wir
Wirtschaftswissenschaftler besonders viel darüber wissen, was nötig
wäre, um eine langfristige Verbesserung der wirtschaftlichen Situation
zu erreichen.« Die ökonomischen Fachautoren Peter Gosselin und
Charles Stein nehmen an, Bescheidenheit wird in den ökonomischen
Berufen immer häufiger werden.[9] Vielleicht ist es für die Wirtschaftswissenschaft an der Zeit, ihren Glauben an ein überholtes Paradigma
fallen zu lassen.
Kürzlich sprach ich mit einem Diplomanden der Wirtschaftswissenschaften einer bekannten Universität. Er erklärte mir, daß er die
ökonomischen Theorien des alten Paradigmas studiert habe: Adam
Smith, Milton Freedman und ein bißchen Karl Marx. Aber er ist nie
aufgefordert worden, irgend etwas von einem Ökonomen des neuen
Paradigmas, wie z.B. E.F. Schumacher, zu lesen. Das ist schade, denn

Schumacher ist es wert, studiert zu werden. Denn er kannte die Geheimnisse unseres Wirtschaftssystems so gut wie kaum ein anderer. Er wurde in Deutschland geboren und kam in den dreißiger Jahren als ein Rhodes-Stipendiat nach England, um in Oxford Wirtschaftswissenschaft zu studieren. Später lehrte er Ökonomie an der Columbiauniversität in New York. Von 1946 bis 1950 diente er als wirtschaftlicher Berater der britischen Kontrollkommission in Deutschland; von 1950 bis 1970 war er Wirtschaftsberater des National Coal Board in England. Er beriet viele Entwicklungsländer bei ihren Problemen in der Entwicklung ländlicher Bereiche und schrieb die Bücher »Small is Beautiful« (»Die Rückkehr zu menschlichen Maß«), »Good Work« (»Das Ende unserer Epoche«) und »A Guide for the Perplexed«. Wie wir in diesem Buch bereits betont haben, achtet Schumacher auch auf das Innenleben der Person und der Gesellschaft. Diese Dimension verleiht ihm die Autorität, das neue Paradigma in seinen eigenen Beruf einzuführen.

In bezug auf den Berufsstand der Ökonomen ist Schumacher äußerst kritisch. Er behauptet zum Beispiel, daß der Lakmustest aller Ökonomien, das Bruttosozialprodukt, völlig bedeutungslos sei: »Mir bedeutet diese Vorstellung des Bruttosozialproduktes überhaupt nichts. ... Da es sich beim Bruttosozialprodukt um einen rein quantitativen Begriff handelt, geht er an der wirklichen Frage vorbei: Wie kann man die Lebensqualität verbessern?« Statt unser Wirtschaftssystem anhand des Bruttosozialproduktes zu kritisieren, schlägt Schumacher vor, dies aus der Perspektive sinnvoller Arbeit für alle zu tun. Vielleicht sollte die Vollbeschäftigung das Bruttosozialprodukt als ökonomischen Maßstab ersetzen. »Fragen wir also: Wie verhält sich Arbeit zum Zweck und Ziel menschlichen Daseins? In allen maßgeblichen Lehren der Menschheit wird anerkannt, daß jeder in diese Welt hineingeborene Mensch nicht nur arbeiten muß, um sich am Leben zu erhalten, sondern auch, um Vollkommenheit zu erstreben.«[10] Schumacher sieht in menschlicher Arbeit einen dreifachen Zweck: »Als ein durch die Gottheit zur Erde gesandtes Wesen ist der Mensch aufgerufen, zu lieben, was in herkömmlicher Ausdruckweise ›Gott‹ heißt. Als Gesellschaftswesen ist er aufgerufen, seinen Nächsten zu lieben. Als unvollkommenes Wesen ist er aufgerufen, sich selbst zu lieben. Der gesellschaftliche Aufbau müßte eigentlich diese drei absoluten Bedürfnisse widerspiegeln. Werden sie nicht erfüllt, kann der Mensch das nicht leisten, neigt er zur Zerstörung, wird unglücklich und zu selbstmörderischem Wahnsinn getrieben. Diese Bedürfnisse müßten die gesellschaftlichen, politischen und wirtschaftlichen Organisationsformen eigentlich berücksichtigen. Aber sie tun es nicht.«[11]

Wie Schumacher feststellt, erfüllt uns freudige und konstruktive Arbeit und gibt uns das Gefühl, daß wir als »Kinder Gottes« geschaffen sind. Doch sind die meisten Arbeitsplätze so abstumpfend eingerichtet, daß sie diesem Zweck nicht nachkommen können. Wir sehen also, daß Schumacher ganz und gar in die Tradition der Mystiker paßt, die von der Freude der Arbeit sprechen und davon, daß wir Kinder Gottes sind.

Eines der Probleme einer manischen Fixierung auf das Bruttosozialprodukt ist, wie Schumacher herausstellt, die Vorstellung, eine gesunde Wirtschaft müsse ständig wachsen. Auf einer endlichen Erde ergibt das gar keinen Sinn. Auf wessen Kosten soll denn die Wirtschaft wachsen? Wie können wir auf einem endlichen Planeten ein unendliches Wachstum haben, ohne daß irgend jemand oder irgend etwas dafür einen hohen Preis zahlen muß? Und genau das ist es doch, was die Industriegesellschaften dem Planeten zugemutet haben: Eine unbegrenzte Plünderung der begrenzten Ressourcen an fossilen Ölen, Wäldern, Wasser, Luft, Pflanzen, Tieren und auch Menschen. Brian Swimme und Thomas Berry stimmen damit überein. Sie weisen darauf hin, daß die Doktrin des Bruttosozialprodukts der herrschende Mythos ist, der unsere anthropozentrische Zivilisation im Namen des Fortschritts weitertreibt. Sie glauben, daß die »Endphase«, in welcher die Erde sich heute befindet, »durch eine entstellte Version des Fortschrittsmythos verursacht wurde. Obwohl dieser Mythos eine positive Seite hat, die wir jetzt in der Vorstellung eines sich entwickelnden Universums sehen, ist er auf verheerende Weise dazu eingesetzt worden, die Ressourcen der Erde auszuplündern und die Grundfunktionen der Lebenssysteme des Planeten zu stören.«[12] Was steht nun hinter diesem destruktiven Mythos? »Daß man menschliches Wohlbefinden steigern könne, indem man das Wohlbefinden der Erde vermindert, daß man ein steigendes Bruttosozialprodukt durch ein abnehmendes Bruttoerdprodukt erreichen könne: Das war die grundlegende Schwäche dieses Schlaraffenlandmythos des Fortschritts.«[13]

Schumacher vertritt die Auffassung, daß eines der großen Übel der derzeitigen Wirtschaftstheorie in der Vorstellung liegt, daß größer auch besser bedeute. Die Wahrheit jedoch ist, daß dieses unpersönliche größere Wachstum die Arbeitenden entkräftet und ihnen den Kontakt mit der alles entscheidenden Ebene der Arbeitswelt nimmt. Die amerikanischen Bürger beginnen diese Tatsache gerade erst zu begreifen, da wir aus den von Gier bestimmten Achtzigern nun in einem Alptraum der Arbeitslosigkeit erwachen, des Verlustes der steuerlichen Grundlagen, der wachsenden Kluft zwischen den Reichen und der Mittelschicht, und der zunehmenden Armut.

Verkleinerung ist der Weg, von dem Schumacher meint, daß er die meisten Menschen an gute Arbeit bringen wird. »Nur in kleinen Organisationen können wir anderen Menschen von Angesicht zu Angesicht gegenübertreten und von Mensch zu Mensch Entscheidungen treffen.«[14] *Fortgeschrittene Technik* ist sein Begriff für die bewußte Bemühung, die Mammuttechnik zu ersetzen und loszulassen, von der unsere Wirtschaftswelt und ihre Theorie beherrscht werden. In Schumachers Werk können wir eine Bewegung von der Technik einer Mammutindustrie zu einer menschengemäßen oder grünen Technik sehen, die wieder in das Große Werk des Universums paßt. Die frühere Technik war Teil der anthropozentrischen Übertreibungen und Arroganz der Aufklärungsepoche. Schumacher schreibt über Kleinheit und Technik: »Und da sehe ich nichts, nichts von dem, was der Mensch letztlich braucht, das sich nicht mit sehr einfachen Mitteln sehr wirksam und in leicht durchführbarer Weise im kleinen Maßstab und mit einer stark vereinfachten Technik herstellen ließe. Dabei ist außerdem ein sehr geringer Kapitaleinsatz erforderlich, so daß all das auch wirklich allen, also dem › kleinen Mann‹, zugänglich ist.«[15]

Die bewußte Rückkehr zur Kleinheit ist keine romantische Rückwendung zu einer Art Stammesleben; vielmehr wird die Neuerfindung unseres Handelns in kleinerem Maßstab alle Quellen unserer Kreativität und Phantasie anzapfen. Als Beispiel gibt Schumacher

Metallfelgen an, die man für die hölzernen Ochsenkarren in den Entwicklungsländern braucht. Früher gab es Menschen, die diese Beschläge herstellen konnten, irgendwann ging die Kunst jedoch verloren. Nachdem es in einem französischen Dorf ein zweihundert Jahre altes Werkzeug gefunden hatte, brachte das Schumacherteam dieses vor das National College of Archaeological Engineering in England. Dort wurde dieses alte Werkzeug noch einmal erfunden; man erhielt dadurch ein Gerät zur Herstellung von Felgen, das nur dreizehn Dollar kostet, keine Elektrizität braucht und von jedem bedient werden kann. Zuvor hatte die billigste Maschine zur Herstellung von Felgen im modernen Westen elfhundert Dollar gekostet und äußerer Energiequellen und Elektrizität bedurft. Nachdem den Erfindern mitgeteilt worden war, daß ein solches Gerät gebraucht wurde, entstand eine neue Art des Felgenbaus. So glaubt Schumacher, daß eine Rückkehr zu kleineren Strukturen neue und gute Arbeit für die Menschen schaffen wird: »Die Erfahrung lehrt, daß immer dann, wenn Überschaubarkeit, Einfachheit, geringer Kapitalbedarf und Gewaltlosigkeit oder auch nur eines dieser Ziele erreichbar ist, für einzelne Menschen oder Menschengruppen neue Möglichkeiten geschaffen werden, sich selbst zu helfen. Sogleich zeigt sich, daß die aus solchen technischen Verfahren hervorgehenden Muster menschlicher, umweltgerechter, den wirklichen menschlichen Bedürfnissen näher und weniger von fossilen Brennstoffen abhängig sind als solche Muster (oder Lebensweisen), die durch zum Gigantismus, zur Kompliziertheit, Kapitalintensität und Gewalttätigkeit neigende technische Verfahren bestimmt werden.«[16]
Schumacher spricht hier sehr viel von *Bedürfnissen*. Bedürfnisse sind etwas anderes als Wünsche oder Ansprüche. Eine gesunde Wirtschaft befriedigt zuerst die Bedürfnisse. Sie bemüht sich nicht darum, die Wünsche weniger zu befriedigen, bevor nicht die Bedürfnisse aller gedeckt sind. In dieser Hinsicht muß unsere gesamte Werbeindustrie einer spirituellen Kritik unterzogen werden. Ist ihr Zweck nicht gerade der, die Ansprüche weniger, die über zusätzliche Mittel verfügen, aufzublasen? Unterdrückt eine solche Wirtschaft nicht diejenigen, deren wirkliche Bedürfnisse nicht befriedigt werden? »Was aber ist der größte Teil der Werbung, wenn nicht eine Auffor-

derung zu Neid, Geiz und Unmäßigkeit? Es läßt sich nicht leugnen, die industrialisierte Gesellschaft spannt, ganz bestimmt in ihrer kapitalistischen Erscheinungsform, diese menschlichen Schwächen – mindestens drei der sieben Hauptsünden – ganz offen für ihre Zwecke ein und bedient sich ihrer geradezu als Triebfeder.«[17]

Ein Wirtschaftssystem, das auf die Erregung von Gier, Neid und Habsucht als Hauptmotivationskraft aufbaut, kann nicht oder nicht mehr lange Dauer haben. *Menschen* bilden das Herz unserer Arbeit, auch wenn diese Tatsache durch Wirtschaftsideologien oder zu eng konzipierte Maßstäbe, wie etwa die abstrakte Vorstellung eines Bruttosozialproduktes, verdeckt wird. »Ein Unternehmen erzeugt nicht nur Güter, es erzeugt auch Menschen, so daß das Ganze zu einem Lernprozeß wird.«[18] Das Geschäftsleben muß, mit anderen Worten, von einem qualitativen Gesichtspunkt her kritisiert werden und nicht nur aus quantitativer Sicht.

Schumacher ist nicht der einzige, der ein neues Paradigma anbietet, mit dessen Hilfe die Welt der Ökonomen und letztlich auch unsere Geschäfts- und Wirtschaftswelt wieder mit Begeisterung erfüllt werden kann. Hazel Henderson ist eine Wirtschaftswissenschaftlerin, die sich in ihrem Buch »Politics of the Solar Age, Creating Alternative Futures, and Redefining Wealth and Progress« für eine neue Sicht der Welt einsetzt. Sie kritisiert die Weltanschauung der »industriellen Ökonomie« und weist darauf hin, daß der Streit zwischen Kommunismus und Kapitalismus letztlich trivial gewesen sei. »Sowohl Marx als auch Smith entwarfen eine Disziplin, die zum Industrialismus und Materialismus führte. Ungebremste Produktion, Konsum und ständiges Wirtschaftswachstum waren ihrem Denken gemeinsam. ... Es ist höchste Zeit, Adam Smith und Karl Marx anständig zu bestatten.«[19] Henderson kritisiert die Ideologie der industriellen Revolution auch wegen ihres Mißbrauchs der Erde und ihres Reduktionismus in der Aufrechterhaltung des Bruttosozialproduktes als Maßstab für eine gesunde Ökonomie: »Kanonen, Panzer und Autos werden vom Bruttosozialprodukt hoch eingeschätzt; Umwelt, saubere Luft, sauberes Wasser usw. werden jedoch gleich Null geschätzt. Ebenso wenig gelten dabei unsere Kinder, die doch eigentlich unser zukünftiger Reichtum sind.« Auch Frauen zählen im Bruttosozialprodukt nicht: »Die Erziehung von Kindern, das Führen des Haushalts, die Arbeit in Elternbeiräten, wie auch viele andere Tätigkeiten werden nicht als Teil der formalen Wirtschaft betrachtet. ... In vielen Ländern der Welt ist der Beitrag der unbezahlt Arbeitenden viel größer als das Bruttosozialprodukt.«[20] In der G 15, einer Gruppe von Entwicklungsländern, die die doppelte Anzahl an Menschen repräsentieren wie die G 7 (die sieben beherrschenden Industrienationen), sieht Henderson Hoffnung. Sie findet Hoffnung in dem Beitrag, den die Frauen, die bisher weitgehend von der industriellen Wirtschaft ausgeschlossen waren, zur Neuerfindung einer globalen Wirtschaft leisten können. Henderson stellt das gesamte Produktionssystem einer Industriegesellschaft als einen »dreischichtigen Kuchen mit Zuckerguß« dar. Der Zuckerguß ist die offizielle Marktwirtschaft der finanziellen Transaktionen oder der »private Sektor«. Dann gibt es den Sektor des offiziell bemessenen Bruttosozialproduktes, von dem all unsere wirtschaftlichen Statistiken stammen (obwohl fünfzehn Prozent desselben aus dem »Untergrund« stammen, illegal sind und deshalb davon keine Steuern eingehen). Das ist der sogenannte öffentliche Sektor. Die Schicht, die den öffentlichen Sektor aufrecht erhält, ist die außerhalb der Geldwirtschaft stehende Produktion der sozialen Gemeinschaftsleistung. Dazu gehört alle Do-it-yourself-Arbeit, der Tauschhandel, die Arbeit von Eltern, alle ehrenamtliche Arbeit, die Sorge für Alte und Kranke, die Landwirtschaft und Gartenarbeit zur Selbstversorgung und viele andere Tätigkeiten. Die Grundschicht aber ist die Natur, die natürlichen Ressourcen, die durch Umweltverschmutzung, Entwaldung und Giftmüll stark gefährdet sind.[21] Ein solches Bild einer Gesellschaft und Wirtschaft ist viel umfassender als die männlich dominierten und anthropozentrischen Definitionen, die uns von den Hütern der Ideologie des Bruttosozialproduktes gegeben worden sind.

Henderson wendet das neue wissenschaftliche Paradigma bewußt auf ihre Arbeit als Wirtschaftswissenschaftlerin an. Sie spricht vom »Ende der Ökonomie«, weil die »Wirtschaftswissenschaften (die linken und rechten) sich hauptsächlich mit dem Industrialismus als einer Methode zur effektiven Produktion materieller Güter und mit immer größer werdender technischer Fertigkeit beschäftigt haben.« Das neue Paradigma bezeichnet sie als »die Morgenröte des Solarzeitalters« und meint damit einen Wechsel zu erneuerbaren Energiequellen und dauerhaft tragfähigen Produktionsweisen. Das neue Paradigma lehnt die Vorstellung ab, daß die Erde tot sei – wie es die Grundvorstellung der industriellen Wissenschaft und Technik ist – und setzt sich statt dessen ein für die Sichtweise der Erde als Gaia, eines lebenden Planeten, dessen Systeme lebendig, dynamisch und selbstorganisierend sind. »Das Solarzeitalter ist ein Bild, das uns daran erinnert, daß das Sonnenlicht unseren außergewöhnlichen blauen Planeten mit Energie versorgt und daß es der Photonenstrom von der Sonne ist, der alle Prozesse der Erde antreibt: die Kreisläufe von Kohlenstoff, Stickstoff, Wasserstoff, die Zyklen des Wassers und des Klimas.« Darüber hinaus wird das Solarzeitalter auch zu einer neuen Wertschätzung der mystischen oder rechtshirnigen Erfahrungen führen. »Die Weisesten unter uns erkennen, daß die Erde uns noch viel zu lehren hat: Wenn wir selbst demütig sein können und unser Ego lange genug zum Schweigen bringen, um all ihren Wundern wirklich zu lauschen, sie zu sehen, zu hören, zu riechen und zu fühlen.« Dieser neu entdeckte Sinn für Spiritualität wird letztlich die Epoche der Habgier beenden, auf welcher unsere moderne Konsumwirtschaft beruht. Wir werden unsere Suche nach Unendlichkeit oder nach dem Geist an Orten fortsetzen, wo sie wirklich befriedigt wird. »Wenn wir unser Bewußtsein in diesen Rahmen stellen können, können wir nicht weiter nach endlosem Konsum von Waren verlangen, die über die Bedürfnisse eines gesunden Lebens hinausgehen, sondern werden in der Gesellschaft nach neuen Herausforderungen im Sinne der Ordnung, des Friedens und der Gerechtigkeit und zur Entwicklung der Spiritualität suchen.«[22]

Der Wirtschaftswissenschaftler Herman E. Daly ist sich schon lange eines notwendigen Paradigmenwechsels in seinem Beruf bewußt. Als Autor des Buches »Steady State Economics« hat er nicht nur an Universitäten gelehrt, sondern ist auch Mitglied der Umweltabteilung der Weltbank. Kürzlich tat er sich mit dem Prozeßtheologen John Cobb zusammen und veröffentlichte mit ihm ein Buch »For the Common Good: Redirecting the Economy toward Community, the Environment, and a Sustainable Future«. In diesem Buch wird ausdrücklich von der Notwendigkeit eines Paradigmenwechsels in der Wirtschaftswissenschaft und an den Universitäten überhaupt ausgegangen. Das Buch will die Grundzüge einer Alternative sowohl zum Kapitalismus als auch zum Sozialismus darstellen, die beide auf dem Mythos einer wachstumsorientierten Wirtschaft beruhen. Daly und Cobb erkennen an, daß Ökonomie heute nicht isoliert von anderen Disziplinen, auch nicht von Kosmologie, betrieben werden kann. »Eine derart anders geartete Ökonomie zu begreifen, zwingt uns, innerhalb der Disziplinen der Ökonomie nachzudenken wie auch über sie hinaus in die Biologie, Geschichte, Philosophie, Physik und Theologie hinein. Die blanken Tatsachen wenden sich schon gegen die disziplinären Grenzen, durch welche in der modernen Universität das Wissen organisiert (produziert, verpackt und ausgetauscht) wird.«[23]

Daly und Cobb verfolgen die Errungenschaften der Industrialisierung über die letzten Jahrhunderte, innerhalb welcher »der Lebensstandard für die meisten Menschen von der bloßen Existenzgrundlage zum Überfluß gestiegen ist«, jedenfalls auf der Nordhalbkugel. Sie untersuchen aber auch den Preis, den die Seelen der Menschen haben zahlen müssen, die von diesem Reichtum am meisten profitiert haben und bei denen individueller Egoismus und ein »Geist sozialer Verantwortungslosigkeit« regiert. Sie unterstreichen, wie wenig die Wirtschaftswissenschaftler des Industrialismus auf die Erschöpfung der Rohstoffe oder die Umweltverschmutzung geachtet haben. Dieses ökonomische Denken zieht das Leiden des Biosystems selten, falls überhaupt, in Betracht; wir können hinzufügen, auch das Leiden der vorindustriellen Wirtschaften nicht, deren Land und Arbeitskraft durch die Länder des Nordens so bereitwillig mißbraucht werden. Die Autoren fordern ebenfalls einen Paradigmenwechsel in der Wirtschaftswissenschaft und zitieren eine Umfrage unter Ökonomieprofessoren von fünfzig großen Universitäten, die zeigt, daß zwei Drittel der Antwortenden den Eindruck haben, daß die Ökonomie ihre Grundlagen verloren hat. »Statt eines bloß individuellen *homo oeconomicus* schlagen wir einen in Gemeinschaft befindlichen *homo oeconomicus* vor.« Sie behaupten, daß die in ihrem Beruf vorzunehmenden Veränderungen »Korrekturen und Ausweitungen umfassen werden, eine eher empirische und historisch orientierte Haltung, weniger Anspruch an die › Wissenschaftlichkeit‹, und die Bereitschaft, den Markt Zielen unterzuordnen, die er selbst nicht bestimmen kann«[24].

Daly und Cobb weisen darauf hin, daß die industrielle Revolution eine Revolution war weg »vom Ernten auf der Erdoberfläche zum Untertagebau«, und damit weg von »der Abhängigkeit von Energie, die laufend von der Sonne kommt, zu unter der Erde angereicherter Energie.« Dabei kam es zu einem Übergang der Abhängigkeit von im Überfluß vorhandenen Quellen zu »relativ knappen Quellen einer letzten Ressource: Materie-Energie von niedriger Entropie«. Sowohl der Kapitalismus als auch der Sozialismus blieben unkritisch gegenüber ihrer Bindung an eine »industriell gesteuerte Energiegewinnung im großen Stil und kapitalintensive, spezialisierte Produktionseinheiten, die hierarchisch verwaltet werden«. Im Anschluß an den Dichter und Bauern Wendell Berry loben die Autoren die »Große Ökonomie, die das gesamte Lebensgewebe unterhält und alles, was vom Boden abhängt. Diese Große Ökonomie ist von größter Wichtigkeit.«[25] Dieser Ausdruck »Große Ökonomie« klingt sehr ähnlich wie der für dieses Buch von Rilke entliehene Ausdruck »große Arbeit«, beziehungsweise Großes Werk.

Die Autoren kommen auch auf ihre protestantischen Wurzeln zu sprechen und bedauern die Überbetonung einer individuellen Erlösung, die der Protestantismus von Augustinus' Frage geerbt hat, ob er nun gerettet sei oder nicht. Die Perspektive der Gemeinschaft wurde dabei ausgelassen, die vom mittelalterlichen Feudalismus und römischen Katholizismus besser gesehen worden war als vom Calvinismus und der Philosophie der Aufklärung. Die Autoren haben die Vision einer Wirtschaftsordnung, die »gerecht, partizipatorisch und selbsterhaltend« ist. Im Anklang an die prophetische Überlieferung Israels blasen sie die Fanfare für einen ökonomischen Wandel und rufen nach einer »Wirtschaft für das Gemeinwohl«, die sich in die »Todesideologie« einmischt, weil diese »unsere Menschheit zerstort und den Planet tötet«[26].

Die Autoren sprechen zwar die akademische Disziplin der Wirtschaftswissenschaften an, ihr Werk hat aber auch praktische Anwendungsbereiche. Obwohl streckenweise prophetisch und apokalyptisch im Stil, vermittelt diese Studie dennoch einen Geist der Hoffnung und der Herausforderung: »Die Menschheit ist nicht einfach in einem dunklen Schicksal gefangen. Die Menschen können *angezogen* werden von neuen Möglichkeiten, ihr Leben zu ordnen, wie auch getrieben von der Erkenntnis, was geschehen wird, wenn sie sich nicht verändern.«[27] Dieses Buch endet mit der Überzeugung, daß eine spirituelle Vision notwendig ist, um den Kampf für einen Paradigmenwechsel in der Wirtschaftswissenschaft zu führen. Dieses Werk von Daly und Cobb ist ein weiteres gutes Beispiel dafür, wie der Stand der Ökonomie wiedergeboren werden kann.

Der Geologe Thomas Berry fordert die Wirtschaftswissenschaftler auf, ihre Weltsicht grundlegend zu erneuern, den Anthropozentrismus abzuwerfen und sich mit Kosmologie und Ökologie auseinanderzusetzen. Er warnt: »Wenn die Natur Schaden nimmt, dann nehmen wir Schaden«, und benennt hart die Fakten: »In der gegenwärtigen Form ist die industrielle Ökonomie keine auf die Dauer tragfähige. ... Ein erschöpfter Planet bedeutet eine erschöpfte Wirtschaft.«[28] Vielleicht hilft dieser Ansatz zu erklären, warum die Industrienationen heute so tief verschuldet sind. Unsere Wirtschaft funktioniert einfach nicht. Selbst unsere Wirtschaftsfachleute sind erschöpft. Während sie häufig wegen dieser Tatsachen die Hände ringen, macht Berry Vorschläge, wie es weitergehen kann: »Der Schaden an der Erde ist der wirkliche Schaden, der eigentliche Schaden, ein Schaden, der in seinen Hauptauswirkungen so absolut ist, daß er von keiner Quelle im Himmel oder auf der Erde mehr behoben werden kann. ... Zum erstenmal bestimmen wir die Schicksale der Erde auf eine umfassende und unumkehrbare Art und Weise. Die unmittelbare Gefahr ist nicht der mögliche Atomkrieg, sondern die tatsächliche industrielle Ausbeutung.«[29]

Um dieser Situation zu entrinnen, müssen wir unsere *Visionen* verändern. Der Antrieb unserer Wirtschaft liegt nicht in Tatsachen, sondern in einer Ideologie oder Vision. Deshalb kann sie durch eine wirklichkeitsgemäßere Vision verändert werden. Berry schreibt: »So rational die moderne Ökonomie sich auch geben mag, ihre treibende Kraft ist keine ökonomische, sondern eine visionäre, eine visionäre

Verpflichtung auf einen bestimmten Mythos und das Gefühl, die magischen Kräfte der Wissenschaft zur Verfügung zu haben, um alle Schwierigkeiten mit den natürlichen Kräften zu überwinden.« Alle wirtschaftlichen Visionen der vergangenen Jahrhunderte – sozialistisch, liberalistisch, marktwirtschaftlich, physiokratisch, an Angebot und Nachfrage orientierte Theorien –, alle sind von ihren Programmen her »anthropozentrisch und ausbeutend«. »Die natürliche Welt wird als eine bloße Rohstoffquelle zum menschlichen Nutzen betrachtet, nicht als eine funktionierende Gemeinschaft sich wechselseitig unterstützender Lebenssysteme, innerhalb derer der Mensch seine angemessene Rolle zu entdecken hat.«[30] Berry weist auf den Pseudomystizismus hin, von dem das Industriezeitalter lebt: »Das Industriezeitalter, wie wir es kennen, kann als eine Phase technologischer Trance beschrieben werden, ein veränderter Bewußtseinszustand, eine mentale Fixierung, durch die allein sich erklären läßt, wie wir dazu kommen konnten, unser Wasser, unsere Luft und unseren Boden zu ruinieren und all unsere Lebensgrundlagen unter der Illusion zu zerstören, daß dies ›Fortschritt‹ sei. Da diese Trance aber jetzt von uns weicht, liegt die Aufgabe vor uns, eine menschliche Lebensweise aufzubauen, die sich innerhalb der Zusammenhänge der biologischen Gemeinschaften der Erde bewegt. Die Aufgabe bewegt sich in der Größenordnung der ›Neuerfindung des Menschlichen‹, denn keine der vorhergehenden Kulturen oder Vorstellungen vom Menschen könnte mit den anstehenden Problemen im angemessenen Maßstab umgehen.«[31]

Es scheint so zu sein, daß wir neue Visionen brauchen, um die bisher herrschenden Sichtweisen der Welt zu ersetzen. Berry zögert nicht, die Machtverwalter unserer Kultur aufzufordern, ihre eigene Seele anzuschauen. »In den vergangenen Jahrhunderten haben die großen technischen Ingenieurschulen, die Forschungslabors und die Konzerne den nordamerikanischen Kontinent und sogar einen großen Anteil der Erde beherrscht. In Verbindung mit den Regierungen, den Medien, den Universitäten und mit der allgemeinen Zustimmung der Religion waren sie das Hauptinstrument zur Produktion von saurem Regen, gefährlichem Abfall, chemischer Agrarindustrie, verheerender Verluste an Mutterboden, Feuchtgebieten und Wäldern, und einer Fülle anderer Übel, die die Natur vom Menschen hat ertragen müssen. Die Konzerne sollten an ihren eigenen strengen Normen gemessen werden. Was haben sie genau produziert? Was für eine Welt haben sie uns nach einem Jahrhundert ihrer Kontrolle überlassen?«[32] Die Ökonomen haben offenbar innerhalb ihres eigenen Berufsstandes eine Menge Arbeit zu leisten.

Unternehmensführung

Wie die Religion von der Theologie als ihrer ideologischen Stütze abhängt, so hängt das Wirtschafts- und Geschäftsleben – oft unkritisch – von einer ökonomischen Ideologie ab, die es stützt. Wird die Ökonomie der Kritik unterzogen, die sie auf dem Weg vom Industriezeitalter zu einem grünen Zeitalter verdient, dann kann man auch im Wirtschaftsleben einen neuen Wind erwarten. Die Welt der Unternehmen steht für die praktische Anwendung ökonomischer Theorie. Wird die Theorie gewandelt, so wandelt sich auch die Wirtschaft. Die Wandlung funktioniert aber auch in umgekehrter Richtung. Wenn also die Praxis sich verändert, so könnte sich auch die Theorie verändern. Wenn Geschäftsleute versuchen, ihre Unternehmen von einem schöpfungsgemäßeren Modell her zu betreiben, dann werden sie auch der theoretischen Welt der Ökonomie neue und erfrischende Impulse vermitteln.

Beispiele für Umsetzungen des neuen Paradigmas im Geschäftsleben: Schumacher bietet Beispiele dafür, wie neue *kleine* Unternehmen entstanden sind, die Menschen »fortgeschrittene Technologie« zugänglich machen. Ein afrikanisches Dorf etwa begann relativ bescheiden mit der Herstellung von Eierkartons, woraus sich eine ganze Heimindustrie für Eierkartons bildete. (Alle vorherigen Hersteller der Eierkartons hatten sie in einer Anzahl produziert, die viel zu groß für die Bedürfnisse der Dorfbevölkerung war.) In Khurja, einer Stadt in Indien nördlich von Delhi, entstanden innerhalb von zwölf Jahren dreihundert Töpfereien, die dreißigtausend Menschen beschäftigen und Töpferwaren sowie Porzellan für Krankenhaus-

und Elektrobedarf herstellen.[33] Das sind Beispiele dafür, wie Menschen bereits nach dem neuen Paradigma arbeiten: in Kleinunternehmen Arbeit schaffen, die übersichtlich bleiben und sich an den Menschen orientieren.

Ein weiteres, uns näheres Beispiel ist das Unternehmen von Ben Cohen und Jerry Greenfield, den Erfindern von Ben und Jerry's Icecream. Ihre Firma ist inzwischen zu einem Neunzig-Millionen-Dollar-Unternehmen angewachsen und spendet ständig siebeneinhalb Prozent ihres Umsatzes an gemeinnützige Organisationen. (Die meisten Firmen geben weniger als ein Prozent.) Sie unterstützen gezielt bäuerliche Familienbetriebe, indem sie mehr als den üblichen Satz für die Milch bezahlen und benutzen ihre Verpackungen, um für wertorientierte Themen, für Friedens- und Umweltpolitik zu werben. Sie setzen sich für die Rettung des Regenwaldes ein, indem sie von den im Wald lebenden Menschen Nüsse kaufen und das betreffende Produkt »Regenwald-Crunch« nennen, um das Bewußtsein der Menschen auf dieses Thema zu lenken. Ironischerweise wurden Cohen und Greenfield anfangs von ihrem Erfolg so erdrückt, daß sie ihr Geschäft fast verkauft hätten. Statt dessen aber griffen sie die Herausforderung auf und versuchten, Änderungen herbeizuführen. Auf diesem Wege erlebten sie die in der Geschäftswelt wahrscheinlich unvermeidlichen Widerstände – alle, die die Arbeit neu erfinden wollen, dürfen mit solchen Widerständen rechnen. Das sollte uns nicht entmutigen, wie auch Ben und Jerry nicht. Thomas Kuhn weist darauf hin, daß Widerstände eines der Zeichen für den Paradigmenwechsel sind. Cohen und Greenfield änderten also gezielt ihre Art, ein Unternehmen zu betreiben. Statt der Unternehmensdefinition des alten Paradigmas: »etwas, das ein Produkt herstellt oder einen Dienst anbietet« prägten sie eine neue: »Organisierte menschliche Energie plus Geld erzeugt Kraft.« Die Wirtschaft könnte sich als »die mächtigste Kraft in der Welt« erweisen, meint Ben, und muß als solche die Verantwortung akzeptieren, die mit der Macht einhergeht. Unternehmen sind gesammelte Energie, wie Laserstrahlen, die in der Gesellschaft einen bestimmten Ton angeben. Er stellt die Frage: »Haben Unternehmen über die Profitmaximierung hinaus Wertvorstellungen?« Individuen haben immer Werte, sollen diese aber häufig bei der Arbeit außen vor lassen. Bei der Arbeit »werden wir daran gehindert, nach unseren Werten zu handeln«, stellt er fest. »Wenn die Menschen eine Verantwortung haben, ihrer Gemeinschaft zu helfen, können wir diese Verantwortung nicht gerade dann außer Kraft setzen, wenn wir am wirksamsten tätig sind, das heißt, wenn wir arbeiten.« Ben fragt, warum Unternehmen die Werte fehlen. Dies liegt an der Ideologie, die wir aus dem alten Paradigma mitschleppen, daß man »keine Profite machen und gleichzeitig der Gesellschaft helfen kann«. Die Folge dieses Dogmas ist, daß Umwelt, Arbeitende und Gesellschaft gleichermaßen unter den Folgen solcher Arbeit leiden.[34]

Die Erfahrung von Ben und Jerry ist, daß solche veralteten Parolen, die einen Dualismus zwischen Arbeit und Werten voraussetzen, einfach nicht mehr funktionieren. »Solange wir innerhalb dieses alten Paradigmas arbeiten, sind wir von unserem Herzen und unseren Werten getrennt und fühlen uns kraftlos. Wir können unsere Werte nicht während des Arbeitstages aussetzen und glauben, wir bekämen sie zurück, wenn wir nach Hause gehen. Wir sind alle miteinander verbunden. Unternehmen haben ebenso eine spirituelle Dimension wie Individuen.«[35] Ben greift hier eines der neuen Gesetzes des Universums (für die Mystiker ein altes) auf: wechselseitige Verbundenheit. Er bemerkt das Leiden, das wir einander durch den Mangel an Verbundenheit zufügen. Wie Schumacher kritisieren Ben und Jerry die Wirtschaft dafür, daß sie so isoliert denkt und ihren Blick zu eng auf das Quantitative begrenzt. »Der einzige Maßstab für die Wirtschaft«, so sagt Ben, »ist quantitativ. Es geht nur um Profit oder Verlust.« Damit kritisiert er die mechanistische und nur quantitativ orientierte Weltanschauung der Newtonschen Epoche, in der ausschließlich zählte, was sich quantifizieren ließ.[36]

Durch die bewußte Mühe, dieses begrenzende und unrealistische Paradigma zu durchbrechen, haben Ben und Jerry die Grundlinien ihres Unternehmens anders definiert. Statt nur zu fragen: »Wieviel Profit haben wir am Ende des Jahres?« fragen sie auch: »Wieviel haben wir der Gemeinschaft, von der wir auch ein Teil sind, geholfen?« Diese Frage ist ausdrücklich keine altruistische Begleiterscheinung, sondern »die Art, wie wir unser Unternehmen betreiben«. Und so haben sie in ihr Unternehmen einen jährlichen Bericht eingeführt, den »Sozialen Revisionsbericht«. Sie unterziehen sich jährlich zweier Revisionen, einer finanziellen und einer sozialen. Dabei haben sie festgestellt, daß auch letztere »gut fürs Geschäft ist«, denn »die Gemeinschaft unterstützt diejenigen Unternehmen, die die Gemeinschaft unterstützen«. Profit ist ein Regulativ für ein Unternehmen, aber nicht das *einzige*. Andere menschliche Faktoren müssen ebenso einbezogen werden. Fehlen diese, so nimmt ein Unternehmen in politischer Hinsicht einen »engen und eigennützigen« Standpunkt ein. Ein Unternehmen, so Ben, »muß die Sorge für die Gesellschaft in seine Handlungsstrategien einbinden«. Mit anderen Worten muß ein Geschäft sich der Revolution anschließen, die um das Große Werk des Universums herum stattfindet, denn von ihm bekommen das Unternehmen und alle menschlichen Tätigkeiten ihren Sinn und ihre Regeln. Ein Unternehmen muß in wechselseitiger Abhängigkeit stehen, das heißt, sich auf die größere Gemeinschaft beziehen, ihrem Leid und ihrer Freude zuhören.[37] Wege, auf denen Ben und Jerry sich mit der größeren Gemeinschaft in Verbindung gesetzt haben, sind:

Sie wandten sich an die Öffentlichkeit, um andere Menschen einzuladen, Miteigentümer ihres Unternehmens zu werden. Dazu boten sie Aktien zu je 126 Dollar an, so daß auch normale Bürgerinnen und Bürger sich diese leisten konnten. Das Ergebnis war, daß jede hundertste Familie im Staate Vermont, in welchem ihr Unternehmen liegt, Aktien ihrer Firma besitzt.

Die in ihren Produkten verwendeten Materialien werden bei Gemeinschaften gekauft, die Unterdrückte unterstützen. Backwaren zum Beispiel werden von buddhistischen Gemeinschaften bezogen, die Obdachlose anstellen und sie zu Bäckerinnen und Bäckern ausbilden. Kaffee wird von mexikanischen Kaffeegenossenschaften bestellt. Heidelbeeren stammen von den naheliegenden Höfen der Bauern aus Maine, die Nüsse stammen aus Regenwäldern.

Die Eis-Shops werden als Wahllokale benutzt, und die jeweiligen Manager sind berechtigt, Wählende zu registrieren: Man kann die Leute direkt zum Wählen bitten, wenn sie ein Eis kaufen wollen (und die, die wählen, bekommen ein Eis frei).

288

Sie beschäftigen Obdachlose, um ihre Produkte zu verkaufen.

Sie planen eine Reduktion ihres Energieverbrauchs um fünfundzwanzig Prozent innerhalb von zehn Jahren, indem sie Solarenergie und andere Möglichkeiten dazu einsetzen.

Sie haben die South Shore Bank of Chicago als ihre Bank gewählt, die in einem verfallenden Stadtbereich liegt und sich für ethische Investitionen einsetzt oder ihr Geld in der eigenen städtischen Umgebung arbeiten läßt. Kürzlich haben Ben und Jerry angekündigt, daß sie eine Fabrik mitten in South Central Los Angeles bauen wollen, die dort mehr als zweihundert Menschen beschäftigen kann.[38] Ben weist gern darauf hin, daß auch andere Unternehmen diesem Weg folgen, darunter Hersteller von Wanderbekleidung, Hersteller von umweltverträglichen Produkten, Investitionsberater, der große Jeanshersteller Levi Strauss, ein Schuhproduzent, Kosmetikhersteller und viele andere. Außerdem entwickeln sich um diese neuen Unternehmensparadigmen herum Netzwerke, denen Hunderte von Unternehmen angehören, die sich verpflichten, beispielsweise ein Prozent des Umsatzes für Friedensprojekte einzusetzen, sozial verantwortlich zu investieren oder eine alternative Wirschaftslobby aufzubauen. Diese Organisationen setzen sich dafür ein, Unternehmen aufzufordern, Verantwortung für gesunde und produktive Arbeitsplätze zu übernehmen, für die Qualität und die ökologischen Folgen ihrer Produkte und Dienstleistungen, für die Einbeziehung der Gesellschaft, und für die Schaffung einer gerechteren, menschlicheren und ökologisch tragfähigeren Gesellschaft. Die etwa zweitausend in der Bewegung sozialer Verantwortlichkeit engagierten Firmen in den USA und anderen Ländern zahlen jährlich um die zwei Milliarden Dollar Gehälter aus, was zwar nur ein Hundertstel Prozent der weltweiten Unternehmenslöhne ausmacht.[39] Aber offensichtlich sind nicht alle Geschäftsleute rückständig bei der Neuerfindung ihrer Arbeit.

Das am schnellsten wachsende ganzheitliche Geschäft in England ist The Bodyshop. Anita Roddick und ihr Mann Gordon begannen dieses Unternehmen im Jahre 1976 als ein kleines Geschäft. Heute hat es dreitausend Angestellte und einen Jahresumsatz von 240 Millionen Dollar. Ihre Ziele sind, natürliche Kosmetikprodukte zu verkaufen, die außerdem umweltverträglich sind. Die Leitlinien des

Unternehmens sind Einfachheit, natürliche Produkte, minimale Verpackung, keine Tierversuche, Zutaten, die in der sogenannten Dritten Welt angebaut werden können. Anita Roddick sagt über ihre Arbeit: »Das Individuum forciert den Wandel. Die Leute suchen sich die Dinge aus, nicht nur den richtigen Job, sondern auch die richtige Atmosphäre. Sie halten heute die alten Regeln des Business für unehrlich, langweilig und überholt. Diese neue Generation sagt am Arbeitsplatz: Ich will eine Gesellschaft und einen Job, die mich für wertvoller halten als das Bruttosozialprodukt. Ich will eine Arbeit, die das Herz ebenso betrifft wie den Geist und den Körper, die Freundschaften fördert und die Erde nährt. Ich will für eine Firma arbeiten, die sich für die Gemeinschaft einsetzt.«[40]

In ihrer bemerkenswerten Autobiographie »Body and Soul« definiert Roddick die Bedeutung eines Unternehmens um: »Das Problem ist, daß die Geschäftswelt zu konservativ ist und zuviel Angst vor Veränderungen hat. All die smarten Sprüche von ›freiem Unternehmertum‹, ›Innovation‹, ›Individualität‹ und ›Unternehmergeist‹ sind nichts weiter als heiße Luft. ... Ich suche noch immer nach dem modernen Gegenstück der Quäker, die deshalb erfolgreich ihre Geschäfte betrieben und Geld machten, weil sie ihre Leute anständig behandelten, die selbst hart arbeiteten, die ehrlich ausgaben, ehrlich sparten, die für das Geld, das sie nahmen, ehrlichen Gegenwert boten und niemanden belogen. Ihr Geschäftscredo scheint leider längst vergessen zu sein.«[41]

In dem ausgezeichneten Kapitel »Die Umwandlung der Wirtschaft« in dem Buch »After the Crash: The Emergence of the Rainbow Economy« weist Guy Dauncey darauf hin, daß die Idee von Genossenschaften und betriebseigenen Firmen rapide wächst. Zwischen 1971 und 1975 gab es in England nur zehn registrierte Genossenschaften, 1986 waren es schon 1500, die einen Jahresumsatz von zusammen 380 Millionen Dollar haben. Diese bemerkenswerte Wachstumsrate von achtundfünfzig Prozent jährlich belegt das wachsende Bedürfnis danach, daß die Arbeitenden Kontrolle über ihren eigenen Lebenserwerb haben und sich in die Lage versetzen, einen Einklang zwischen ihren Werten und ihrem Arbeitsleben zu schaffen«, bemerkt er dazu.[42]

Der größte Nahrungsmittelgroßhandel Floridas befindet sich vollständig im Besitz seiner Angestellten und macht einen doppelt so hohen prozentualen Profit wie der größte Nahrungsmittelgroßhandel in ganz Amerika.[43]

Dauncey beschreibt die Evolution der Wirtschaft in drei Stufen: Die erste war die Epoche von Dickens und Marx, in der es keinerlei Gesetze gab, die die Unternehmen kontrolliert oder geregelt haben. Danach entstanden Organisationen von Arbeitenden und Gesetze gegen die Ausbeutung von Kindern. Organisationen und Gewerkschaften erkämpften Rechte in bezug auf Gesundheit, Sicherheit, Basislöhne und Beschränkung der Arbeitszeiten. Heute treten wir aber in eine neue Epoche ein, in der eine »gewaltige Evolution« stattfindet.

»Einige der Zeichen, die die Entwicklung eines Unternehmens in die dritte Epoche markieren, sind: Förderung der Kreativität, Selbstverwaltung der Arbeitenden, Partizipation und Teamarbeit, Aufteilung des Profits und Aktienanteile bei den Angestellten, Gleichstellung der Frauen und Einrichtung von Kindertagesstätten, Förderung von Jobsharing und gleitende Arbeitszeit, Unterstützung des persönlichen Wachstums der Angestellten und ihrer Selbstverwirklichung, Abbau der hierarchischen Organisationsstrukturen und autoritärer Verwaltungsmethoden, ... Ausbau von Verantwortung gegenüber der Umwelt und Einbeziehung gesellschaftlicher und kommunaler Fragen.«[44] Eine solche Evolution kann nicht durch die überkommene dualistische Sprache von »links« gegen »rechts« beschrieben werden. Ihre Werte haben mit Initiative, Individualität und Unternehmungsgeist zu tun, aber auch mit der Sorge für die einzelnen Arbeitskräfte und die gesamte Belegschaft. Die ökologischen Werte der grünen Bewegung und Organisationsprinzipien nach menschlichem Maß werden ebenso mit berücksichtigt wie die Werte des Human Potential Movement mit seiner Sorge für persönliches Wachstum und Erfüllung: geistige Werte wie Ehrlichkeit und Aufrichtigkeit sowie Werte aus der Bewegung für eine globale Entwicklung wie internationale Gerechtigkeit, Zusammenarbeit und wechselseitige Abhängigkeit. John Denver's Windstar Foundation richtete kürzlich eine Konferenz unter dem Titel »Einrichtung einer sozial gerechten neuen Welt« aus.

Auf dem Podium saßen progressiv eingestellte Geschäftsleute, die betonten, daß ein neues wirtschaftliches Paradigma die Beschäftigten ermutigen müsse, gute Arbeit in der Gemeinschaft zu leisten, und mehr Aufmerksamkeit darauf verwenden müsse, wie die Beschäftigten selbst sich an ihrer Arbeitsstätte entwickeln und dort wachsen können. Würden solche Werte gefördert, so sei der Arbeitsplatz keine in sich isolierte oder entfremdete Welt mehr, sondern werde zu einem Mikrokosmos. Hier sehen wir wieder, wie das Motiv der wechselseitigen Verbundenheit die Gesetze eines groben Individualismus und Dualismus, durch welche das Industriezeitalter charakterisiert war, ersetzt. Ein Wirtschaftsvertreter sagte: Die Beschäftigten werden die Gemeinschaft behandeln, wie sie von ihr selbst behandelt werden. Man muß innerhalb der Arbeitswelt eine Gemeinschaft auf menschliche Werte aufbauen, wenn man Anschluß an die größere Gemeinschaft »da draußen« haben will.

Ein weiterer Gesprächsteilnehmer schlug vor, daß die Unternehmen auf ihr eigenes *inneres* Selbst achtgeben und nicht nur mit den äußeren, marktorientierten Kräften zufrieden sein sollten. Die Auswirkungen auf die größere Gemeinschaft müßten ebenso in die Unternehmensplanung eingehen, wie Kosten, Qualität und Auslieferungszeit eines Produktes. Ein Unternehmen könnte zum Beispiel eine Schule in der Stadt adoptieren und den Beschäftigten Freizeit gewähren, um in dieser Schule zu arbeiten, wodurch die Arbeitenden ermutigt würden, sich mehr für die Gemeinschaft einzusetzen. Eine Frau erzählte die Geschichte, wie in Neumexiko in einer kleinen Stadt Geschäftsbesitzer Zeichen in ihre Fenster stellten, daß sie einen Protest gegen eine Müllhalde in ihrer Gemeinde unterstützten. So nahmen die Geschäfte die Gelegenheit wahr, einen Teil ihres Wertesystems der größeren Gemeinschaft gegenüber auszudrücken.

Spiritualität und Business

Richard McKnight ist ein Organisationspsychologe, der ausgiebig mit Führungspersonal im Streßmanagement gearbeitet hat. Er sagt zu seiner Arbeit: »Die meisten Arbeitenden, Manager und Führungskräfte, mit denen ich in den letzten zehn Jahren gearbeitet habe, sehen

Unternehmensorganisationen als kalte, unpersönliche Maschinen, die auf der einen Seite Rohmaterial, Kapital und Menschen aufnehmen, damit einige Verwandlungen, Prozesse, oder Dienstleistungen durchführen und am anderen Ende Geld produzieren – oder das zumindest sollten. ... Im vorherrschenden Modell ist die ideale Unternehmensführung durch Begriffe wie Wettbewerb, Aggression und Gewinner charakterisierbar. Ein leitender Angestellter sagte zu mir: › In unserem Unternehmen geht es nur darum, Geld zu machen; und der einzige Weg dazu ist in unserem Industriezweig, alle – innerhalb und außerhalb der Firma – unsicher zu lassen und niederzuhalten.‹«[45] McKnight bedauert die körperlichen Erkrankungen und emotionalen Traumata, die sich aus einem solchen maschinenartigen Unternehmensmodell ergeben. Solche Ergebnisse sind »für Beschäftigte, für die Gesellschaft und letztlich auch für den Profit schädlich«. Nebenbei spricht er über die Abwesenheit des Geistes im vorherrschenden mechanistischen Modell der Unternehmensführung und fordert eine größere spirituelle Bewußtheit, die er definiert als »die beseelende Lebenskraft, die Energie, die uns für gewisse Ziele und Zwecke über uns selbst hinaus inspiriert«. Wenn wir einen transzendenten Sinn in unserer Arbeit finden, so meint er, führe das zu einer Liebe zur Welt und gebe unserem Leben Ganzheit und Richtung. Das andere Modell eines Unternehmens als kalter, unpersönlicher Maschine leugne dagegen die Menschlichkeit. »Ein Modell, das die Geschäftsorganisation als eine kalte, unpersönliche Maschine darstellt, leugnet die Menschlichkeit. Menschen haben in drei Bereichen Bedürfnisse: Körper, Geist und Seele. Die meisten Firmen handeln jedoch, falls sie bei den Menschen überhaupt Bedürfnisse anerkennen, als gebe es nur zwei Voraussetzungen für die Produktion guter Arbeit: Geld und sichere Jobs.«[46] McKnights Erfahrung zeigt, daß die meisten Beschäftigten an einem von zwei geistigen Syndromen leiden: »Entweder fühlen sie sich ausschließlich nichttranszendenten, materialistischen Zwecken verpflichtet, wie etwa der nächsten Beförderung, oder aber sie haben transzendete Ziele, die sich jedoch mit dem Zweck der Firma, für die sie arbeiten, nicht verbinden lassen.«[47] McKnight glaubt, daß Unternehmen die Entwicklung einer Spiritualität unterstützen können und sollten, die er folgendermaßen charakterisiert: Kreativität,

Begeisterung für das Leben, Akzeptanz für sich und andere, Leben in einem Gefühl von Gnade, stets als Lernende zu leben, mehr zu geben als zu nehmen, Optimismus, Friedfertigkeit, offenbarer Mut.

Bei diesem Ruf nach Spiritualität und einem Paradigmenwechsel im Geschäftsleben ist McKnight nicht allein. Der Professor für Gesellschaftssysteme an der School of Government and Business Administration at George Washington University, Peter Vaill, fordert auf zu einer »neuen Wertschätzung des geistigen Wesens des Menschen und zur Entscheidung, es in jeder Neuformulierung einer Organisationsstruktur aufrechtzuerhalten«. Er spricht sich dafür aus, den Menschen als »Schöpfer von Phänomenen« stärker zu beachten, das Management als »darstellende Kunst« zu sehen, wieder stärker Ehrfurcht zu erleben, wie auch deutlicher die Verantwortung für unser Dasein in der Welt wahrzunehmen. Er sieht das neue Paradigma als erfrischendes, und sogar erregendes neues Interesse an Ethik, Moral und dem geistigen Wesen der Menschheit«, worin eine immer werdende Weisheit und der Wert der »Relationalität« gedeihen werden.[48]

Die Managementberaterin Linda Ackerman greift ebenfalls die Frage des Management im neuen Paradigma auf. Sie führt drei Stile von Management auf: Angstmanagement, statisches Management und Flow-Management, welches ihrer Einschätzung nach der neuen Kosmologie entspricht. Sie führt diese Metaphorik auf die Vorstellungen des Tao in der chinesischen Philosophie zurück und dessen Verkörperung in Mohandas K. Gandhi. Ihre, dem Psychologen Mihaly Csikszentmihalyi entlehnte Definition des »Flow« als »ganzheitliche Empfindung von Menschen in völliger Hingabe« klingt sehr ähnlich wie Definitionen der mystischen Erfahrung. In einem solchen Zustand erlebt ein Mensch »ein einheitliches Fließen von einem Augenblick zum nächsten, wobei er seine Handlungen kontrollieren kann und es wenig Unterscheidung zwischen Selbst und Umwelt gibt, zwischen Reiz und Antwort oder zwischen Vergangenheit, Gegenwart und Zukunft.«[49]

Rolf Osterberg, der bei Skandinaviens größter Filmgesellschaft als Berater gearbeitet hat und im Aufsichtsrat von mehr als zwanzig Firmen und Handelsgesellschaften sitzt, durchlief nach seinen vielen geschäftlichen Erfolgen eine Art *metanoia*: Er stellt seine persönliche

Lebensausrichtung und die Entwicklung der Arbeit im allgemeinen in Frage. Ihm wurde klar, daß es an der Arbeit mehr geben müsse als bloße Mechanik, die er am Arbeitsplatz sah, wo Menschen als bloße »Werkzeuge, Berechnungseinheiten und Kostenfaktoren gesehen werden. Im ganzen Unternehmen gibt es kein wirkliches Leben.« Er hat im übrigen den Eindruck, daß dies auch anderen bewußt wird: »Ich kam immer mehr zu der Überzeugung, daß etwas sehr Großes geschieht, größer, als ich je geglaubt hätte – und es geschieht allen unter uns. Wir verändern grundlegend unsere Weltanschauung. ... Die Landschaft (die Systeme, in welchen wir leben) entspricht nicht mehr der Landkarte (unserem Denken). Die Landkarte verändert sich, und die Landschaft muß entsprechend angepaßt werden.«[50] Er fordert in seinem Buch »Corporate Renaissance« eine grundlegende Revolution, wie wir Arbeit und Wirtschaft sehen. »Wie jeder andere Lebensaspekt auch ist die Arbeit ein Prozeß, durch welchen wir Erfahrungen sammeln. ... Der Hauptzweck einer Firma ist es, als Arena für die persönliche Entwicklung derer zu dienen, die in dieser Firma arbeiten. Die Produktion von Gütern und Dienstleistungen und der Profit sind nur Nebenprodukte.«[51]

Wie Juliet Schor, deren Analyse der Konsumgesellschaft wir in diesem Buch bereits betrachteten, kommt Osterberg zu der Erkenntnis, daß wir Menschen zu Gefangenen einer Tretmühle des Konsums geworden sind. »Wir sind wie Hamster in einem Laufrad, deren einzige Rolle es ist, das Rad in Gang zu halten: durch Massenproduktion ebenso wie durch Konsum – durch Massenkonsum.« Er findet es sehr fragwürdig, wie Entwicklungsländer dazu gebracht werden, derartige Wachstumsmodelle (womit nur zunehmende Produktion und zunehmender Konsum gemeint sind) als Entwicklungsziele für sich zu übernehmen. Bislang konnte das Rad des »Wirtschaftswachstums« nur durch rücksichtslose Ausbeutung menschlicher und natürlicher Ressourcen in Gang gehalten werden: »Wir haben aus der prekären wirtschaftlichen Lage der Entwicklungsländer, wofür wir weitgehend selbst verantwortlich sind, unseren Vorteil gezogen und die Ausbeutung einfach dorthin verlegt. Wachstum hat nichts verbessert oder unterstützt. Es hat ausgezehrt, konsumiert und verschlungen, und fährt fort, dies zu tun.«[52]

Osterberg meint, daß wir die Arbeit auf grundlegend andere Weise betrachten müssen. »Es gibt nur einen Weg, diese Probleme zu beseitigen, und der besteht darin, unser Denken über die Arbeit sehr grundlegend, das heißt in den tiefsten Schichten unserer Seele zu verändern.« Er ist überzeugt, daß für viele Menschen unserer Gesellschaft die Arbeit zu einem Weg geworden ist, ihrem tieferen Selbst zu entfliehen und ihre tieferen Gefühle zu vermeiden. »Arbeit ist zu einer der Drogen geworden, die wir benutzen, um die Gefühle in uns abzustumpfen und zu blockieren«, sagt er, ein Prozeß, »der sich soweit entwickelt hat, daß wir unsere Freizeit nicht mehr genießen können. Wir können uns nicht mehr entspannen.«[53] Ohne den Begriff Schöpfungsspiritualität zu verwenden, spricht Osterberg deutlich aus, was wir als »die innere Arbeit« der Via Negativa, der Via Positiva und Via Creativa bezeichnet haben. Als das eigentliche Ziel der Unternehmen sieht er zu verändern, wie wir die Arbeit betrachten: »Im neuen Denken wird das Leben als ein Entwicklungsprozeß betrachtet, innerhalb dessen wir als Menschen wachsen. Das Leben hat über den Prozeß selbst hinaus kein besonderes Ziel. Der Prozeß – das Leben selbst, wenn man so will – ist der Sinn, nicht irgendein Besitz, eine Position oder eine Stellung, die auf dem Weg erlangt werden können. ... Wer arbeitet, trägt nicht mehr dazu bei, als jemand, der oder die sich einen anderen Bereich des persönlichen Wachstums gewählt hat.«[54]

Ein großer Teil der intelligentesten Menschen unserer Kultur gehen ins Geschäftsleben. Viele von ihnen werden in der Lage sein, das Leid wahrzunehmen, das unsere Wirtschaft auslöst, sie werden reifen und sich für die neuen Möglichkeiten öffnen, die aus einer anderen Definition der Wirtschaft erwachsen, die den Bedürfnissen der Menschen wie auch der nichtmenschlichen Wesen besser dient. Vielleicht kann eine solche Neubetrachtung der *Qualität* von Arbeitsplätzen auch zu einer Neuerfindung der *Quantität* zur Verfügung stehender Arbeitsplätze beitragen. Wenn die Arbeitenden Spiritualität in ihre Arbeit, ihre Werte und ihre Kreativität integriert haben, dann wird die Arbeitssucht und auch die Praxis, Arbeitende überzubeschäftigen, einer besser aufgeteilten Arbeit Platz machen. Diejenigen, die keine Arbeit oder zu wenig Arbeit haben, können eingeladen werden, wieder an der Arbeitswelt teilzuhaben.

Diesen prophetischen Stimmen innerhalb der Wirtschaftswelt können wir ein wachsendes Bewußtsein dafür entnehmen, daß Wirtschaft
und Geschäftsleben (und auch die ihnen zugrundeliegenden ökonomischen Philosophien) ihr inneres Haus in Ordnung zu bringen
haben. Manche reagieren heute schon auf diese Herausforderung. So
kann Arbeit neu erfunden werden. Ja, es wird tatsächlich eine neue
Art von Arbeit geschaffen: die Arbeit, das innere Haus unserer
Arbeitswelt in Ordnung zu bringen. In einer solchen Art von Wiederaufbau liegt Hoffnung – die Wiederverzauberung der Arbeit ist
voll im Gange.

Meister Eckhart und die Vertreibung der Geldverleiher aus dem Tempel

Meister Eckhart hatte schon einen großen Teil der Kritik an
Wirtschaft und Handel vorweggenommen, die wir in diesem Kapitel
besprochen haben. Er sah die Gefahren einer nur auf dem Geld
beruhenden Wirtschaft und das Suchtpotential des Geldes voraus,
wenn Verdienen zum einzigen Wertkriterium gemacht würde. In
einer verblüffend kraftvollen Predigt, die ihn bei den Händlern von
Köln, der damaligen europäischen Handelshauptstadt, nicht gerade
beliebt machte, griff Eckhart jene Passage aus den Evangelien auf,
wo Jesus die Geldverleiher aus dem Tempel vertrieb. Eckhart fragt:
»Warum warf Jesus hinaus, die da kauften und verkauften, und hieß
die, die da Tauben feilhielten, wegräumen? Er meinte damit nichts
anderes, als daß er den Tempel leer haben wollte, recht, als ob er
hätte sagen wollen: Ich habe das Recht auf diesen Tempel und will
allein darin sein und die Herrschaft darin haben. Was will das
besagen? Dieser Tempel, darin Gott gewaltig herrschen will, nach
seinem Willen, das ist des Menschen Seele, die er so recht als ihm
selbst gleich gebildet und geschaffen hat, wie wir lesen, daß unser
Herr sprach: ›Machen wir den Menschen nach unserm Bilde und
zu unserm Gleichnis‹ (1 Mose 1,26). Und dies hat Gott auch
getan.«[55]
Eckhart kritisiert, was er als die Krämermentalität ansieht, und ihre
Folgen für die Seele, die er als den Tempel Gottes par excellence

versteht, denn »im Himmelreich noch auf Erden unter allen herrlichen Kreaturen, die Gott so wundervoll geschaffen hat, ist keine, die ihm so gleicht, wie einzig des Menschen Seele.« Was tut eine enge Definition des Handels, der es nur um Profit geht und die nur die Quantität, nicht aber die Qualität im Leben achtet, was tut sie der weiten Seele des Menschen an? Sie stopft die Seele voll und lenkt den inneren Menschen ab. Sie mischt sich ein in unsere großartige Fähigkeit, leer zu werden, so daß das Göttliche uns füllen kann. »Diesem Tempel ist wirklich niemand gleich als der ungeschaffene Gott allein. So glänzt er schön und leuchtet so lauter und klar über alles hinaus und durch alles.« Ein Wertesystem, das nur auf Quantität und Profit basiert, trivialisiert unseren Daseinsgrund und den Sinn unserer Arbeit: uns allen Wesen und ihrem Schöpfer zu verbinden, das heißt, am Großen Werk teilzuhaben. »Hierum will Gott diesen Tempel leer haben, auf daß denn auch nichts weiter darin sei als er allein. Das ist deshalb so, weil ihm dieser Tempel so wohl gefällt, da er ihm so recht gleicht und es ihm selber so wohl behagt in diesem Tempel, wann immer er allein darin ist.«[56]

In diesem Tempel geschehen wundervolle Dinge, die nicht zustande kommen können, wenn die Krämermentalität ihn vollgestopft hat und eine Haltung des Kaufens und Verkaufens, der Ursache und Wirkung und des *quid pro quo* herrscht. Gott offenbart sich in diesem Tempel, sofern er leer von Warum und Wofür ist. Denn in diesem Tempel »offenbart Jesus sich selbst und alles, was der Vater in ihm gesprochen hat, in der Weise, wie der Geist empfänglich ist«. In diesen Tempel strömt der Heilige Geist ein mit »überfließend reicher Fülle und Süßigkeit in alle empfänglichen Herzen«. Kreativität und Weisheit treffen sich in diesem Tempel, »da wird Gott mit Gott erkannt«, die Seele erkennt ihr »wesenhaftes Ur-sein in einfaltiger Einheit ohne jegliche Unterschiedenheit«. Aber damit solche Wunder zustandekommen, muß die Seele entleert sein.

Für Eckhart tötet die Krämermentalität auch den Geist der Dankbarkeit und ersetzt ihn durch den Drang, Dinge besitzen zu wollen, der macht den Geist dumpf und behindert die Empfänglichkeit. Der Geist des Festhaltens tötet auch unsere Fähigkeit ab, die unendlichen Reichtümer der Gottheit zu erleben. Nur indem wir eine solche

Haltung aus unserer Seele oder unserem Tempel vertreiben, können wir Gottes Gaben in unbehinderter und freier Weise wieder empfangen, so Eckhart, und mit Lob und Dank zurückgeben.[57] Diese erstaunliche Predigt wurde gehalten, als der Kapitalismus gerade dabei war, die Bühne der europäischen Geschichte zu betreten. Wir erhalten hier eine tiefe und durchdringende Kritik dessen, was eine zu eng gefaßte ökonomische Philosophie unserer Seele antut. Aber wir erhalten auch eine Kritik daran, was das Geldverleihen, das heißt, eine anthropozentrische Sicht des Reichtums, unserer Beziehung zur Erde und dem Kosmos antut. Denn der göttliche *Tempel* ist das Universum selbst. Wir können nicht mehr länger »kon-templieren«, nicht mehr im Universum beten, wenn wir es mit unseren eigenen Plänen überschwemmen. Alles Spiel und alle Dankbarkeit werden dadurch vertrieben. Die Kontemplation stirbt. Der Reduktionismus, den wir gegenüber dem Kosmos begehen, wird außerdem auf uns selbst zurückfallen. Wenn wir zur Erde und ihren Lebenssystemen nicht die richtige Beziehung finden können, dann stopfen wir den Tempel Gottes voll. Es bedarf eines Entleerungsprozesses; ein solches Entleeren beginnt innerhalb unserer eigenen Seele.

Aus all diesen Gründen werden wir aufgerufen, ein neues Wirtschafts- und Ökonomie-Paradigma zu verfolgen, wie ich es in diesem Kapitel umrissen habe.

Wissenschaft und Technik

Auch die wissenschaftliche Arbeit muß in unserer Zeit neu erfunden werden. Ein großer Teil dessen, was wir im zweiten Kapitel dargestellt haben, geht von Wissenschaftlern aus, die es gewagt haben, den Paradigmenwechsel in ihrer eigenen Disziplin zu vollziehen: Rupert Sheldrake, Gregory Bateson, Beverly Rubik, Brian Swimme, David Bohm, Erich Jantsch, Paul Davies und viele andere Wissenschaftlerinnen und Wissenschaftler haben wieder Herz und Seele für die Mysterien des Universums geöffnet. Ich sage »wieder«, weil viele Wissenschaftler mir gesagt haben, daß sie diesen Beruf wegen der mystischen Erfahrungen ihrer Kindheit ergriffen haben. Kürzlich nahm ich an einer Diskussionsgruppe der Universität von Pennsylvania teil, in der ein Physiker Mitte sechzig mir eine sehr verwickelte wissenschaftlich-religiöse Frage stellte. Ich antwortete: »Wissen Sie, viele Wissenschaftler, die ich kenne, sagen mir, daß sie wegen der mystischen Erfahrungen, die sie als Kinder mit dem Nachthimmel hatten, Wissenschaftler geworden sind.« Und sofort antwortete er: »Das ist es! Das ist es, warum ich Wissenschaftler geworden bin. Darüber habe ich seit über vierzig Jahren nicht mehr nachgedacht.« Und sein Gesicht sah aus wie das eines zehnjährigen Jungen. Er wurde an die Regungen seines Herzens erinnert, die ihn zu seiner Berufung geführt haben. Diese Dimension des Herzens fehlt uns in der modernen Definition der Wissenschaft und in der wissenschaftlichen Ausbildung. Thomas von Aquin sagt, die Wissenschaft plustere sich auf, werde arrogant, wenn ihr die Herzensdimension fehlt. Wenn Brian Swimme und Thomas Berry darauf hinweisen, daß »Wissenschaft mit Objekten zu tun hat, Geschichten aber mit Subjekten«, dann erinnern sie uns daran, daß es nicht ausreicht, nur Wissenschaftler zu sein. Ein Mensch als ganze Person hat mit Geschichten zu tun, die das Herz nähren, wie auch mit Gegenständen, bei denen Fakten entdeckt werden.

Ironischerweise kam es durch die Hingabe der Wissenschaft an die Objektivität in den letzten Jahrhunderten zustande, daß uns eine neue *Geschichte* geschenkt worden ist, die unser Herz wirklich erwecken kann. Die Wissenschaft hat heute den Kreis voll geschlossen, das heißt, sie ist bei der Erkenntnis angelangt, daß die einst so hochgeschätzte Objektivität eigentlich gar nicht existiert, und daß die Welt nicht in materialistischen Begriffen allein erklärt werden kann. Im Universum lebt auf allen Ebenen Geist. Das bedeutet, daß die Wissenschaft selbst mit in die Ergebnisse ihrer eigenen Entdeckungen hineingezogen ist. Da Wissenschaft ein menschliches Unternehmen ist, trägt sie auch moralische Verantwortung. Das ist für den Westen eine relativ neue Idee, denn seit der Renaissance haben die meisten Wissenschaftler sich moralisch für unabhängig von den Folgen ihrer Erfindungen erklärt. In der Wissenschaft herrschte eine gewisse Kurzsichtigkeit vor, weil die Wissenschaftler moralische Scheuklappen trugen, um tiefer in die Wirklichkeit eindringen zu können. Angesichts der

Tatsachen, denen unser Planet heute gegenübersteht, müssen diese Scheuklappen jedoch abgelegt werden. E.F. Schumacher zitiert Albert Einstein: »Wie Einstein von Naturwissenschaftlern selbst sagte, › 1. Diese Leute sind fast alle ökonomisch völlig abhängig.‹ und › 2. Viele unter ihnen haben ein geringes soziales Verantwortungsgefühl‹, so daß sie die Richtung der Forschung nicht bestimmen können.«[58] Selbst Leonardo da Vinci, der die Geschöpfe so sehr liebte, daß er Vegetarier war, erfand Kriegswerkzeuge, die die Gewalt der Menschen untereinander vermehrten – und natürlich auch Gewalt gegen die nichtmenschliche Schöpfung bedeuten –, er setzte neue Maßstäbe der Zerstörung. Die neue Wissenschaft wird moralische Verantwortung für ihre eigenen Entdeckungen tragen. Wissenschaft kann nicht mehr vorgeben, moralisch objektiver zu sein als die Wirtschaft. Wissenschaftlerinnen und Wissenschaftler, die auf der Basis des neuen Paradigmas arbeiten, werden fragen: Welches sind die moralischen Folgen meiner Arbeit? Wer hat davon Nutzen? Und auf wessen Kosten werden einige profitieren und andere verlieren? Als J. Robert Oppenheimer anläßlich der ersten erfolgreichen Detonation der Atombombe, bei deren Bau er geholfen hatte, bemerkte: »Jetzt kennen wir das Böse«, verkündete er eine neue Ära der Wissenschaft: eine Epoche der wechselseitigen Verbundenheit, der moralischen Verantwortung. Die Allianz, die die Wissenschaft häufig mit der Massenindustrie, der Massenuniversität und der Massenregierung mit ihrem Massenmilitär geschlossen hat, kann nicht länger übersehen werden. Geld entschuldigt nicht die unmoralischen Folgen unserer Arbeit. Schließlich ist es die Technik, also die praktische Anwendung der Wissenschaft, die zur Plünderung dieses Planeten am meisten beigetragen hat. Diese Wirklichkeit müssen wir erkennen. Die Wissenschaft des neuen Paradigmas wird die Fakten als das sehen, was sie sind: als eine Warnung, daß unsere Technik nach unseren Werten gestaltet werden muß. Denn haben wir keine anderen Werte als den Profit oder den Egotrip in unserer Arbeit, in diesem Fall unserer wissenschaftlichen Arbeit, dann stellen wir für den Planeten eine Bedrohung dar.

Eine weitere Dimension der neuen Wissenschaft ist die Wiederentdeckung der Weisheit. Weisheit umfaßt Moral, aber sie umfaßt auch Ehrfurcht und Kreativität. Darum fließt Weisheit aus der Mystik. Die mystisch gesonnenen Wissenschaftler unserer Zeit, von denen wir viele im zweiten Kapitel zitiert haben, sind Zeugen der Tiefe und Kraft ihrer Berufung. Wie Thomas von Aquin es sagte: »Eine falsche Meinung über die Natur führt zu einer falschen Meinung über Gott.« Wenn Wissenschaftlerinnen und Wissenschaftler sich wirklich dafür einsetzen, den Offenbarungen der Natur zu lauschen und dies an uns andere weiterzugeben, dann haben sie tatsächlich mit spiritueller Arbeit zu tun. Ihr Lernen und ihre Disziplin gipfelt in einer Art Yoga und hilft dabei, die Mystik zu erwecken, die in uns anderen ruht. Die wissenschaftlich Tätigen sind aber den Kräften des Universums und auch den entscheidenden Apparaten unserer Kultur so nahe, daß sie, wie wir anderen auch, spirituelle Übungen praktizieren müssen. Sonst kann die Versuchung der und Sucht nach der Macht sie leicht überwältigen, wie der Tempel – um Eckharts Bild zu verwenden – von Käufern und Verkäufern voll gestopft sein kann.

Wissenschaftlerinnen und Wissenschaftler des neuen Paradigmas werden sich für spirituelle Praxis einsetzen, die die Seele jung und großmütig hält und ihr hilft, sich der Händlermentalität zu widersetzen. Wissenschaftlerinnen und Wissenschaftler des neuen Paradigmas werden teilnehmen (Teilnahme ist eine Schlüsseltugend des neuen Paradigmas) an der Suche nach einer sowohl mystischen wie auch prophetischen Spiritualität, wie unsere Zeit sie verlangt. Sie werden Tänze mitvollziehen und Rituale feiern, die das Herz öffnen und das göttliche Kind in uns allen erfreuen. Sie werden es lernen, dem Anthropozentrismus zu widerstehen, und die Frage stellen, wie sie ihr Wissen in den Dienst ökologischer und sozialer Gerechtigkeit stellen und ihr Herz durch die Weisheit weit werden lassen können, die sie in den täglichen Begegnungen mit den Geheimnissen der Natur aufnehmen. Dieses tägliche Essen und Trinken der Geheimnisse der Transsubstantiation von Atomen, Elementen, Molekülen, Zellen, Organismen, Galaxien, Planeten, Pflanzen, Tieren und Wesen aller Art, diese Begegnungen mit dem Sakrament der Schöpfung, müssen als das erkannt werden, was sie sind: heilige Begegnungen. Eine Wissenschaftlerin, die sich für die Wandlung ihres Berufes einsetzt, ist Dr. Beverly Rubik, Gründerin und Direktorin des Center

for Frontier Sciences at Tempel University in Philadelphia. Ihr Zentrum gibt ein halbjährliches Journal heraus »Frontier Perspectives« und lädt Gelehrte aus der ganzen Welt ein, neue wissenschaftliche Behauptungen offen zu diskutieren. Das Journal dient der Forschung und Ausbildung in wissenschaftlichen Bereichen, die noch nicht etabliert sind, und erhält eine wachsende Datenbasis von führenden Wissenschaftlerinnen und Wissenschaftlern aus aller Welt. Kürzlich veröffentlichte sie ein Buch »The Interrelationship Between Mind and Matter«, eine Sammlung von Aufsätzen, die aufgrund internationaler Symposien entstanden; führende Wissenschaftlerinnen und Wissenschaftler aus sechs Ländern kommen zu Wort. Rubik führt den Band folgendermaßen ein: »Die Vorstellung, daß Bewußtsein und Materie innerhalb der Wissenschaft trennbar sind, kann als falsch betrachtet werden, da gewisse Interpretationen der Quantentheorie feststellen, daß die Beobachtenden im Akt der Beobachtung grundlegend mit dem Quantensystem in Wechselwirkung treten. ... Auch aus der Medizin, der Anthropologie und anderen Disziplinen kommen Beiträge zur Wechselbeziehung zwischen Bewußtsein und Materie. Kann die Frage hinsichtlich dieser Beziehung auch an moderne wissenschaftliche Ansätze gestellt werden?«[59]
Rubik kritisiert, daß das alte wissenschaftliche Paradigma immer noch die Hand auf Forschungsgelder und akademische Beförderungen halten kann: »Es gibt außergewöhnliche und schwere Hindernisse für diejenigen, die sich aus den Grenzen herausbewegen, um ungewohnte Bereiche oder gar Nebenwege zum wissenschaftlichen Hauptstrom zu erforschen. Dazu gehört der mögliche Verlust von Kameradschaft und Achtung, der Verlust finanzieller Unterstützung und der Verlust wissenschaftlicher Glaubwürdigkeit mit der Unmöglichkeit, in etablierten Zeitschriften zu veröffentlichen – sogar die Stellung kann man dabei verlieren.«[60] Sie scheint die prophetische Berufung, die von denen verlangt wird, die für ein neues Paradigma einstehen wollen, zu verstehen, wenn sie sagt, daß es sich dabei um einen schwierigen Pfad handelt, der nur für »die abenteuerlustigsten und mutigsten Individuen gangbar ist, die von einer inneren Fragestellung zu dem getrieben werden, was jenseits der üblichen Grenzen liegt.« Sie weist darauf hin, daß Wissenschaft in der

Geschichte gewöhnlich immer von denjenigen verändert wurde, die es wagten, außerhalb der jeweils herrschenden Theorien zu stehen. Rubik setzt sich für die Bereiche der Wissenschaft ein, die vernachlässigt sind – man könnte sagen, für diejenigen ohne Stimme, die von der Bibel als die *anawim* bezeichnet werden. Sie erklärt, daß die etablierte Medizin zum Beispiel die enge Beziehung zwischen Geist und Körper einfach nicht berücksichtigt und die Wichtigkeit des Bewußtseins bei der Heilung eines Patienten übersieht. Die Wissenschaft im allgemeinen weigere sich, sich um die »feineren und nichtquantifizierbaren Dimensionen des Geistes zu kümmern, wie etwa die verschiedenen Bewußtseinszustände, das Bewußtsein von sich selbst und den Willen ... Sinn, Werte und der teleologische Charakter des Geistes werden von der gegenwärtigen wissenschaftlichen Praxis nicht für wichtig gehalten.«[61] Rubik hat jedoch für ihren Berufsstand noch Hoffnung, sofern sich das dahinterstehende akademische System ändern kann: »Die grundlegende Rolle des Bewußtseins im Universum wird immer mehr offenbar, immer neue Vorstellungen darüber werden vorgebracht, so daß schließlich ein tieferer Wandel in der Wissenschaft auftreten wird. Dieser Wandel könnte größer sein als ein bloßer Paradigmenwechsel, da die derzeitigen Ergebnisse schon die erkenntnistheoretische Grundlage der Wissenschaft in Frage stellen. ... Wir müssen vielfältige Zugänge zum Studium des Bewußtseins unterstützen. Es ist sogar möglich, daß letztlich eine neue Wissenschaft daraus geboren wird, eine Wissenschaft, die den gesamten Menschen mit voll verwirklichten Fähigkeiten von Körper, Seele und Geist ins Blickfeld nimmt.«[62]

Von einer gewandelten Wissenschaft verspricht sich Rubik auch Segnungen für die Gesellschaft. »Da die Wissenschaft mächtigen Einfluß auf die Gesellschaft und die Umwelt hat, wird diese neue Wissenschaft zweifellos eine Fülle von Wirkungen haben. Eine neue Kosmologie, eine Wiedervereinigung von Wissenschaft und Geist, könnte dabei auftreten. ... Sie könnte uns zu einer bewußten Evolution vorwärtstreiben. Und sie könnte ein neues Gefühl der Ehrfurcht und des Staunens über uns selbst und den Kosmos erzeugen. Und falls die Vision groß genug ist, könnte sie zu einer globalen Renaissance führen.«[63]

Wir können beten, daß sie damit recht hat – und darüber hinaus können wir für einen solchen Wandel arbeiten. Verschiedene Nobelpreisträger, Ärztinnen und Ärzte, die Artikel zu Rubiks Buch beigetragen haben, zeugen davon, daß die erhoffte Wandlung bereits auf dem Wege ist.

Die Seele der Wissenschaftlerinnen und Wissenschaftler wird heute durch den Säkularismus entleert, durch die Flucht vor dem Mysterium, das größer ist als wir selbst. Eine Wiederheiligung und Wiederverzauberung der wissenschaftlichen Arbeit könnte mit der universitären Ausbildung schon beginnen, wo unter anderen Seminaren auch die Spiritualität der Wissenschaft gelehrt werden würde. Wie die Dinge in unseren säkularisierten Universitäten allerdings stehen, gleicht die Ausbildung der wissenschaftlich Tätigen denen der Ärzte und Geistlichen darin, daß ihr ein mystisches Bewußtsein fehlt. Das ist kein Weg, guten Wissenschaftlerinnen und Wissenschaftlern der Zukunft gute Arbeit zu geben. Die Wiedereinführung der mystischen Dimension wie auch der Wertedimension in die wissenschaftliche Ausbildung wird gute Arbeit für viele innerhalb und außerhalb des wissenschaftlichen Berufsstandes schaffen.

TEIL 3

Ritual: Wo das Große Werk des Universums und das Wirken der Menschen zusammenkommen

Erfülle eine große Aufgabe
durch eine Folge kleiner Taten.

Tao Te Ching[1]

Den Völkern der Erde ist die Geschichte des Universums auf vielerlei
verschiedene Weise erzählt worden. …Unter all diesen verschiedenen
Umständen hat die Geschichte des Universums dem Leben der
Menschen und dem Dasein selbst Bedeutung gegeben. Und diese
Geschichte ist in entwickelten Ritualen gefeiert worden.

Brian Swimme und Thomas Berry[2]

Kult gibt es nicht um Gottes, sondern um unseretwillen. Gott braucht
keinen menschlichen Gottesdienst. Wir sind es, die unseren Dank für
das, was wir empfangen haben, zeigen müssen.

Thomas von Aquin[3]

Wenn einer Zivilisation die Übergangsriten fehlen, ist ihre Seele
krank. Auf diese Krankheit weist dreierlei hin: erstens gibt es keine
Ältesten, zweitens ist die Jugend gewalttätig, drittens sind die Erwach-
senen verwirrt.

Meladoma Some[4]

Gibt es irgendeine Einrichtung, die größere Hoffnung für den Fort-
schritt der Menschheit bereithält als der Sabbat?

Rabbi Abraham Joshua Heschel[5]

Von den Möglichkeiten, die Arbeit neu zu erfinden, ist für unsere
Zeit eine wesentlicher als alle anderen. Sie ist deshalb so wesentlich,
weil sie während des Industriezeitalters völlig vernachlässigt worden
ist. Ich meine das Ritual.

Das griechische Wort Liturgie bedeutet wörtlich »Dienst am Volk«. Liturgie oder Ritual können die menschliche Arbeit par excellence sein. Ritual ist *das* Mittel, durch welches Menschen ihr inneres Haus in Ordnung bringen können – als einzelne und als Gemeinschaft. Es ist das hauptsächliche Mittel, durch welches der Makrokosmos (unsere Beziehung zur Ganzheit des Universums) und der Mikrokosmos (unsere persönlichen und eher örtlich gebundenen Beziehungen) zusammengebracht werden, wodurch wir, wie das Tao Te Ching sagt, »eine große Aufgabe durch eine Folge kleiner Taten erfüllen«.

Rituale setzen unsere kleinen Handlungen dafür ein, die »große Aufgabe« zu erfüllen. Auf diesem Wege verbinden wir unser tägliches Leben in Zeit und Raum (und deshalb in Arbeit) mit dem Großen Werk des Universums. Es ist der sicherste Weg, unsere Begabung ebenso herauszulassen wie die Trauer und das Leid der Gemeinschaft. Fehlen uns die Möglichkeiten, letzteres geschehen zu lassen, wird das erstere nie in Tiefe und Aufrichtigkeit zustande kommen können. Ritual ist das Hauptmittel, durch welches eine Gemeinschaft sich selbst identifiziert und ins Leben tritt, wie sie auf die tieferen Mysterien des Lebens reagiert, seien diese nun Mysterien der Freude und Hoffnung oder des Leides und der Angst. Ritual ist das Hauptmittel, durch welches die Älteren ihre eigenen Geschichten an die Jugend weitergeben können – und besonders einer Großen Geschichte, der Schöpfungsgeschichte, durch welche die jungen Menschen erkennen, wie sie hierher gekommen sind, was »hier« eigentlich ist, was sie hier tun können, wie sie dahingelangen und was eine Vision des »Dort« sein könnte. Durch Ritual wird die Jugend für ihr Dasein begeistert, daß sie sich in das Abenteuer des Lebens, Lernens, Aufnehmens von Beziehungen, Verzeihens, Loslassens und Zulassens stürzen kann. Ritual bringt sie in Berührung mit der Großmut des Herzens, mit dem Mut und der Dankbarkeit, die ihnen die Kraft für die Reise geben werden. Brian Swimme und Thomas Berry sehen die Rolle des Rituals bei unseren Vorfahren so: »Den Völkern der Erde ist die Geschichte des Universums auf vielerlei verschiedene Weise erzählt worden, von den ersten Entwicklungen der Steinzeit bis zu den klassischen Zivilisationen, die in den vergangenen fünftausend Jahren aufgetreten sind. Unter all diesen verschiedenen Umständen hat die Geschichte des Universums dem Leben der Menschen und dem Dasein selbst Bedeutung gegeben. Und diese Geschichte ist in entwickelten Ritualen gefeiert worden. Sie hat die Menschen geleitet und ihnen beim Steuern des Kurses Energie gegeben. Sie ist der grundlegende Bezugspunkt für alle Verhaltensformen im persönlichen Bereich und in der Gemeinschaft gewesen.«[6]

Im Ritual bedanken wir uns für die großzügige Gabe des Daseins, wie Thomas von Aquin lehrt:»Kult gibt es nicht um Gottes, sondern um unseretwillen. Gott braucht keinen menschlichen Gottesdienst. Wir sind es, die unseren Dank für das, was wir empfangen haben, zeigen müssen.« Durch Rituale werden die Übergangsphasen des Lebens – Geburt, Pubertät, ... Elternschaft, Krankheit, Reue, Übernahme einer Führerrolle, Tode – als heilige Momente einzelner Menschen und der Gemeinschaft benannt, als solche gesehen und gefeiert. Durch Rituale werden wir an eine tiefere Zeit als unsere Alltagszeit erinnert und können wirklich in Zeitlosigkeit eintauchen, wo Vergangenheit, Gegenwart und Zukunft eins sind und wo unsere Vorfahren als die Gemeinschaft der Heiligen wirklich anwesend sind – in Gemeinschaft mit uns; eine Gemeinschaft, die uns ermuntert, die Gaben des Mutes, der Gnade und Phantasie auch anzunehmen. Durch Ritual werden wir an ein tieferes Raumgefühl erinnert, in dem wechselseitige Verbundenheit und Beziehung das »Wesen von allem« sind (Eckhart).[7] Im Ritual verlebendigen wir unser Gefühl der Verbundenheit mit allen Dingen, mit unserem Schmerz und unserer Trauer, mit unserer Freude und unseren Träumen, mit dem heiligen Dasein anderer, mit Schönheit, Gnade, Eifer, moralischer Empörung, Wut, Spiel, Kreativität und Heilung.

Rituale kommen zustande, wenn alle beteiligten Menschen dabei wieder menschlich, kindlich werden, wieder gleich sind. Physiker und Mathematikerinnen nehmen an Kreistänzen teil und singen Gesänge des Herzens neben Hausmeistern und Mechanikerinnen, Siebzigjährige neben Siebenjährigen, Weiße neben Schwarzen, Arbeitnehmer neben Arbeitgebern, Lehrende neben Studierenden, Homosexuelle neben Heterosexuellen, Eltern neben Kindern, verstorbenen Angehörigen und Nachkommen, die erst noch werden. Alle

Geister der Schöpfung Gottes schließen sich dem Tanz der Schöpfung an: Das ist die Theorie *und* die Praxis des Rituals.

Im Ritual können die Menschen Lob und Dank äußern. Und das müssen sie tun. Ohne Lob und Dank haben wir keine Kraft, aus der Tiefe zu leben. Das ist die Aufgabe des Rituals; oder wie Rabbi Heschel es ausdrückt: einzelne strahlende Augenblicke zu erhalten und sie in unserem Leben lebendig sein zu lassen.[8] Rituale führen uns in die tieferen Ebenen unseres Wesens, in die Erfahrungsdimensionen der Kosmologie, wo wir unsere Verbindung mit allen Dingen schmecken können. Die schamanistische Lehrerin Joan Halifax sagt es so: »Wenn du diesen tiefen Bewußtseinszustand erreichst, dann kannst du sehen, daß der Geist nicht nur das ganze Nervensystem umfaßt, sondern auch den ganzen Kosmos. In seiner ausgeweiteten Gestalt kann unser Geist tatsächlich alles, überall und zu jeder Zeit wahrnehmen.«[9] Unterscheidet sich das wirklich von der Aussage des Aquinaten, daß der menschliche Geist »alle Dinge« wissen kann und daß unser Geist *capax universi* ist, das heißt, des Universums fähig? Das aber sind Dinge, die erlebt werden müssen und über die man nicht nur sprechen kann. Es sind Erlebnisbereiche des Rituals.

Die beziehungsfeindliche Newtonsche Epoche war notwendigerweise auch ritualfeindlich. Sie zerstörte die Rituale fast vollständig, und als die Europäer das Land und die Kulturen der Eingeborenenvölker besetzten, vernichteten sie sehr häufig auch deren Rituale. Dem Volk der Lakota in Nordamerika wurden zum Beispiel die Geister- und Sonnentänze verboten, in den von den Kirchen unterhaltenen Schulen auf den Indianerreservationen wurden der dortigen Jugend die Schwitzhütten und andere traditionelle Riten verboten. Für die Hüter der Maschinenzivilisation stellen tiefgehende Rituale eine große Bedrohung dar; denn wer wollte in einer Maschine die Arbeitenden daran erinnern wollen, daß der *Kosmos* und nicht die Maschine unsere wahre Heimat ist? Bis zum heutigen Tage ehrt die römisch-katholische Kirche die liturgischen Riten aus Byzanz und Antiochien, aus Moskau und dem koptischen Ägypten, weigert sich aber standhaft, die Riten der nordamerikanischen Völker zu achten, die doch seit Jahrtausenden auf ihrem Land in Amerika gebetet haben.

»Wir haben das Gefühl dafür verloren, daß Rituale wichtig sind«, warnt Suzi Gablik. »Der Verlust des Mythos, die Annahme, daß die einzigen gültigen Erkenntnisweisen logisch und linear sind, hat zu einem tiefgreifenden Verlust der moralischen Orientierung und des Lebenssinnes geführt.« Und Gablik weist auf die Verheißung des Rituellen hin: »Die Remythologisierung des Bewußtseins durch Kunst und Ritual ist ein Weg, auf welchem unsere Kultur wiederverzaubert werden kann.«[10] Ja, Rituale sind ein Mittel, den Zauber des Universums wieder zu erleben.

Ohne Rituale kommen wir nicht aus. Wenn wir mit »Ritual« im weitesten Sinne strukturierte Tätigkeiten meinen, durch welche eine Gemeinschaft ihre größten Aufgaben erfüllen kann, dann nehme ich an, daß alle Wesen sich rituell verhalten. Ameisen und Bienen haben ihre Rituale, wie auch alle Säugetiere, deren Werbeverhalten, Paarung und Nestbau auf ritualähnliche Weise vor sich gehen. Auch alle menschlichen Stämme haben ihre Rituale – mit Ausnahme des industrialisierten Westens der letzten hundert Jahre, wo gelehrt wurde, daß nur unsere linke Hirnhälfte allein alle Probleme zu lösen in der Lage sei.

Ritual bildet das Kernelement aller afrikanischen (und überhaupt der meisten eingeborenen) Gemeinschaften. Ohne Ritual verliert eine Gemeinschaft schnell ihre Seele. Meladoma Some, ein spiritueller Lehrer aus Afrika, der sich als Teenager einem viertägigen Übergangsritus im Dschungel unterzog, geht davon aus, daß eine Zivilisation ohne solche Übergangsriten krank ist: »Wenn einer Zivilisation die Übergangsriten fehlen, ist ihre Seele krank. Auf diese Krankheit weist dreierlei hin: erstens gibt es keine Ältesten, zweitens ist die Jugend gewalttätig, drittens sind die Erwachsenen verwirrt.« Jungen Menschen fehlen die Mittel zum Überleben, wenn sie nicht als Kinder irgendwelche Formen der Initiation oder Übergangsriten erlebt haben. Die Verwurzelung eines Menschen im Leben hängt von der Art der Übergangsriten ab, die dieser Mensch erfahren hat. Deshalb brauchen wir alle Riten, die uns von einem Lebensstadium in ein anderes hineinhelfen. Rituale setzen uns zu einer höheren Ebene über. Zu den rituellen Elementen gehören Anrufungen, Einstimmungen auf die Geistwelt, unsere Reaktionen auf unsere geistigen

Verbündeten, Symbole und Metaphern, mit welchen wir in andere Welten eindringen. Rituale sind sowohl individuell wie gemeinschaftlich.

Im dritten Teil dieses Buches werden wir zunächst bedenken, inwiefern die neue Kosmologie uns Einsichten über Rituale vermittelt. Wir werden auch Prinzipien diskutieren, wie heute wirksame Rituale zustande kommen können und dabei Einsichten aus der jüdischen Tradition des Sabbats einbeziehen, mit all ihren mystischen *und* prophetischen Untertönen. Dann werde ich einige Beispiele für wirksame Rituale vorstellen, an denen ich teilgenommen habe, und hoffe, den Lesenden damit Möglichkeiten guter Arbeit deutlich zu machen, die sich um Rituale ranken können. *Wir können Arbeit neu erfinden, indem wir Rituale neu erfinden.* Die Neuerfindung von Ritualen wird uns Kraft geben und unser Herz und unseren Geist öffnen, um die Aufgabe der Neuerfindung von Arbeit aller Art zu leisten.

Kapitel 9

Die Wiederverzauberung des Rituellen

Neuerfindung der Arbeit durch Wiederentdeckung des Festlichen

In unserer Kultur arbeitet jeder vier Stunden am Tag, und den Rest des Tages über machen wir was.

Eine Aborigine aus Australien

Sei nicht nachlässig beim Feiern, nicht faul
im festlichen Dienst für Gott.
Erflamme vor Enthusiasmus.
Laßt uns eine lebendige, brennende Opfergabe
auf dem Altare Gottes sein.

Nach Hildegard von Bingen[1]

Der Sabbat ist nicht um der Wochentage willen da; die Wochentage sind um des Sabbat willen da. Er ist kein Intermezzo, sondern der Höhepunkt des Lebens. ... Nenne den Sabbat eine Wonne: eine Wonne für die Seele und eine Freude für den Leib. ... Den siebten Tag heiligen heißt nicht: Du sollst dich kasteien, sondern im Gegen-

315

*teil: Du sollst ihn mit deinem ganzen Herzen heiligen, mit deiner
Seele und mit all deinen Sinnen.*

Rabbi Abraham Joshua Heschel [2]

*Wenn wir eine Gelegenheit zur Muße haben wollen, dann müssen
wir die öffentliche Diskussion wieder aufleben lassen, die in den
zwanziger Jahren dieses Jahrhunderts endete. … Wir können unsere
Beschäftigung mit materiellen Gütern auf den Ausgleich der Ungerechtigkeiten bei ihrer Verteilung ausrichten – und uns klar machen,
was für eine Verheißung an freier Zeit vor uns liegt. Laßt uns diesmal
die Entscheidung zugunsten der Muße treffen.*

Juliet Schor [3]

*Wir können hoffen, daß die neue Schöpfungsgeschichte bald in
universellem Maßstab in der ganzen Breite der modernen Kultur ihren
Ausdruck in Dichtung, Musik und Ritual finden wird.*

Brian Swimme und Thomas Berry [5]

Die vorschriftlichen Völker verstanden Rituale als »Arbeit des Volkes«. Die zu Anfang des Kapitels zitierte Angehörige der Aborigines
sagte: »In unserer Kultur arbeitet jeder vier Stunden am Tag, und den
Rest des Tages über machen wir was.« Was ist es denn, was sie dann
»machen«? Rituale und die Vorbereitungen dazu: Sammeln von
Federn und Farben, um den Körper zu schmücken, so daß der
menschliche Körper im Ritual ebenso großartig ausschaut wie die
Leiber der Vögel und Reptilien, die sie bewundern; das Sammeln und
Vorbereiten von Essen für das Fest, das immer mit einem Ritual
einhergeht; das Herstellen von Musikinstrumenten, die das Ritual
begleiten werden; das Fasten und stille Arbeiten, um das Herz zu
sammeln und es ganz ins Ritual einbringen zu können; und der
Jugend ihre Rolle im Ritual beibringen. Diese Frau lehrt uns, daß es
im Ritual *Arbeit für die ganze Gemeinschaft* gibt. Die Kreativität einer
ganzen Gemeinschaft wird in gemeinschaftlichen Ritualen freige-

setzt, wie auch Willis Harman und John Hormann beobachten: »In den traditionellen Gesellschaften, besonders denen der Naturvölker, war Schöpfung etwas Gemeinschaftliches, und Teilhabe daran geschah durch Ritual und gemeinsame Arbeit. Einer der schlechten Dienste, die das moderne Paradigma uns erwiesen hat, liegt in der Verleugnung unseres schöpferischen Dranges und der daraus sich ergebenden Überzeugung, daß wir tatsächlich wirtschaftlich motiviert sind und für materielle Belohnung arbeiten.«[6] In unserer Kultur haben wir schon Glück, wenn – ein Rest der großen Welt der Rituale – wenigstens eine Person, ein Pastor, eine Liturgie vorbereitet. Die Gemeinde selbst ist nur selten einbezogen. Leider werden sie nie wirklich Teilnehmende des Rituals sein, wenn sie nicht selbst Zeit, Opfer und Kreativität, das heißt Arbeit, in das Ereignis investiert haben. Mit Arbeit meine ich besonders die Herzensarbeit, die meditative Kunst, die in der tiefsten Bedeutung des Wortes das Herz auf das Ritual vorbereitet. Wenn ich Liturgie als die Arbeit des Volkes bezeichne, dann ist das nicht nur eine Floskel. Ich spreche wirklich über *Arbeit* und darüber, Arbeit für das *Volk* zu schaffen. Diese Arbeit könnte sich als die wichtigste in unserer Zeit erweisen, denn es ist eine Arbeit, die unsere Spezies heilen kann.

In den vergangenen Jahren habe ich bei vielen Vorträgen dem Publikum folgende Frage gestellt: »Nachdem Sie die Worte dieser Frau von den Aborigines gehört haben, könnten Sie sich vorstellen, daß Sie Ihre Arbeit in vier Stunden erledigen würden, wenn Sie sicher sein könnten, daß wir am Rest des Tages gemeinsam »Dinge machen«? Das heißt, daß wir zusammen Rituale feiern?« Und mehr als neunzig Prozent der anwesenden Arbeitenden hoben gewöhnlich ihre Hand. Die Wirtschaftswissenschaftlerin Juliet Schor stützt das durch wissenschaftliche Daten. Sie stellt fest, daß die Arbeitenden heute bereits mehr als das Doppelte am Tag produzieren wie 1948. Das bedeutet, daß wir mühelos nach vier Stunden mit der Arbeit aufhören und etwas anderes tun könnten, wenn wir nur bereit wären, uns mit einem einfacheren und weniger konsumorientierten Lebensstil abzufinden. Vielleicht könnten Rituale deswegen so viel Spaß machen und so viel Kraft geben; sie würden uns dabei helfen, aktiv Arbeit für einander zu schaffen.

Die Wiederentdeckung des Rituals wird für viele Arbeit schaffen, die in der industriellen Welt heute keine finden können. In unserer nachindustriellen Epoche brauchen wir nachindustrielle Rituale, die dann die Arbeit dieser Epoche ausmachen. Wir brauchen Rituale, die das Herz, den Geist, den Körper, die Phantasie, das Kind, das Mystische, das Prophetische, das Heilende und das ganze Volk erwekken. »Die Ernte ist groß, aber es sind wenige, die sie einbringen«, sagt Jesus im Evangelium. Nichts könnte heute passender über den bedauerlichen Zustand des Rituals gesagt werden. Die Teilnahme an Ritualen inspiriert die Menschen zu einem einfacheren Lebensstil in einer nachindustriellen, ökologischen und kosmologisch bewußten Welt.

Ritual und neue Kosmologie

Der Hauptsinn von Ritualen ist, uns mit dem Großen Werk zu verbinden. Doch gleicht die Erfahrung vieler Menschen mit Ritualen dem, was der Kunsthistoriker Peter Halley als »ein Ingenieursethos moderner Technik und Bürokratie, übertragen auf das persönliche Bewußtsein und das Gefühlsleben«[7], bezeichnet. Liturgie als Ingenieursarbeit: Eine merkwürdige Idee, die doch die Erfahrung vieler bezeichnet und auch erklärt, warum sie sich heute von Ritualen abgewendet haben. Als ich das erstemal Rupert Sheldrake den Paradigmenwechsel in der Wissenschaft beschreiben hörte, hat es mich verblüfft, wieviel davon meinen eigenen Erfahrungen in religiösen Ritualen gleicht. Dafür einige Beispiele:

1. Wenn die Zentralmetapher für das Universum während der Newtonschen Epoche die Maschine war, stellt sich die Frage, auf welche Weise unsere Rituale Maschinen gleichen? Wie sieht es mit der Sprache und der Pose des »Sakramentenausteilens« aus? Oder einer Theologie des *ex opere operato*, die uns nahelegt, daß wir aufgrund der richtigen Handlungen automatisch Gnade garantiert bekommen? Wenn die Sakramente mechanisch sind, brauchen unsere Ritualleiter keinen Geist einzubeziehen oder intensiv zu beten. Und da Maschi-

nen höchst anthropozentrisch sind – sie sind von Menschen gemacht und verwendet –, fragt sich, ob unsere Ritualmacher dadurch bestärkt werden, ebenfalls anthropozentrisch zu sein. Oder umgekehrt: Tragen anthropozentrische Ritualleiter und Kultformen nicht dazu bei, eine anthropozentrische Gesellschaft religiös zu legitimieren?

2. Wenn das Universum und seine Geschöpfe als unbelebt und sinnlos betrachtet werden, ja sogar als seelenlos, dann ergibt sich daraus, daß die Menschen mit Ritualen zufriedenzustellen sind, die ebenfalls unbelebt, sinnlos, seelenlos und langweilig sind. Ist in unserem seelenlosen Universum das Ertragen blanker ritueller Langeweile zu einer Tugend geworden?

3. Wenn man sich alle Materie als aus unbeweglichen Atomen zusammengesetzt vorstellt, folgt daraus, daß die Unbeweglichkeit sich auch in unseren Ritualen niederschlagen wird, ja zu einem rituellen Prinzip erhoben wird. Man wird von den Ritualleitern erwarten, daß sie selbst unbeweglich sind, statt lebendig und geisterfüllt. Auch die Ausbildung unserer kommenden Ritualleiter (z.B. in Priesterseminaren) lehnt sich mehr an die Unbeweglichkeit als an die Geistesfülle an, mehr an das Repetieren von Gebeten als an das Beten aus dem Herzen, mehr an das Lesen von Texten als an die Feier heiliger Leidenschaft.

4. Wenn auch die Erde unbelebt ist, dann braucht sie in unseren Kultformen gewiß nicht repräsentiert zu werden. Unseren Ritualen fehlt die Erdhaftigkeit. Oft scheinen sie völlig anämisch, da ihnen das aus der Erde stammende Eisen fehlt. Die abwesende Erdhaftigkeit zeigt sich auch in der Abwesenheit unseres Körpers, der ebenfalls aus dem Lehm der Erde gemacht ist. Mit wenigen Ausnahmen, besonders in afroamerikanischen Kirchen, gibt es in den Liturgien keinen Platz für Körperbewegung, Tanz und Schwitzen. Die Bänke sind auf ewig an den Fußboden geschraubt, um unseren Körper daran zu hindern, sich zu bewegen und lebendig zu werden.

5. Wenn dem Universum Spontaneität und Freiheit fehlt, dann auch unseren Ritualen. Die Rituale des mechanistischen Zeitalters waren von Büchern, Gesetzen, Komitees und Sprachen aus weit entfernten Ländern festgelegt. In solchen Ritualen gelten Spontaneität oder auch Stille nicht als Tugenden.

6. Wenn unsere Erkennntiswege »objektiv« und »unbeteiligt« zu sein haben, dann werden unsere Rituale solche Tätigkeiten spiegeln. Die Architektur der Kirchen in der Moderne macht aus den Teilnehmenden der Gottesdienste gewöhnlich Zuschauer, vor denen die Geistlichen im Vordergrund agieren. Nicht Teilhabe, sondern Distanz ist der Wert. So kann auf die Ritualvorsteher aus der Ferne all die Vollkommenheit projiziert werden, die uns selbst fehlt.

7. Wenn der Gott der Moderne der höchste Ingenieur oder Mathematiker ist, welcher ewige, absolute und unwandelbare Gesetze verkündet, dann bedarf dieser Gott auch einer entsprechenden Verehrung. *Offenbar ist die Frage, was für eine Gottheit wir verehren und welche Bilder dieser Gottheit wir in den Kult bringen von zentraler Wichtigkeit für unsere Rituale.*

Damit möchte ich nicht alle Rituale der Moderne schlecht machen und auch nicht sagen, daß jede einzelne Kulterfahrung einem solchen kranken Zustand entspricht. Ich sage jedoch, daß die Langeweile, von der ein großer Teil der Rituale in den traditionellen Gottesdiensten charakterisiert ist, mit den unkritischen kosmologischen Annahmen der mechanistischen Epoche zu tun hat, die den Kult trivial werden läßt. Aufgrund dieser Maschinenkosmologie sind unsere Seelen furchtbar geschrumpft. Sie nähern sich der Unbeweglichkeit an, die wir während der Moderne so zu verehren gelernt haben.

Wenn wir nun die von Sheldrake und anderen entwickelte neue Kosmologie betrachten, ergibt sich daraus Kraft für neue rituelle Formen. Auch dafür einige Beispiele:

1. Wenn der Kosmos ein einziger, sich entwickelnder und ausdehnender Organismus ist, können auch unsere Rituale ein offenes Ende haben. Sie können uns mit dem Vormenschlichen und dem Nichtmenschlichen verbinden, ja, mit der ganzen Geschichte des Urknalls, der Neutrinos, der Atome und Moleküle, der Galaxien, Supernovas und Sterne und der Erde mit all ihren Geschöpfen.

2. Wenn Anziehung der Schlüssel zur Beseelung ist und *Feld* das zeitgenössische Wort für Seele, dann können Rituale neu erfaßt werden als ein Feld, in welchem die Seele lebendig wird, als ein Feld, in welchem Seelen sich in ihrer jeweiligen Sehnsucht nach dem

Leben, nach Erhaltung und Schönheit treffen, und wo die Seelen der Vergangenheit und der Zukunft erinnert und mit unseren Seelen wiederverbunden werden, während diese sich in die Gegenwart versenken.

3. Wenn Atome Energiefelder sind, Aktivitätsstrukturen, die alle Materie ausmachen, dann laßt uns als Anbetende das Gebet erleben als ein Erwachen von Energie, als ein Erwachen all unserer Atome. Wir können den Körper wieder ins Ritual einladen, so daß er darin lebendig wird.

4. Wenn die Erde Gaia ist, ein lebendiger Organismus, so muß sie in jedem Ritus geehrt und ihrer gedacht werden. Alle Rituale müssen zur Aufgabe der Heilung von Gaia beitragen. (Das wäre dann die prophetische Komponente des Rituals.)

5. Wenn zu unserem Universum Chaos, Freiheit, Spontaneität und unauffindbare schwarze Materie gehören, dann sind sie auch Teil unseres Kults und darin sogar unverzichtbar. Rituale können zu Ereignissen werden, die nicht Kontrolle und Vorherbestimmung heiligen, sondern die Überraschung ehren, nach der der Geist sich so oft sehnt, das Mysterium und die Dunkelheit.

6. Wenn unser Universum radikal schöpferisch ist und auf Teilhabe beruht, dann muß im Herzen jedes echten Rituals die schöpferische Teilhabe aller Anwesenden stehen.

7. Wenn unser Universum tatsächlich nicht aus ewigen und absoluten Gesetzen gemacht ist, sondern wenn diese Gesetze sich auch entwickeln wie der Rest der Schöpfung, wenn man also diese Gesetze besser als *Gewohnheiten* verstehen kann, was sind dann Gottes Gewohnheiten? Wir sollten im Kult unterschiedliche Gottesbilder pflegen: zum Beispiel einen panentheistischen Gott, einen Gott des Lebens, einen Gott in allen Dingen und doch darüber hinaus, einen jugendlichen Gott statt einem müden, den wir nach unserem Bilde machen, einen Gott als Mutter ebenso wie als Vater.

Das sind nur einige wenige Vorschläge für Rituale, die aus dem neuen Paradigma in der Kosmologie hervorgehen. In der Anwendung dieser Prinzipien auf das Schaffen von Ritualen liegt offenbar gute Arbeit. Andere Kommentatoren der neuen Kosmologie diskutieren ebenfalls die Art von Ritualen, derer unsere Zeit bedarf. In seiner Studie »Art and Physics: Parallel Visions in Space, Time and Light« beschreibt Leonard Shlain Passivität und Atomisierung als typische Voraussetzung vieler Aspekte der Moderne: Der Geist des Wissenschaftlers ist vom Gegenstand der Beobachtung abgespalten, die Beobachterin der Kunst denkt sich getrennt von der Landschaft, und die Zuhörenden sind entfernt von denen, die die Musik spielen. Shlain sagt: »Zuhörende bei klassischer Musik sitzen in ordentlichen Reihen, die den Typenreihen einer Druckmaschine gleichen, und verhalten sich wie still Zuschauende, die außerhalb des Rahmens einer perspektivischen Malerei stehen. ... Die Etikette verlangte es immer mehr, daß die Zuhörerschaft bei einem Konzert passiv dasitzt, nicht mit den Füßen tappt, nicht singt, sich nicht bewegt und nicht einmal hüstelt.«[8]

Damit könnte er ebenso eine klassische Liturgie beschrieben haben. Das passive Sitzen der Zuhörerschaft, ohne teilzunehmen, ist in der Kirche ebenso üblich wie in der Konzerthalle. Shlain stellt fest, daß »die jeweiligen Zitadellen der Kunst, Physik und Musik« durch die aufrüttelnden Entdeckungen dieses Jahrhunderts erschüttert worden sind. Anders als in den anderen Zitadellen muß aber in den Kirchen, die wir als unsere »rituellen Zitadellen« bezeichnen könnten, die daraus folgende Revolution erst noch stattfinden.

Technik ändert auch unsere Beziehung zur Musik. Shlain sagt: »Die Zuhörenden müssen nicht mehr passiv dasitzen und darauf warten, daß das Orchester mit einer geplanten Aufführung beginnt. Indem sie ein Band aus ihrer CD-Sammlung wählen, können Musikliebhabende mehr Musik nach ihrer Laune zusammenstellen als alle Orchester, die je im neunzehnten Jahrhundert existiert haben, zusammen. ... Heute können Zuhörende aktiv am Phänomen der Musik teilhaben, was natürlich mit dem Grundprinzip aus der Welt der Atome übereinstimmt: durch Beobachtung geschaffene Realität.«[9]

»Durch Beobachtung geschaffene Realität« ist also der Schlüssel zu den neuen Ritualen. Rituale sind nichts anderes als Kunst der *Teilhabe*, wie es schon die alten Rituale der klassischen Griechen, der Majas, der afrikanischen Stämme und anderer früher Völker waren.

Ein weiteres Prinzip für Rituale stammt von dem Physiker Werner Heisenberg, der gesagt hat, daß eines der großen Hindernisse zur Lösung der Kontroversen in der heutigen Wissenschaft darin liege, daß »die gewöhnliche Sprache auf den alten Vorstellungen von Raum und Zeit beruht«[10]. Man könnte ebenso das Wort *Ritual* für Sprache einsetzen: Unsere Rituale beruhen noch zu stark auf den alten Vorstellungen von Raum und Zeit, als sei die Kirche eine Schachtel, in welche die Anbetenden hineingesteckt werden, um dort Worte oder Sakramente passiv zu erleben. In dieser Zeit des Wandels aber werden wir immer unruhiger, sind gelangweilt von den mechanistischen Ritualen, denen wir in den institutionalisierten Kulten gewöhnlich unterworfen sind.

Vielleicht haben wir uns durch die Annahmen des Industriezeitalters zu Masse, Dichte und Festigkeit an diese Vorstellungen binden lassen. In den Bildern von Monet zum Beispiel wird dagegen Gravitation neu definiert: Seine Gegenstände zeichnen sich durch Gewichtslosigkeit und eine gewisse Vagheit aus.[11] Wie aber setzt sich ein Ritual mit der Gravitation auseinander? Gravitation transformiert sich in menschliche Rituale durch Tanz, der in Bewegung befindliche Körper ist eine Aussage über Masse, Dichte, Festigkeit und Schwerkraft. Der Tanz, der uns aus uns selbst heraushebt, wurde aus den traditionellen Kulten seit der Newtonschen Epoche ausgeschlossen. Wie können wir aber ohne eine Wiederentdeckung des Körpers, der Körperlichkeit und des Tanzes Gottesdienst feiern? Und wie können wir tanzen, wenn unsere Hände und Augen an Bücher, Texte, Lesungen und menschliche – immer menschliche – Worte gebunden sind? Die Aussage »Dies ist mein Leib« bezieht sich auf *alle* natürlichen Gaben ebenso wie auf Brot und Wein. Das ganze Universum in all seinen Teilen, in seiner gesamten Geschichte und in all seinen gewaltigen Räumen ist in gewisser Weise Leib Gottes. Deshalb sollten wir solche göttlichen Inkarnationen preisen und uns ihrer erinnern. Erneuertes Ritual wird das Werk des Volkes sein, wenn wir die neue Kosmologie wirklich in uns aufnehmen und sie uns zu eigen machen, wobei Begabungen zum Vorschein kommen und Heilung geschieht, das Loslassen und Zulassen möglich wird, und wo Schönheit anerkannt wird. Wir hoffen, daß alle Arbeitenden ihre Seelen in der Oase erneuerter ritueller Arbeit erfrischt finden werden. Ein erneuertes Ritual wird Millionen von Menschen neue Arbeit bieten und ihnen gleichzeitig neue Energie für die andere Art von Arbeit geben, die wir tun müssen: für neue Wege der Erziehung und Ausbildung, für die Einbeziehung der Jugend, für das Lernen der Sexualität, für das Erwecken der Kunst und die Aufnahme der künstlerisch Tätigen als Arbeitende in Sachen Spiritualität, bei der Umordnung der Wirtschaft und der Ökonomie, der Politik und der Wissenschaft, beim Erzählen von Geschichten über den Schmerz, den der ökologische Niedergang uns und dem Planeten auferlegt, und um geistige Kriegerinnen und Krieger in den Kampf um die ökologische Revolution zu senden. Erneuerte Rituale werden, kurz gesagt, wieder für Gemeinschaft sorgen, denn eine Gemeinschaft ist eine Gruppe, die eine gemeinsame Aufgabe hat. Für eine echte Gemeinschaft ist das Ritual ein unverzichtbares Element, denn wir kommen darin zusammen, um die Dinge zu benennen und zu feiern, um zu klagen und zu trauern, um loszulassen und zu erschaffen, und um unsere gemeinschaftliche Aufgabe neu zu gestalten: das Große Werk des Universums.

Ich betrachte das Ritual als die Arbeit der Arbeiten, als das Werk der Werke. Über alle anderen Arten von Arbeiten hinaus ist es die Arbeit des Volkes. *Ritual macht ein Volk überhaupt erst aus.* Es ist die höchste Volkskunst, denn in ihr gestaltet sich ein Volk erst. Während der mechanistischen Epoche sind Rituale derart verachtet und banalisiert worden, daß ihre Wiederentdeckung *Arbeit* im vollsten Sinne des Wortes ist wie die Herstellung der ersten Dampfmaschine oder die Erfindung des ersten Fließbandes. Hier haben wir eine »Industrie«, die uralt ist, aber für unser Denken über Arbeit, Heilung und Kreativität dennoch völlig neu.

Man unterschätze nicht die Revolution, die sich aus der Wiederentdeckung von Ritualen als Arbeit ergibt. Gemeinschaften und Ausbildungsgruppen, die sich dem Schaffen von Ritualen widmen, werden nicht nur ihre eigene Arbeitswelt wiederbeleben, sondern auch substantielle Arbeit für andere Bürgerinnen und Bürger schaffen. Ich würde vorsichtig schätzen, daß Gemeinschaften, wenn sie Ritual als Arbeit wiederentdecken, die verfügbare Arbeit um fünfzehn Prozent vermehren; und die zur Neuerfindung *aller* unserer Arbeitswelten benötigte Energie wird in Fülle dasein, weil Ritual Energie freisetzt. Schließlich werden Rituale uns gestatten, alte Lasten abzuwerfen, einschließlich derer des Rassismus, des Kolonialismus, des

Sexismus und des Militarismus. Dabei werden wir trauern können; wenn solches Trauern geschieht, kehrt die Kreativiät stets zurück; wie Alice Miller in den Jahren ihrer therapeutischen Arbeit mit gewalttätigen Jugendlichen und Kriminellen in Deutschland herausgefunden hat. Solange aber Trauer nicht zustande kommt, ist Kreativität blokkiert. Mit dieser Kreativität können wir Lösungen für Probleme finden, die uns voneinander trennen und uns belasten. Lösungen finden bedeutet auch gute Arbeit schaffen.

E.F. Schumacher sagt, daß wir eine fortgeschrittene Technologie brauchen, um die Entfremdung an den Arbeitsplätzen zu überwinden. Und: Wir brauchen auch »fortgeschrittene Rituale«, Rituale, an denen wir wirklich teilhaben können und die nicht auf einer veralteten Kosmologie beruhen. In seinem Buch »Ökopsychologie« erklärt Theodore Roszak: »Die Industriegesellschaft braucht Vermassung, um ihre außerordentliche Gewalt über die Natur auszuüben: Massenproduktion, Massenmedien, massenhafte Vermarktung. Unsere komplexe Weltwirtschaft ist auf Milliarden kleiner privater Akte der psychischen Unterwerfung aufgebaut, auf der Bereitschaft der Menschen, sich in die ihnen zugewiesene Rolle als Rädchen in der sozialen Megamaschine, die alle anderen Maschinen umfaßt, zu fügen. Sie müssen sich den vorgefertigten Identitäten anpassen, die eine effiziente Koordination möglich machen.«[12] Wer öfter an Gottesdiensten teilnimmt, kann diesen Abschnitt wohl kaum lesen, ohne die verblüffenden Parallelen zur Liturgie zu bemerken. Die Maschine des Industriezeitalters hat unsere Kirchen und Synagogen offenbar ebenso übernommen wie unsere Seelen. Man könnte sogar argumentieren, daß unsere Rituale es den Bürgern *beibringen*, sich damit abzufinden, Zahnräder in einer Maschine zu werden. Die Rituale können der Maschinenkultur, die nach Roszak eine Massenkultur ist, eine religiöse Legitimierung bieten.

Echte Rituale werden jedoch das Gegenteil tun. Das leisten sie durch ihre *prophetische* Funktion: sich einzumischen (Rabbi Heschels Definition des Prophetischen) in Forderungen der industriellen Maschine – Forderungen der Vermassung, Entpersönlichung, Entfremdung, Distanzierung, Langeweile, Oberflächlichkeit und Legitimierung des Größenwahns. Diese Forderungen der Industrialisierung erinnern genau an die Warnungen der Mystikerinnen und Mystiker wie z.B. Meister Eckhart, der lehrte, daß wir nicht aus unserem äußeren, sondern aus dem inneren Menschen leben sollten. Denn zum Weg des äußeren Menschen gehören Tod, Langeweile, Erstarrung der Kreativität, Verzweiflung, Trägheit, Mangel an Kraft; während der Weg des inneren Menschen die Neugeburt umfaßt, die Jugendlichkeit und das Leuchten des Bildes Gottes. Mit Eckharts Worten: »Die Seele ist so jung wie damals, als sie geschaffen ward in sich selbst, und das Alter, das ihr zufällt, gilt nur im Hinblick auf den Leib, insoweit sie in den Sinnen tätig ist. ...Wisset, meine Seele ist so jung, wie da sie geschaffen ward, ja, noch viel jünger! Und wisset, es sollte mich nicht wundern, wenn sie morgen noch jünger wäre als heute!«[13]

Echte Rituale helfen uns, unser inneres Selbst zu finden. Jenes innere Selbst ist nicht nur das persönliche, sondern jenes Selbst, das in Verbindung mit allen anderen Wesen des Universums steht, vom Wasserstoffatom bis zu den komplexesten Ökosystemen. Dieses Selbst meint Roszak mit seinem Ruf nach einer Ökopsychologie. Dieses Selbst verbindet sich mit der ganzen Schöpfung Gottes und mit Gott. Es ist das kosmische Selbst – in Verbindung mit dem »Licht in allen Dingen«, dem Funken des göttlichen Feuers in unserer Seele und in eben allen Dingen. Wir erfahren »den Glanz«, von dem Thomas von Aquin sagt, daß Gott ihn allen Wesen geschenkt hat, und den Hildegard von Bingen als den Glanz Gottes bezeichnet, den alle Dinge in sich tragen. Indem wir uns mit diesem Glanz wiedervereinen, werden wir selbst neu, geheilt und gekräftigt, um Neues zu beginnen.

Die Alternative zu diesem Neu werden ist die Krankheit der *acedia*, in welcher wir uns aufgrund der Depression, der Verzweiflung und des Mangels an Energie weigern, Neues zu beginnen. Thomas bezeichnet diesen Zustand als eine Sünde, sogar als eine Todsünde. Er warnt uns, eine Unterlassungssünde sei stets eine Sünde gegen die Gerechtigkeit. Im Falle der Verarmung von Ritualen sündigen Kultur und Religionen ernsthaft gegen die Gerechtigkeit und gegen das *Recht* kommender Menschengenerationen auf die Erfahrung wirksamer Rituale und aktive Teilnahme an ihnen. Zu den neuen Dingen, die wir beginnen müssen, gehört ganz wesentlich das Ritual.

Prinzipien für Rituale

Wenn wir über die Neuerfindung der rituellen Arbeit nachdenken, müssen wir zunächst etwas über die Elemente gesunder Rituale erfahren, über die Prinzipien, die uns bei dieser Art von Wiederverzauberung helfen können. Zu gesunden Ritualen gehören sechs Prinzipien, die ich berücksichtige, wenn ich Rituale plane oder leite:

1. Stelle den ganzen Kult wieder in einen kosmologischen Rahmen!
2. Bringe den Körper zurück!
3. Bringe das Spiel wieder zurück!
4. Schaffe Raum für die Via Negativa – für Dunkelheit, Stille und Leiden!
5. Erwecke und pflege das Prophetische!
6. Beteilige alle![14]

Für die Neuerfindung von Ritualen werden einige Lehren, die ich aus dem Beten der Naturvölker gezogen habe, interessant:

1. Gandhi lehrte, daß Kult ohne »Opfer« eine Sünde sei. Von denen, die anbeten wollen, ist ein Akt der Großzügigkeit oder des Opferns gefordert. Das kann z.B. durch Loslassen gewohnter Formen des Kultes geschehen, durch Fasten oder das Wagnis von Risiken.
2. Was uns am meisten zu Ritualen und Gottesdienst motiviert, ist Dankbarkeit.
3. Tapferkeit und Heldentum haben im Leben aller Menschen ihren Ort, auch im Kult sollte sich solche Größe ausdrücken dürfen.
4. Gemeinschaft ist ein notwendiger Teil allen echten Gebets. Sie trägt uns in Handlungen des Opfers, der Dankbarkeit und Tapferkeit.
5. Der Kosmische Christus (oder die Kosmische Weisheit) ist im Gemeinschaftsgebet aller Konfessionen anwesend.[15] Die Erneuerung der Rituale wird auf dem Wege der Tiefenökumene zustande kommen, das heißt, durch gemeinsames Beten und durch gemeinsame Herzensarbeit auf der Grundlage der tiefsten Weisheit, die die verschiedenen Religionen uns anbieten können.

Auch die jüdische Tradition, wie Jesus und andere jüdische Propheten sie über Jahrhunderte praktizierten und die die Grundlage der christlichen und islamischen Rituale bildet, lehrt uns über das Ritual viel, zum Beispiel über Beziehung zwischen Ritual und Geschichte. Nach Rabbi Abraham Heschel ist der Schlüssel dazu das Erinnern. »Vieles, was die Bibel fordert, läßt sich,« so schreibt er, »in einem Wort zusammenfassen: erinnere dich.« Glaube »überlebt als eine Wiedererinnerung, wie wir durch die Ausdrucksformen der göttlichen Gegenwart in unserem Leben gesegnet worden sind.«[16] Heute müssen wir dieses »Wir« auf die gesamte Menschheit ausdehnen. Und da wir von anderen Lebewesen und Systemen keinesfalls getrennt existieren können, sollten unsere Rituale alle anderen Lebewesen einbeziehen, alle anderen Galaxien, Sterne und Supernovas, alle Elemente, Moleküle und Atome, den Urknall, der uns zuerst gesegnet hat, indem er alle Dinge ins Leben rief. Das Ritual erlaubt, uns an diese große Geschichte und an alle Wesen als »Ausdrucksformen der göttlichen Gegenwart in unserem Leben« zu erinnern.

All dies ist Teil des »Erinnerns« in unserem spirituell-religiösen und gemeinsamen rituellen Leben. Es bleibt noch viel Arbeit zu tun, um diese Verbindungen auch herzustellen und diese Geschichte heute lebendig werden zu lassen. Da, wie Heschel lehrt, Glaube ein Getreusein ist, eine Loyalität gegenüber einem Ereignis, dann verlangen all diese Ereignisse, vom Beginn des Universums bis heute, unsere Treue und Loyalität. Das Erinnern ist gefordert, weil wir die Segnung durch die Schöpfung vergessen haben. (Viele Menschen bemerken ihren Körper erst, wenn er krank wird.) Als wir alle noch lernten, daß wir in einer Maschine leben, gab es nichts zu erinnern. Maschinen haben keine Geschichte. Sie entwickeln sich nicht. Sie gehen nur kaputt.

Rituale ausführen heißt, sich an das kollektive Gedächtnis unserer Vorfahren anzuschließen, an unser gemeinsames »morphogenetisches Feld«. Wenn Rupert Sheldrake recht damit hat, daß diese Felder das Mittel sind, womit eine Spezies ihre Gewohnheiten aufbaut, erhält und vererbt, dann gehört zu einem Ritual diese Kraft des Aufbauens, Erhaltens und Weitergebens. Die Hypothese der formativen Verursachung – die Vorstellung, daß selbstorganisierende Systeme auf allen Ebenen der Komplexität durch morphogenetische Felder organisiert werden – lehrt uns, daß Rituale gerade in jenen persönlichen und sozialen Erfahrungen bestehen können, durch welche Gemeinschaften sich selbst organisieren und Individuen sich mit dem größeren Gedächtnis der Vergangenheit und vielleicht sogar der Zukunft verbinden. Gewohnheiten und Wiederholung sind der Schlüssel zu dieser Art Selbstorganisation, wie auch zu vielen unserer ererbten Rituale. Wir erben nicht nur Gene, sondern auch morphogenetische Felder; und wir erben diese Felder durch morphische Resonanz nicht nur von unseren direkten Vorfahren, sondern auch von anderen Mitgliedern der gleichen Spezies. Der sich entwickelnde Organismus würde sich danach sozusagen in das morphogenetische Feld einstimmen und so das gespeicherte oder kollektive Gedächtnis anzapfen.[17] Vielleicht bestehen Rituale in diesem »Einstimmen«, das so eng mit dem Erinnern verbunden ist. Rituale stimmen sich auf die Zukunft ebenso ein wie auf die Vergangenheit. Erinnern hat immer zwei Gesichter.

Heschels Bild von Ritualen ist ein kosmisches, und das mit Recht. »Das Gedenken dessen, was uns offenbart wurde, blinkt in unsere Seele wie ein Stern, von fernem und unbegreiflichem Glanz. Aufmerksam blicken wir durch das Teleskop alter Riten, damit wir das ständige Leuchten nicht verlieren, das unserer Seele winkt.« Rituale ermöglichen es uns, mit diesem ehrfurchtgebietenden Glanz und jenem ständigen Leuchten, das nach unserer Seele sucht, Kontakt aufzunehmen. Für das jüdische Volk ist Liturgie »in Text und Gesang eine geistige Zusammenfassung seiner Geschichte«. Heschel lehrt, daß Rituale Ereignisse aus der Vergangenheit lebendig bewahren, so daß sie »niemals vergangen sind«. Dadurch halten sie unsere Seele am Leben, denn »Tage des Geistes vergehen nie«. Wir haben eine Vergangenheit und deshalb Hoffnung auf eine Zukunft.[18]

Für Heschel ist »ein echtes Individuum weder ein Anfang noch ein Ende, sondern eine Verbindung zwischen den Zeitaltern, zugleich Gedächtnis und Erwartung«[19]. Ich würde ein Wort ändern: »Die echte *Spezies* ist eine Verbindung zwischen den Zeitaltern. Denn unsere Spezies, die Menschheit, muß echt, muß authentisch werden, indem wir Vergangenheit und Zukunft verbinden. Und das tun wir hauptsächlich und am spielerischsten im Ritual. Wir müssen heute diese Verbindung für alle *Völker* und besonders für die Jugend hervorbringen, die in Geschichte und Gesang von dem »unbegreiflichen Glanz« und dem »ständigen Leuchten« hören muß, das uns alle in diesen heiligen Augenblick geführt hat und das in unserem Herzen die Tage des Geistes erweckt, die niemals vergehen können.

Das jüdische Zeitbewußtsein – der Vergangenheit wie der Zukunft – dürfte unter den religiösen Überlieferungen der alten Völker der Welt einzigartig sein. Dieses Bewußtsein schenkte uns die Propheten, darunter Jesus, die sich berufen fühlten, ihre Zeit herauszufordern, sie zu kritisieren und darauf zu beharren, daß der zyklische Zeitlauf zwar seinen Ort hat, daß er aber nicht die einzige Zeit ist, die wir kennen. Zeit ist auch anderen Kräften unterworfen – wie der Gerechtigkeit und dem Licht. Göttliche Gerechtigkeit und Mitgefühl können die Zeit durchbrechen, heilen und erneuern. Die Beschäftigung mit Zeit und Licht brachte uns in unserem Jahrhundert einen jüdischen Propheten namens Einstein, wie die Beschäftigung mit Zeit und Gerechtigkeit im vorigen Jahrhundert einen jüdischen Propheten namens Karl Marx. Heschel sagt: »Das Judentum ist eine Religion der *Zeit*, die auf eine Heiligung der *Zeit* abzielt.« Die Rituale helfen, die Zeit zu heiligen. »Jüdische Rituale können als die Kunst bedeutsamer Zeitformen charakterisiert werden, als eine Architektur der *Zeit*. Die meisten rituellen Ereignisse – der Sabbat, der Neumond, die großen Feste, das Sabbatjahr und das Jubeljahr – hängen von bestimmten Tagesstunden oder Jahreszeiten ab.«[20]

Beachten wir, wie Raum und Zeit, ja, wie Zeit und *Licht* im Ritual zusammenkommen. Wer sagt, das Judentum sei traditionell anthropozentrisch, versteht nicht die Grundlage seiner Rituale. Es ist die Zeit des Universums – die Sonnenzeit, die Jahreszeit, die Tages- und Nachtzeit, der zeitliche Wechsel von Sonne-Mond-Licht-Dunkelheit, die die Feste des alten Israel bestimmt. Wieviel haben wir nicht von diesem Gefühl der Heiligkeit der natürlichen Zeit in unserer städtischen Lebensumgebung und durch unsere »aufgeklärten« Erfindungen verloren! Unser Maschinenbewußtsein hat die Dunkelheit verbannt, und der Kapitalismus hat die Zeit entheiligt (denn im Kapitalismus »ist Zeit Geld«). Rituelle Zeit ist hingegen immer Zeit der Natur, einschließlich der menschlichen Natur, und deshalb geschichtliche Zeit.

Wir müssen die Zeit wieder erlösen und heiligen. Wie aber können wir heute die Zeiten heiligen? Sicherlich sind die Zeiten, die wir in unseren jeweiligen religiösen Überlieferungen feiern, ein Teil der Antwort. Aber das allein reicht nicht.

Wiederentdeckung des Sabbats

Wir dachten bereits mehrfach über den Niedergang der Muße in unserer Zivilisation nach. Die Wirtschaftswissenschaftlerin Juliet B. Schor beendet ihr Buch mit folgender Bitte: »Wenn wir eine Gelegenheit zur Muße haben wollen, dann müssen wir die öffentliche Diskussion wieder aufleben lassen, die in den zwanziger Jahren dieses Jahrhunderts endete. Denn die wesentlichen Wandlungen und Alternativen, die unsere Nation seither durchlaufen hat, bleiben überraschenderweise die gleichen. Der Einsatz für ständig wachsenden materiellen Lebensstandard für alle führt entweder zu unserer fortwährenden Bindung an das ›Hamsterrad‹ der Arbeit und enthält das Potential einer ökologischen Katastrophe. Oder aber: Wir können unsere Beschäftigung mit materiellen Gütern auf den Ausgleich der Ungerechtigkeiten ihrer Verteilung ausrichten – und uns klar machen, was für eine Verheißung an freier Zeit vor uns liegt. Laßt uns diesmal die Entscheidung zugunsten der Muße treffen.«[21]

Dieser Niedergang der Muße war, wie wir sehen werden, jedoch nicht so unerwartet. Zumindest der Philosoph Josef Pieper sah die Krise der Muße unter den Arbeitszwängen einer kapitalistischen Ethik nach dem zweiten Weltkrieg vorher. In seinem Klassiker »Muße und Kult« kritisiert Pieper, was wir heute als Arbeitssucht bezeichnen würden. Er setzt sich mit unserem Mangel an festlicher Einstellung auseinander und mit unserer Unfähigkeit zum *Nichttun* oder zur Muße: »Man kann sagen, der Kern von Muße sei: feiern. Im Feiern kommen alle drei Begriffselemente in eins zusammen: die Unange-

spanntheit, die Mühelosigkeit, die Funktionsüberlegenheit des ›Mu-
ßewirkens‹. ..Dies aber ist der Kult!

Ein Fest feiern heißt: die Bejahung des Sinngrundes der Welt und die
Übereinstimmung mit ihm, ja die Einbeschlossenheit in ihm, auf
unalltägliche Weise darleben und vollziehen.«[22]

Unsere Geistestradition bewahrt noch ein anderes Wort für Muße,
nämlich *Shabbat* oder Sabbat, den Ruhetag. Wenn wir über die
Bedeutung dieser Überlieferung tiefer nachdenken, entdecken wir
reiche Grundlagen für rituelle Arbeit in der Postmoderne. Was
bedeutet nun Sabbat?

In meiner Kindheit mußten wir die zehn Gebote auswendig lernen,
zu denen gehört: »Du sollst den Feiertag bzw. Sonntag heiligen.« Die
dazugehörige Erläuterung handelte aber von dem, was wir *nicht* tun
sollten. Wir hörten zum Beispiel, daß wir keine »Dienstarbeit« am
Tag des Herrn tun sollten, denn Dienst- oder Knechtsarbeit war, was
die Sklaven taten. Das hatte allerdings für Kinder in den fünfziger
Jahren nicht sehr viel Bedeutung. Ich erinnere mich noch an lange
Listen von Aufgaben, die wir nicht ausführen sollten, weil zu anderen
Zeiten und an anderen Orten Sklaven sie getan haben. Der Punkt an
der ganzen Geschichte ist, daß wir dabei nicht lernten, was der Sabbat
in einem positiven Sinne bedeutet. Wir hörten nur, das bedeute, am
Sonntag in die Kirche zu gehen; da dieses Gebot aber im Zusammen-
hang mit einer »Todsünde« stand, konnte es kaum als eine positive
Vorschrift zur Feiertagsheiligung gelten.

Und dennoch war der Sonntag in unserer Familie eine Art heiliger
Tag. Dazu gehörte ein besonderes Familienfrühstück, das wir im
Eßzimmer einnahmen, statt unseres gewöhnlichen kurzen Früh-
stücks. Wichtig war die gemeinsame Lektüre der Sonnntagszeitung,
und im Winter oft ein gemeinsamer Ausflug zum Schlittenfahren oder
Schlittschuhlaufen. Im Sommer gab es einen Besuch bei Freunden
auf dem Land oder einen Ausflug zum Strand. In den Ferien konnte
ein Ausflug nach Chicago zu den Großeltern stattfinden. – Eine
jüdische Lehre, daß man am Sabbat Liebe machen solle, wurde jedoch
nicht erwähnt. Aber auf ihre Art und Weise lehrten meine Eltern uns,
daß es beim Sabbat schon um Liebe gehe: um die Begeisterung und
Freude an der Schöpfung. Und darum, *etwas ohne ein Warum zu tun.*

Da die Sonntage für uns immer mit einem Gang zur Messe begannen, hatte der Tag also eine gewisse Heiligung.

Ursprünglich bedeutete *Shabbat* eine Art Erlösung des Gartens Eden, eine Feier des Gartens im Hohenlied – daher das Gebot, an diesem Tage sich zu lieben –, ein kosmologisches Bewußtwerden der ursprünglichen Segnung unseres Lebens. Fügen wir die Gartengeschichte von Ostern aus der Christenheit hinzu, so scheint der Sabbat in der Tat ein Tag der Freude und des Gedenkens zu sein. Unser Hauptgrund für die Dankbarkeit ist, laut Thomas von Aquin, die Schöpfung selbst: »Die Heiligung des Sabbats geschah zur Erinnerung an die Schöpfung aller Dinge.« Nichts weniger als »die Schöpfung aller Dinge« ist es, die uns zu Lob und Dank drängt. Denn für Thomas ist die Schöpfung »die erste und vorrangige unter allen Gaben Gottes«, derer wir am Sabbat gedenken.[23]

Rabbi Heschel erinnert uns daran, daß das Wort *qadosh* oder heilig in der Bibel zum erstenmal in der Genesis am Ende der Schöpfungsgeschichte verwendet wird: »Und Gott segnete den siebten Tag und machte ihn *heilig*.« Die Schöpfung ist heilig, und deshalb ist die Zeit heilig, und die heiligste aller Zeiten ist der siebente Schöpfungstag, der Sabbat. »Die Bedeutung des Sabbat ist, die Zeit zu feiern und nicht den Raum. Sechs Tage der Woche leben wir unter der Tyrannei der Dinge des Raumes; am Sabbat versuchen wir, uns einzustimmen auf die Heiligung der Zeit.« Sabbat bedeutet, daß wir wenigstens bei einem Siebtel unseres Lebens von unserer Arbeit und Mühe ablassen und uns klar machen, daß von einem bestimmten Gesichtswinkel her »die Welt längst erschaffen ist und ohne die Hilfe des Menschen weiterleben wird«[24].

Der Sabbat ist ein Tag, eine Zeit, eine Haltung, Arbeit loszulassen, um die Heiligkeit des Daseins wieder erleben zu können, einschließlich unserer eigenen Fähigkeit zu arbeiten und mitzuschaffen. »Im Reich der Zeit ist das Ziel nicht haben, sondern sein, nicht besitzen, sondern geben, nicht beherrschen, sondern teilen, nicht unterdrükken, sondern Solidarität üben.« Während manche die Ruhe am Sabbat als eine Vorbereitung auf die Arbeit ansehen, ist jedoch das Gegenteil gemeint. *Arbeit ist Vorbereitung auf den Sabbat.* »Der Sabbat ist nicht um der Wochentage willen da; die Wochentage sind um des

Sabbat willen da. Er ist kein Intermezzo, sondern der Höhepunkt des Lebens.«[25]

Was charakterisiert nun den Sabbat? Gott soll am siebenten Tage dreierlei getan haben: er ruhte, segnete und heiligte den siebenten Tag (Genesis 2,2-3). Und deshalb besteht das Herz des Sabbats in der »Segnung der Freude und der hervorgehobenen Heiligkeit«: »Nenne den Sabbat eine Wonne: eine Wonne für die Seele und eine Freude für den Leib.«[26]

Wenn wir den Sabbat feiern, wird der siebente Tag wieder neugeschaffen. Das heilige Spiel des Sabbats geht der Schöpfung voraus und vollendet die Schöpfung. Der Sabbat hat etwas Panentheistisches: Er ist in uns, aber noch mehr sind wir in ihm. »Allem voran steht die Wahrnehmung, daß wir uns im Sabbat befinden, nicht der Sabbat in uns.« Der siebente Tag bezeichnet eine ganz besondere Schöpfung: die der *menuha* oder Freude, der Stille, des Friedens und der Harmonie, der Ruhe und Gelassenheit. Die göttliche Ruhe liegt im Herzen des Sabbats. Wir alle können daran teilhaben und schmecken dabei das »ewige Leben«[27]. Heschel weist darauf hin, daß die Sabbatgebete Gebete des Lobes sind, keine Bitt-, Fasten-, Trauer- oder Klagegebete. Doch ist der Sabbat nicht anthropozentrisch und auch nicht nur für Menschen da. Er ist ein Ruhetag für *alle* Geschöpfe. »Denn der Sabbat ist ein Tag der Harmonie und des Frieden, des Friedens zwischen den Menschen, im Menschen und mit allen Dingen. Am siebten Tag hat der Mensch kein Recht, in Gottes Welt einzugreifen, den Zustand der Dinge zu ändern. Es ist ein Ruhetag für Mensch und Tier gleichermaßen.

> *Da sollst du keine Arbeit tun,*
> *weder du noch dein Sohn noch deine Tochter*
> *noch dein Sklave oder deine Sklavin*
> *noch dein Rind oder dein Esel noch all dein Vieh*
> *noch der Fremde, der in deinen Toren weilt;*
> *damit dein Sklave und deine Sklavin*
> *ruhen können wie du!* [28]

Der Sabbat erinnert an die Harmonie des Universums und an die noch kommende Harmonie der Zukunft. Er ist eine Feier kosmischen Friedens und kosmischer Freude. »So ist der Sabbat mehr als ein Waffenstillstand, mehr als ein Intermezzo; er ist tiefe bewußte Harmonie des Menschen und der Welt, Mitgefühl für alle Dinge und Teilhabe an dem Geist, der vereint, was unten und oben ist. Alles, was göttlich ist in der Welt, wird zur Einheit mit Gott gebracht. Das ist Sabbat und das echte Glück der ganzen Welt.«[29]
Der Sabbat lehrt uns, was wir mit unserer Muße anderes tun können als herumzuhängen. Wir könnten unsere Zeit mit Geist füllen. In Israel wird der Sabbat als eine Braut, als eine Liebende personifiziert. Zu heiligen, wie etwa den Sabbat zu heiligen, bedeutet, sich einem Geliebten zu weihen, sich gleichsam zu verloben. Deshalb verspricht Gott dem Sabbat, der sich einsam fühlt, einen Partner. Dieser Partner ist die Gemeinschaft Israels, die der Braut Sabbat als Gemahl versprochen wird. »Der Sabbat ist eine Braut und die Sabbatfeier wie eine Hochzeit.«[30] Zwischen den Liebenden – dem Sabbat und uns – kommt es zum Höhepunkt und mit diesem Höhepunkt zur Ruhe. Es folgt die göttliche Ruhe.
Wenn wir sechs Tage in der Woche hart arbeiten, wird der Geist dabei leicht vernachlässigt. Am siebenten Tage aber macht der Geist ohne Scham mit uns Liebe und sucht uns die ganze Zeit. Deshalb gehört das Hohelied, das »größte aller Lieder«, das höchste Liebeslied, zum Sabbat, wie das Anzünden der Kerzen, die Erneuerung der Schöpfung, denn das Licht war die erste Gabe des Schöpfers an die Schöpfung. Diese Geschichte wird durch die neue Schöpfungsgeschichte nur verstärkt, die ebenfalls darauf hinweist, daß das Universum mit Licht begann, das heißt, mit einem stecknadelkopfgroßen Urfeuer. In der Ekstase des Sabbat finden wir die Andeutung ewigen Lebens, eine Pflege der Saat, die in uns gelegt ist und nicht sterben wird, eine Vorwegnahme »des Tages, der im ewigen Leben ganz Sabbat und Ruhe sein wird«. Es ist eine Gelegenheit, in welcher wir »ein Siebentel unseres Lebens als Paradies erfahren können«[31]. In dieser Sabbat-Theologie finden sich tiefe Anklänge an die Auferstehung, die Auferstehung des Geistes und der Hoffnung.

Prophetische und politische Implikationen des Sabbats

Ich schlage vor, daß die tiefen Lehren Heschels über den Sabbat in unserer Zeit so erweitert werden, daß sie alle Religionen und alle Völker umfassen. Der Sabbat ist der Tag der Mystik par excellence: ein Tag des *Seins* und nicht des Tuns, ein Tag des *Geheimnisses* und nicht der Probleme. In dieser Lehre haben wir eine solide Antwort auf säkularere Fragen: Was tun wir mit unserer Freizeit? Warum haben wir davor solche Angst? Und deshalb können wir auch die psychologische Frage beantworten: Warum verfallen wir der Arbeitssucht? Wir verfallen ihr, weil wir so wenig über den Sabbat wissen, über das Genießen des Lebens und den Geschmack des Segens. Die Lehre des Sabbats beantwortet auch die ökonomische Frage: Warum wollen wir immer noch mehr? Wann ist genug genug? Weil der Sabbat − und nur der Sabbat − befriedigt. Auch die Frage der Tiefenökologie wird beantwortet: Wie kann unsere Spezies sich verlangsamen und ihre zwanghafte Zerstörung anderer Arten einstellen?

In der Beachtung des siebenten Tages der Ruhe, so zeigt der jüdische Theologe Arthur Waskow, hat der Sabbat auch weitreichende politische und prophetische Implikationen. Man kann den Sabbat als ein »Mini-Jubeljahr bezeichnen: Niemand arbeitet, alle teilen«. Wie der Sabbat ist das Jubeljahr ein Sicherheitsventil für die Gier und Macht der Menschheit, eine Erinnerung daran, daß wenigstens in jedem siebenten Jahr die Gerechtigkeit für die Gemeinschaft zurückgewonnen werden muß, wie für jedes Individuum wenigsten an jedem siebenten Tag. Die Überlieferung des Jubeljahres fordert, »daß in jedem siebenten Jahr alle Schulden aufgelöst und alle Armen aus der Verzweiflung der Verschuldung befreit werden müssen, daß aber einmal in jeder Generation eine große Wandlung vollzogen werden muß, und daß jede Generation wissen muß, daß es noch einmal getan werden muß, in der nächsten Generation.«[32] Wir finden in der Überlieferung des Jubeljahres eine grundsätzliche Antwort auf politische Fragen, die die südlichen (armen) Völker den nördlichen (reichen) stellen: Wann werdet ihr das Schuldenjoch von unseren Völkern nehmen, so daß wir auferstehen und im Handel und in unseren Beziehungen eure Partner statt Sklaven sein können?

Die Armen und die Reichen müssen jedes siebente Jahr eine neue Beziehung zueinander aufnehmen, und eine solche neue Beziehung muß durch völlige Schuldenvergebung eintreten. Alle sieben Jahre müssen nicht nur alle Menschen, sondern auch alle Geschöpfe von der Arbeit befreit werden. Sogar das Land soll jedes siebente Jahr ungepflügt bleiben. Und das Ergebnis davon? »Mit der Gesellschaft wird die Natur selbst gewandelt. Alle würden das Gefühl haben, daß das Teilen des Reichtums etwas so Grundlegendes verändern kann wie das Wachstum der Pflanzen. Alle würden lernen, daß die › größte Tat‹ darin besteht, nicht zu handeln.«[33] Die Reichen wie die Armen, die Menschen wie die nichtmenschlichen Wesen würden Verzeihung erfahren und von schuldenähnlichen Beziehungen befreit. Im fünfzigsten Jahr – dem sieben mal sieben plus ersten Jahr wird eine vollständige Neuverteilung des Landes empfohlen.

Die Ruhe, die der Sabbat verheißt, ist nicht nur eine persönliche Ruhe. Sie ist ein Vorspiel auf die Ruhe, um die es in allen gerechten Beziehungen und in allen verbindenden Handlungen geht. Deshalb geht es dabei um *Hoffnung*. Was würde der Sabbat also bedeuten? »Es würde bedeuten, daß alle *sicher* wissen, daß weder Armut noch Wohlstand für immer bleiben, ... daß allen Menschen angemessene Arbeit und angemessene wirtschaftliche Unabhängigkeit zukommt. Daß es Hoffnung gibt – nicht die Hoffnung der Phantasie, sondern die Hoffnung sicheren Wissens. Und daß Hoffnung sowohl geistig als auch wirtschaftlich gemeint ist.«[34] Ein Bewußtsein des Jubeljahres würde die Arbeitsreformen möglich machen, von denen wir in diesem Buch gesprochen haben. Ohne die Arbeit, die wir tun, zu unterbrechen, werden wir wohl kaum in der Lage sein, uns der Arbeit zuzuwenden, die nötig ist. Dieses Innehalten, diese Fähigkeit des Loslassens und Zulassens, ist eine geistige Tat. Im Buddhismus wird sie als Nichttun bezeichnet; Eckhart spricht vom Loslassen; Paulus vom Entleeren. Und die jüdische Tradition nennt das Sabbat. Heute könnten wir es als Gemeinschaftssinn bezeichnen, oder als Überlebensstrategie. Entweder tun wir es gemeinsam, oder wir gehen gemeinsam unter.

Arthur Waskow weist darauf hin, daß es im Judentum zum Sabbat zwei Überlieferungen gibt: Die eine sieht den Sabbat als eine Spiegelung und einen Ausdruck der kosmischen Rhythmen der Zeit, wie sie in die Schöpfung eingebettet sind – das findet sich besonders in den biblischen Büchern Genesis und Exodus und konzentriert sich auf Geburt, Schöpfung und das Wachsen. Die zweite Überlieferung sieht den Sabbat als eine Bestätigung der menschlichen Freiheit, Gerechtigkeit und Gleichheit und wird besonders im Buch Deuteronomium und bei den Propheten Jeremia, Hesekiel und Deuterojesaja betont. »Die biblische Tradition sieht diese Stränge nicht als widersprüchlich an, sondern als miteinander verwoben.« Besonders in Levitikus 25 gehen sie zusammen: »Deuteronomium, Levitikus und die Propheten sehen keinen Widerspruch zwischen diesem Thema der Befreiung und der Gerechtigkeit und dem Thema des Kosmos und der Schöpfung. Die kosmische Schöpfung und die soziale Neuschöpfung werden als Analogie gesehen, in gewissem Sinne sogar als isomorph. ... Was die Moderne als soziale Gerechtigkeit bezeichnet, wird in dieser biblischen Sicht als eine Form der Ruhe betrachtet – als soziale Ruhe oder soziale Erneuerung.«[35]

Eine weitere Anwendung des Sabbats hat unsere Arbeitswelt bereits in gewissem Maße durchdrungen, wenn auch nicht tief genug. Das ist die Vorstellung, daß Arbeitende sich ein Sabbatjahr nehmen. Zur Zeit sind die Sabbatjahre noch ein fast ausschließliches Privileg der akademischen Welt. Ein Sabbatjahr zu nehmen, bedeutet, daß man alle sieben Jahre Abstand von der eigenen Arbeit bekommt, um sich zu erfrischen und zu erneuern und, vielleicht, mit größerer Einsicht und mehr Begeisterung an die Arbeit zurückzukehren. Was wäre, wenn *alle* Arbeitenden solche Sabbatjahre nehmen könnten, wenn sie alle sieben Jahre zurück zur Schule gehen könnten, das Jahr mit der Familie verbringen, reisen, lesen oder ehrenamtliche Arbeit tun oder der Jugend, Gefangenen oder alten Menschen helfen könnten? Wie würde die Seele von uns allen berührt sein, wenn wir an unsere Arbeitsstellen zurückkehrten? Wie würde sich unsere Einstellung zur Arbeit verändern? Wie könnte das dazu beitragen, die Arbeitslosigkeit zu beseitigen? Wenn vierzehn Prozent der allgemeinen Arbeitskraft in jedem gegebenen Jahr nicht zur Arbeit geht, dann würden 14 Prozent mehr Menschen Arbeit haben. Und wie sähe es mit der im sechsten Kapitel vorgeschlagenen Idee aus, daß alle jungen Menschen ein Sabbatjahr zur spirituellen Erkundung und Ausbildung bekämen?

Ein allgemeines Sabbatjahr ist keine so extreme Idee: Der deutsche Theologe Geiko Müller-Fahrenholz hat die Konsequenzen analysiert.[36] Müller-Fahrenholz fragt, warum ein Sabbatjahr eine elitäre Angelegenheit nur für Professoren sein sollte. Er sieht es in Analogie zum Mutterschaftsurlaub. Ein solches freies Jahr könne Zeit für besondere Anliegen, berufliche und persönliche Entwicklungen lassen, nicht zuletzt für die Entwicklung eines Lebensverständnisses, das nicht nur auf den Beruf bezogen ist. Auf die Frage »Wer bezahlt das?« antwortet er, daß die Sabbatjahre als flexible Rentenjahre verstanden werden sollten, die in regelmäßigen Abständen in unserem Arbeitsleben auftreten. Das erste freie Jahr bekäme man im Alter von dreißig, das zweite zwischen fünfunddreißig und vierzig, das dritte mit Mitte vierzig, das vierte mit etwa fünfzig Jahren, und das fünfte am Ende der Fünfziger. Die Arbeitgeber würden ebenfalls Vorteile davon haben, weil die zur Arbeit zurückkehrenden Leute besser ausgebildet und besser motiviert wären. Wenn wir die Arbeit bei 40 Stunden lassen, statt sie auf 35 zusammenzustreichen, dann würde das allein die fünf freien Sabbatjahre ausgleichen.

Die Idee der Sabbatjahre bringt große Vorteile für zwei dringende Themen: Arbeitslosigkeit und Rentenkrise. Denken wir nur an die vielen Menschen, die in den Ruhestand gehen und nicht wissen, was sie mit ihrer Freizeit anfangen sollen. Durch fünf freie Jahre während ihres Arbeitslebens hätten sie gelernt, etwas mit ihrer Mußezeit anzufangen. Außerdem würden Formen der Arbeit gedeihen, die der Seele gut tun, wie Erwachsenenbildung, Kunsthandwerk, Meditation, Gärtnern, Kindererziehung, Aufbau von Gemeinschaften und politischen Organisationen. Ich würde hinzufügen, daß auch Rituale gedeihen würden, als Übergangsriten und Markierungen unserer Siebenjahresphasen, der Elternschaft, Großelternschaft, Wechseljahre und des Alters. Solche Praktiken würden wahrscheinlich für niedrigere medizinische Ausgaben und für weniger streßbedingte Erkrankungen sorgen, sie würden unsere Einstellung zum Alter beleben, weil wir Kreativität durch diese Sabbatbefreiungen weiter entwickeln könnten. Ein für alle Menschen vorgesehenes Sabbatjahr könnte einen spirituellen Freiraum schaffen, aus welchem ein erneuertes Gespür für Seele und Geist entstünde.

Die Neuerfindung des Festgeistes

Heschel fragt: »Gibt es irgendeine Einrichtung, die größere Hoffnung für den Fortschritt der Menschheit bereithält als der Sabbat?« Die Hoffnung und Kraft, die der Sabbat verheißt, brauchen wir, um in der Postmoderne eine Spiritualität der Arbeit zu festigen. Im Herzen der Sabbatfreude liegt die Heilung von Dualismen – und wer würde leugnen, daß sie innerhalb der menschlichen Psyche und der sozialen Strukturen den Kern der weltweiten Probleme bilden? Es gibt die Verheißung, daß alle sieben Tage und alle sieben Jahre etwas geschehen wird, um diese Dualismen zu durchbrechen, daß die Gnade uns beistehen wird. Diese Nachricht ist zu befreiend, um sie unter den Scheffel zu stellen! Im Sabbatritual kommen die früheren Trennungen von männlich/weiblich, Mann/Frau, Yin/Yang, Tag/Nacht, Nord/Süd, Ost/West, menschlich/göttlich, Mensch/Erde und Erdgeschöpfe, rechte/linke Hirnhälfte, Mystik/Prophetie, Himmel/Erde, Via Positiva/Via Negativa, Persönliches/Soziales zusammen und tanzen gemeinsam.

Kein Wunder, daß Heschel die Krise der Schöpfung und die Krise der menschlichen Arbeit als eine Krise des Sabbats bezeichnet: »In der Sprache der Bibel entstand die Welt in den sechs Tagen der Schöpfung, aber ihr Weiterleben hängt von der Heiligkeit des siebten Tages ab.«[37] Wenn das Überleben der Schöpfung nun tatsächlich davon abhängt, daß der siebte Tag heilig gehalten wird, dann sollte uns wirklich darum zu tun sein, ihn zu heiligen. Dann sollten wir loslassen, alle sieben Tage von unseren Projekten ablassen, alle sieben Jahre und jedes fünfzigste Jahr. *Diese* Arbeit würde unsere innere mit unserer äußeren Arbeit und unser Alltagsleben mit dem Großen Werk wahrhaft verbinden. *Diese* Arbeit würde alle unsere andere Arbeit wahrhaft heiligen.

Behalten wir diese Ansätze, den Geist der Feste wiederzubeleben, im Auge, und betrachten wir nun einige Beispiele dafür, wie rituelle Elemente uns heute in Bewegung bringen können. Die nachindustrielle Arbeitswelt, in welcher Arbeit zuerst das Ordnen unserer inneren Häuser bedeutet, ist eine Welt, in der Rituale wieder willkommen geheißen werden können. Und: Die Feste dürfen zurückkehren.

Beispiele für wirksame Rituale

Seit mehr als fünfundzwanzig Jahren konnte ich als geweihter Priester und Leiter von Ritualen in Einkehrtagen tätig sein. In ökumenischen Versammlungen, Ausbildungsgruppen und gelegentlich auch Gemeinden, habe ich also Gelegenheit gehabt, an wirksamen Ritualen teilzunehmen. Dabei blieben mir zwei besondere Momente, die für die Kraft des Rituals sprechen, im Gedächtnis:

Einmal leitete ich 550 Erwachsene bei einem Einkehrzentrum am Pazifischen Ozean in Kalifornien zu einem Spiraltanz an. Drei Teenager, die zu dieser Zeit beim Surfen waren, legten ihre Bretter weg, um uns zuzusehen. Ich hielt es für erstaunlich, daß Heranwachsende sich für irgend etwas interessierten, was Erwachsene taten, besonders für Rituale. Immer wieder habe ich beobachtet: Wenn Erwachsene Rituale wirksam vollziehen, dann sind sie an sich verlockend, und die Jugend *möchte* daran teilnehmen. Ein verlockendes Ritual, das uns vorgelebt wird, weckt Sehnsucht, ebenso wie gute Nahrung oder Getränke, wenn wir hungrig oder durstig sind.

Ein anderes Mal unternahm eine große Gruppe von uns Kreistänze im ersten Stock eines Gebäudes, das durchgehende Fensterscheiben hatte. Während des Tanzens schaute ich zufällig auf die Fenster und sah dort drei Männer nebeneinander, die ihre Nasen und Hände gegen die Fensterscheibe gepreßt hatten. Zwei von ihnen waren

Obdachlose, der dritte trug eine Brieftasche (ich nehme wohl an, ein Anwalt oder Bänker.) Eine Szene wie aus einem Roman von Dickens: Der Hunger war offenkundig – Hunger nach Ritual, Gemeinschaft, Loslassen und Teilhaben an einem Kreistanz der Sphären, Hunger nach Kosmologie. Jene hungrigen drei schienen mir unsere gesamte Spezies, die ganze Menschheit, zu repräsentieren, die derartig begierig nach Ritualen ist.

Die wirksamen Rituale, die ich erlebt habe, gingen immer von den bereits erläuterten Prinzipien aus. Beim Ausführen von Ritualen sollten wir immer daran denken, daß im Ritual das Bewußtsein ebenso verändert wird wie im Kampf um soziale Gerechtigkeit. Wir sollten uns auch daran erinnern, daß Mitgefühl *die* alternative Art ist, das Universum zu sehen; Mitgefühl hat zur Hälfte mit Feiern zu tun und zur anderen Hälfte mit Heilen und dem Schaffen von sozialer Gerechtigkeit. Um es anders auszudrücken: Der Kampf um Gerechtigkeit findet in unserer Sprache und in unseren rituellen Formen nicht weniger statt als in unserem Kampf mit wirtschaftlichen und politischen Systemen.

Der Schlüssel zum Erkennen wirksamer Rituale ist, daß Rituale nicht darstellende Kunst sind, sondern *teilnehmendes Gebet*. Das ist die Weisheit der Rituale von allen Basisgemeinden: daß alle Teilnehmenden auch Betende sind, alle Atmenden, alle Tanzenden, alle sich Freuenden und Dankenden. Leitungsfunktionen bestehen in der Koordination, Inspiration und Hilfe, die in der Gemeinschaft hervortretenden Gaben zu formen.

Ein Klageritual: Der Kreuzweg

Wenn man eine römisch-katholische Kirche besucht, findet man an den Wänden vierzehn Darstellungen, die sogenannten Kreuzesstationen. Besonders in der Passionszeit halten Katholiken vor diesen Stationen inne, um über den Weg Jesu von seiner Verurteilung durch Pontius Pilatus (Station eins), über das Tragen des Kreuzes, seinen Zusammenbruch darunter und schließlich bis zur Kreuzigung und Grablegung (Station vierzehn) zu folgen. Diese fromme, aus dem Mittelalter stammende Praxis ist für mich in zwei besonders kraftvollen Erfahrungen erneuert worden, bei denen das Zentrum des Gebets vom historischen Jesus auf eine Meditation des Kosmischen Christus verlegt wurde. Wenn man die Kreuzigung und den Tod Jesu von der Perspektive einer Theologie des Kosmischen Christus aus betrachtet, im Hinblick auf das Leiden der Erde und all ihrer Geschöpfe also (die alle Kosmischer Christus sind, in unserer Mitte gekreuzigt), entfaltet sich eine ganz neue Wirklichkeit. Das Evangelium des Mitgefühls, das Jesus predigte, wird lebendig und wirklich; die Versuchung, ihn in der Privatsphäre eines frommen Herzens zu sentimentalisieren, wird vermieden. Lassen sie mich diese zwei Erfahrungen beschreiben:

Zweihundertfünfzig Menschen versammelten sich an einem kalten Karfreitagnachmittag im April 1991 in der geisterfüllten Landschaft von Findhorn im nördlichen Schottland zwischen den windigen Hügeln, um gemeinsam nach alter Form zu beten. Die gewählte Form war der Kreuzweg, den wir aber auf verändert durchführten. Statt uns auf Ereignisse aus dem Leben des historischen Jesus zu konzentrieren, nahmen wir das Leiden des Kosmischen Christus in der Erde und in ihren Geschöpfen als roten Faden. Zu den Teilnehmenden gehörte als Co-Leiterin Joanna Macy (eine Buddhistin, die aber aus einer Familie mit mehreren Generationen calvinistischer Prediger stammt) und mehrere Leute, die zu den Einkehrtagen während der heiligen Woche gekommen waren, um das Passamysterium des Lebens, Todes und der Auferstehung von Mutter Erde dort zu erleben. Die Teilnehmenden kamen aus Schweden, USA, Kanada, Deutschland, Schottland, England, Irland, Frankreich und Holland. Es waren alle möglichen religiösen Richtungen vertreten, darunter auch einige aus den christlichen Kirchen – Protestanten, Anglikaner und Katholiken. Einige Juden waren anwesend,

Vertreter und Vertreterinnen des New Age und Menschen, die durch ihre kirchliche Erziehung verwundet waren (»recovering Christians«).

Wir teilten alle in vierzehn Bezugsgruppen auf, von denen jede für sich entschied, welchen Leidensbereich der Welt sie im Ritual darzustellen sich berufen fühlten. Die Gruppen stellten Plakate her, suchten Gesänge zusammen, machten Transparente und sammelten Musikinstrumente für die Prozession.

Die Prozession begann um die Mittagszeit, alle hatten sich um einen Felsen gesammelt, um eine kurze Lesung aus dem Evangelium über Jesu Weg nach Golgatha zu hören. Die Trommeln dröhnten, eine düstere Stimmung erfüllte die Luft, als wir uns zur ersten Station begaben, wo Joanna und Fran Macy uns in einem Klageritual für die Opfer von Tschernobyl anführten. Als Antwort auf eine Klagelitanei wurde die gesamte Gruppe angeleitet, ein russisches »Kyrie eleison«, (»Herr, erbarme dich«) zu singen.

Auf dem Weg zur nächsten Station fuhr die Prozession mit dem düsteren Trommelschlag fort und sang weiter das russische Kyrie. Die zweite Station erinnerte an die Kreuzigung der Luft. Dies wurde von einem Kreis von Menschen inszeniert, die damit begannen, gemeinsam tief zu atmen und dann an der eingeatmeten Luft zu ersticken. Dadurch wurde der Tod der Wälder und das Ersticken unserer Kinder beschworen.

Die dritte Station erinnerte an die von Aids betroffenen Menschen. An dieser Station wurden die Teilnehmenden dazu eingeladen, die Namen derjenigen unter ihren Bekannten auszusprechen, die an Aids gestorben waren. Alle kannten Aidskranke. Die Kinder in Rumänien und Afrika wurden ebenso beschworen wie die Millionen anderer, deren Namen wir nicht kennen. Wir wurden an die Immunschwäche erinnert, die die Erde heute selbst erfahren muß, durch rücksichtslosen Bergbau, Atomwaffenversuche und die Zerstörung der Ozonschicht. Die entsprechenden Worte des Evangeliums wurden auf-gerufen: »Was ihr den Geringsten unter diesen getan habt, das habt ihr mir getan.« Unter düsteren Trommelschlägen bewegten wir uns auf der Straße weiter, durch einen kleinen Wald hindurch zur nächsten Station.

Die vierte Station erinnerte an das heilige Netz der Schöpfung. Alle wurden darum gebeten, in Stille das aus Garn gewobene Netz der Schöpfung zu küssen.

Die fünfte Station trug den Namen »Unterdrückung«. Es wurde eine Litanei der Unterdrückungen rezitiert, erinnert wurde an Rassismus, Homophobie, Antisemitismus, Klassenunterdrückung, Generationenkonflikt, Sexismus, Behindertendiskriminierung und Anthropozentrismus. Wir wurden eingeladen, uns auf den Schmerz der Unterdrückung einzulassen und dies nicht durch die Brille der Schuld, sondern durch die der Wahrheit zu sehen, wobei deutlich wurde, daß ein einzelner Akt der Unterdrückung mit vielen anderen verbunden ist. Wir wurden daran erinnert, daß niemand von uns rassistisch geboren wurde, sondern daß wir anfangs neugierig aufeinander waren. Dann spalteten wir uns in Paare auf und sollten eine Lüge benennen, die wir irgendwann in unserem Leben über eine andere Person oder eine Gruppe »gelernt« hatten. Unsere jeweiligen Partner sollten dazu sagen: »Das ist eine Lüge.« Gemeinsam entließen wir dann diese Lüge ins Universum.

Auf dem Wege über die Hügel zur sechsten Station wurde es kälter und der Wind heftiger. Dort wurden wir eingeladen, auf einen Stock mit einem Spiegel am oberen Ende zuzugehen; wir hörten dabei den Gesang: »Siehe den Gekreuzigten, siehe den Kreuziger« – eine erschütternde Erinnerung daran, unsere eigene Gewalt nicht auf andere zu projizieren.

Die siebente Station diente dazu, unsere Erinnerungen an Mißbrauch loszulassen. Frauen, die dabei waren, von ihren Mißbrauchserfahrungen zu genesen, führten uns in einem Gebet an und verkündeten, daß jene Kraft, die versucht hatte, sie von der Schöpfung und ihrem tiefsten Selbst zu trennen und die zeitweise ihre Seele ermordet hatte, keine Gewalt mehr über sie besäße.

Die achte Station erinnerte an den Mißbrauch von Tieren ganz allgemein, besonders von Fischen, Walen und an die Vergewaltigung des Bodens.

Bei der neunten Station wurden wir an die Kreuzigung der Erde, der Luft, des Wassers und des Feuers erinnert. Ein Erdball wurde herumgegeben. Alle Anwesenden wurden aufgefordert, als Ausdruck ihres Einsatzes zur Heilung der Erde darüber zu beten. Ein Evangelientext wurde gelesen, der in diesem Zusammenhang großes Gewicht trug: »Töchter Jerusalems, weint nicht für mich. Weint für euch selbst und eure Kinder.« Andere Geschöpfe, ein jedes von ihnen ein Kosmischer Christus, sprachen ähnliche Botschaften aus. Der Wal rief: »Weint nicht für mich, sondern für eure Kinder und Kindeskinder, denn ich kann ihnen meine Gaben nicht schenken, wenn ein vergifteter Ozean mich zerstört.« An dieser Station wurde viel tiefe Trauer zum Ausdruck gebracht.

Das Thema der zehnten Station war die Benennung und das Erkennen unserer Angst. Alle Leiter dieser Station sprachen über etwas, das ihnen Angst machte. »Ich habe Angst, von allem getrennt zu sein, was ich liebe«, sagte eine. »Ich habe Angst, daß wir als Menschheit es nicht schaffen werden«, sagte jemand anders.

Bei der elften Station wurde in den Sanddünen ein Sketch über das Thema Müll vorgeführt. In dem Sketch gab die Gruppe eine Party und warf dann den ganzen Müll weg. Die Leute husteten, stolperten und fielen in den aufgestapelten Müll. Dröhnend blies dazu ein tibetisches Horn. In der erzählten Geschichte und in der dadurch erweckten Stimmung lagen Leichtigkeit, aber auch tödlicher Ernst.

Bei der zwölften Station meditierten wir vor einer großen Erdkarte über unsere Unverbundenheit und dachten an die Wälder, die Kinder, die Menschheit und die anderen Lebewesen, die ihre Verbindungen miteinander verlieren. Dabei sangen wir das Lied: »Ich bin Gaia, ich bin heilig.«

Die dreizehnte Station klagte die »Kreuzigung des Weiblichen« an. Wir beschworen die namenlosen Frauen, die während der Hexenverfolgungen im 16. und 17. Jahrhundert ermordet worden waren. Die Leute brachen in ein beunruhigendes Weinen aus. Eine ältere Frau, die wie eine weise Hexe gekleidet war, sprach: »Die Erde spricht zu uns und sagt uns, wir sollen in die Leere gehen, in die Dunkelheit, und herausfinden, wer wir sind, bevor es zu spät ist.«

Die vierzehnte und letzte Station fand auf einer Sanddüne mit Blick auf die Nordsee statt. Der Wind heulte, die Luft war kalt, wir alle waren müde von der Prozession, die schon drei Stunden gedauert hatte. Unsere Aufmerksamkeit wurde aber durch ein quälendes Geräusch wieder hergestellt: Ein Mann mit einer ihn verdeckenden Kapuze peitschte den Boden mit einem großen Tannenzweig, peitschte die Erde aus. Er sprach uns an und sagte, daß er zerstöre, was er nicht verstehen könne. Das Peitschen brachte Erinnerungen an die Geißelung Jesu. Andere riefen: »Ich bin eine Eidechse. Meine Heimat ist der Regenwald. Wo ist meine Heimat geblieben?« Und jemand anders: »Ich bin ein Fisch. Wo ist meine Heimat, da die Seen im sauren Regen gestorben sind?« »Ich bin ein ungeborenes Kind. Wird es je eine Heimat für mich geben?« So bekam das Thema der Heimat- und Obdachlosigkeit eine zugespitztere und sogar kosmische Dimension.

Dann nahmen die Teilnehmenden eine Erdkarte, nagelten sie mit ihren vier Ecken an ein Kreuz, erhoben das Kreuz hoch auf die Sanddüne, während der Wind durch uns hindurchblies. Bei der Kreuzigung hallte das Echo des Schlagens über den Strand und weckte das morphische Feld, die Erinnerung an die Kreuzigung Jesu. Die Teilnehmenden begannen zu weinen und zu klagen; selbst jene, die noch nie von dieser mittelalterlichen Gebetsform Kreuzweg gehört hatten, begriffen seine Bedeutung. Das Weinen kam spontan, die Klage war echt. Darauf folgte Stille. Wir gingen niedergeschlagen und müde zu unseren Quartieren, eine Meile von den Dünen entfernt, zurück. Später erfuhr ich, daß die Gruppe, die diese letzte Station angeleitet hatte, selbst so von der Ausführung bewegt war, daß sie alle noch eine halbe Stunde am Fuße des Kreuzes im Schweigen sitzenblieben, unfähig und auch nicht willens, sich zu bewegen.

In dieser Neuerzählung der Kreuzesstationen war offenbar der Geist am Werk. Die ganze Arbeit war durch eine intensiv anbetende Haltung durchzogen. Die Teilnehmenden spürten starkes Unwohlsein und Unruhe, wie einst ihre Vorfahren beim Weg nach Golgatha. Durch die Verantwortung jeder Gruppe für eine der Stationen, entstand echte Kreativität. Jede Gruppe war eine Art »Priester« in der Zeremonie und leitete die anderen im Beten an. Wir hatten keine Proben gehalten, denn es war keine Aufführung – es war ein Gebet. Alle Teilnehmenden nahmen vollständig daran teil in Körper, Seele und Geist. Die Wanderung draußen und der kalte Wind forderten die Aufmerksamkeit des Körpers und damit auch volle Teilnahme des Herzens. Wir nannten den wirklichen Schmerz in unserem Leben, unserer Zeit und unserer Gesellschaft. Es erklangen einfache Gesänge, unterstützt von tragbaren Musikinstrumenten wie Trommeln und Flöten.

Es war eine Zeit der Kinder – der ernsthaften und trauernden Kinder, aber nichtsdestoweniger der Kinder. Franz von Assisi, dem die Geschichte die Erfindung des Kreuzweges zuschreibt, hätte sich mit dieser Art von Gebet sicher einverstanden erklärt. Ja, ich bin sicher, er war anwesend; und die Geister vieler unserer Vorfahren ebenfalls. Es war ein echtes Gedenken.

Ich möchte Sie alle ermutigen, sich ihre eigene Version des Kreuzweges für den Karfreitag in ihrer Gemeinschaft auszudenken und sich dabei vielleicht einige dieser Ideen auszuborgen. Der Kosmische Christus verdient es, in all unseren Kirchen *und* auch außerhalb dargestellt zu werden. Wenn wir nur des historischen Jesus gedenken, riskieren wir wahrscheinlich eine Sentimentalität, die der sichere Weg ist, die Botschaft Jesu zu zerstören. Angesichts vieler Themen, wie Obdachlosigkeit, Vergewaltigung der Erde, Arbeitslosigkeit, Mängel der Gesundheitsfürsorge, Gier, fundamentalistische Ängste, verzweifelte Jugend, überall herrschende Süchte, banale Politik und Vorurteile, gibt es wohl keine Not an Kreuzesstationen, die hier und heute erfunden und ins Gebet eingeschlossen werden könnten.

Zur Passionszeit 1992 führten wir im Institute in Culture and Creation Spirituality in Kalifornien unsere eigene Version durch. Wir teilten die siebzig Studierenden in fünfzehn Gruppen auf, vierzehn, um die einzelnen Stationen zu gestalten, und eine fünfzehnte zur Koordination des gesamten Rituals. Eine Gruppe nahm uns mit zu einer Schlucht auf dem Universitätsgelände, wo dichtes Buschwerk wächst, und stellte in dieser Umgebung das Elend des Regenwaldes dar, die Verschmutzung der Flüsse und die Kreuzigung der Bäume. (Diese Gruppe wurde von einem Studenten geleitet, der mehr als fünfundzwanzig Jahre im Regenwald des Amazonas gelebt und gearbeitet hatte.) Wir kletterten zum Zentrum des Campus, wo eine Gruppe Frauen und Männer rosafarbene Dreiecke trugen und uns Geschichten und Statistiken über die Mißhandlung von Schwulen und Lesben erzählten und dabei die Kreuzigung der Homosexuellen auf verblüffende und dramatische Weise darstellten. Eine weitere Station erinnerte an die europäischen Religionskriege und an den Mord vieler Millionen Protestanten durch Katholiken und von Katholiken durch Protestanten. (Ein Führer in dieser Gruppe war ein Student, der seine französisch-hugenottischen Wurzeln während seiner Studien am ICCS wiederentdeckt hatte.) Eine weitere Station erinnerte an den Mißbrauch von Kindern; dazu trafen sich alle an der Kindertagesstätte des Campus (mit Dias und Spielsachen von Kindern). Die Anleitenden hatten eine Litanei über die Mißhandlung von Kindern erdacht, deren einfacher Refrain »Kinder sind mir kostbar« von der ganzen Gruppe wiederholt wurde. Eine weitere Station benannte den Rassismus als eine Kreuzigung Christi in unserer Zeit. Und so ging es weiter, ein dreistündiger Marsch, ermüdend, fordernd, erhebend, erleuchtend, herausfordernd und sehr ernst. Es war ein wirkliches Gebet einer sehr unterschiedlich zusammengesetzten Menschengruppe, die in die Passion des Christus der heutigen Welt eintrat. An der letzten Station errichtete das Team ein großes Kreuz auf dem Boden und nagelte quälend langsam ein Bild der Erde an. Und wieder verstanden alle diese Botschaft. Die Tränen kamen. Wir hatten uns auf den Karfreitag 1992 eingelassen. Ein Gedenken hatte stattgefunden. Das Ritual war wirksam geworden.

Ein Klageritual: Trauer um den Krieg, Versöhnung im Frieden – das Vietnamritual im Januar 1992

Rituale helfen uns, auf unser Herz zu achten, wenn es gebrochen ist. Auch auf der Ebene einer ganzen Nation kann der Verlust der Seele und des Lebens stattfinden, zum Beispiel in Kriegen. – Und: Wir brauchen dann Rituale, um auch solche Ereignisse zu betrauern. Der Vietnamkrieg zehrt noch immer am amerikanischen Herzen. Ein Volk kann nicht einen Krieg führen, sechzigtausend seiner eigenen Bürger dabei verlieren und Hunderttausende anderer an Körper und Geist schädigen sowie Hunderttausende Menschen auf der anderen Seite der Welt töten und ihr Land verwüsten, ohne zu bereuen und zu klagen. Auf beiden Seiten muß Vergebung stattfinden. Die Vietnamgedächtnismauer in Washington D.C. ist eine hervorragende Beschwörung unserer Trauer, doch ist eine solche Wand nicht genug. Seit jenem Krieg haben viele Politiker die Verdrängung in unserer Seele fortgesetzt, indem sie uns erzählten, wir hätten jenen Krieg gewonnen (als ob so etwas die Wunden des Krieges heilen könnte), und indem sie versicherten, daß »der Krieg nun endlich hinter uns liege«, seit und weil Amerika und seine Alliierten Saddam Husseins Armeen im Irak 1991 schlugen: Manche psychologisieren den Vietnamkrieg und bezeichnen ihn als ein »Syndrom«, das durch den Golfkrieg »geheilt« wurde. Aber ein Krieg ist kein Syndrom. Die Hälfte der Obdachlosen in den USA sind Vietnamveteranen. Ein Krieg ist ein ernsthaftes und gewaltiges Unternehmen, das die Seelen der Männer und Frauen stark beeinflußt. Das läßt sich nicht durch politisches Theater oder individuelle Therapie allein beheben. Es bedarf einer spirituellen und gemeinschaftlichen Heilung. Es bedarf des Rituals. Ähnliches läßt sich von den jahrzehntelangen traumatischen, aber vielfach unbetrauerten und verdrängten Wirkungen des 2. Weltkriegs in Deutschland und Europa fortsetzen.

So sprachen Vietnamveteranen den Dichter Robert Bly, den keltischen Ritualisten Michael Meade und mich an; sie baten uns, eine Veranstaltung zur Trauer über den Krieg und zur Versöhnung im Frieden anzuleiten. »Schwerter zu Pflugscharen«, eine Gruppe Vietnamveteranen, und die Friends of Creation Spirituality, eine gemeinnützige Gruppe zur Ausbildung in Schöpfungsspiritualität, veranstalteten dieses öffentliche Ritual zur Trauer und Klage über den Vietnamkrieg. In der Bucht von San Francisco trafen sich viele Gruppen, darunter vietnamesische wie amerikanische Überlebende des Vietnamkrieges, viele Monate lang, um die Veranstaltung zu planen. Und mehr als 115 Freiwillige arbeiteten daran, das Ritual vorzubereiten.

Das Ritual fand in San Francisco in Fort Mason in einer großen Halle statt, die für das Ritual umgestaltet worden war. Beim Eintreten gingen die Teilnehmenden zunächst durch einen langen, dunklen Tunnel, der gänzlich aus Erde gemacht war, um über die Erinnerungen an Gräben die Gefühle des Zweifels und der Unwissenheit über das Kommende wieder wachzurufen. Beim Verlassen des Tunnels traf man auf ein Feld von Lagerfeuern – einfache, flackernde Lichter mit Bäumen; und an jedem dieser Lagerfeuer erzählte jemand seine oder ihre Geschichte aus dem Vietnamkrieg, wiederholte sie immerfort, während die Teilnehmenden von einem Lagerfeuer zum anderen gingen. Einer der Erzähler erinnerte sich daran, wie er in das Gesicht eines Sterbenden schaute, der darum gebeten hatte, von seinem letzten Einsatz befreit zu werden, weil er in zwei Wochen ohnedies nach Hause gekonnt hätte. »Nur noch einer,« hatte der befehlshabende Offizier ihm gesagt. Und dieser eine Auftrag tötete ihn. Ein junger Vietnamese betrauerte, daß seine Mutter noch immer unbeerdigt am Grunde eines Flusses lag. Es war gerade der Jahrestag ihres Todes, an dem ihr, ihrer Religion gemäß, Nahrung zum Grab hätte gebracht werden sollen. Das war jetzt unmöglich. »Sie wird hungrig sein«, sagte er. Eine ältere Frau erinnerte sich an den Krieg von 1940 und an die Enkelkinder, die verstümmelt oder tot zurückgekommen waren.
Drei tragbare Altäre waren aufgestellt worden. Einer trug Fotos von getöteten amerikanischen Soldaten. »Die sehen aus wie Zehnjährige, die sich verkleidet haben, um Soldat zu spielen«, kommentierte ein Beobachter. Mandarinen, Blumen und ein Schädel füllten den Rest des Altars. Ein anderer Altar war ein schwarz eingehüllter Sarg mit nur einer einzelnen Blume darauf. Und ein weiterer Altar war in weiß gehüllt und enthielt die Elemente des buddhistischen Glaubens: Reis, Blumen, Buddhastatuen und Girlanden. Eine amerikanische Journalistin, die bei seinem Entwurf geholfen hatte, erzählte mir, daß während ihrer Zeit in Vietnam der einzige Ort, an dem sie Gesundheit und Frieden finden konnte, ein buddhistischer Tempel gewesen

war. Obwohl keine Buddhistin, war sie dankbar für den heiligen Raum und fühlte sich motiviert, den Altar zu bauen. Von dort aus gingen die Teilnehmenden in eine Arena, wo Tanzende auf der Bühne eine Art Tai-Chi vorführten, sie führten eine Pantomime der Angst, des Tötens und des Todes vor. Eine afroamerikanische Frau saß da und sang einen wortlosen Klagegesang, die trauernde Stimme der alten Mutter. Der Hintergrund dazu war eine Wand der Vorfahren aus schwarzem Tuch mit Bildern menschlicher Gesichter darauf, eine Erinnerung an die »andere Seite«, an die von uns Getrennten.

Die Trauerveranstaltung selbst bestand aus drei Vorgängen, die durch drei Farben symbolisiert wurden: rot für die Wut, schwarz für die Trauer und weiß für die Transzendenz. Robert Bly führte uns in der Wut an. »Nur Jungens halten ihre Augen trocken,« erklärte er. »Nur Jungens haben Angst zu weinen. Aber Männer – Männer danken Gott für ihre Tränen.« Bly ließ eine riesige Puppe auf die Bühne bringen, die den Krieg repräsentierte. Die Menge der Menschen wurde aufgefordert, gegen diese Puppe zu wüten: »Krieg, ich hasse dich! Scheißkrieg!« schrien die Leute.

Michael Meade führte uns durch die Stufe der Trauer und zog die Parallele zwischen dem Vietnamkrieg und dem Golfkrieg. »Unsere Trauer muß fortgewaschen werden,« erklärte er.

Meine Aufgabe war es, durch die Stufe der Transzendenz zu führen, die erst gewonnen wird, wenn man die anderen beiden Pfade der Trauer voll durchgegangen ist. Ich rezitierte ein mittelalterliches Gedicht namens »Der Falke«, das von einem verwundeten Ritter erzählt, dessen Wunden »Tag und Nacht« bluten, während seine Freundin die ganze Nacht lang weint. Das Gedicht erinnert uns daran, was geschieht, wenn man nicht auf die Trauer achtet: Nichts geschieht! Nichts ändert sich, bis wir die Reise in die Trauer antreten. Wenn wir aber von Wut und Leid entleert werden, dann stoßen wir auf den Grund – dann kommt der Friede, dann kehrt das Licht wieder. Deshalb tragen die Trauernden im Osten bei ihren Beerdigungen weiß – an Stelle von schwarz.

Wir hatten bei diesem Ritual einige Fehler gemacht: Es waren zu wenige Frauen in der Leitung; es gab zu viel Handlung auf der Bühne, zu wenig Kreistänze, die alle Teilnehmenden einbezogen; es gab zu viele Worte – immer ein Risiko, wenn man Dichter einlädt. Aber alle 1400 Teilnehmenden verließen die Halle in Schweigen; und gutes Gebet bringt immer Schweigen hervor. Ich weiß, daß es ein gutes Gebet war, denn die Natur schloß sich uns an. Als wir die Halle verließen, zogen wir mit Kerzen an die Küste und sangen einen afrikanischen Klagegesang. Dann stellten wir alle unsere Kerzen auf einen Altar ans Wasser. Genau in dem Augenblick, als die letzte Kerze an ihrem Ort war, öffnete sich der Himmel und ein Guß ging auf uns nieder. Das war ein Zeichen. Der Himmel selbst weinte und vergoß Tränen über Vietnam, die wir alle viel zu lange zurückgehalten hatten.

Es war eine eindrucksvolle Zahl von Teilnehmenden gewesen, unter den 1400 Menschen junge und alte; eine Mischung der Generationen sorgt immer für ein gesundes Ritual. Es war sehr bewegend, junge Menschen zu sehen, die ihren Eltern bei der Trauer über die Schattenseite des Krieges zuschauten – etwas, was unsere chauvinistische Politik selten zuläßt. Einige dieser Jugendlichen waren Töchter und Söhne von Vietnamveteranen, die selbst einen hohen Preis dafür hatten zahlen müssen, in der Familie eines Veteranen aufzuwachsen. Es waren viele verschiedene ethnische und rassische Gruppen vertreten, obwohl ich mir mehr afroamerikanische Teilnehmende gewünscht hätte angesichts ihrer hohen Beteiligung und ihres Leidens in Vietnam. Es war für mich bedeutsam, daß diese Veranstaltung diejenigen zusammenbrachte, die vor zwanzig Jahren Widerstand gegen den Krieg geleistet hatten, mit denjenigen, die in diesem Krieg gekämpft hatten, – ein Dualismus, der in all den Jahren noch nicht versöhnt worden war.

Später erhielt ich einen Antwortbrief auf das Ritual von einem Vietnamveteranen, der bei der Organisation geholfen hatte: »Ein Zugführer der 101. Fliegerdivision in Vietnam im Jahre 1969 hatte es geschafft, alle seine Männer lebendig durch die erste Hälfte seiner Tour zu bringen. Dann ging er auf Erholungsurlaub, und seine Einheit wurde auf den ›Hamburger Hill‹ geschickt, in die auf amerikanischer Seite blutigste Schlacht des Krieges. Alle seine Männer wurden getötet. Dieser Mann hatte seither 23 Jahre Schuldgefühle deswegen. Er konnte sie einfach nicht loslassen. Einem Freund von mir erzählte er vor zwei Wochen, daß er als Ergebnis unserer Veranstaltung schließlich in der Lage war, sich selbst zu verzeihen.«

Die Berichte von »Schwerter zu Pflugscharen« und anderen Vietnamveteranengruppen der Bay Area sagen, daß dieses Ritual die öffentliche Aufmerksamkeit auf ihre Angebote deutlich erhöhte. Laut Aussagen des Direktors von »Schwerter zu Pflugscharen« verdoppelten sich die Nachfragen nach seiner Organisation nach dem Ritual. Ich bekam einen anderen Brief, den die Ehefrau eines Vietnamveteranen geschrieben hatte. Sie war bei dem Ritual nicht dabei gewesen, hatte mich aber bei einem öffentlichen Vortrag darüber sprechen hören. Sie schrieb: »Ihr Vortrag hat mir klar gemacht, daß einer der wesentlichen Aspekte dieser ganzen Vietnamerfahrung das Fehlen von Trauer war. Mein Mann wurde schwer verwundet, die meisten aus seiner Einheit wurden an jenem Tag getötet. Mir wurde bewußt, daß er diese Männer (eigentlich waren es Jungens) vermissen mußte, denn nach ihrem Vortrag dämmerte mir, daß er nie in der Lage gewesen war, zu einer ihrer Beerdigungen zu gehen. Er lag im Krankenhaus, die Beerdigungen fanden alle irgendwo in den USA statt. Er hat ihre Tode nie betrauern können. Es gab darüber hinaus noch andere zu betrauernde Verluste: den Verlust der Jugend (er war mit 22 Jahren ein alter Mann), den Funktionsverlust seines rechten Armes ... Ich weiß, daß es Themen um Vietnam gibt, die er noch erlösen muß. Als Sie das Thema der Trauer erwähnten, habe ich viel darüber nachgedacht, und ich glaube, daß die Trauer einen großen Teil dieser Themen umfaßt.«

Wo kann der Schmerz hingehen, wenn es keine Trauerrituale gibt? Er wird wohl im Inneren aufgestaut, wo er sich leicht in Gewalttätigkeit oder Verwirrung niederschlagen kann.

Was würde geschehen, wenn jede amerikanische Stadt ein Ritual zur Trauer um die Kriegsverluste planen würde? Und wie steht es mit den Europäern, die immer noch von der Scham ihrer Kriege in diesem Jahrhundert heimgesucht werden? Planen und Ausführen solcher Rituale würden für viele Menschen für gute Arbeit sorgen. Viele Menschen würden dadurch an Freiheit gewinnen – auch für ihre ehelichen und familiären Beziehungen, ihre Arbeit und ihre Berufe – so daß unser Leben und unsere Erwerbstätigkeit wieder leichter und kreativer würden. Statt zu verdrängen, was wir in den Kriegen gemeinsam erleben mußten, oder statt immer wieder zu thematisieren, ob wir nun dafür oder dagegen waren – trauern wir doch gemeinsam!

Kosmische Messen

Ich schlage auch vor, daß wir Tanzen, Singen und den Körper wieder in die christliche Liturgie zurückbringen, die doch dem Wort Gottes gewidmet ist, denn, wenn unsere Herzen still sind, kommen kosmische Worte zu uns. Wenn wir die katholische Messe in ihren eigentlichen, das heißt, ihren kosmologischen und nicht anthropozentrischen Zusammenhang bringen, werden wir, so meine ich, sowohl den Teilnehmenden der Gottesdienste wie auch der Liturgie selbst neues Leben bringen. Wichtigste Bewußtseinsveränderung ist: zu erkennen, *daß*

»Wortgottesdienst« nicht unbedingt menschliche Wörter meint. Ein solches Denken wäre arrogant und schläfert die Leute ein. Meister Eckhart hat gesagt, daß jedes Geschöpf ein Wort Gottes und ein Buch über Gott sei. Thomas von Aquin meinte, daß wir »durchaus das Recht haben, Gottes Geschöpfe als Gottes ›Worte‹ zu bezeichnen«[38]. Die Quäker haben noch nicht vergessen, daß der wahre Ursprung und die Quelle des Wortes die Stille ist. Die Stille ist ein Wort Gottes und oft ein Kanal, durch den andere Worte Gottes – Geister und Engel Gottes – in unseren Gottesdienst eingehen können. Ich meine, daß die Protestanten einen Fehler damit gemacht haben, die Rolle der Eucharistie im Kult zu verringern oder abzuschaffen, als seien Brot und Wein, Essen und Trinken, nicht ebenso Worte Gottes wie die biblische Weisheit. Die Opferung des Brotes und des Weines durch den alten Priester Melchisedek, wie sie in der Bibel erzählt wird, geschah nicht nur zeitlich vor der katholischen Kirche, sondern sogar vor der Bildung Israels. Es ist ein uraltes Ritual und könnte sogar vorpatriarchal sein. Alle Gottesdienstfeiernden sollten eingeladen werden, an diesem heiligen Essen und Trinken teilzunehmen.

Kürzlich nahm ich an einer Wortliturgie teil, die sich auf das Thema der Weisheit und die Wiederkehr des weiblichen Prinzips konzentrierte. Es war Mitte August, und der Anlaß der Liturgie war das Fest Mariä Himmelfahrt. Vier Personen standen an den vier Ecken des Raumes auf Stühlen und hielten ein großes Tuch, das sie durch langsames Auf- und Abbewegen aufblähten. Sie folgten dabei dem Rhythmus einer Textlesung aus Sirach 24 zur Weisheit, die über das Himmelsgewölbe wandelt und durch die Tiefen des Ozeans. Während dieser musikähnlichen Lesung schritten und tanzten die Teilnehmenden (zwei Drittel Juden, ein Drittel Christen) unter dem wehenden Tuch. Alle Gesichter spiegelten Freude. Es war gut. Es war Sabbat. Es war eine Zeit, das Ego, das Eigeninteresse, die Konfessionen und die Sorgen zu vergessen. Es gab einen Geschmack des göttlichen Bereiches, eine Berührung mit dem Eschatologischen. *Es war Ritual:* ein einfaches, nichtelitäres Ritual der vollen Teilnahme. Niemand war davon ausgeschlossen, diesen Tanz mit der Weisheit zu tanzen. Es war ein denkwürdiges Ereignis, bei welchem wir unserer verlorenen Vorfahrin, der Weisheit, gedachten und ihr einen Platz in unserer Welt einräumten, wo sie wieder tanzen kann, so wie sie im Anbeginn der Schöpfung tanzte. »Da war ich der Liebling an

Gottes Seite, war Tag für Tag die Freude, indem ich die ganze Zeit vor Gott spielte. Da spielte ich auf dem weiten Rund von Gottes Erde und hatte mein Ergötzen mit den Menschenkindern« (Sprüche 8, 30-31).

Bei der Planung von Ritualen ist es wichtig, an Bewegung, Raum, Farbe, Wind, Geist, Form zu denken, denn all diese unsichtbaren Elemente bilden das Wunder des Gebetes und des Kultes. Dies ist ein Grund mehr, Künstlerinnen und Künstler beim Schaffen von funktionierenden Ritualen zu Hilfe zu bitten.

Ein weiterer Beitrag, den die Schöpfungsspiritualität zur Liturgie geben kann, wäre eine neue Art von preisender Sprache, in welcher wir das Universum feiern würden, wie wir es jetzt, dank der neuen Schöpfungsgeschichte, kennen. Auf diese Weise wäre das Ritual ein Beitrag zur Verbreitung und Feier dieser neuen Geschichte. Ein solche Preislied finden Sie am Ende dieses Buches.

Blumenwerfen: Ein Ritual der Achtung für einander

Zum 25. Jahrestag der Publikation von M.C. Richards Klassiker über die meditative Kunst »Centering: In Poetry, Pottery and the Person« ehrten die Friends of Creation Spirituality die Autorin durch eine Tagung mit dem Titel »Befreiung der Phantasie«. An einem Freitagabend trafen sich Freunde auf einer Bühne, um ihre Geschichten mit M.C. Richards zu erzählen. Zu diesen gehörte John Cage, der ein Gedicht für sie vorlas, und Merce Cunningham, der erzählte und mit seinen Händen einen Vogeltanz vorführte. Den Höhepunkt des Wochenendes bildete ein Ritual des Blumenwerfens der Papago aus Arizona, das Jose Hobday leitete.

Alle Teilnehmenden versammelten sich in konzentrischen Kreisen und berührten einander mit Blumen, die zuvor in sorgfältiger Vorbereitung angefeuchtet und weich gemacht worden waren. Die Philosophie dieser Zeremonie ist, daß wir hier auf der Erde einander mit Schönheit berühren. Die Leitenden unter uns müssen sogar mehr als alle anderen mit Schönheit berührt werden. Auf dem Höhepunkt des Ereignisses wurden Körbe von Blumen unerwartet über M.C. Richards ausgeleert. Sie war dadurch ebenso tief bewegt wie wir anderen.

Sie sprach später davon, »eingehüllt gewesen zu sein in ein vielblütiges Entzücken« und »pulverisiert von Schönheit in einer magischen Ekstase, die den Körper zu neuem Verhalten bewegte«. Sie wurde angeregt, im Gedenken an dieses Ereignis folgendes Gedicht zu komponieren:

Mit Schönheit beworfen
(nach einem indianischen Blumenritual)

Im Körper empfangene Kraft der Liebe:
das war das Fest!
Wie wir einander gegenüberstanden
und uns an die Hände nahmen
und die Liebe kam.
Und alle Blumen schwirrten
um unsere Köpfe:
so tief geht der Stich.
Begrüßen wir die Liebe,
wenn sie uns sucht.
In meinem Fleisch fühle ich sie noch,
die Überraschung, die Ehrfurcht, die Freude,
die Wärme, das Aufwallen von Gliedern und Bauch,
o wunderbare Empfängnis, o Engel taumelnd in der Luft!

Wie wirklich es ist, die Christbotschaft auf unseren Lippen,
daß wir einander lieben sollen — als könne
die Welt je die gleiche wieder sein.
Über den Rand, in den Brunnen, den Abgrund,
närrisch verliebt,
an grünen Wedeln knabbern, sie werfen.
Beworfen mit Schönheit und Frieden,
ein Zellgedächtnis, jedes kleine Gefäß,
liebestoll, sich öffnend.
Die Fontäne bricht auf, fließt über,
und wir wünschen darin zu sterben, andere zu sein,
eins in der Liebesalchemie, des Eros,
des Knaben, der blind seine Pfeile schießt.

Die Ritualisierung unserer Schöpfungsgeschichte

Da uns in unserer Zeit eine neue Schöpfungsgeschichte gegeben worden ist, ist die sicherste Art, sie kennenzulernen und weiterzugeben, sie zu ritualisieren. Dabei rühren wir an das kollektive Gedächtnis oder »morphogenetische Feld« unserer Vorfahren, die ihre Schöpfungsmythen immer durch Rituale weitererzählten. Ein solches Ritual könnte die folgende Form annehmen:

Man versammle eine Gruppe und teile sie in eine Anzahl von Teams auf, die jeweils einen bestimmten heiligen Augenblick in der Geschichte unseres Universums darstellen. Ein Team könnte zum Beispiel den Urknall, den ursprünglichen Feuerball, repräsentieren, ein weiteres die Geburt des Wasserstoffs, wieder ein anderes die Geburt anderer Elemente, ein weiteres die der Galaxien, ein anderes die explodierenden Supernovas, wieder eines die Geburt der Sonne, eines die der Erde, des Wassers auf der Erde, des Lebens auf der Erde – wie etwa der Eukaryonten, die sowohl die Geschlechtlichkeit als auch die Nahrungsaufnahme erfanden – der Bäume, der Blumen, der Tiere, der Säugetiere, der Menschen ... Jede Gruppe ist verantwortlich für die Schaffung einer einfachen Darstellung dieses Augenblicks gegenüber der gesamten Gruppe und versucht, alle anderen Teilnehmenden dabei einzubeziehen.

Beim Gestalten und Erinnern dieser heiligen Augenblicke können einfache Dinge helfen, etwa tragbare Musikinstrumente, Transparente, Kostüme, Tücher, Gesänge. Der Gottesdienst wird am besten im Freien abgehalten, falls möglich nachts mit Kerzen. Die Gruppe versammelt sich und beginnt die Prozession schweigend (neben den Gesängen oder Gebeten), wobei sich alle von einem Augenblick der Entfaltung des Universums zum anderen begeben. Aus der Wiedererzählung dieser Schöpfungsgeschichte können sich grenzenlose Variationen und kreative Gestaltungen ergeben. Das Ritual kann Kinder und Erwachsene aller Altersgruppen einbeziehen: auch ein schöner Einstieg, den wissenschaftlichen Unterricht über die Evolution einzuleiten, Wissenschaft und Erde würden wiederverzaubert werden.

Im letzten Frühjahr führten wir an unserem Institut ein solches Ritual durch; am meisten beeindruckte uns die Freude und Selbstvergessenheit, die das Ritual mit sich brachte, wie auch die dadurch angeregte Kreativität. Ein Freudenfeuer repräsentierte den Urknall, aber verständlicherweise stahlen die Eukaryonten allen die Show. Die Autoren des Buches »The Universe

Story«, Brian Swimme und Thomas Berry, sprachen entsprechend ihre Hoffnung aus, »daß die neue Schöpfungsgeschichte bald in universellem Maßstab in der ganzen Breite der modernen Kultur ihren Ausdruck in Dichtung, Musik und Ritual finden wird.«

Natürlich hat die Schöpfungsgeschichte auch ihre Schattenseite: Die Gefahr, die für die Erde heute aufgrund der Arroganz und Verantwortungslosigkeit der Menschheit besteht. Rituale können uns helfen, diese Verdrängung der Wirklichkeit zu durchbrechen und dadurch Kraft und Kreativität für eine Wandlung unserer Lebensweise auf der Erde freizusetzen. Dabei könnte ein Ritual der Klage für die Erde sinnvoll sein. Wir könnten uns an Trauer- und Klageriten aus vielen Traditionen anlehnen: trommeln, singen, weinen oder klagen, um unseren Weg in die Trauer zu finden, die unser Herz über den Schmerz von Mutter Erde erfüllt. Solch ein Ritual erfordert sichere Grenzen, so daß die Teilnehmenden ihr Leid ohne Angst erleben können. Es sollte vorher eingeplant werden, wie für diejenigen gesorgt wird, die von der Kraft des Rituals überwältigt werden. Diejenigen, die zeitweilig Kontrolle über sich verlieren, könnten in einen besonderen Raum gebracht werden, wo sie gehalten und getröstet werden. Man unterschätzt leicht die Kraft eines solchen Rituals, das heißt, die Kraft der Trauer und Leidenschaft, die wir in uns tragen; denn derartige Klage ist in unserer Kultur, unseren Kirchen, Tempeln und Synagogen eine verlorengegangene Kunst.

Ein weiteres Ritual, das uns gestattet, das Elend des Planeten zu erleben, ist »die Konferenz aller Wesen«, die von Joanna Macy und John Seed entwickelt wurde.[39] Bei diesem Ritus sitzt ein Kreis von Menschen einem anderen Kreis gegenüber, die einfache, selbstgemachte Masken tragen, um einzelne Arten von Lebewesen zu repräsentieren, die heute gefährdet sind. Diese Geschöpfe sprechen abwechselnd zum Kreis der Menschen. Sie sprechen als Orakel, als Betende, sie tragen die Sorge ihres Herzens über das Schicksal der Menschen vor.
Ein weiteres, von Joanna Macy entwickeltes Ritual zur Erinnerung an gefährdete Arten, nennt sie »Bestiarium«, eine Neudarstellung des

alten Dramas von Noah in umgekehrter Richtung, »wie in einem Film, der rückwärts läuft«[40]. Die Teilnehmenden rezitieren wie eine Litanei die Tiere, die in der heutigen Welt ausgelöscht werden. Macy gibt eine Liste in ihrem Buch »Denken wie ein Berg« wieder, in dem sie auch andere Rituale zur Verbindung mit dem Leiden der Erde und zu ihrer Heilung entwirft. In dem Kapitel »Sich ein Herz fassen: Spirituelle Übungen für soziale Aktivisten« zeigt Macy eine Reihe von Meditationsübungen, die von Individuen und Gruppen durchgeführt werden können, um Seele und Gesellschaft gleichermaßen zu heilen. Zu den behandelten Themen gehören Tod, die liebevolle Freundlichkeit, Mitgefühl, Austausch von Kraft und Anerkennung. »Für diese Rituale ist kein Glaubenssystem notwendig«, erklärt sie, »sondern nur die Bereitschaft, die Unmittelbarkeit des eigenen Erlebens zuzulassen.«[41]

Ritual als Gebet, nicht als Aufführung

Meine Erfahrung bei der Teilnahme an Ritualen und deren Organisation ist, daß es nicht notwendig ist, alles bis ins kleinste zu organisieren. Vieles überläßt man am besten den Teilnehmenden selbst. Rituale sollten dem Beispiel der Selbstorganisation des Universums folgen, das wir aus unserer neuen Kosmologie kennen. Zu viele der Gottesdienste im Westen beruhen immer noch auf der Newtonschen Ideologie des Drucks und Zuges, der Gewalt und des Zwanges. Bei der Vorbereitung wie auch bei der Durchführung eines Rituals lassen wir den Geist am besten ein, indem wir auf die Weisheit der ganzen Gruppe hören. Man sollte sich also nicht zu stark vorbereiten. Ich halte ein Treffen zur Abmachung des Themas und der Grundformen, zur Festlegung von Zeit, Raum und Ort und zur Zusammensetzung der einzelnen Gruppen für ausreichend. Dann können die einzelnen Gruppen sich noch einmal unter sich treffen und die notwendigen Materialien zusammenstellen, je nach Begabung die Aufgaben festlegen. Und dann kommt das Ritual selbst. Es ist wichtig, daß ein Ritual nicht mit einer Aufführung verwechselt wird und daß nicht das bei einer Aufführung ständig auftretende Lampenfieber der Selbstbefangenheit mitspielt. Wichtig dagegen ist, daß ein Ritual *Gebet ist, nicht Darstellung*. So kann garantiert werden, daß ein Gebet nicht nur das *Ergebnis* des Rituals ist, sondern auch der *Weg* dahin.

Es gibt persönliche Rituale und Rituale der Gemeinschaft. Wir kennen ebenso viele Formen und Gelegenheiten für Rituale, wie es Gelegenheiten dafür in der sozialen, persönlichen und kosmischen Geschichte gibt. Die Menschheit hat einen Kehlkopf: Wir sind diejenigen, die Riten in verschiedenen Artikulationen durchführen können, die loben können, die erinnern können, die eine unendliche Zahl von heiligen Augenblicken unseres Lebens und der Lebensspanne des ganzen Universums feiern können, die wahrhaft »einzelne Augenblicke des Strahlens erhalten und sie in unserem Leben lebendig bleiben lassen können«, wie Heschel es sagt.

Was für eine Chance! Was für eine Verantwortung! Welch eine Quelle guter Arbeit! Wir haben das Geschenk, die Arbeit neu zu erfinden und zu feiern; die Neuerfindung der Arbeit findet in all unseren anderen Werken statt. Auf diese Weise kommen unser inneres und äußeres Werk zusammen. Unser Alltagsleben kann sich tatsächlich mit dem Großen Werk verbinden. Und auf diese Weise kehrt auch der Geist des Festes in das menschliche Leben zurück. Mit den Worten eines alten Gebetes: »Wie es war im Anfang, jetzt und immerdar und in Ewigkeit Amen.«

SCHLUSS

Arbeit und Sakrament

Unser tägliches Brot gib uns heute.

Jesus

Solange die wunderbaren Werke Christi im Herzen eines Menschen verborgen liegen, wird Christus dadurch nicht geehrt, außer in diesem Herzen, nicht jedoch gegenüber anderen, wenn es nicht in sichtbare äußere Werke ausbricht.

Thomas von Aquin[1]

Das Universum trieft vor Kraft und wartet auf jeden, der sie in die Arme schließen möchte. Weil jedoch die Kräfte der kosmischen Dynamik unsichtbar sind, müssen wir an ihre Allgegenwart erinnert werden. Und wer erinnert uns? Die Flüsse und die Ebenen, die Galaxien, die Hurricans und das Wetterleuchten, – und all unsere lebendigen Gefährten.

Brian Swimme[2]

Wer in all seinen Werken Gott sieht, der geht wahrhaft in Gott ein: Gott ist seine Anbetung, Gott ist seine Opfergabe, dargeboten von Gott im Feuer Gottes.

Bhagavad Gita[3]

Alles in der Natur, das Ganze von Himmel und Erde, wird im Dienste Gottes ein Tempel und ein Altar.

Nach Hildegard von Bingen[4]

Mit diesem Buch will ich die laufende Debatte über die Arbeit inspirieren, indem ich die Umrisse einer Spiritualität der Arbeit liefere. Während der Newtonschen Epoche haben wir Arbeit hauptsächlich als Industriearbeit definiert, haben wenig Mystik und wenig Verbindung zwischen Spiritualität und Arbeit erlebt. Die wichtigste Arbeit unserer Zeit ist die *Arbeit an der Menschheit selbst.* Auf diese

Weise werden wir sowohl die Arbeit neu erfinden als auch unsere Arbeitswelten, in denen wir tätig sind, befreien. Auf diese Weise können wir an der Evolution unserer Spezies teilnehmen. Rolf Osterberg sagt: »In der Menschheit entwickelt sich auf natürliche Weise eine neue Art zu denken. Dies ist ein Ergebnis der menschlichen Evolution und nicht irgendeiner organisierten Aktivität mit religiösen oder politischen Hintergründen.«[5] Ja, sowohl die Arbeit als auch unser Verständnis der Arbeit befinden sich in einer Evolution.

Im *ersten Teil* dieses Buches habe ich die Spiritualität der Arbeit umrissen. Dazu gehörten folgende Elemente:
Eine Kosmologie, in der wir unsere menschliche Arbeit wieder als einen Teil der fortwährenden Arbeit des Universums und aller Arten darin sehen lernen.
Ein Einsatz für die *innere Arbeit*, die wir an diesem überaus kritischen Scheideweg unserer Geschichte so verzweifelt brauchen.
Einsicht in die innere Arbeit als Öffnung für Nichts und als Verzauberung.
Zu erkunden, wie unsere innere Arbeit unser äußeres Wirken nähren kann, welches, um echt zu sein, das Innere immer stärker ausdrücken muß, so daß die beiden sich verbinden, wie dies in aller echten schöpferischen Arbeit geschieht.

Im *zweiten Teil* des Buches sprach ich über Personen und Bewegungen, die diese Spiritualität bereits auf unsere Arbeitswelt anwenden; und zwar in den Bereichen Gesundheitswesen, Wirtschaft, Handel, Landwirtschaft, Ausbildung, Arbeit mit Heranwachsenden, Psychologie und Kunst. Das ganze Buch hindurch habe ich zu einer Neuerfindung der Arbeit gedrängt, denn Arbeitslosigkeit ist nicht akzeptabel. Eine Lösung des Problems der Arbeitslosigkeit wird eine Neubetrachtung des Paradigmas bedeuten, welches die Arbeit stützt – und unser gegenwärtiges Paradigma ist das sterbende Paradigma des Industriezeitalters. Wenn eine Spiritualität der Arbeit die dringende Notwendigkeit, die Arbeit in unserer Zeit neu zu erfinden, nicht stützen kann, dann ist sie ein Fehlschlag. Ich glaube, daß die Schöpfungsspiritualität substantiell zur Schaffung neuer und notwendiger

Arbeit beitragen kann. Die ökologische Revolution ist nur ein Beispiel dafür, wo heute neue Arbeit geschaffen werden kann. Eine gesunde Spiritualität der Arbeit hat außerdem enorme Folgen für die überarbeiteten Menschen oder diejenigen mit zwanghaften oder suchtartigen Arbeitsgewohnheiten.

Ein weiterer Bereich für neue Arbeit ist das Ritual, mit welchem wir uns im *dritten Teil* dieses Buches beschäftigen. Rituale heilen und feiern und bringen den Mikrokosmos in Beziehung zum Makrokosmos, sie verbinden die Arbeit unseres Alltags mit dem Großen Werk des Universums. Ich glaube, daß Rituale die »Wachstumsindustrie« der Jahrtausendwende sein werden. Ohne einen neuen Einsatz für Rituale werden wir immer tiefer in psychologisierte und privatisierte Versuche versinken, unsere tiefen Wunden zu heilen. (Darum lautet ein Buchtitel des Psychologen James Hillman »We Have Had a Hundred Years of Psychotherapy and the World's Getting Worse«. Es gilt auch Otto Ranks Feststellung, daß die Psychologie erfunden wurde, um die Neurosen zu heilen, die dadurch auftraten, daß im Abendland Religion und Wissenschaft auseinandergerissen wurden.) Derartige Psychologisierungen sind zum Versagen verdammt, denn sie ignorieren die Neuigkeit unserer Zeit: Uns ist eine neue Schöpfungsgeschichte gegeben, die uns alle zusammenbringen kann, wie die Schöpfungsgeschichten die menschlichen Gemeinschaften immer geeint haben, so lange wir zurückdenken können. Unsere neue Geschichte kann uns also die Kraft geben, mit unserer Arbeit weiterzukommen, einschließlich ihrer Neuerfindung, so daß alle arbeiten können und das Gefühl haben, daß sie zu einem Großen Werk beitragen.

Wir sprechen in diesem Buch auch über eine Wiederheilung und Wiederverzauberung der Arbeit, über die Verbindung von Ekstase, Mystik, Prophetie, mit der Suche nach Gerechtigkeit und dem Mitgefühl mit der Arbeit. All dies ist nicht nur möglich, es ist notwendig. Dualistische Arbeit – Arbeit, die unser Leben vom Erwerb unseres Lebensunterhaltes trennt, die unsere persönlichen Werte von den Werten unserer Arbeitswelt, die die menschliche Arbeit von der Arbeit des Universums trennt – ist passé. Genau dieser Dualismus bildet nämlich das Kernproblem der planetaren Krise, der

Krise der Jugend und der Armutskrise in der ganzen Welt. So wie die industrielle Revolution während der letzten 200 Jahren die Arbeit definiert hat, so wird die ökologische Revolution − und die von ihr vorausgesetzte Schöpfungsspiritualität − eine neue Definition der Arbeit und damit neue Arbeitsfelder für die nächste historische Epoche einleiten. Ein nicht unbedeutender Anteil unserer Arbeit wird in der Beseitigung jener Ausschreitungen bestehen, die die reduktionistischen Vorstellungen des Industriezeitalters über die Arbeit mit sich gebracht haben: Ausschreitungen gegen den Planeten, die Wälder, den Boden, das Wasser, den Himmel, die Arten der Lebewesen und gegen das Klima. Im Dualismus zwischen Leben und Erwerbstätigkeit liegt selbst eine Lüge, denn das Leben ist ganz Geist; und es gibt nur einen Geist. Er manifestiert sich sowohl im Leben als auch in der Tätigkeit zum Lebensunterhalt, in der Arbeit.

Arbeit als Sakrament

Beim Thema der Wiederheilung der Arbeit geht es auch um das Sakrament. Ein Sakrament ist eine heilige Offenbarung verborgener, göttlicher Mysterien, von Geheimnissen, die so heilig sind, daß sie der Metapher und des Symbols bedürfen, um darüber zu sprechen. Unsere Arbeit ist eine Metapher und ein Symbol für das, was uns wertvoll ist. Sie ist ein Sakrament im sich fortsetzenden Sakrament des Universums. Durch unsere Arbeit beschenken wir einander mit Sakramenten, mit heilenden, lehrenden, körperlichen und geistigen Sakramenten, mit verzeihenden, einweihenden Sakramenten, sexuellen und prophetischen Sakramenten. Thomas von Aquin unterstreicht die üppige Großzügigkeit des Universums, das durch unsere Werke sakramentale Gnade verschenkt: »Aus einem Überfluß göttlicher Güte hat Gott den Geschöpfen die Würde des Verursachens verliehen.«[6] Unsere Kreativität ist tatsächlich gewaltig, denn sie wird von ihrer Quelle, der Fülle der göttlichen Güte, beschenkt. Wir alle sind Priesterinnen und Priester, wir alle teilen die Sakramente aus und schaffen neues Bewußtsein für sie.

Thomas von Aquin sagt: »Jedes Geschöpf versucht durch seine Tätigkeit, sein vollkommenes Sein einem anderen auf seine jeweilige Weise mitzuteilen. Dadurch neigt es zur Ähnlichkeit mit der göttlichen Verursachung.«[7] *Jedes* Geschöpf ist Sakrament für andere und versucht sein Bestes, anderen »sein eigenes vollkommenes Sein mitzuteilen«. Thomas verbindet Arbeit mit Kosmologie, denn kein Wesen ist von dieser priesterlichen Arbeit der Mitteilung seines vollkommenen Wesens ausgeschlossen und ahmt damit die Kraft göttlicher Verursachung nach. Die Sakramente sind Wege der Gnade; und das exakt ist auch unsere Arbeit. Klassisch wird ein Sakrament definiert als ein Symbol, das das hervorbringt, was es bedeutet. Wenn wir auf der tiefsten Herzensebene mit unserer Arbeit verbunden sind, dann ist Arbeit wahrhaft Sakrament: Sie leistet, was sie bedeutet. Arbeitende sind Begnadende, sie rufen die Gnade hervor und schenken sie der Gemeinschaft. Die Gemeinschaft wird durch unsere Arbeit mit Gnade reich gemacht: Das Sakrament entsteht.

Wenn die Arbeit, für die wir uns einsetzen, nicht das ist, was Buddhisten »rechten Lebenserwerb« nennen, wenn sie also anderen schadet, statt sie zu begnaden, dann ist sie nicht sakramental. In diesem Falle müssen wir die Arbeit kritisieren, sie loslassen und weitergehen. Nur solche Arbeit kann wahrhaft sakramental sein, die von Herz zu Herz fließt, die aus einem inneren Ort entsteht, die zugleich aus Licht und Dunkelheit, aus Begeisterung und Leid fließt. Sakramentale Arbeit dient dem Großen Werk des Universums, einem Werk der wechselseitigen Abhängigkeit und des Mitgefühls.

Das Universum ist Sakrament schlechthin. Alle seine Werke sind sakramental, und jedes Geschöpf darin ist ein Ausdruck des Göttlichen, ein Logos oder göttliches Wort. Es gibt im Universum keine Arbeitslosigkeit – außer natürlich da, wo die Menschen durch ihre Maschinen derart hypnotisiert sind, daß sie einander arbeitslos machen, indem sie die Fähigkeit zur inneren Arbeit herabsetzen und damit auch die Möglichkeit zu echter Arbeit in der Gemeinschaft. Denken wir doch daran, daß keine Galaxie arbeitslos ist, kein Meer, kein Stern, kein Atom, keine Schildkröte, kein Baum, kein Grashalm. Alle arbeiten sie, obschon sie zunächst alle *innerlich* arbeiten. Keinem Geschöpf fehle es an einem inneren Leben, erklärt uns Meister

Eckhart. Auch wir arbeiten stets inwendig, unser Körper ist an der Arbeit, unser Herz pumpt Blut, unsere Lungen inhalieren Luft und stoßen sie wieder aus, unser Denken rührt an Ideen, Bilder und Erinnerungen, unsere Gefühle durchlaufen sowohl Freude als auch Trauer, Zorn und Staunen. Wer wagt es da, sich mit weniger zufriedenzugeben und einer mechanistischen Weltsicht zu gestatten, die Systeme unseres inneren Wirkens und damit unsere Kreativität abzuschalten?

E.F. Schumacher stellt fest, daß wir »nur eine utilitaristische Vorstellung von der Arbeit erreichen«, wenn wir einander lehren, daß wir selbst »das Ergebnis von nichts als Utilitarismus sind«. In einem solchen Falle scheint es uns »daher um so besser, je weniger Arbeit wir haben«[8]. Können wir unsere Arbeit jedoch in ihren kosmologischen Zusammenhang stellen, so wird sie zur Freude und Lust. Sie hat dann Fülle und Überfluß und bezieht sich auf alles im Universum. Dann haben wir als Spezies, als Menschheit, auch die Kraft, uns mit solcher Arbeit zu verbinden. Das Problem besteht darin, daß sich unsere Zivilisation mit einer engen und eingeschränkten Definition von Arbeit abgefunden hat und unsere menschliche Energie in einen kleinen engen Trichter zu gießen versucht, der in einer ebenso kleinlichen Maschine endet, die »Industrie« genannt wird oder »Arbeitsplätze«. Die Energie der Arbeitslosen fließt aus diesem engen Trichter heraus; und selbst diejenigen, die Arbeitsplätze haben, sind so in den Prozeß der Arbeitsplatzbeschaffung und -erhaltung gedrängt, daß sie – Ergebnis ihrer Karriere – häufig das Gefühl des Staunens und die Fähigkeit zur Trauer verlieren. Ihr Innenleben ist aus ihnen herausgequetscht worden, und ihre Arbeit ist viel zu klein für sie. Sie haben keine Kraft mehr, gute Arbeit zu schaffen und anderen dabei zu helfen, mit in die Arbeitswelt einzutreten und dadurch am Großen Werk teilzuhaben.

Offenbar muß dieser Trichter verändert werden. Sowohl die Ausbildung zur Arbeit als auch die Arbeit selbst müssen neu in den Blick genommen werden. Der indische Mystiker Kabir sagt: »Ich lache, wenn ich höre, daß der Fisch im Wasser durstig ist.« Wie ist es möglich, daß Menschen in unserem von Gnade erfüllten Universum einen Mangel an Gnade erleben können? Gnade ist überall, überall wo das Universum frei wirkt. Und doch sind wir eine gnadenhungrige Generation. Das müßte aber nicht so sein, denn das Heilige ist überall.

Was wir gebären, das Große Sakrament der fortlaufenden Schöpfung, ist mehr als das, was dem bloßen Auge sichtbar wird. Eltern können die Überraschung leicht unterschätzen, die ihre Kinder für sie bereithalten. Und so können wir auch die Überraschung (wohl das zeitgenössische Wort für Transzendenz) unterschätzen, die unsere Kreativität für uns bereithält. Wir wissen, daß das von uns Hervorgebrachte größer ist als wir selbst, geheimnisvoller und letztlich außerhalb unserer Kontrolle. Es ist das Werk des Geistes, das Bild Gottes, das durch uns hindurch wirkt. Es ist Sophia – die Weisheit, der Kosmische Christus –, die aus uns geboren wird. Thomas von Aquin sieht Christus als »inkarnierte Weisheit«. Er wendet die Aussage des Paulus »Für mich ist Christus das Leben und zu sterben ein Gewinn« auf die Arbeit an, die aus der Tiefe unseres Wesens hervorgeht. »Das Leben bringt Aktivität hervor, denn das scheint die Wurzel des Lebens zu sein, unseres Aktivitätsprinzips, deshalb bezeichnen manche das, was sie zur Aktivität anregt, als ihr › Leben‹. Jäger zum Beispiel nennen die Jagd ihr Leben und Freunde ihren Freund. So ist Christus unser Leben, weil der Ursprung unseres Lebens und unserer Aktivität Christus ist.«[9] Und so ist der Kosmische Christus am Werke, wenn *wir* aus unserer Tiefe am Werke sind. Hildegard von Bingen lehrt: »In allen Kunstwerken ruht Weisheit.«[10] In dem Maße, in dem unsere Arbeit schöpferisch ist, ist sie Quelle der Weisheit, ein Instrument, durch welches die Weisheit in der Welt wirken kann. Sie ist Freundin der Weisheit, die in Straßen, Fabriken, Büros und Schulen und in den Regierungen wandelt bzw. wandeln will.

Arbeit und die überlieferten Sakramente

Als Arbeitende in der Schöpfung, als Mitschaffende sind wir Teil des großen Sakramentes des Universums, ja, wir sind seine Nachkommen. Um die gewaltige und grenzenlose Arbeit, zu der die Menschen berufen sind, zu begreifen, könnte die Tradition der sieben Sakramente helfen:

1. *Die Taufe:* Das Sakrament unserer Begrüßung im Universum. Dieses Sakrament liegt im Herzen der neuen Schöpfungsgeschichte und auch der ökologischen Revolution, denn wir brauchen eine neue Weise, im Universum begrüßt zu werden, eine neue Weise, unsere Beziehung zur Erde und allen Geschöpfen zu sehen und für diese Beziehung Verantwortung zu übernehmen. Darum sind alle Bemühungen um Kosmologie – einschließlich Wissenschaft, Kunst und Erzählen dieser Geschichte durch Rituale und andere Formen der Erziehung, alle Bemühungen um ökologische Gerechtigkeit – Formen der *Taufarbeit*. Sie feuchten die grüne Revolution an. Alle Bemühungen, die uns helfen, von der Maschine ins Grüne zu kommen, sind Ausdrucksformen einer neuen Tauftheologie.

2. *Buße oder Versöhnung:* meint die Trauerarbeit, bei der unsere Gesellschaft nun endlich angekommen ist. Dazu gehört Heilung des verwundeten Kindes, der Rassendiskriminierung, des sexuellen Mißbrauchs, des religiösen Mißbrauchs, des Mißbrauchs der Arbeitslosigkeit, des militärischen Mißbrauchs, der geschlechtlichen Diskriminierung, der Diskriminierung Homosexueller, des sadomasochistischen Mißbrauchs, der Vernichtung von Naturvölkern durch den Kolonialismus, des Mißbrauchs nichtmenschlicher Wesen durch die Menschen. All solche Arbeit ist *Bußarbeit*. Alle Menschen, die mit solcher Heilung beschäftigt sind – Eltern und Lehrende, Freunde und Liebende, Mentoren und Beraterinnen, Künstler und Dramatikerinnen, Ritualleitende und schriftstellerisch Tätige – alle sind in ihrer Arbeit Priester und Priesterinnen des Versöhnungssakramentes.

3. Firmung/Konfirmation: Der Übergangsritus, den unsere Gesellschaft für die Jugend so dringend braucht. Die Vorbereitung von Übergangsriten für Heranwachsende – wie auch für das Heranwachsende in uns allen, das noch nicht der Herausforderung ausgesetzt war, Einsamkeit und Tod zu begegnen, – ist ein neuer Weg, das Sakrament der Firmung, des Erwachsenwerdens, auszudrücken, das heißt, eine Bestärkung für diesen Übergang zu geben. In den Übergangsriten oder der Firmung werden wir gestärkt und geölt, werden befeuchtet wie Neophyten oder Anfänger; wie in der Taufe, doch als junge Erwachsene im Übergang in die Arena des Erwachsenseins und der Fortpflanzungsfähigkeit. Wir lernen, unsere Aufmerksamkeit nicht nur auf die Bedürfnisse unseres Ich zu richten, sondern auch auf die Zukunft und die zukünftigen Kinder. Alle, die mit der Jugend arbeiten, wenden das Sakrament der Firmung an. Dazu gehören Lehrende, die Schul-aufsicht, Kommunalverwaltungen, Polizei, Trainer, Fahrlehrer, Filmemacher, Videomacher, Musikerinnen und Rockstars, Eltern und Großeltern, Pastoren, Priester und Rabbis, Ritualisten und Politiker.

4. Eucharistie: Das Sakrament der Nahrung und Ernährung. Das Wort Eucharistie kommt vom griechischen *eucharistein* (»danken«) und bezieht sich nicht nur auf irgendeine Nahrung, sondern auf die Dankesnahrung, auf Nahrung, die uns geistig nährt. Die uns wofür nährt? Für die Reise in das Große Werk, von dem wir ein Teil sind. Geistige Nahrung, um unsere heilige Arbeit zu beleben, wozu alle Arbeit zählen kann, wenn wir einmal Leben und Erwerbstätigkeit miteinander verbunden haben. Alle Arbeit, die unsere Reise nährt, ist *eucharistische Arbeit.* Das ganze Wirtschaftsleben und die Politik, welche nicht der Produktion unwesentlicher Waren dienen, sondern für notwendige und bedürfnisgerechte Güter auf unserer Reise sorgen, sind eucharistische Arbeit. Solche Arbeitende sind Geistliche beim heiligen Bankett des Lebens, ob sie nun für Nahrung im engeren Sinne sorgen (Bauern und Transporteure), ob sie die Nahrung zubereiten (Köchinnen und Haushälter), ob sie Kleidung oder Wohnraum herstellen oder den Müll entsorgen (diejenigen, die Kanäle bauen oder Müll einsammeln), ob sie zur Lebensfreude beitragen (künstlerisch und in der Unterhaltung Tätige und solche, die Rituale anleiten). »Unser tägliches Brot gib uns heute.« Alles, was für unser Leben notwendig ist, ist unser täglich Brot. All dies ist eucharistische Arbeit.

5. *Ehe:* Das Sakrament der Beziehung. Alle Freundinnen und Freunde, Eheleute, Liebenden, Eltern, Großeltern, Onkel, Tanten und alle Geschwister sind dazu berufen, einander die Gnade des In-Beziehung-Stehens zu schenken. Solche Beziehungen sind heilige Arbeit, sind Werk der Gnade. Alle Bemühungen um Verständigung, jedes ehrliche Teilen von Gefühlen und Visionen, von Hingabe und Hoffnung, wird im Archetypus des Ehesakramentes zusammengefaßt. Alle, die solchen Beziehungen in irgendeiner Weise beistehen, sind Arbeitende im Feld des Ehesakramentes. Alle, die es lernen, die sexuelle Kraft in sich zu ehren und damit die Bereitschaft zu erwerben, anderen das Sakrament der sexuellen Gnade zu vermitteln, sind *Arbeitende im Felde des Ehesakramentes.* Alle, die daran arbeiten, Freundschaft mit den Einsamen zu schließen und die Jugend sowohl über die Mystik und Ekstase der Sexualität, wie auch über ihre Risiken zu belehren, schenken die eheliche Gnade. All diejenigen, die wissen, wie die Kunst des Zölibats zu praktizieren ist und es andere lehren, schenken damit die Gnade des Ehesakramentes. Monogamie unterscheidet sich nicht so wesentlich vom Zölibat, insofern beide Praktiken Wege sind, die eigenen sexuellen Kräfte für die richtige Partnerschaft zu hüten. Angesichts der Bevölkerungsexplosion, der Verbreitung von Geschlechtskrankheiten und der um sich greifenden Kommerzialisierung und Sucht nach Sex ist heute von *allen* Erwachsenen zu erwarten, daß sie gewisse Zeiten ihres Lebens hindurch den Zölibat praktizieren. Statt ein zwingender Eid für wenige Profis zu sein, muß Zölibat eine Kunst für alle werden, die in der Jugend ihren Anfang nimmt, um sicherzustellen, daß Beziehungen Dauer haben können und daß die körperliche Liebe eine mystische Gabe ist, die großzügig gegeben und empfangen wird. Alle Eltern und Großeltern sind teil des ehelichen Segens, den wir einander übermitteln.
Wir sollten nicht unterschätzen, wie tiefgehend Beziehungen durch die Weltanschauung der betreffenden Personen beeinflußt werden.

Wenn Paare eines Tages erwachen und feststellen, daß sie sich gelangweilt fühlen und daß ihre Beziehung langweilig ist, so könnten sie damit durchaus recht haben. Anthropozentrische Menschen und Beziehungen sind langweilig. Wenn uns eine Kosmologie fehlt, ist unsere Seele schal und klein. Sehen wir uns aber einem Universum mit einer Billion Galaxien gegenüber, so werden unsere Seelen nicht klein und unsere Beziehungen nicht langweilig sein. In einem Newtonschen Modell mag eine Beziehung auf einem, vielleicht vor Jahren in deterministischer und mechanistischer Art gegebenen Versprechen beruhen. Beziehungen sind aber keine Maschinen, sondern sie sind organische, lebendige Wesen. Die neue Kosmologie beharrt darauf, daß jede Beziehung täglich erneuert werden muß, wie auch der Rest des Universums ständig geboren und wiedergeboren wird. In dieser Kosmologie ist Monogamie sinnvoll nicht als eine Pflicht, sondern weil es eine ganze Lebenszeit braucht, mit der Erkundung der tieferen Seele eines anderen Menschen auch nur zu beginnen, da doch unsere Seelen so groß wie das Universum sind.

6. *Ordination:* Das Sakrament der Führung und Leitung. Führerschaft zu erkennen und ein angemessenes Training dafür in allen Berufsgruppen und Gemeinschaften anzubieten, entspricht der Weihe zur spirituellen Führerschaft. Wenn wir uns von einem Paradigma zum nächsten bewegen, dann ist neue Ausbildung führender Personen in allen Berufen, auch in den religiösen, erforderlich. Echte Führerschaft, eine Führerschaft also, die sakramental und heilig ist, ist immer für die Menschen da, »damit das Volk lebe«. Sie ist nicht um des Ego, des Ruhmes, des Geldes oder der Macht für einzelne gegeben. Leitungsfunktionen sind dazu da, möglichst vielen Kraft zu schenken. Eine solche Leitungsrolle ist prophetisch, orientiert sich an der Gerechtigkeit, hält eine Vision der Zukunft wach und legitimiert nicht nur den Status quo. Sie teilt die Macht und fördert andere in ihren jeweiligen Führungsqualitäten. Sie baut auf Teilhabe und Vermittlung von Kraft. Unter uns ist mehr priesterliche Führungskraft vorhanden, als wir uns vorstellen können. Sie findet sich z.B. auch unter Zwanzigjährigen, die niemals einen Fuß in eine theologische Fakultät gesetzt haben, und unter all denen, die uns in wirksamen Ritualen anleiten können.

7. *Krankensalbung:* Das Sakrament der Ganzwerdung. Die Kranken zu heilen, ist offenbar die Arbeit der Beschäftigten im Gesundheitswesen. Pflegekräfte, Ärztinnen und Ärzte, Therapeuten und Therapeutinnen, die Krankenhausverwaltungen sind *Arbeitende an der gnadenvollen Heilung.* Gleiches gilt aber auch für die Lehrenden, die die Krankheit des Unwissens und der internalisierten Unterdrückung heilen. Auch für Journalisten, Künstlerinnen, Anthropologen und Historikerinnen, die den Abgrund des Aberglaubens heilen und den Geist dazu inspirieren, für sich selbst zu denken und die Ekstase des Denkens zu genießen. Es gilt auch für diejenigen, die sich für Präventivmedizin einsetzen: Leute von der Stadtreinigung, Bauern, die gesunde Nahrung anbauen, und diejenigen, die uns durch Erfindungen von den verschmutzenden Autos und Fabriken zu einer sanfteren Lebensweise auf diesem Planeten führen können. Prophetinnen und Propheten aller Art, die unser Bewußtsein für die Ungerechtigkeit schärfen, die immer und überall die größte Ursache von Krankheit ist, sind ebenfalls Heilende. Die Opfer von Unterdrückung, die sich aus ihrer Unterdrückung erheben und sich nicht länger unterwerfen, die grünen Aktivisten und Denkerinnen, die uns zur Heilung der Erde durch Änderung unserer Lebensweise aufrufen: All diese beschenken uns mit der Gnade des Krankensakramentes. Eine kranke Gesellschaft zu heilen, gehört zum Amt der Ganzwerdung.

Manche mögen diese Interpretation der sieben Sakramente für etwas künstlich halten, was sie aus gewisser Sicht auch ist. Doch halte ich das Konzept der sieben Sakramente für archetypisch. Es rührt an das, was Rupert Sheldrake als das morphogenetische Feld bezeichnet, oder an das kollektive Unbewußte unserer Vorfahren, die ebenfalls darüber nachdachten, wie das Heilige zu den Menschen kommt, und wie die Menschen dem Heiligen begegnen können. Man sollte die Vorteile nicht zu leicht abtun, die eigene Arbeit im Rahmen der sieben Sakramente zu betrachten. Hier wird der Tradition des Priestertums für alle die verdiente Ehre zuteil. Unsere Arbeit bekommt wieder Bedeutung. Überlegen Sie, welche Arbeit auch immer Sie tun, unter welches der sieben Sakramente sie am ehesten fällt. Oder: Wie könnten Sie Ihre Arbeitswelt so erforschen, daß sie durch die neue

Kosmologie wieder belebt wird, daß sie wieder ein Gefühl für das Heilige bekommt, das sich immer da findet, wo Feier und Gerechtigkeit lebt?

In dieser Liste von Sakramenten finden wir einen praktikablen Leitfaden zur Neuerfindung und Neusicht der Arbeit in unserer Zeit. Ich denke damit auch an, wie die Sakramententheologie durch den Bezug der Sakramente auf ihren kosmologischen Zusammenhang neu belebt werden kann. Tun wir dies, so kehrt ihre Kraft zurück. Für die Sakramententheologie bietet die Arbeit, sowohl unsere als auch die des Universums, den bestmöglichen Hintergrund. Hildegard von Bingen hat im 12. Jahrhundert gesagt, daß alles in der Natur, das Ganze von Himmel und Erde, im Dienste Gottes ein Tempel und ein Altar werde.[11]

In unserer Zeit hat der Physiker Brian Swimme eine bewegende Sakramententheologie geschrieben, die ihre Kraft aus dem Universum selbst bezieht. Er sagt: »Wir verfallen manchmal dem Irrglauben, daß die Kraft woanders zu finden ist, daß sie zu einer anderen Gruppe gehört, daß wir nicht fähig sind, Zugang zu ihr zu finden. Nichts könnte weiter von der Wahrheit entfernt sein. Das Universum fließt über vor Kraft und wartet auf jeden, der sie in die Arme schließen möchte. Weil jedoch die Kräfte der kosmischen Dynamik unsichtbar sind, müssen wir an ihre Allgegenwart erinnert werden. Und wer erinnert uns? Die Flüsse, die Ebenen, die Galaxien, die Hurricans und das Wetterleuchten, – und all unsere lebendigen Gefährten.«[12]

Der Paradigmenwechsel, den wir in diesem Buch auf unsere Arbeitswelten angewendet haben, kann auch auf andere Weise ausgedrückt werden: nicht nur als ein Wechsel von der Maschine zum Grünen, sondern auch von der Maschine zum Sakrament, als ein Wechsel von der Farblosigkeit des grauen Industrialismus zur Hoffnung, die in lebendigen, grünen Dingen liegt. Vor acht Jahrhunderten zeichnete Hildegard von Bingen Christus als den »Grünen Mann« oder die »Grüne Gestalt«, die der vertrockneten und eingeschrumpften Menschheit üppiges Grün bringt.[13]

Werden wir und unsere Arbeit wieder grün werden? Werden wir lebendig und unsere Arbeit auch? Kann man nicht sagen, daß unsere

Hauptarbeit das *Leben* ist? Wenn es denn die große Gabe des Geistes ist, uns Geist, Atem *(ruah)* oder Leben zu geben, dann ist unsere Hauptarbeit, dieses Leben zu erhalten und es mit all seinem Glanz und seiner Gnade weiterzugeben. Da in unserer Zeit all diese Tatsachen des Lebens neu bewußt werden, dann erkennen wir, wie armselig wir bisher arbeiteten, denn die bislang vertrauten Fakten des Lebens drehen sich so sehr um den Tod. Wir haben Ozonlöcher im Himmel, der Mutterboden erodiert von der Erde, unser Wirtschaftssystem spiegelt sich in der Konsumgesellschaft, überall sehen wir Gewalt, Sucht und leere Seelen. All das zeigt, daß menschliche Arbeit niemals neutral ist, daß sie immer moralische Implikationen hat. Wenn wir die heilige Arbeit des Universums nicht weitertragen, dann widersetzen wir ihr uns, schließen sie kurz und versuchen, ihre Herrlichkeit zu verdrängen. Wir haben die Wahl: uns dem Großen Werk anzuschließen oder fortzufahren, dem Selbsthaß und der Zerstörung zuzuarbeiten. Würden wir das Universum als Sakrament erkennen, so fiele die Wahl uns nicht nur leicht, sondern sie wäre auch freudig. Thomas von Aquin versichert uns: »Alles wird lustvoll, sofern es geliebt wird. Es ist natürlich, daß ein jedes sein eigenes Werk liebt, so wie wir sehen, daß Dichter ihre Dichtungen lieben. Das ist so, weil ein jedes sein Dasein und sein Leben liebt, was sich am meisten im Handeln zeigt. Und zweitens, weil ein jeder natürlicherweise das liebt, worin er für sich selbst Gutes sieht.«[14]

Zu sein, zu leben, unser eigenes Wohl zu sehen, – ist es nicht das, was ein erneuertes Bewußtsein uns schenkt? Ist nicht dies die Quelle aller guten Arbeit – unser Dasein und unsere Liebe in unserer Tätigkeit, im Lebensunterhalt dingfest zu machen? Die Freude, die uns durch einen völligen Neubeginn all unserer Arbeit verheißen wird, wird uns auch die Kraft dazu geben, die Aufgabe weiterzuführen. Das Universum fordert uns heute eine große Umwälzung ab. Es spricht eine dringliche Einladung aus, unser Alltagsleben wieder mit dem Großen Werk des Universums zu verbinden. Neue Berufungen, neue Berufe, neue Rollen liegen überall in der Luft. Neue Arbeit wartet auf uns. Die Ernte ist größer als die Anzahl der Arbeitenden. Hören wir darauf? Sind wir bereit?

Epilog

Ein Fragebogen zur Spiritualität der Arbeit

Der folgende Fragebogen zur Spiritualität der Arbeit ergibt sich aus den in diesem Buch behandelten Themen. Mit seiner Hilfe können einzelne oder Gruppen ihre Einstellung zur Spiritualität und zur Arbeit untersuchen. Sie können die Fragen beantworten und sich dann über die Antworten unterhalten. Daraus können sich gute Diskussionen und erste Veränderungen ergeben.

1. Habe ich Freude an meiner Arbeit?
Wann und unter welchen Umständen?
Wie oft?
Wie läßt sich diese Freude steigern?
Welchen Bezug hat diese Freude zum Leid und zu den Schwierigkeiten bei der Arbeit?

2. Erleben andere als Ergebnis meiner Arbeit Freude?
Direkt?
Indirekt?
Wie kann diese Freude gesteigert werden?

3. Sorgt meine Arbeit aktiv auch für gute Arbeit für andere?
Wie?
Wie kann das verbessert werden?
Wie behindert meine Arbeit die Arbeit anderer?

4. *Wann fühlte ich mich zum erstenmal zu der Art von Arbeit hingezogen,*
die ich jetzt tue?
Wie hat sich das bemerkbar gemacht?
Hat dieses Gefühl im Laufe der Jahre zu- oder abgenommen?
Habe ich dieses Gefühl im Lauf der Jahre verloren?
Wie kann dieses Gefühl erneuert werden?

5. *Ist meine Arbeit kleiner als meine Seele?*
Wie groß ist meine Seele?
Wie groß ist meine Arbeit?
Was kann ich tun, um beide zusammenzubringen?

6. *Wie kann ich meine Arbeit vereinfachen?*
Kann ich mich auf einfachere Weise auch meiner Arbeit zu- und
von ihr abwenden?
Wieviel Spiel liegt in meiner Arbeit?
Wie kann ich lernen, Arbeit und Spiel zu vermischen?

7. *Ist meine Arbeit ein wirklicher Beruf oder ein Job?*
Ist sie eine Berufung, ein Beruf oder eine Rolle, die das Universum
von mir verlangt?
Woher weiß ich die Antwort auf diese Frage?
Wie kann ich mein Bewußtsein für das große Mysterium vergrö-
ßern und die Rolle, die meine Arbeit in der Welt spielt?

8. *Wie verbindet sich meine Arbeit mit dem Großen Werk des Universums?*
Wie trägt sie zu dem Einen Werk bei, zum fortlaufenden Werk
des Universums?
Wann ist mir diese Verbindung am meisten bewußt?

9. *Inwiefern ist meine Arbeit ein Segen für die kommenden Generationen?*
Auf welche Weise läßt sich meine Arbeit mit Bedürfnissen der
heutigen Jugend verbinde?
Inwiefern nehme ich daran teil, Geschenke für die Jugend zu
entwickeln?

10. *Wie laufe ich bei meiner Arbeit leer?*
Wie erlebe ich bei meiner Arbeit Nichtigkeit, Sinnlosigkeit?
Wie reagiere ich darauf?

11. *Mit welcher Art von innerer Arbeit habe ich in den letzten fünf Jahren zu tun gehabt?*
Mit welcher inneren Arbeit erwarte ich, in den nächsten fünf Jahren zu tun zu bekommen?
Wie betrifft diese innere Arbeit meine äußere?
Wie betrifft meine äußere Arbeit meine innere?

12. *Könnte meine Arbeit schöpferischer sein, als sie jetzt ist?*
Falls ja, wie?
Was hält mich davon ab?
Wie fördert meine Arbeit die Kreativität anderer?
Welches ist die schöpferischste Arbeit, die ich tue?

13. *Wem nützt meine Arbeit?*
Wohin geht das Geld, das meine Arbeit verdient?
Woher kommt das Geld, mit dem ich bezahlt werde?

14. *Worin mischt sich meine Arbeit ein?*
Wie wirksam sind diese Einmischungen?
Wie könnten diese Einmischungen wirksamer gemacht werden?

15. *Welche Verbündeten habe ich in meiner Arbeitswelt gewonnen?*
Wie kann ich meine Vision durch Basisgemeinschaften, Gruppen oder auf andere Weise außerhalb meiner Arbeitswelt stützen?

16. *Welche Feinde habe ich aufgrund meiner Arbeit?*
Wen stört meine Arbeit?
Was lerne ich daraus, daß bestimmte Gruppen oder Leute durch meine Arbeit beunruhigt werden?

17. *Welchen Einfluß hat meine Arbeit auf die Umwelt?*
Inwiefern ist sie eine Gabe an die Tiere, die nicht auf zwei Beinen laufen?
Inwiefern trägt sie dazu bei, die ökologische Revolution hervorzubringen?
Wie kann ich an meinem Arbeitsplatz ein ökologisches Bewußtsein fördern?

18. *Welche der ökologischen Tugenden (Vegetarismus, Radfahren, Recycling, usw.) praktiziere ich am meisten?*
Auf welche der ökologischen Tugenden habe ich bis jetzt am wenigsten geachtet?
Wie kann ich die Notwendigkeit ökologischer Tugenden in unserer Zeit weiter verbreiten?
Welche ökologischen Tugenden kann ich zu der Liste aus dem fünften Kapitel hinzufügen?

19. *Was lerne ich bei meiner Arbeit?*
Inwiefern ist Arbeit für mich eine Lernerfahrung?
Inwiefern ist sie für andere eine Lernerfahrung?

20. *Erlebe ich in meiner Arbeit Ehrfurcht und Staunen?*
Falls ja, wann?
Falls ja, durch wen?
Falls nicht, warum nicht?

21. *Werde ich täglich jünger?*
Warum?
Warum nicht?
Was kann ich tun, um in Herz und Geist jung zu bleiben?
Kann ich Bitterkeit, Groll und Selbstmitleid loslassen?

22. *Wenn ich heute meine Arbeit niederlegen würde, was würde das ändern für:*
mein geistiges Wachstum?
das geistige Wachstum der Kolleginnen und Kollegen bei meiner
Arbeit?
die geistige Entwicklung meiner Familie oder anderer mir wichtiger Personen?

23. *Wenn ich plötzlich eine halbe Millionen Mark erben würde, würde ich
dann sofort mit meiner Arbeit aufhören?*
Was würde ich dann statt dessen tun?
Was würde ich mit dem Geld anfangen?

24. *Welche Art von Sabbat – von Ruhen und Loslassen der Arbeit – halte
ich ein?*
Welche Rituale mache ich mit?
Welche Rituale sind für mich am wichtigsten?

25. *Was tue ich, um den Beruf, in dem ich arbeite, neu zu erfinden?*
Wie bringe ich Gerechtigkeit, Mitgefühl und Feier durch meine
Arbeit in die Welt?
Wie führe ich meinen Beruf auf seine Ursprünge als heilige oder
sakramentale Arbeit zurück?

26. *Welches der klassischen sieben Sakramente kennzeichnet meine Arbeit
am besten?*
Bedeutet das, daß ich ein Priester und eine Hebamme bin, die die
Gnade des Sakramentes des Universums ins Dasein bringen?

27. *Was ist das Lustigste an meiner Arbeit?*

28. *Habe ich Angst vor Freizeit?*
Was mache ich mit Freizeit?
Wenn ich alle sieben Jahre ein Jahr Pause hätte, was würde ich
damit tun?

29. *Wie können meine Familie und ich eine einfachere Lebensweise führen,*
    mit weniger auskommen und das Leben mehr genießen?
    Arbeite ich, um Geld ausgeben zu können?
    Warum tue ich die Arbeit, mit der ich beschäftigt bin?

30. *Was ist an meiner Arbeit heilig?*
    Gab es in meiner Ausbildung irgendwelche Hinweise auf die
    Heiligkeit meiner Arbeit?
    Wie könnte die Dimension des Heiligen in die Ausbildung für
    meine Art von Arbeit aufgenommen werden?

Preislied auf die Schöpfung

*Es ist würdig und recht, dir an allen Orten
und zu allen Zeiten zu danken,
Schöpfer des Raumes,
Schöpfer der Zeit,
Schöpfer der Welt und dieser heiligen Erde.
Wir preisen dich und wir danken dir für
ihre Berge, ihre Pflanzen, ihre Bäume,
ihre Wälder, ihre Vierbeiner und ihre Fische,
ihre Vögel und ihre Blumen,
ihr Klima und ihren Wind,
ihre Schwerkraft und ihre elektromagnetischen Felder,
ihre so unterschiedlichen Völker
so farbig und so hungrig nach deiner Schönheit.*

*Wir danken dir, Schöpferin und Vater, Mutter von uns allen,
für die Gaben der Sonne,
der Photosynthese und des Chlorophylls
und des Blutes,
für die Farben der Blüten
und die Wellen des Meeres.
Für den Mond und die Planeten,
für diese Galaxie
und die Billionen Galaxien,
danken wir dir.*

*Für unseren Geist und unser Herz, womit wir diese Welt erkennen
und uns dabei ausdehnen,
danken wir dir.
Wir danken dir für die ganze Geschichte, die uns hierher brachte:
für die Sterne und die Supernovas,*

für die Elemente Kohlenstoff und Wasserstoff,
Schwefel und Magnesium,
Sauerstoff und Stickstoff,
die uns leben lassen.
Für das Geschenk wirbelnder Sternensysteme
wie auch der Moleküle und Atome
und das Mysterium des Lichts,
für die Dunkelheit des Himmels
und die dunkle Materie des Universums.
Für die schwarzen und die weißen Löcher und alles Geheimnisvolle.
Für den Urknall,
aus dem wir alle hervorgingen.
Für das Kommen der Weisheit,
für die Inkarnation deines Feuers, deines Pfingstgeistes,
die Photonen und die Feuerkraft in jedem Atom
und in jedem Stern, jedem Menschen und jedem Wesen
im Universum.
Und so stimmen wir demütig in das Lob der Engel und Erzengel
und all der Bewohner der Himmel und der Erde ein:

Heilig, Heilig, Heilig, Gott der Heerscharen.
Himmel und Erde sind erfüllt von deiner Herrlichkeit.
Hosianna in der Höhe.

Anmerkungen

EINFÜHRUNG

1 Thomas von Aquin, Summa theologica I-II, q.57 a.5
2 Siehe in: Gabriele Uhlein, Meditations with Hildegard of Bingen, Santa Fe 1982, S. 54; und: Matthew Fox (Hrsg.), Hildegard of Bingen's Books, Santa Fe 1987, S. 35
3 Madonna Kolbenschlag, Kiss Sleeping Beauty Good-bye, New York 1981, S. 72
4 Rupert Sheldrake, Die Wiedergeburt der Natur. Wissenschaftliche Grundlagen eines neuen Verständnisses der Lebendigkeit und Heiligkeit der Natur, Bern München Wien, 1991. Übersetzt aus dem Englischen von Jochen Eggert. S. 238
5 Vaclav Havel, Living in Truth, Boston 1989, S. 12
6 Ebenda, S. 12f.
7 Ebenda, S. 11
8 Thomas von Aquin, Geist und Kosmos – Der Weg der Verwandlung. Übersetzt von Jörg Wichmann, Grafing 1993,S. 185; Summa theologica Bd. II,2 q.20.a.3
9 Jack Miller, »Why Bosses Live Longer«, Toronto Star vom 8.12.1990, D1
10 Barbara Killinger, Ich habe leider keine Zeit. Woran man einen Workaholic erkennt und wie man ihm hilft, München, 1994. Übersetzt aus dem Amerikanischen von Traudi Perlinger, S. 15
11 Diane Fassel, Wir arbeiten uns noch zu Tode. Die vielen Gesichter der Arbeitssucht, München, 1991. Übersetzt aus dem Amerikanischen von Karin Petersen. Entsprechend dem Gedankengang auf S. 138; ebenda, S. 68
12 E. F. Schumacher, Die Rückkehr zum menschlichen Maß. Alternativen für Wirtschaft und Technik. »Small is Beautiful«, Reinbek bei Hamburg 1983. Ins Deutsche übersetzt von Karl A. Klewer, S. 28f.
13 Kolbenschlag, Sleeping Beauty, S. 76
14 Persönlicher Brief vom 6.7.92
15 Robert Bly in: »Backtalk: Reinventing Iron John«, Mother Jones, 5/6 1993, S. 5
16 Larry Dossey in einem Vortrag bei der Konferenz für MystikerInnen und WissenschaftlerInnen in Winchester (GB) am 3.4.1993
17 »Job Stress Characterized as ›Global Phenomenon‹«. Oakland Tribune, 23.3.1993, D-11

TEIL 1

1 Schumacher, Rückkehr S. 267
2 Kabir, zitiert in: Sehdev Kumar, The Vision of Kabir, Concord 1984, S. 92

3 Die Gita-Übersetzungen sind angelehnt an die von Fox benutzte englische Version »The Bhagavad Gita« übers. von Juan Mascaro, Middlesex 1962. Verglichen wurde mit der deutschen Übertragung: Bhagavadgita, aus: Vier Philosophische Texte des Mahâbhâratam: Sanatsujâta-Parvan – Bhagavadgîtâ – Mokshadharma – Anugîtâ. Wiesbaden 1980. In Gemeinschaft mit Dr. Otto Strauss aus dem Sanskrit übersetzt von Dr. Paul Deussen. Verse 58, 59
4 Brian Swimme and Thomas Berry, The Universe Story, San Francisco 1992,S. 1

Kapitel 1

1 Studs Terkel, Working, New York 1985, xiii
2 Meister Eckhart, Deutsche Predigten und Traktate, Hrsg. u. Übers. Josef Quint, München 1963, S. 307
3 Tao Te Ching, übers. von Stephen Mitchell, New York 1988, 9, 24. Die von Fox verwendete Übersetzung des Tao Te Ching ist sehr frei und in moderne Denkweisen übertragen. Die in dieser Ausgabe verwendeten deutschen Texte sind Übertragungen der Mitchell-Übersetzung aus dem Englischen. Wo möglich, wurde mit deutschen Versionen des Tao Te Ching verglichen.
4 Fassel, S. 18
5 Bhagavad Gita, IV, Vers 17f.
6 Thomas von Aquin, Geist und Kosmos, S. 295, Psalmenkommentar 36
7 Schumacher, Das Ende unserer Epoche. Reden und Aufsätze, übers. Karl A. Klewer, Hamburg 1980, S. 161
8 Persönlicher Brief, 19.5.1993
9 Schumacher, Das Ende S. 163
10 Schumacher, Das Ende S. 15
11 Schumacher, Das Ende S. 46
12 Dabei denke ich an Bücher wie: Juliet B. Schor, The Overworked American; Diane Fassel, Wir arbeiten uns noch zu Tode. Die vielen Gesichter der Arbeitssucht, München 1991, aus dem Amerikanischen von Karin Petersen; Anne Wilson Schaef, Suchtsystem Arbeitsplatz. Neue Wege in Berufsalltag und Management. München 1994, aus dem Amerikanischen von Rosemarie Krause; Barbara Killinger, Ich habe leider keine Zeit. Woran man einen Workaholic erkennt und wie man ihm hilft, München 1994, aus dem Amerikanischen von Traudi Perlinger; Susan Wittig Albert, Work of Her Own: How Women Create Success and Fulfilment Off the Trtaditional Career Track; Dorothee Sölle, Lieben und arbeiten; Madonna Kolbenschlag, Kiss Sleeping Beauty Good-Bye; Suzi Gablik, The Reechantment of Art; Anita Roddick, Body and Soul. Erfolgsrezept Öko-Ethik, Düsseldorf/Wien/New York/Moskau 1991, übersetzt von Joachim Pente und Rainer Schmidt
13 Paul Kivel, Men's Work: How to Stop the Violence That Tears our Lives Apart, New York 1992, S. 111
14 Ebenda S. 172
15 Schumacher, Das Ende S. 44 u. 43f.
16 Schumacher, Das Ende S. 160
17 Schumacher, Das Ende S. 16

18 Zitiert in Juliet Schor, The Overworked American, New York 1991, S. 149
19 Ebenda, S. 122
20 ebenda, S. 123f.
21 Ebenda, S. 125
22 Fassel, S. 18f. u. 42
23 Fassel, S. 68
24 Fassel, S. 148
25 Killinger, S. 14 u. S. 15
26 Schor, The Overworked American, S. 126, 132
27 Ebenda, S. 142
28 Ebenda, S. 147
29 Ebenda, S. 2, 3, 5, 10
30 Jose Hobday, OSF, »Neither Late Nor Working«, Creation Spirituality, 5/6 1992, S. 20
31 Bhagavad Gita, V, Vers 8f.
32 Tao Te Ching, Übers. Mitchell, 9, 24
33 Rilke, Duineser Elegien, Erste Elegie
34 Bhagavad Gita, IV, Vers 16-20, 22
35 Kivel, Men's Work, S. 1
36 Ebenda, S. xiii, xv
37 Ebenda, S. xxii, xxiii
38 Cecil Williams, No Hiding Place: Empowerment and Recovery in Our Troubled Communities, San Francisco 1992, S. 3
39 Ebenda, S. 4
40 Havel, Living in Truth, S. 163, 159 41 Ebenda, S. 159
42 Ebenda, S. 160
43 Lester Brown, Zur Lage der Welt 1992. Daten für das Überleben unseres Planeten
   Orig: State of the World, New York 1992
44 Tao Te Ching, Mitchell, 40
45 Ebenda, 11
46 Rilke, Sonette an Orpheus, Erster Teil, III
47 Rilke, Sonette an Orpheus, Zweiter Teil, XIII:
   »Sei – und wisse zugleich des Nicht-Seins Bedingung,
   den unendlichen Grund deiner innigen Schwingung, … «
48 Zitiert in Matthew Fox, Breakthrough – Meister Eckhart's Creation Spirituality in New Translation, New York 1980, S. 71
49 Meister Eckhart, Quint, S. 307
50 Zitiert in Fox, Breakthrough, S. 71
51 Ebenda, S. 475
52 Rumi, One-Handed Basket Weaving, übers. Coleman Barks, Athens, GA, 1991, S. 106
53 Tao Te Ching, 3
54 Bhagavad Gita, II, Vers 47-49
55 Bhagavad Gita, XVIII, Vers 23f.
56 Rilke, Sonette an Orpheus, Erster Teil, VIII

Kapitel 2

1 Rainer Maria Rilke, Requiem für eine Freundin, 1909, vorletzter Abschnitt
2 Bhagavad Gita, XVIII, Vers 16f.
3 Zitiert in: Breakthrough – Meister Eckhart's Creation Spirituality in New Translation, Comm. by Matthew Fox, New York 1980, S.475
4 Thomas von Aquin, Summa theologica, Bd. I q.105.h.5
5 Madonna Kolbenschlag, Kiss Sleeping Beauty Good-bye, New York 1981, S. 76
6 Brian Swimme u. Thomas Berry, The Universe Story, San Francisco 1992, S. 14
7 Leonard Shlain, Art and Physics: Parallel Visions in Space, Time and Light, New York 1991, S. 425
8 Marie de Chenu, Die Arbeit und der göttliche Kosmos. Versuch einer Theologie der Arbeit, Mainz 1956, Übersetzt und eingeleitet von Karl Schmitt. Nur ähnlich auffindbar; vermutlich faßte Fox Chenus Gedanken zusammen: S. 63: »Der soziale Fortschritt, der geistige und nicht nur der wirtschaftliche, bestimmt die Gesetze der Menschheitsgeschichte. Daher sehen wir bei der wechselseitigen Bezogenheit des Zusammenspieles von Freiheit und Materie-Determiniertheit die Arbeit einen Faktor der Geschichte unserer Menschheit werden, nachdem sie in dieser Form in unser Bewußtsein getreten ist.« S. 59: »Denn die Arbeit ist auch ein Faktor im Werden der Menschheit in ihrer Gesamtheit, ein Faktor der »Humanisation«, sie ist der Angelpunkt ihrer »Sozialisation«, kraft der die Menschheit eine entscheidungsvolle Wegstrecke zu ihrer Vergesellschaftung und ihrer Kollektivität zurücklegt.« S. 63: »In der kosmischen Entwicklung hat sich der Mensch zunächst anatomisch entfaltet. In der Entwicklung der Weltstruktur entfaltet er sich nach der sozialen Gestalt. Hierbei nimmt die Arbeit den ersten Platz ein.«
9 Bhagavad Gita, V, Vers 5
10 Erich Jantsch, Die Selbstorganisation des Universums. Vom Urknall zum menschlichen Geist, München 1988, S. 414
11 Meister Eckhart, Quint, S. 354
12 Meister Eckhart, Quint, S. 307
13 Rilke, Sonette an Orpheus, Zweiter Teil XIII
14 Tao Te Ching nach Stephen Mitchell, 14
15 Ebenda, 16
16 Breakthrough, S. 475
17 Breakthrough, S. 420, und ohne Angabe
18 Meister Eckhart, Quint S. 189, Eckharts Wort Barmherzigkeit ist gleichbedeutend mit Mitgefühl, im englischen compassion
19 Breakthrough, S. 494
20 Thomas von Aquin, Psalmenkommentar 32
21 Thomas von Aquin, Psalmenkommentar 45, übertr. auch von Jesaja aus dem Englischen
22 Breakthrough, S. 471
23 Shlain, Art and Physics, S. 85
24 Swimme und Berry, Universe Story, S. 36

25 Shlain, S. 84f.
26 Swimme und Berry, S. 75
27 Shlain, S. 296
28 Paul Ricoeur, Symbolik des Bösen. Phänomenologie der Schuld II, Freiburg/München 1971, übersetzt von Maria Otto, S. 19f.
29 Kabir, zitiert in: Sehdev Kumar, The Vision of Kabir, Concord 1984, S. 92
30 Gregory Bateson, Ökologie des Geistes. Anthropologische, psychologische, biologische und epistemologische Perspektiven, Frankfurt am Main 1981, übersetzt von Hans-Günter Holl, S. 627 u. S. 631
31 Shlain, Art and Physics, S. 425
32 Meister Eckhart, Quint, S. 268
33 Otto Rank, Beyond Psychology, New York 1941, S. 263f.
34 Meister Eckhart, Quint, S. 267f.
35 Meister Eckhart, Quint S. 267 u. S. 299; Breakthrough, S. 472
36 Meister Eckhart, Quint S. 180
37 Meister Eckhart, Breakthrough, S. 205
38 Meister Eckhart, Quint S. 180; und Breakthrough S. 473; und Quint S. 268
39 Meister Eckhart, Quint S. 268
40 Meister Eckhart, Breakthrough, S. 473
41 Ebenda, S. 475
42 Ebenda
43 Ebenda, S. 71
44 Ebenda
45 Rumi, One-Handed Basket Weaving, übers. Coleman Barks, Athens, GA, 1991, S.38
46 Tao Te Ching, 53
47 Tao Te Ching, 46
48 Kolbenschlag, Sleeping Beauty, S. 67f.
49 Ebenda, S. 69f.
50 Ebenda, S. 71
51 Thomas von Aquin, Geist und Kosmos, S. 112, Kommentar zur Dionysius' De divinis nominibus n. 347
52 Thomas von Aquin, Geist und Kosmos, S. 110, Kommentar zu Dionysius' De divinis nominibus n. 340

Kapitel 3

1 Studs Terkel, Working, New York 1985, xiii
2 Tao Te Ching, nach Mitchell, 8
3 Bhagavad Gita, XVIII, Vers 45f.
4 Geist und Kosmos, S. 301, Kommentar zum Korintherbrief II, 9
5 Terkel, Working, S. 470
6 Breakthrough, S. 16

7   Johannes vom Kreuz, Gotteserfahrung und Weg in die Welt, Hrsg. u. Übers.
    Johannes Boldt, Olten/Freiburg 1984, S. 181

    »Mi alma se ha empleado
    y todo mi caudal en su servicio:
    ya no guardo ganado
    ni ya tengo otro oficio,
    que ya sólo en amar es mi ejercicio.«

8   Terkel, xiii
9   Dorothee Sölle, Lieben und arbeiten – Eine Theologie der Schöpfung, Stuttgart
    1985, S. 99
10 Kolbenschlag, Sleeping Beauty, S. 76
11 Henri Arvon, La Philosophie du Travail, Paris 19609, S. 10
12 Sölle, Lieben und arbeiten, S. 97f.
13 Sölle, Lieben und arbeiten, S. 107
14 zitiert bei James Clarke, John V. Skinner, Meister Eckhart: Selected Treatises
    and Sermons Translated from Latin and German with an Introduction and Notes,
    London 1958, S. 134
15 Terkel, S. 470
16 Thomas von Aquin, Geist und Kosmos, S. 331, De Caritate, 2
17 Thomas von Aquin schreibt:»In jedem Feld der geistigen Tätigkeit sind
    diejenigen, die Spaß an ihrer Arbeit haben, besser in der Lage, detaillierte Fragen
    zu beurteilen und jene Dinge genau zu erforschen, die mit Vergnügen ausgeführt
    werden. Geometer zum Beispiel, die Lust zu den zur Geometrie gehörigen
    Überlegungen haben, können die einzelnen Punkte dieser Denkweise besser
    verstehen, weil der Geist in den Dingen, die Spaß machen, aufmerksamer ist.
    Das gleiche Argument gilt auch für alle anderen, für diejenigen, die musikalische
    Aufführungen mögen, oder die Freude an Bauwerken haben und alle anderen.
    Und das aus dem Grunde, daß sie durch das Vergnügen an solcher Arbeit
    wichtige Beiträge dazu leisten. Daraus wird deutlich, daß Spaß die Tätigkeiten
    fördert.« (Geist und Kosmos, S. 301, zu Aristoteles' Ethik, Bd. X, L.7, S. 892f.)
18 Rilke, Duineser Elegien, 1. Elegie
19 Terkel, Working, xxx 20
    Rilke, Die Sonette an Orpheus, Zweiter Teil, X
21 Rilke, Die Sonette an Orpheus, Erster Teil, XII
22 Bhagavad Gita, XVIII, Vers 45f.
23 Goethe, zitiert in: Robert Bly et al., The Rag and Bone Shop of the Heart, New
    York 1992, S. 235
24 Thomas von Aquin, Geist und Kosmos, S. 303, Summa contra gentiles Bd. 3,
    134, n.2
25 Terkel, xxix
26 Bhagavad Gita, XVIII, Vers 47
27 Krister Stendhal, Der Jude Paulus und wir Heiden: Anfragen an das abendlän-
    dische Christentum, München 1978, Seite 18, 19, 23
28 Bhagavad Gita, XVIII, Vers 16f.
29 Thomas von Aquin, Summa theologica I, q.18,a.2, ad 2

30 Terkel, xiii
31 Meister Eckhart, Quint, S. 160
32 Rumi, übers. von Barks, S. 40 f.
33 siehe Fußnote 7

Kapitel 4

1   Rainer Maria Rilke, Sonette an Orpheus, Erster Teil III
2   Thomas von Aquin, Geist und Kosmos, S. 296, Psalmenkommentar 38
3   Tao Te Ching, 6
4   Willis Harman u. John Hormann, Creative Work, Indianapolis, 1990, S. 26
5   Meister Eckhart, Quint, S. 356
6   Rilke, Sonnette an Orpheus, Erster Teil, nachträgliche Version von Rilkes Hand
7   Harman u. Hormann, S. 26
8   Rilke, Gedicht »Wendung«: »Lange errang ers im Anschaun .«.
9   Rilke, Duineser Elegien, Siebte Elegie
10 Otto Rank, Art and Artist, New York 1975, S. 361f.
11 Ebenda, S. 371 u.368
12 Rilke, Duineser Elegien, Siebte Elegie
13 Rank, Art and Artist, S. 371
14 Thomas von Aquin, Summa theologica II, 1, q.57.a.1, ad 1
15 Meister Eckhart, Quint, S. 421
16 Rilke, Duineser Elegien, Siebte Elegie
17 Ebenda
18 Thomas von Aquin, Geist und Kosmos, S. 70, Predigt über die zwei Liebesgebote
    und die zehn Gesetzesgebote 6.5
19 Thomas von Aquin, Geist und Kosmos S. 87, Kommentar zum Johannesevan-
    gelium 1.7
20 Breakthrough, S. 79 u. 59
21 Meister Eckhart, Quint, S. 290f.
22 Thomas von Aquin, Geist und Kosmos, S. 290, Summa contra gentiles Band II.
    7, n.1
    und: Geist und Kosmos, S. 297, 298, Psalmenkommentar 45
23 Thomas von Aquin, Geist und Kosmos, S. 264, Summa contra gentiles Bd III.
    75, n.4 und 77, n.2
24 Breakthrough, S. 371f.
25 Thomas von Aquin, Geist und Kosmos, S. 296, Psalmenkommentar 38
26 Meister Eckhart, erstes Zitat Quint S. 385, zweites aus Breakthrough, S. 373f.
27 Meister Eckhart, Breakthrough, S. 375
28 Tao Te Ching, 6
29 Meister Eckhart, Breakthrough, S. 336
30 Meister Eckhart, Quint, S. 160
31 Meister Eckhart, Quint, S. 161
32 Meister Eckhart, Quint, S. 161, und Quint, S. 171
33 Meister Eckhart, Breakthrough, S. 409
34 Meister Eckhart, Quint, S. 425

35 zitiert in Brendan Doyle, Meditations with Julian of Norwich, Santa Fe 1983, S. 84

36 Thomas von Aquin, Geist und Kosmos, S. 264, De potentia q.3.a.7 und Summa theologica Bd. I q.22.a.3

TEIL 2

1   Zitiert in Matthew Fox, Meditations with Meister Eckhart, Santa Fe 1982, S. 91
2   Bhagavad Gita III, Vers 8
3   Schumacher, Das Ende, S. 56
4   Thomas von Aquin, Geist und Kosmos, S. 183, Über das Böse XI,3.ad 4, und Summa theologica Bd. II, 2. q.35.a.1
5   Vaclav Havel, Living in Truth, Boston 1989, S. 144f.
6   Zitiert in Theodore Roszak, Ökopsychologie, übers. Olga Rinne, Stuttgart 1994, S. 319
7   Siehe Donald L. Barlett and James B. Steele, America: What Went Wrong?, Kansas City 1992, S. 31. Der Beweis für diese Verbindung liegt in der Tatsache, daß seit 1965 mehr als 1800 Fabriken mit mehr als einer halben Million Arbeitender in Mexiko gebaut worden sind, während in den USA Fabriken geschlossen wurden und Arbeitsplätze verlorengingen.
8   C.G. Jung, Mysterium Conjunctionis II, Gesammelte Werke 14/II, Olten 1971, S. 133
9   Bhagavad Gita III, Vers 8
10 Ebenda, XVIII, Vers 9f.

Kapitel 5

1   Tao Te Ching, nach Mitchell, 39
2   Vortrag am Institute in Culture and Creation Spirituality, Frühjahr 1991
3   Lester Brown, State of the World 1992, S. 188
4   Vortrag am Institute in Culture and Creation Spirituality, Frühjahr 1989
5   Thomas von Aquin, Geist und Kosmos, S. 403f., zu Aristoteles Ethik, Band I, l.19
6   Brown, State of the World, S. 178
7   Ebenda, S. 188
8   Ebenda, S. 190 u. 186
9   Robert F. Kennedy u. Dennis Rivera, Pollution's Main Victims: The poor, Oakland Tribune, 19.8.1992, A-15
10 Tao Te Ching, 39
11 Vaclav Havel, Living, S. 136
12 Ebenda, S. 138, kursiv von Fox
13 Ebenda, S. 160
14 Ebenda, S. 161
15 Thomas von Aquin, Geist und Kosmos, S. 255, Summa theologica II,2 q.134.a.1

16 John Robbins, Diet for a New America, Walpole 1987, S. 352, 367, 372, 373

17 Jeremy Rifkin, Das Imperium der Rinder, Frankfurt/New York 1994, übers. Waltraud Götting, S. 251: »Die Veränderung unserer Beziehung zum Rind ist ein Schritt von enormer historischer Bedeutung. Wenn wir uns jeder für sich und alle zusammen entscheiden könnten, die Rinderkultur zu überwinden, würde dies den modernen Begriff der Ökonomie mit ihrer nahezu ausschließlichen Betonung der ›industriellen Produktivität‹, die an die Stelle der alten Vorstellung von Fruchtbarkeit und Fortpflanzungsfähigkeit getreten ist, tief im Mark treffen. (…) In der Natur hängt die Erhaltung des Lebens von der Fortpflanzung, nicht von der Produktivität ab. Die Fortpflanzungsfähigkeit ist eine lebensbejahende Kraft. Ihr Wesen ist die organische Einheit. Ihr Seinszweck ist die Erneuerung.«

18 Rifkin, S. 250f., 253, 255f.

19 Brown, State, S. 148f.

20 Ebenda, S. 148

21 Siehe Joanna Macy, In League with the Beings of the Future, Creation Spirituality 3-4/1989, S. 20-22

22 Brown, State, S. 148

23 Bill McKibben, The Age of Missing Information, New York 1992, S. 245

24 Brown, State, S. 147

25 Ebenda, S. 144

26 Ebenda, S. 144

27 Larry B. Stammer, New Bulb Could Last 18 Years, Use Much Less Energy, in: Philadelphia Inquirer, 1.6.1992, F-1

28 Al Gore, Wege zum Gleichgewicht. Ein Marshallplan für die Erde, Frankfurt 1992, übers. Frank Hörmann und Walter Brunn, S. 14

29 Gore, S. 14f.

30 Thomas Berry, The Dream of the Earth, San Francisco 1988, S. 73

31 Havel, Living, S. 144f.

32 Ebenda, S. 140-42

33 Schumacher, Das Ende S. 190

34 Marilyn Barrett, Creating Eden: The Garden as a Healing Space, San Francisco 1992, S. 144

35 Zitiert in Matthew Fox, Illuminations of Hildegard of Bingen, Santa Fe 1985, S. 36

36 Thomas von Aquin, Geist und Kosmos, S. 83, Summa contra gentiles, Band II, 3,n.3

37 Gore, S. 310

38 Siehe Rifkin, S. 122

39 Thomas von Aquin, Geist und Kosmos, S. 403f., zu Aristoteles Ethik, Band I, L.2 und L.19

40 Tom Hayden, Vortrag am ICCS, Herbst 1992

41 Gore, S. 20 u. 23

42 Gore, S. 25

43 Gore, S. 310 u. 308f.

44 Paul Ekins, A New World Order: Grassroots Movements for Global Change, New York 1992, S. 124-28

Kapitel 6

1 Zitiert in: John C. Merkle, The Genesis of Faith: The Depth Theology of Abraham Joshua Heschel, New York 1985, S. 203
2 Zitiert in: Joanna Macy, Dharma and Developement, Hartford 1985, S. 96
3 Mircea Eliade, Ewige Bilder und Sinnbilder. Über die magisch-religiöse Symbolik, Frankfurt 1986, S. 15
4 Zitiert in: Bill Mandel, GOP folly: Search for '92 Horton, San Francisco Examiner, 1.3.92, B-2
5 David E. Purpel, The Moral and Spiritual Crisis in Education, New York 1989, xi, x.
6 Theodore Roszak, The Voice of the Earth, New York 1992, S. 20
7 Meister Eckhart, in Breakthrough, S. 441
8 Merkle, Genesis, S. 206
9 Ebenda, S. 203-05
10 Ebenda, S. 206
11 Thomas von Aquin, Geist und Kosmos, S. 185, Summa contra gentiles, Bd. IV, 71, n.6
12 Tao Te Ching, 14
13 Der Bericht stammt aus dem Justizministerium der USA, zitiert in: »Editorials: Putting Some Hope into Young People's Futures«, Oakland Tribune, 28.4.93, A-14
14 Bhagavadgita, Mit einem spirituellen Kommentar von Bede Griffiths. Aus dem Sanskrit übersetzt, eingeleitet und erläutert von Michael von Brück, München 1993, S. 23
15 Zitiert in: High Level of Illiteracy Found in US, San Francisco Chronicle, 9.9.1993, A-1
16 Macy, Dharma, S. 96
17 Ebenda

Kapitel 7

1 Patrick Pietroni, The Greening of Medicine, London 1991, S. 1
2 Herbert Benson, Miriam Z. Klipper, Gesund im Streß: eine Anleitung zur Entspannungsreaktion, Frankfurt/Berlin/Wien 1978, S. 138f.
3 Zitiert bei Suzi Gablik, The Reenchantment of Art, New York 1991, S. 57f.
4 Otto Rank, Beyond Psychology, New York 1941, S. 37
5 Gablik, S. 176
6 Zit. bei Pietroni, Greening, S. 12f.
7 Rupert Sheldrake, Die Wiedergeburt der Natur. Wissenschaftliche Grundlagen eines neuen Verständnisses der Lebendigkeit und Heiligkeit der Natur, Bern/München/Wien 1991, übers. Jochen Eggert, S. 62 u. 61
8 Pietroni, Greening, S. 1f
9 Ebenda, S. 10f.
10 Aus: Innovations in the Hospital Setting, Vortragsreihe am Marin General Hospital, Marin County, 9.4.92

11 Benson, S. 119. – Pietroni stellt fest, daß Meditation tatsächlich eine Verlangsamung des Pulses und Erniedrigung des Blutdrucks hervorrufen kann. Es tritt eine Verlangsamung der Atemfrequenz auf, eine Zunahme der Blutversorgung an den Extremitäten und Veränderungen in der Sauerstoff- und Kohlendioxid-Konzentration im Blut. Meditation kann den Laktat-Spiegel senken und die Hinrwellen verändern, wobei die Alpha-Wellen zunehmen und die Synchronisierung von linker und rechter Hemisphäre verbessert wird: siehe Pietroni, S. 169

12 Benson, S. 10 »Wir befinden uns mitten in einer Epidemie, die in Amerika und anderen Industriestaaten nur allzuweit verbreitet ist. Ihr Name: Hypertonie und Hypertension (…).«
    Benson, S. 82 »Aus verschiedenen, vor allem religiösen Schriften, bringen wir Auszüge, die Beschreibungen gewisser Methoden enthalten.« Benson, S. 106 »Es gibt also offenbar in fast allen Kulturen gewisse gemeinsame Elemente, welche den Individuen von Zeit zu Zeit gestatten, ihre alltägliche Denkweise zu verändern.«

13 Benson, S. 106
14 Benson, S. 108
15 Benson, S. 138f.
16 Patch Adams, Gesundheit, Rochester 1993, S. 49
17 Ebenda, S. 116
18 Larry Dosseym, Healing Words: The Power of Prayer and the Practice of Medicine, San Francisco 1993
19 Harriet Beinfield u. Efrem Korngold, Between Heaven and Earth: A Guide to Chinese Medicine, New York 1991, S. 32-35
20 Ebenda, S. 36
21 Paul Hogan, In the Garden of the Treasured Ones, Creation Spirituality, 11/12 1990, S. 18
22 siehe Robert Rice, The Arts as Healing, Creation Spirituality, 9/10/ 1989, S. 21, 22, 46
23 Persönlicher Brief, 12.6.92
24 Bad Habits, Violence Raise Health Costs, San Francisco Chronicle, 23.2.93, A-4
25 Ton Alberts, Building with a Difference, Amsterdam o.J.
26 Thomas von Aquin, Geist und Kosmos, S. 84f., zu Aristoteles Metaphysik Band I, L.3; zu Aristoteles Ethik, Band II L.4, Summa theologica Bd. II.1, q.32.a.8
27 Rank, Beyond Psychology, S. 37, 61
28 Zitiert in E. James Liebermann, Acts of Will: The Life and Work of Otto Rank, New York 1985, S. 283, 282
29 Zitiert in Gablik, Reenchantment, S. 57f.
30 Theodore Roszak, Ökopsychologie S. 53, 50
31 Ebenda, S. 82
32 Ebenda, S. 104f.
33 Ebenda, S. 211
34 Ebenda, S. 442-444
35 Warwick Fox, Toward a Transpersonal Ecology, Boston 1990, S. 198
36 Ebenda, S. 215
37 Ebenda, S. 229

38 Ebenda, S. 240
39 Joanna Macy, World as Lover, World as Self, Berkeley 1991, S. 8
40 Ebenda, S. 12f.
41 Ebenda, S. 13
42 Ebenda, S. 13f.
43 Thomas von Aquin, Geist und Kosmos, S. 84
44 Thomas von Aquin, Geist und Kosmos, S. 306 f, De Malo XVI, 8. ad 3; Summa theologica Bd.I q.35.a.1, Kommentar zu Boethius De Trinitate VI, 2. ad 5
45 Courtney Milne, The Mystic Within, Creation Spirituality, 7/8 1992, S. 30
46 Gablik, Reenchantment of Art, S. 6, 7, 8
47 Ebenda, S. 24
48 Ebenda, S. 25, 139, 168f, kursiv von Fox
49 Ebenda, S. 26
50 Ebenda, S. 176
51 M.C. Richards, Centering: In Pottery, Poetry and the Person, Middletown 1989, S. 27
52 Ebenda, S. 139
53 Ebenda, S. xii
54 Ebenda, S. 115
55 Ebenda, S. 15, 39   .
56 Ebenda, S. 130
57 Leonard Shlain, Art and Physics: Parallel Visions in Space, Time and Light, New York 1991, S. 427
58 Ebenda, S. 18
59 Ebenda, S. 427
60 Ebenda, S. 427
61 Ebenda, S. 17
62 Ebenda, S. 18, 24, kursiv von Fox
63 Zitiert ebenda, S. 435, nach Meister Eckhart
64 Tom Hocker, Salvadoran Artists Express Peace of Spirit, Our Sunday Visitor, 6.7.1986, S. 10-12

Kapitel 8

1 Schumacher, Das Ende S. 170f.
2 Brian Swimme u. Thomas Berry, The Universe Story, San Francisco 1992, S. 242
3 Hazel Henderson, False Economy, Creation Spirituality, 9/10 1992, S. 26, 27
4 Ben Cohen, Choices for the Future: Designing a Socially Just New World Environment, Vortrag bei einer Konferenz der Windstar Foundation, Aspen, Colorado 1991
5 Kolbenschlag, Sleeping Beauty, S. 68, 76
6 Richard McKnight, Spirituality in the Workplace, in: Transforming Work, Hrsg. John D. Adams, Alexandria 1984, S. 142
7 Rolf Osterberg, Corporate Renaissance, Mill Valley 1993, S. 96

8 Beverly Rubik, Hrsg. The Interrelationship between Mind and Matter, Philadelphia 1992, S. 11
9 Peter G. Gosselin u. Charles Stein, Candidates' Recipes for Recovery Omit Vital Ingredients, San Francisco Examiner, 27.9.92, E-2
10 Schumacher, Das Ende, S. 170f u. S. 15
11 Schumacher, Das Ende, S. 188
12 Swimme u. Berry, Universe Story, S. 241
13 Ebenda, S. 242
14 Schumacher, Das Ende, S. 189
15 Schumacher, Das Ende, S. 37
16 Schumacher, Das Ende, S. 81f.
17 Schumacher, Das Ende, S. 44f.
18 Schumacher, Das Ende, S. 101
19 Henderson, False Economy, S. 26
20 Ebenda, S. 26, 27
21 Hazel Henderson, Beyond the Information Age, Creation Spirituality, 3/4 1988, S. 34
22 Ebenda, S. 32-34
23 Herman E. Daly u. John B. Cobb, For the Common Good: Redirecting the Economy Toward Community, the Environment, and a Sustainable Future, Boston 1989, S. 2
24 Ebenda, S. 7f.
25 Ebenda, S. 11, 13, 18
26 Ebenda, S. 20f.
27 Ebenda, S. 356 28) Thomas Berry, The Dream of the Earth, San Francisco 1988, S. 71, 73
29 Ebenda, S. 72
30 Ebenda, S. 75-78
31 Ebenda, S. 82
32 Ebenda, S. 33f.
33 Schumacher, Das Ende, S. 183
34-38 Ben Cohen, Choices for the Future
39 Paul Hawken, A Declaration of Sustainability, Utne Reader, 9/10 1993, S. 54
40 Zitiert in Guy Dauncey, After the Crash: The Emergence of the Rainbow Economy, New York 1989, S. 153
41 Anita Roddick, Body and Soul. Erfolgsrezept Öko-Ethik, Düsseldorf/Wien/New York/Moskau 1991, übers. Joachim Pente und Rainer Schmidt, S. 20 u. S. 22
42 Dauncey, After the Crash, S. 144
43 Ebenda, S. 145
44 Ebenda, S. 140
45 McKnight, Spirituality, S. 140
46 Ebenda, S. 142
47 Ebenda, S. 145
48 Peter Vaill, Process Wisdom for a New Age, in: Transforming Work, Hrsg. Adams, S. 33, 27, 25

49 Linda S. Ackerman, The Flow State: A New View of Organizations and Managing, In: Transforming Work, S. 125f.
50 Osterberg, Corporate Renaissance, S. 5f.
51 Ebenda, S. 95f.
52 Ebenda, S. 98-100
53 Ebenda, S. 101, 103
54 Ebenda, S. 104, 106
55 Meister Eckhart, Quint, S. 153
56 Ebenda; und Quint, S. 153f.
57 Quint, S. 157, 158
58 Schumacher, Rückkehr zum menschlichen Maß, S. 129
59 Rubik, Mind and Matter, S. 1 60
60 Ebenda, S. 3
61 Ebenda, S. 7
62 Ebenda, S. 11
63 Ebenda, S. 11f.

TEIL 3

1 Tao Te Ching, 63
2 Brian Swimme u. Thomas Berry, The Universe Story, San Francisco 1992, S. 1
3 Thomas von Aquin, Geist und Kosmos, S. 177, zu Peter Lombards Buch der Sentenzen Bd. III, 9.1.3
4 Vortrag am ICCS, Herbst 1992
5 Abraham Joshua Heschel, Sabbat: seine Bedeutung für den heutigen Menschen, Neukirchen-Vluyn 1990, übers. Ruth Olmesdahl, S. 25
6 Swimme u. Berry, S. 1
7 Meister Eckhart in Breakthrough, S. 198
8 Merkle, Genesis of Faith, S. 196
9 Gablik, Reenchantment, S. 54
10 Ebenda, S. 50, 46, 48

Kapitel 9

1 Nach Hildegard von Bingen, ohne Angabe
2 Heschel, Sabbat, S. 12 u. 17
3 Juliet Schor, Overworked American, S. 165
4 Quelle unbekannt
5 Swimme u. Berry, S. 3
6 Willis Harman u. John Hormann, Creative Work, Indianapolis 1990, S. 27
7 Gablik, Reenchantment, S. 45
8 Shlain, Art and Physics, S. 281
9 Ebenda, S. 288f.
10 Ebenda, S. 290

11 Ebenda, S. 319
12 Roszak, Ökopsychologie, S. 439
13 Meister Eckhart, Quint, S. 340f.
14 Siehe Matthew Fox, Vision vom Kosmischen Christus, S. 312-332
15 Ebenda, S. 330-33
16 Merkle, S. 195
17 Sheldrake, S. 139-143
18 Merkle, Genesis of Faith, S. 197
19 Ebenda, S. 197f.
20 Ebenda, S. 198
21 Schor, Overworked American, S. 165, kursiv von Fox
22 Josef Pieper, Muße und Kult, München 1955, S. 77 u. 56
23 Thomas von Aquin, Geist und Kosmos, S. 177, Summa theologica Bd. II, 1
    q.100.a.5. ad 2
24 Heschel, Sabbat, S. 9f. u. 11. Jüngst wurde in aktualisierender Erinnerung der
    Sabbat für eine humanisierende Sonntagskultur fruchtbar gemacht: Hubert
    Riesenanger/Heribert Zingel, Den Sonntag feiern, München 1992
25 Heschel, S. 1 u. S. 12
26 Heschel, S. 17
27 Heschel, S. 19 u. 21
28 Heschel, S. 28
29 Heschel, S. 28f.
30 Heschel, S. 47
31 Heschel, S. 59
32 Arthur Waskow, God Wrestling, New York 1978, S. 117, 116
33 Ebenda, S. 117
34 Ebenda, S. 119
35 Arthur Waskow, Rest, in: Arthur A.Cohen u. Paul Mendes-Flohr, Contempo-
    rary Jewish Religious Thought, New York 1986, S. 795-806
36 Geiko Müller-Fahrenholz, Freijahre für alle, in: Evangelische Kommentare,
    10/1988, S. 595-98
37 Heschel, S. 61f.
38 Thomas von Aquin, Geist und Kosmos, S. 70, De veritate, q.4.a.1
39 Joanna Macy et al., Denken wie ein Berg, Ganzheitliche Ökologie: Die
    Konferenz des Lebens, Freiburg o.J.
40 Denken wie ein Berg, S. 99
41 Joanna Macy, World as Lover, World as Self, Berkeley 1991, S. 39

SCHLUSS

1 Thomas von Aquin, Geist und Kosmos, S. 373, Kommentar zum Brief an die
   Philipper I.1.3
2 Brian Swimme, Das Universum ist ein grüner Drache, München 1991, übers.
   Peter-Johannes Athmann, S. 148
3 Bhagavad Gita IV, Vers 23f.
4 Siehe Matthew Fox, Illuminations of Hildegard of Bingen, Santa Fe 1985, S. 36

5 Rolf Osterberg, Corporate Renaissance, S. 94
6 Thomas von Aquin, Geist und Kosmos, S. 264, Summa theologica Bd. I q.22.a.3
7 Thomas von Aquin, Geist und Kosmos, S. 264, Compendium theologiae, 103
8 Schumacher, Das Ende, S. 163
9 Thomas von Aquin, Geist und Kosmos, S. 373, Kommentar zum Brief an die Philipper I.1.3
10 Hildegard von Bingen, Welt und Mensch, Salzburg 1965, Hrsg. u. Übers. Heinrich Schipperges, S. 170
11 Fox, Illuminations, S. 36
12 Brian Swimme, Das Universum ist ein grüner Drache, S. 148
13 Fox, Illuminations, S. 30, 32
14 Thomas von Aquin, Geist und Kosmos, S. 300, Summa theologica Band II,1 q.31.a.6, und II,2 q.26.a.12